Faillissement, surseance van betaling en schuldsanering

Monografieën Privaatrecht

De serie Monografieën Privaatrecht
staat onder redactie van:

Prof. mr. Jac. Hijma
Mr. W.A.M. van Schendel
Prof. mr. M.H. Wissink

De deeltjes in de serie Monografieën BW vormen gezamenlijk een compleet en onderling samenhangend commentaar op het burgerlijk recht zoals dat vormgegeven is in de Boeken 1, 3, 4, 5, 6 en 7 van het Burgerlijk Wetboek. De serie Monografieën Privaatrecht vult deze serie aan met onderwerpen die niet strikt in het Burgerlijk Wetboek geregeld hoeven te zijn maar die wel een privaatrechtelijke grondslag hebben. De delen die als Monografie Privaatrecht gaan verschijnen, verschenen eerder in het kader van de serie Studiepockets Privaatrecht. Deze serie is opgehouden te bestaan en is opgegaan in de serie Monografieën Privaatrecht.

MONOGRAFIEËN PRIVAATRECHT

2 Faillissement, surseance van betaling en schuldsanering

Mr. A.M.J. van Buchem-Spapens
Mr. Th.A. Pouw

Tiende druk

Wolters Kluwer

Deventer – 2018

Verkorte citeerwijze: Van Buchem-Spapens & Pouw, *Faillissement, surseance van betaling en schuldsanering* (*Mon. Pr. nr. 2*) 2018/[paragraafnummer]
Volledige citeerwijze: A.M.J. van Buchem-Spapens & Th.A. Pouw, *Faillissement, surseance van betaling en schuldsanering* (*Monografieën Privaatrecht nr. 2*), Deventer: Wolters Kluwer 2018

ISBN 978 90 13 14750 6
NUR 827 704

Omslag: Bert Arts bNO

© 2018, Wolters Kluwer Nederland B.V.

Onze klantenservice kunt u bereiken via: www.wolterskluwer.nl/klantenservice

Auteur(s) en uitgever houden zich aanbevolen voor inhoudelijke opmerkingen en suggesties. Deze kunt u sturen naar: boeken-NL@wolterskluwer.com.

Alle rechten in deze uitgave zijn voorbehouden aan Wolters Kluwer Nederland B.V. Niets uit deze uitgave mag worden verveelvoudigd, opgeslagen in een geautomatiseerd gegevensbestand, of openbaar gemaakt, in enige vorm of op enige wijze, hetzij elektronisch, mechanisch, door fotokopieën, opnamen, of enige andere manier, zonder voorafgaande schriftelijke toestemming van Wolters Kluwer Nederland B.V.

Voor zover het maken van kopieën uit deze uitgave is toegestaan op grond van art. 16h t/m 16m Auteurswet jo. Besluit van 27 november 2002, *Stb.* 575, dient men de daarvoor wettelijk verschuldigde vergoeding te voldoen aan de Stichting Reprorecht (www.reprorecht.nl).

Hoewel aan de totstandkoming van deze uitgave de uiterste zorg is besteed, aanvaarden de auteur(s), redacteur(en) en Wolters Kluwer Nederland B.V. geen aansprakelijkheid voor eventuele fouten en onvolkomenheden, noch voor gevolgen hiervan.

Op alle aanbiedingen en overeenkomsten van Wolters Kluwer Nederland B.V. zijn van toepassing de Algemene Voorwaarden van Wolters Kluwer Nederland B.V. U kunt deze raadplegen via: www.wolterskluwer.nl/algemene-voorwaarden.
Indien Wolters Kluwer Nederland B.V. persoonsgegevens verkrijgt, is daarop het privacybeleid van Wolters Kluwer Nederland B.V. van toepassing. Dit is raadpleegbaar via www.wolterskluwer.nl/privacy-cookies.

Zie inhoud van deze uitgave ook op: www.wolterskluwer.nl/navigator

NAVIGATOR

VOORWOORD

Sinds het verschijnen van de negende druk van dit boek is het wetgevingsprogramma Herijking Faillissementsrecht op stoom gekomen. Drie wetsvoorstellen zijn inmiddels in werking getreden: de Wet Civielrechtelijk Betuursverbod, de Wet Herziening Strafbaarstelling Faillissementsfraude en de Wet Versterking Positie Curator. De Wet Homologatie van een Onderhands Akkoord ter Voorkoming van Faillissement (WHOA) is in behandeling bij de Tweede Kamer; de Wet Continuïteit Ondernemingen I (WCO I) en de Wet Modernisering Faillissementsrecht (WMF) bij de Eerste Kamer. Eén wet is nog in voorbereiding.

De WMF treedt mogelijk al op 1 juli 2018 in werking. De belangrijkste bepalingen zijn daarom cursief weergegeven op de plaatsen waar ze relevant zijn. De essentie van de WCO I en de WHOA wordt besproken in hoofdstuk XIII. Dat hoofdstuk zal slechts in deze druk zijn opgenomen. Tegen de tijd dat de elfde druk verschijnt, is de parlementaire behandeling van beide laatstbedoelde wetsvoorstellen voltooid en de nieuwe artikelen maken dan deel uit van de vernieuwde Faillissementswet.

Met de herziening van Verordening 1346/2000 is ook de Europese wetgever actief geweest op het terrein van het insolventierecht. Verordening 2015/848 brengt een aantal verfijningen van hetgeen in 2000 in gang is gezet met betrekking tot het grensoverschrijdend faillissementsrecht.

Ook de rechterlijke macht heeft zich in de afgelopen periode niet onbetuigd gelaten, zodat er weer veel nieuwe jurisprudentie is. Daarom zijn alle hoofdstukken geactualiseerd. Zoals gebruikelijk zijn uitsluitend uitspraken van de Hoge Raad verwerkt en in het jurisprudentieregister is de splitsing tussen de arresten met betrekking tot titel 1 en 2 (faillissement en surseance van betaling: hoofdstuk I tot en met XI) en titel 3 (de schuldsaneringsregeling: hoofdstuk XII) gehandhaafd.

Verder is de opzet van het boek ook ditmaal niet ingrijpend gewijzigd, behoudens wat het jurisprudentie-verwijzingssysteem betreft. Tot 2000 werden uitspraken van de Hoge Raad gepubliceerd in de *Nederlandse Jurisprudentie* (*NJ*). Nadeel daarvan was dat voor toegang een abonnement noodzakelijk was. Per 1 januari 2000 werd raadpleging ook mogelijk met gebruikmaking van de Landelijke Jurisprudentienummers (LJN) en vanaf 28 juni 2013 met de European Case Law Identifier-verwijzingen (ECLI). Omdat het zoeken naar uitspraken van vóór 2000 geen resultaat oplevert met LJ-nummers of ECLI-verwijzingen, blijven uitspraken van vóór 1 januari van dat jaar vermeld met verwijzing naar de *NJ*. Voor uitspraken van na die datum zijn alle verwijzingen omgewerkt naar het ECLI-systeem. Directe en kosteloze toegang tot alle uitspraken van na 1 januari 2000 is daarmee gegarandeerd.

Jurisprudentie en regelgeving zijn verwerkt tot 1 mei 2018.

Beek/Goirle, mei 2018

Th.A. Pouw

INHOUDSOPGAVE

Voorwoord / V

Lijst van afkortingen / XI

INLEIDING
1 Faillissementswet en overige regelgeving / 1
2 Herijking van het faillissementsrecht / 2

HOOFDSTUK I
Faillissement / 5

1 Algemeen / 5
2 Afscherming van de boedel / 6

HOOFDSTUK II
De faillietverklaring / 9

1 Wie kan failliet worden verklaard? / 9
2 Hoe gaat de faillietverklaring in zijn werk? / 11
3 Rechtsmiddelen / 17
4 Vernietiging van de faillietverklaring / 21
5 Opheffing van het faillissement / 22
6 Vereenvoudigde afwikkeling / 23

HOOFDSTUK III
De omvang van de failliete boedel / 27

1 Inleiding / 27
2 Wat valt in de boedel? / 27

HOOFDSTUK IV
Invloed van het faillissement op de rechtspositie van de schuldenaar / 35

1 Inleiding / 35
2 Inbreuken op de persoonlijke vrijheid van de gefailleerde / 35
3 Invloed van het faillissement op de beschikkingsbevoegdheid van de schuldenaar en op de mogelijkheid om de boedel te binden / 38

4		De invloed van de faillietverklaring op gerechtelijke procedures / 42
5		De invloed van het faillissement op bestaande overeenkomsten / 45

HOOFDSTUK V
De actio Pauliana / 53

1	Inleiding / 53
2	De wijze waarop de curator een beroep doet op de Pauliana en de vereisten waaraan voldaan moet zijn, wil het beroep slagen / 53
3	Omkering van de bewijslast / 59
4	De rechtsgevolgen van de vernietiging / 59
5	Samenloop van de actio Pauliana en de vordering uit onrechtmatige daad / 61

HOOFDSTUK VI
Positie van de schuldeisers / 65

1	Inleiding / 65
2	Boedelschuldeisers / 66
3	Separatisten / 68
4	Bevoorrechte schuldeisers / 70
5	De bijzondere positie van de fiscus / 71
6	Feitelijk preferente schuldeisers / 77
7	Concurrente schuldeisers / 85
8	De afkoelingsperiode / 85

HOOFDSTUK VII
De organen die een rol kunnen spelen bij het bestuur van de boedel / 89

1	Inleiding / 89
2	De curator / 89
3	De rechter-commissaris / 97
4	De commissie uit de schuldeisers / 100

HOOFDSTUK VIII
De verificatie van de vorderingsrechten / 103

1	De gang van zaken vóór de verificatievergadering (art. 108–115 Fw) / 103
2	De verificatievergadering (art. 116-120; art. 127 Fw) / 104
3	De erkenning, de voorwaardelijke toelating en de betwisting van vorderingen (art. 121-126 Fw) / 105
4	Bijzondere bepalingen voor de verificatie van sommige vorderingen (art. 128-136 Fw) / 107

HOOFDSTUK IX
Einde van het faillissement na een akkoord of na vereffening / 113

1   Het akkoord / 113
2   Vereffening, verdeling en rangorde / 118

HOOFDSTUK X
Internationale aspecten / 125

1   Algemeen / 125
2   De Europese Insolventieverordening / 128

HOOFDSTUK XI
Surseance van betaling / 141

1   Inleiding / 141
2   Procedurevoorschriften met betrekking tot het verlenen van surseance van betaling / 142
3   Rechtsgevolgen van de surseance / 144
4   Het akkoord / 148
5   Enkele bijzondere bepalingen / 150
6   Het einde van de surseance / 150

HOOFDSTUK XII
De Wet schuldsanering natuurlijke personen / 153

1   Inleiding / 153
2   Toelating tot de schuldsaneringsregeling / 156
3   De omvang van de boedel / 177
4   Invloed van de schuldsaneringsregeling op de rechtspositie van de schuldenaar / 180
5   Positie van de schuldeisers / 183
6   Het bestuur van de boedel / 187
7   De verificatie van de vorderingsrechten / 190
8   Akkoord / 192
9   Internationale aspecten / 195
10   Termijn van de schuldsaneringsregeling / 195
11   Einde van de schuldsaneringsregeling / 197
12   Vereffening, verdeling en rangorde / 206

HOOFDSTUK XIII
Komend faillissementsrecht / 209

1   De voorbereide doorstart / 209
2   Het buitengerechtelijk akkoord / 211

Artikelenregister / 215

Jurisprudentieregister / 231

Trefwoordenregister / 245

LIJST VAN AFKORTINGEN

AA	Ars Aequi
AMvB	algemene maatregel van bestuur
AWB	Algemene Wet Bestuursrecht
BW	Burgerlijk Wetboek
CRvB	Centrale Raad van Beroep
EVRM	Europees Verdrag tot bescherming van de rechten van de mens en de fundamentele vrijheden
Fw	Faillissementswet
FZO	financiële zekerheidsovereenkomst
Gw	Grondwet
HR	Hoge Raad der Nederlanden
IVO	Europese Insolventieverordening
IW 1990	Invorderingswet 1990
JOR	Jurisprudentie Onderneming & Recht
K	Wetboek van Koophandel
LOVC	Landelijk Overleg Voorzitters van de Civiele sectoren van de rechtbanken
LOVC-H	Landelijk Overleg Voorzitters van de Civiele sectoren van de hoven
MvA	memorie van antwoord
MvT	memorie van toelichting
NJ	Nederlandse Jurisprudentie, Uitspraken in burgerlijke en strafzaken
RO	Wet op de Rechterlijke Organisatie
Rv	Wetboek van Burgerlijke Rechtsvordering
RvdW	Rechtspraak van de Week
Sr	Wetboek van Strafrecht
Stb.	Staatsblad van het Koninkrijk der Nederlanden
v.o.f.	vennootschap onder firma
VTLB	Vrij te laten bedrag
WCK	Wet op het ConsumentenKrediet
Wfsv	Wet financiering sociale verzekeringen
Wgbz	Wet griffierechten burgerlijke zaken
WGS	Wet gemeentelijke schuldhulpverlening
WMF	Wet Modernisering Faillissementsprocedure
WPNR	Weekblad voor Privaatrecht, Notarisambt en Registratie
WSG	Wet gemeentelijke schuldhulpverlening
Wsnp	Wet schuldsanering natuurlijke personen

INLEIDING

1   Faillissementswet en overige regelgeving

Sinds 1998 kent de Faillissementswet (Fw) drie verschillende procedures: het faillissement, geregeld in titel 1 (art. 1-213 Fw), de surseance van betaling, geregeld in titel 2 (art. 214-283 Fw) en de schuldsaneringsregeling voor natuurlijke personen, geregeld in titel 3 (art. 284-361 Fw, ook Wet schuldsanering natuurlijke personen (Wsnp) genoemd.
Wie zich met deze materie bezighoudt moet natuurlijk in de eerste plaats goed thuis zijn in de Faillissementswet. Daarnaast is het van belang op de hoogte te zijn van:
- het procesreglement verzoekschriftprocedures insolventiezaken rechtbanken; dit procesreglement is ontwikkeld door het Landelijk Overleg Voorzitters van de Civiele sectoren van de rechtbanken (LOVC) in samenwerking met de Recofa (rechters-commissarissen in faillissementen en surseances van betaling) en in samenspraak met de Nederlandse Orde van Advocaten en de Raad voor Rechtsbijstand te 's-Hertogenbosch. In het reglement zijn de procedureregels opgenomen die gelden tot en met de opening van een van de drie insolventieprocedures;
- het procesreglement verzoekschriftprocedures handels- en insolventiezaken gerechtshoven; dit procesreglement is ontwikkeld door het Landelijk Overleg Voorzitters van de Civiele sectoren van de hoven (LOVC-H) in samenspraak met de Nederlandse Orde van Advocaten; hoofdstuk 3 bevat regels voor verzoekschriftprocedures bij de gerechtshoven op grond van de Faillissementswet;
- de Recofa-richtlijnen voor faillissementen en surseances van betaling; deze richtlijnen zijn ontwikkeld door de Recofa, in samenspraak met de Raad voor Rechtsbijstand te 's-Hertogenbosch, en goedgekeurd door het LOVC; de richtlijnen bevatten regels voor de verdere behandeling van faillissementen en surseances van betaling.
- de Recofa-richtlijnen voor schuldsaneringsregelingen; deze richtlijnen zijn ontwikkeld door de Recofa, in samenspraak met de Raad voor Rechtsbijstand te 's-Hertogenbosch, en goedgekeurd door het LOVC; de richtlijnen bevatten regels voor de verdere behandeling van schuldsaneringsregelingen.
De meest actuele versie van deze documenten is steeds te vinden op www.rechtspraak.nl/procedures/landelijke regelingen.
- de garantstellingsregeling voor curatoren 2012; hierop kunnen curatoren een beroep doen wanneer er sprake is van een vermoeden van onbehoorlijk bestuur door de bestuurder(s) of feitelijk beleidsbepaler(s) of het plegen van een faillissementspauliana door de bestuurder(s) of feitelijk beleidsbepaler(s) van een rechtspersoon eventueel in samenwerking met één of meer derden, maar er zijn geen middelen in de boedel om daar onderzoek naar te doen of een procedure te voeren).
- art. 340-349 uit het Wetboek van Strafrecht (de bankbreukdelicten).

In verband met het voortdurend in belang toenemende grensoverschrijdende faillissementsrecht is kennisname van de Insolventieverordening nr. (1346/2000) en de herziene Insolventieverordening (2015/848) onontbeerlijk. Het Ontwerprapport Virgós/Schmit is van groot belang bij de interpretatie van de Verordening, ook al wordt daaraan in dit boek geen bijzondere aandacht besteed. Verder heeft Insol Europe in 2007 de European

Communication and Cooperation Guidelines for Cross-border Insolvency ontwikkeld om rechters en curatoren in staat te stellen om in het kader van de Insolventieverordening efficiënt en effectief te opereren in grensoverschrijdende insolventieprocedures. De Uncitral Model Law on Cross-Border Insolvency (www.uncitral.org) ten slotte, ontworpen op initiatief van de Verenigde Naties, wordt gebruikt bij de ontwikkeling van nationale wetgeving op het terrein van grensoverschrijdende insolventieprocedures.

2 Herijking van het faillissementsrecht

De Faillissementswet dateert van 1893 en wordt – naar zijn ontwerper – ook wel het monument van Molengraaff genoemd, omdat deze wet al meer dan honderd jaar alle ontwikkelingen op juridisch, financieel en economisch gebied nagenoeg ongewijzigd heeft doorstaan. Uiteindelijk bleek ook deze wet niet bestand tegen de tand des tijds, hetgeen begin deze eeuw heeft geresulteerd in een voorontwerp van een geheel nieuwe Insolventiewet van de Commissie Insolventierecht onder leiding van professor S.C.J.J. Kortmann. Begin 2010 werd de tijd echter nog niet rijp geacht voor een ingrijpende wijziging van de Faillissementswet en verdween het voorontwerp van tafel. Niet lang daarna kondigde de Minister van Veiligheid en Justitie een wetgevingsprogramma aan met als doel een veel minder ingrijpende herijking van het faillissementsrecht.

De herijking is gebaseerd op drie pijlers:
1. De fraudepijler, inmiddels volledig geïmplementeerd:
   - Wet civielrechtelijk bestuursverbod: art. 106a-106e [Fw], Stb. 2016, 153, in werking 1 juli 2016 (zie nr. 41);
   - Wet herziening strafbaarstelling faillissementsfraude: art. 340-348a Sr, Stb. 2016, 154, in werking 1 juli 2016 (bespreking daarvan valt buiten het bestek van deze monografie);
   - Wet versterking positie curator: art. 105, 105a en 105b Fw, Stb. 2017, 124, in werking 1 juli 2017 (zie nr. 41).
2. De reorganisatiepijler, bestaande uit drie wetsvoorstellen:
   - Wet continuïteit ondernemingen I, in hoofdzaak bedoeld om een wettelijke basis te creëren voor de zogenoemde pre-pack; in behandeling bij de Eerste Kamer (wetsvoorstel 34218) (zie hoofdstuk XIII);
   - Wet continuïteit ondernemingen II, thans Wet Homologatie Onderhands Akkoord ter voorkoming van Faillissement genoemd; internetconsultatie is geëindigd op 1 december 2017; zodra alle commentaren zijn verwerkt, wordt een wetsvoorstel voor advies naar de Raad van State gestuurd (zie hoofdstuk XIII);
   - Wet continuïteit ondernemingen III (doelmatiger afwikkeling faillissement; in voorbereiding).
3. De moderniseringspijler:
   - Wet Modernisering Faillissementsprocedure (WMF) (in behandeling bij de Eerste Kamer; de belangrijkste wijzigingsvoorstellen worden *cursief* besproken bij de betreffende artikelen) (wetsvoorstel 34740). 'Cosmetische' wijzigingsvoorstellen, zoals bijvoorbeeld commissie uit de schuldeisers wordt schuldeiserscommissie (18 maal), blijven onbesproken.

De WMF voegt ook een art. 3a toe aan de Wet Adviesstelsel Justitie, waarbij een commissie insolventierecht wordt ingesteld (zes tot tien leden), die tot taak heeft de regering en de beide Kamers der Staten-Generaal te adviseren over wetgeving op het terrein van het insolventierecht.

HOOFDSTUK I

Faillissement

1 Algemeen

Faillissement kan men omschrijven als een beslag op nagenoeg het gehele vermogen van de schuldenaar ten behoeve van de gezamenlijke schuldeisers. Het uiteindelijk doel van het faillissement is het gehele vermogen van de schuldenaar te gelde te maken en de opbrengst onder de schuldeisers te verdelen. Op deze wijze wordt getracht alle schuldeisers die op het moment van de faillietverklaring een vordering op de schuldenaar hebben, voor zover mogelijk, verhaal te bieden.

> Naast faillissement kent ons recht nog een ander middel om een schuldeiser wiens vordering onvoldaan blijft, greep te geven op het vermogen van de schuldenaar, te weten het in het Wetboek van Burgerlijke Rechtsvordering (verder: Rv) geregelde beslag. Heeft A een vordering op B en weigert B die vordering te voldoen, dan kan A bijvoorbeeld beslag laten leggen op een aan B toebehorende antieke kast met de bedoeling die kast openbaar te laten verkopen. Uit de opbrengst krijgt A het bedrag waar hij recht op heeft, het restant wordt aan B uitgekeerd. Natuurlijk moeten bij dit alles de nodige formaliteiten in acht genomen worden (zie art. 430 e.v. Rv). Wordt het beslag door A gelegd krachtens een executoriale titel, zoals een rechterlijk vonnis inhoudende veroordeling van B tot betaling van een geldsom, dan is sprake van een executoriaal beslag. Stel nu dat A een vordering op B heeft, maar dat hij nog niet over een executoriale titel beschikt. In dat geval heeft A er belang bij te voorkomen dat B, terwijl A een executoriale titel verwerft, zijn goederen verkoopt, wegschenkt of onvindbaar maakt. De wet komt A te hulp: A kan – met een vrij eenvoudig te verkrijgen rechterlijke toestemming – conservatoir beslag laten leggen, een beslag dat erop is gericht de schuldenaar de mogelijkheid te ontnemen zijn goederen aan het verhaal van de schuldeiser te onttrekken (vgl. art. 700 e.v. Rv).

In beginsel wordt het in Rv geregelde beslag gelegd op één of meer specifiek aangewezen goederen van de schuldenaar ten behoeve van één schuldeiser.

Om de doelstelling van het faillissement te realiseren, bepaalt de Faillissementswet (verder ook: Fw) dat de schuldenaar met ingang van de dag waarop zijn faillissement wordt uitgesproken, het beheer en de beschikking over zijn tot het faillissement behorend vermogen verliest (art. 23 Fw). Die bevoegdheden gaan over op de curator (art. 68 Fw).

> Bij beheer dient men te denken aan de normale exploitatie van goederen, zoals het verhuren van een huis of het repareren van een auto. Beheer ziet op een economische werkzaamheid, terwijl beschikken meer een juridisch-technisch gebeuren is. Bij beschikken maakt men onderscheid tussen vervreemden en bezwaren; een voorbeeld van het eerste is het leveren van een goed, van bezwaren is sprake wanneer een goed wordt belast, bijvoorbeeld met een recht van hypotheek of van vruchtgebruik. De begrippen beheer en beschikking zijn

overigens geen elkaar uitsluitende grootheden. Zo kan het verkopen en leveren van effecten in het ene geval een beschikkingsdaad opleveren, en in het andere geval een beheersdaad.

Dat de bevoegdheden tot beheer en beschikking aan de schuldenaar worden ontnomen, houdt verband met het feit dat de boedel intact moet blijven. In zoverre kan men het faillissement vergelijken met een conservatoir beslag. Uiteindelijk zullen de boedelbestanddelen verkocht moeten worden; in dat opzicht is het faillissement ook een executoriaal beslag. Met de executie is de curator belast; de wettelijke regeling houdt in dat de curator in beginsel pas mag gaan uitwinnen, vereffenen, wanneer de staat van insolventie – de executoriale fase – intreedt (zie art. 173 Fw en hoofdstuk IX). Volgens het systeem van de Faillissementswet vindt vereffening, liquidatie, in beginsel pas plaats nadat de verificatievergadering is gehouden.

De praktijk is al heel lang anders: de curator gaat over het algemeen éérst vereffenen. Afhankelijk van de opbrengst zijn er vervolgens twee mogelijkheden:
1. de curator draagt het faillissement voor opheffing ex art. 16 Fw voor of er volgt vereenvoudigde afwikkeling ex art. 137a e.v. Fw (namelijk wanneer de opbrengst zo gering is dat al snel duidelijk is dat er geen uitkering aan de concurrente schuldeisers kan worden gedaan; zie daarover nader hoofdstuk II, § 5 en 6);
2. de curator vraagt aan de rechter-commissaris om datum en tijdstip vast te stellen voor een verificatievergadering (namelijk wanneer te verwachten valt dat het faillissement niet in aanmerking komt voor opheffing of vereenvoudigde afwikkeling).

Op deze wijze wordt voorkomen dat de ingewikkelde procedure met betrekking tot de verificatie van de vorderingen moet worden gevolgd in gevallen waarin dit, gelet op de te verwachten opbrengst van de boedel, nutteloos is.

2   Afscherming van de boedel

De verdeling van de opbrengst van het vermogen van de schuldenaar onder de gezamenlijke schuldeisers zou in het gedrang komen als individuele schuldeisers door middel van afzonderlijke beslagen en afzonderlijke executies hun rechten geldend zouden kunnen maken. Daarom bepaalt art. 33 Fw dat het faillissement tot gevolg heeft dat reeds gelegde beslagen vervallen en dat reeds ten behoeve van individuele schuldeisers aangevangen executies een einde nemen. Wordt het faillissement vernietigd of opgeheven, dan herleven de conservatoire en executoriale beslagen die door het faillissement waren vervallen, mits de beslagen goederen zich nog in de boedel bevinden (art. 33 lid 2 Fw).

> Stel dat schuldeiser A die hierboven ten tonele werd gevoerd, de beslagprocedure die hij met betrekking tot de antieke kast is gestart, ongestoord zou kunnen voortzetten ondanks het faillissement van B. Schuldeiser A zou zijn vordering dan voor een zeer aanzienlijk deel of misschien zelfs volledig voldaan zien. Dit zou echter ten koste gaan van de andere schuldeisers van B; de antieke kast zou immers voor hen geen verhaalsobject meer zijn. Een dergelijke gang van zaken zou in strijd zijn met het karakter van het faillissement: alle schuldeisers die op het moment van faillietverklaring van de schuldenaar een vordering op hem hebben, delen – naar evenredigheid – mee in de opbrengst van de boedel.

In beginsel hebben alle schuldeisers een gelijk recht, ongeacht het moment waarop ieders vordering is ontstaan; er is sprake van paritas creditorum. Die gelijkheidsgedachte is neergelegd in art. 3:277 BW. Lezing van dat artikel leert dat het mogelijk is dat de wet aan een schuldeiser een voorrangspositie toekent. Op die problematiek wordt in hoofdstuk VI uitvoerig ingegaan. Hier wordt slechts gewezen op de pand- en hypotheekhouder die volgens art. 57 Fw hun rechten kunnen uitoefenen alsof er geen faillissement was; deze schuldeisers hoeven zich dan ook aan art. 33 Fw niets gelegen te laten liggen en kunnen een reeds aangevangen executie voortzetten of alsnog tot executie van het goed waarop zij een recht van pand of hypotheek hebben, overgaan.

> De regel van art. 33 Fw gaat alleen op voor beslagen die gelegd zijn op goederen die aan de schuldenaar toebehoren. De volgende beslagen blijven dan ook ondanks faillissement in stand en kunnen eventueel ook nog na de faillietverklaring gelegd worden:
> 1. een beslag, gelegd door iemand die stelt eigenaar te zijn van een zaak die de failliet bijvoorbeeld als huurder, als bruiklener of als bewaarnemer onder zich heeft; ook kan men denken aan het beslag dat gelegd wordt door de verkoper die – gebruik makend van zijn recht van reclame – onbetaalde roerende zaken opvordert (zie art. 730 e.v. Rv);
> 2. een bodembeslag van de fiscus; het bodembeslag (of bodemrecht) geeft de fiscus de mogelijkheid zich door beslaglegging op en verkoop van bepaalde roerende zaken die zich op de 'bodem' van de belastingschuldige bevinden, te verhalen, ongeacht aan wie die zaken in eigendom toebehoren (art. 22 Invorderingswet 1990); gaat de schuldenaar failliet, dan vervalt krachtens art. 33 Fw het bodembeslag voor zover dat op zaken van de schuldenaar is gelegd, niet echter wat de overige zaken betreft (zie over deze problematiek nader hoofdstuk VI, § 5).

Met het voorgaande is niet gezegd dat een door de werking van art. 33 Fw vervallen beslag geheel zonder gevolg blijft. Art. 33 lid 2 heeft tot gevolg dat een vordering waarvoor beslag is gelegd in de faillissementsboedel valt en daarmee strekt tot verhaal van de gezamenlijke schuldeisers. De curator treedt in de plaats van de beslaglegger en oefent diens rechten uit ten behoeve van de boedel.

> Ingevolge art. 505 lid 2 Rv (voorheen art. 505 lid 4 Rv) kan een vervreemding, bezwaring, onderbewindstelling, verhuring of verpachting van een onroerende zaak, welke tot stand komt nadat daarop beslag is gelegd, niet tegen de beslaglegger worden ingeroepen. Een hypotheekhouder, wiens recht was gevestigd nadat op de onroerende zaak conservatoir beslag was gelegd, kon zich na het faillissement van de hypotheekgever niet met succes op het standpunt stellen, dat hij zich nu ongestoord kon verhalen op de opbrengst, omdat het beslag door het faillissement was vervallen. De hypotheekhouder kon wel executeren, maar moest van de opbrengst eerst het bedrag waarvoor beslag was gelegd aan de curator afstaan (HR 13 mei 1988, *NJ* 1988/748 (*Banque de Suez/Bijkerk q.q.*)).

> Een ander voorbeeld houdt verband met art. 6:130 BW. Ingevolge dat artikel kan een schuldenaar een beroep doen op verrekening, ook al is er beslag gelegd op de vordering waarmee hij zijn tegenvordering wil verrekenen, mits de tegenvordering uit dezelfde rechtsverhouding voortvloeit. De Rabobank had een vordering op Quadraad BV. Ter verzekering daarvan legde de Rabobank conservatoir beslag op de betaalrekening van Quadraad BV bij de Postbank, welke op dat moment een positief saldo vertoonde van bijna *f* 18.000. De Postbank reserveerde dat bedrag op een zogenoemde parkeerrekening, waarna Quadraad BV de betaalrekening gewoon bleef gebruiken. Ruim een half jaar later werd Quadraad BV failliet verklaard, maar toen vertoonde de betaalrekening een negatief saldo van bijna *f* 11.000. De Postbank stelde zich op het standpunt dat door het faillissement van Quadraad BV het door de Rabobank gelegde beslag was vervallen. Zij verrekende het negatieve saldo van de betaalrekening met het op de parkeerrekening gereserveerde bedrag en maakte vervolgens het saldo van *f* 7000 over naar de curator van Quadraad BV. Die nam daar geen genoegen mee en maakte aanspraak op het – in zijn visie – ten onrechte door de Postbank verrekende bedrag van *f* 11.000. Met het hof constateert de Hoge Raad dat buiten faillissement verrekening niet mogelijk zou zijn geweest, omdat de (tegen)vordering van de Postbank niet voortvloeide uit dezelfde rechtsverhouding als de vordering waarop beslag was gelegd. Anders dan het hof echter is de Hoge Raad van oordeel dat door de werking van art. 33 lid 2 Fw het beslag van de Rabobank weliswaar is vervallen, maar dat daaruit niet volgt dat daardoor alle rechtsgevolgen van het beslag

teniet zijn gedaan. Als buiten faillissement niet verrekend mocht worden, mag dat binnen faillissement evenmin (HR 22 april 2005, ECLI:NL:HR:2005:AS2688 (*Reuser q.q./Postbank*)). Dat de werking van art. 33 Fw niet altijd goed wordt ingeschat blijkt ook uit een recentere casus. Na executoriale verkoop van een onroerende zaak is de restantexecutieopbrengst op de kwaliteitsrekening van de notaris gestort en de geëxecuteerde is failliet verklaard. De curator maakt aanspraak op de restantexecutieopbrengst, stellende dat van een voltooide executie pas sprake is nadat ook die restantopbrengst is verdeeld. Dat was op de datum van faillietverklaring nog niet gebeurd en de curator meent dat deze opbrengst dan op grond van art. 33 Fw in de boedel valt. De Hoge Raad is echter van oordeel dat de op de kwaliteitsrekening van de notaris gestorte restantexecutieopbrengst niet tot het vermogen van de geëxecuteerde behoort, maar tot dat van de gezamenlijke rechthebbenden ten behoeve van wie de gelden zijn bijgeschreven. De geëxecuteerde heeft daarin slechts een aandeel onder de voorwaarde dat en voor zover daarvan na verdeling onder de beslagleggers en andere rechthebbenden nog iets resteert. De Hoge Raad meent dat zulks ook strookt met het systeem van het beslagrecht (HR 29 april 2011, ECLI:NL:HR:2011:BP4948 (*Ontvanger/Eijking q.q.*)).

Als een executie zich op het moment van de faillietverklaring al in een zo ver gevorderd stadium bevindt dat reeds een datum voor de openbare verkoop is bepaald, kan de curator met machtiging van de rechter-commissaris de executie overnemen en voortzetten (art. 34 Fw). Ook dan komt de opbrengst ten goede aan de boedel en niet aan de oorspronkelijke beslaglegger. Art. 33 Fw speelt geen rol meer als de beslagene de in executoriaal beslag genomen zaken verkoopt en vervolgens failliet gaat. De zaken waarop beslag is gelegd behoren dan niet meer tot zijn vermogen en het beslag blijft daarop rusten. Een dergelijk beslag leidt in de ogen van de Hoge Raad niet tot beschikkingsonbevoegdheid van de beslagene en vormt dus geen beletsel voor overdracht van de beslagen zaak aan een derde. De beslaglegger kan het beslag tegen de derde-verkrijger vervolgen op grond van het bepaalde in art. 453a lid 1 Rv, tenzij ook de derde-verkrijger failleert. In dat geval zal de beslaglegger zijn vordering moeten indienen bij de curator van die derde-verkrijger en in diens faillissement een uitkering ontvangen naar zijn rang (HR 20 februari 2009, ECLI:NL:HR:2009:BG7729 (*Ontvanger/De Jong q.q.*)).

> Ingevolge art. 33 lid 2 Fw herleeft een door het vonnis van faillietverklaring vervallen beslag, zodra het faillissement eindigt door vernietiging of opheffing. Wel moet het beslagen goed dan nog tot de boedel behoren. Wanneer de curator het beslag heeft doen doorhalen, dan moet binnen veertien dagen na de herleving een exploit in de openbare registers worden ingeschreven, waarbij de herleving van het beslag aan de schuldenaar is meegedeeld.

Het voor verhaal vatbare deel van het vermogen van de schuldenaar wordt dus afgeschermd van zowel de schuldenaar, die het beheer en de beschikking daarover verliest, als van de schuldeisers, die individueel geen verhaalsacties meer kunnen ondernemen (art. 33 Fw). Het is de curator die het beheer van de boedel van de schuldenaar overneemt en deze ten behoeve van de gezamenlijke schuldeisers vereffent (art. 68 Fw).

HOOFDSTUK II
De faillietverklaring

1   Wie kan failliet worden verklaard?

Iedereen die zijn schulden onbetaald laat – zowel een natuurlijk persoon als een rechtspersoon – kan failliet verklaard worden: de bakker op de hoek, een grote naamloze vennootschap, een 'familie'-BV. Op al deze figuren is de Faillissementswet gelijkelijk van toepassing.

> In de laatste decennia van de vorige eeuw begon dit steeds vaker de vraag op te roepen of die situatie wel gehandhaafd moest blijven. Zouden wij niet moeten overgaan op een meer gedifferentieerd systeem, waarin de specifieke problemen van het faillissement van een natuurlijk persoon, van een NV of van een BV enz. aan de orde kunnen komen? De Commissie Mijnssen heeft in 1989 geadviseerd om voor natuurlijke personen een nieuwe regeling in de Faillissementswet op te nemen, die voorziet in een – draaglijke – schuldsanering onder toezicht van de rechter. De door deze Commissie op dit punt geformuleerde voorstellen hebben geleid tot wetsontwerp 22969, dat in december 1992 bij de Tweede Kamer is ingediend. Uiteindelijk is deze Wet Schuldsanering Natuurlijke Personen (verder ook: Wsnp) als titel 3 van de Faillissementswet op 1 december 1998 in werking getreden. Zie over de Wsnp nader hoofdstuk XII.
>
> Teneinde het hoofd te bieden aan een aantal specifieke problemen die spelen bij faillissement van onder meer naamloze en besloten vennootschappen is de wetgever gekomen met de zogeheten (anti-) misbruikwetgeving. Deze wetgeving is erop gericht het misbruik dat gemaakt wordt van NV's, maar vooral van BV's, te bestrijden. In het kader van deze monografie is vooral van belang de zogenoemde 'Derde Misbruikwet', de Wet Bestuurdersaansprakelijkheid bij Faillissement, die op 1 januari 1987 in werking is getreden. In deze wet zijn art. 2:138 en 2:248 BW aangescherpt. De in deze artikelen neergelegde regeling houdt in dat in geval van faillissement van de vennootschap (NV resp. BV) iedere bestuurder jegens de boedel hoofdelijk aansprakelijk is voor de schulden van de vennootschap, indien het bestuur zijn taak kennelijk onbehoorlijk heeft vervuld en aannemelijk is dat dit een belangrijke oorzaak is van het faillissement. De onbehoorlijke taakvervulling wordt verondersteld als het bestuur geen deugdelijke administratie heeft gevoerd (zie art. 2:10 BW) of de jaarrekening niet of niet tijdig is gepubliceerd (zie art. 2:394 BW). Door deze regel wordt de bewijspositie van de curator, vergeleken met de situatie vóór de wetswijziging van 1987, waarschijnlijk in een behoorlijk aantal gevallen verlicht, nu bij de faillietverklaring van – met name besloten – vennootschappen nogal eens blijkt dat de administratie te wensen overlaat. Zie de uitspraak van de Hoge Raad over art. 2:248 BW d.d. 20 mei 1988, *NJ* 1989/676 (*Koster/Van Nie q.q.*).
>
> De actie ex art. 2:138 resp. 2:248 BW tegen een bestuurder van een NV resp. BV kan uitsluitend door de curator worden ingesteld en is niet vatbaar voor cessie (HR 7 september 1990, *NJ* 1991, 52).

Als voorbeelden van rechtspersonen kunnen naast de NV en de BV de vereniging en de stichting worden genoemd. Behalve deze figuren kennen wij samenwerkingsvormen waaraan – in de regel – geen rechtspersoonlijkheid wordt toegekend, zoals de maatschap en de vennootschap onder firma. Betekent dit dat faillietverklaring van deze samenwerkingsvormen uitgesloten is? Men dient te onderscheiden: faillissement van een vennootschap onder firma is wel mogelijk, faillissement van een maatschap niet.

> Een vennootschap onder firma (verder ook: v.o.f.) is een figuur waarbij twee of meer personen gezamenlijk een bedrijf uitoefenen onder gemeenschappelijke naam; een maatschap is een samenwerkingsverband van twee of meer personen die samen een beroep uitoefenen of een bedrijf, maar dan niet onder één naam. Kenmerkend voor een v.o.f. is dat er naast de privévermogens van de vennoten een vennootschapsvermogen bestaat. Bij de maatschap is geen sprake van een afgescheiden vermogen naast de privévermogens van de maten.

Met betrekking tot de v.o.f. heeft de Hoge Raad in een uitspraak van 14 april 1927, *NJ* 1927/725 (*De Eendracht*), uitdrukkelijk erkend dat faillissement mogelijk is. De Hoge Raad overwoog daarbij dat faillietverklaring van een v.o.f. 'noodwendig het faillissement van de leden der vennootschap ten gevolge heeft'. De v.o.f. is immers niet een op zichzelf staande, van de vennoten afgescheiden rechtspersoon, maar alleen de naam waaronder door de vennoten handel wordt gedreven. De toestand van te hebben opgehouden te betalen van de v.o.f. brengt dus mee, dat de onder die gemeenschappelijke naam handeldrijvende vennoten, die op grond van art. 18 WvK hoofdelijk aansprakelijk zijn voor de verplichtingen van de vennootschap, in dezelfde toestand verkeren, zo luidt de redenering. Door de inwerkingtreding van de wettelijke schuldsaneringsregeling is deze jurisprudentie onder druk komen te staan. Vennoten zijn immers natuurlijke personen, die de mogelijkheid moeten krijgen om toelating tot de schuldsaneringsregeling te verzoeken voordat zij door de faillietverklaring van de v.o.f. in staat van faillissement komen te verkeren (art. 3 en art. 3a Fw).

> Toch heeft het nog tot 2015 geduurd voordat de Hoge Raad het oude standpunt heeft verlaten.
> Voortaan moet een schuldeiser, als hij zowel het faillissement van de v.o.f. als dat van de vennoten wil bewerkstelligen, dat in zijn verzoekschrift ten aanzien van ieder van hen afzonderlijk verzoeken. De rechter moet dan onderzoeken of ook ten aanzien van de vennoten afzonderlijk aan de voorwaarden voor faillietverklaring is voldaan, hetgeen kan meebrengen dat de v.o.f. failliet wordt verklaard en (een van) de vennoten niet. In dat verband heeft de rechter de mogelijkheid om niet tegelijkertijd op de verschillende faillissementsverzoeken te beslissen, bijvoorbeeld in het geval dat een vennoot in reactie op het faillissementsverzoek een verzoek tot toepassing van de schuldsaneringsregeling heeft gedaan. In dat geval wordt de behandeling van het verzoek tot zijn faillietverklaring ingevolge art. 3a lid 2 Fw geschorst (HR 6 februari 2015, ECLI:NL:HR:2015:251).
> Bijzonder in het geval dat het faillissement van een v.o.f. en haar vennoten wordt aangevraagd, is dat slechts eenmaal griffierecht verschuldigd is (HR 8 juli 2016, ECLI:NL:HR:2016:1515).
> Wanneer een v.o.f. met twee vennoten failliet wordt verklaard, moeten er in elk geval drie vermogens tot afwikkeling worden gebracht, de twee privévermogens (na eventuele toelating van de vennoten tot de schuldsaneringsregeling door een bewindvoerder) en het vennootschapsvermogen (door een curator). De opbrengst van het vennootschapsvermogen is dan in eerste instantie bestemd voor de schuldeisers van de vennootschap, en niet voor de schuldeisers van de vennoten in privé.
> Ofschoon ook een maatschap een afgescheiden vermogen heeft, wordt algemeen aangenomen dat een maatschap niet failliet kan worden verklaard. Wel kan het faillissement van één of meer maten worden uitgesproken. Volgens het thans geldende art. 7A:1683 BW heeft dit de ontbinding van de maatschap tot gevolg.

Waar in het bovenstaande sprake was van het faillissement van rechtspersonen, betrof het steeds rechtspersonen van privaatrechtelijke aard. Over de vraag of publiekrechtelijke rechtspersonen, zoals gemeenten, provincies, waterschappen failliet verklaard kunnen worden, lopen de meningen uiteen.

> Molengraaff, de ontwerper van de Faillissementswet, was een voorstander van de mogelijkheid van faillietverklaring van publiekrechtelijke rechtspersonen. Molengraaff heeft weliswaar in de literatuur medestanders gekregen, maar het aantal schrijvers dat zich tegen faillietverklaring van publiekrechtelijke rechtspersonen heeft uitgesproken, is ver in de meerderheid. Het probleem bij een eventuele faillietverklaring van publiekrechtelijke rechtspersonen is, dat de curator niet de publiekrechtelijke bevoegdheden heeft die zijn vereist om de taken van die rechtspersonen te vervullen. De Hoge Raad heeft zich tot nu toe niet expliciet over deze kwestie uitgesproken. Wel heeft de Hoge Raad uitspraak gedaan over een verzoek tot faillietverklaring van een vreemde staat, te weten de Republiek Suriname. De Hoge Raad overwoog als volgt:
> 'De aard van het faillissement en de aan een faillietverklaring verbonden gevolgen staan eraan in de weg dat aan de Nederlandse rechter rechtsmacht toekomt om een dergelijke maatregel ten aanzien van een vreemde mogendheid te nemen. Aanvaarding van die rechtsmacht zou impliceren dat een curator met vergaande bevoegdheden het beheer en de vereffening van het vermogen van een buitenlandse mogendheid ter hand neemt onder toezicht van een Nederlandse publieke functionaris. Een en ander zou een volkenrechtelijk ontoelaatbare inbreuk maken op de soevereiniteit van de betreffende vreemde staat.' (HR 28 september 1990, *NJ* 1991/247).

2 Hoe gaat de faillietverklaring in zijn werk?

Meestal zal de faillietverklaring worden uitgesproken op verzoek van één of meer schuldeisers. In beginsel kan iedere schuldeiser die het beu is tevergeefs bij zijn schuldenaar om betaling aan te kloppen, het faillissement van die schuldenaar aanvragen. Daartoe moet de schuldeiser – door middel van een advocaat – een verzoekschrift indienen bij de rechtbank van de woonplaats van de schuldenaar (art. 2 lid 1 Fw).

> Ingevolge art. 4 lid 4 Fw moet de aangifte of het verzoek tot faillietverklaring altijd zodanige gegevens bevatten dat de rechter kan beoordelen of hem rechtsmacht toekomt op grond van de Europese Insolventieverordening (IVO; zie hoofdstuk X). Is dat het geval, dan komen pas daarna de regels van de absolute en relatieve competentie van art. 2 Fw aan de orde. Door daarbij uit te gaan van de woonplaats van de schuldenaar wijkt art. 2 lid 1 Fw af van wat als hoofdregel geldt bij verzoekschriftprocedures, namelijk dat de rechtbank van de woonplaats van de verzoeker of een in het verzoekschrift genoemde belanghebbende bevoegd is (art. 262 Rv; vgl. voor procedures die aanvangen met een dagvaarding art. 99 Rv, waar de relatieve competentie in de eerste plaats bepaald wordt door de woonplaats van de gedaagde). Afwijking van de regels van het burgerlijk procesrecht is gebaseerd op art. 362 lid 2 Fw, dat de derde titel van het eerste Boek Rv (verzoekschriftprocedures) buiten toepassing verklaart in insolventiezaken.
> Waar iemands woonplaats is, wordt geregeld in art. 1:10 e.v. BW; is de schuldenaar een rechtspersoon, dan heeft zij krachtens art. 1:10 lid 2 BW haar woonplaats daar waar zij volgens wettelijk voorschrift of volgens haar statuten of reglementen haar zetel heeft. De bevoegdheid van de rechter wordt uitsluitend bepaald door art. 2 lid 1 Fw in verbinding met art. 1:10 lid 2 BW (zie HR 28 januari 1983, *NJ* 1983/465).
> Bepalend voor de competentie van de rechtbank is de woonplaats die de schuldenaar heeft ten tijde van het indienen van het verzoekschrift (HR 2 april 1982, *NJ* 1982/319).
> Heeft de schuldenaar zich buiten het Rijk in Europa begeven, dan is op grond van art. 2 lid 2 Fw de rechtbank van de laatste woonplaats die de schuldenaar in Nederland had, bevoegd. Door deze bepaling wordt voorkomen, dat een schuldenaar die in het buitenland gaat wonen, niet failliet verklaard zou kunnen worden. Degene wiens faillissement men na zijn vertrek naar het buitenland hier te lande wil uitlokken, dient reeds bij zijn vertrek 'schuldenaar' te zijn,

dat wil zeggen dat hij reeds bij zijn vertrek uit Nederland één of meer schulden had jegens de schuldeiser die zijn faillissement heeft aangevraagd (HR 3 december 1982, *NJ* 1983/495).
Art. 2 lid 3 Fw bepaalt dat ten aanzien van vennoten van een vennootschap onder firma ook de rechtbank bevoegd is van het gebied waar de v.o.f. haar kantoor heeft. Art. 4 lid 3 Fw schrijft voor dat de eigen aangifte van een v.o.f. naam en woonplaats van alle hoofdelijk verbonden vennoten moet vermelden.

Van natuurlijke personen en rechtspersonen die in het buitenland woonplaats hebben, maar die in Nederland een beroep of bedrijf uitoefenen, kan de faillietverklaring worden verzocht bij de rechtbank van het gebied waar het kantoor gevestigd is (art. 2 lid 4 Fw).

Het antwoord op de vraag of de Nederlandse rechter internationaal bevoegd is om een insolventieprocedure te openen, moet worden onderscheiden van het antwoord op de vraag naar de internationale bevoegdheid van de Nederlandse rechter in geschillen die gedurende en in verband met de insolventieprocedure (kunnen) rijzen.
- Art. 6 aanhef en sub i Rv: De Nederlandse rechter heeft tevens rechtsmacht in zaken betreffende: faillissement, surseance van betaling of de toepassing van de schuldsanering natuurlijke personen indien het faillissement, de surseance van betaling of de toepassing van de schuldsaneringsregeling in Nederland is uitgesproken of verleend.
- Art. 122 Fw. De renvooiprocedure vestigt ook internationale, hoewel geen exclusieve bevoegdheid. De curator blijft gebonden aan een door de schuldenaar vóór de insolventieprocedure rechtsgeldig overeengekomen forumkeuze.

In het verzoekschrift moet de schuldeiser stellen:
1. dat hij een vordering op de schuldenaar heeft, die de schuldenaar onbetaald laat;
2. dat de schuldenaar nog meer schuldeisers heeft die hij onbetaald laat;
3. dat er ten minste één vordering opeisbaar is, en dat de schuldenaar mitsdien verkeert in de toestand dat hij heeft opgehouden te betalen (zie art. 1 jo. art. 6 lid 3 Fw.

Ad 1. Dit vereiste volgt uit art. 6 lid 3 Fw. De aanvragende schuldeiser behoeft slechts summier het bestaan van zijn vorderingsrecht aan te tonen (zie bijvoorbeeld HR 20 mei 1988, *NJ* 1989/676 (*Koster/Van Nie q.q.*)).

Een verstekvonnis waartegen verzet is of nog kan worden ingesteld, kan in dit kader niet zonder meer uitgangspunt zijn (HR 7 maart 2014, ECLI:NL:HR:2014:524, en HR 5 juni 2015, ECLI:NL:HR:2015:1473). Bij de behandeling van een faillissementsaanvraag is de rechter dan ook gehouden de daarop betrekking hebbende stellingen van de veroordeelde te betrekken bij zijn oordeel of summierlijk blijkt van het vorderingsrecht van de aanvrager. Dat geldt dus ook buiten het geval dat het vonnis berust op een kennelijke vergissing of er sprake is van relevante nieuwe feiten en omstandigheden.

Het rechtsmiddel van verzet heeft de strekking dat het geding waarin verstek was verleend, op tegenspraak in dezelfde instantie wordt voortgezet. Het biedt de gedaagde die niet was verschenen en daardoor zijn belangen bij de rechter niet kon verdedigen, daartoe alsnog de gelegenheid, hetgeen strookt met het beginsel van hoor en wederhoor (vgl. HR 23 juni 1993, *NJ* 1993/559). Met die strekking van het rechtsmiddel van verzet en met de ingrijpende gevolgen die een faillietverklaring heeft, verdraagt zich niet dat de schuldenaar die zich tegen de bij verstek uitgesproken faillietverklaring wenst te verzetten, bijvoorbeeld met de stelling dat de vordering van de aanvrager niet of niet langer bestaat – welke stelling, indien juist, die aanvrager de bevoegdheid ontneemt het faillissement uit te lokken – bij dat verweer geen baat meer kan hebben.

Ad 2. Dit vereiste is ontwikkeld in de jurisprudentie en houdt verband met het karakter van het faillissement: een beslag op het vermogen van de schuldenaar ten behoeve van alle schuldeisers. Volgens constante rechtspraak van de Hoge Raad is voor faillietverklaring pluraliteit van schuldeisers vereist.

Voor faillietverklaring is geen plaats ten aanzien van een schuldenaar die niet meer dan één schuldeiser heeft (zie bijvoorbeeld HR 22 maart 1985, *NJ* 1985/548). Aan die ene schuldeiser staan alle middelen van het Wetboek van Burgerlijke Rechtsvordering ten dienste en alleen voor hem wordt niet het hele mechanisme van de Faillissementswet in stelling gebracht. De Hoge Raad hanteert de standaardformule dat pluraliteit 'een noodzakelijke maar niet voldoende voorwaarde' is voor faillietverklaring (zie bijvoorbeeld HR 3 maart 2010, ECLI:NL:HR:2010:BM7811).

Ook wat de aanwezigheid van de steunvorderingen betreft, worden aan het door de schuldeiser te leveren bewijs geen al te zware eisen gesteld. Was dit anders, dan zou de schuldenaar door chicaneuze opmerkingen zijn faillietverklaring kunnen voorkomen c.q. uitstellen. Het conservatoire aspect van het faillissement – het faillissement als middel om de boedel ten behoeve van de schuldeisers intact te houden – zou dan weinig tot zijn recht komen.

Nog onlangs is gepoogd om de Hoge Raad op andere gedachten te brengen, maar die ziet geen aanleiding om van zijn vaste rechtspraak terug te komen. In dat verband acht de Hoge Raad mede van belang dat voornoemd doel van een faillissement ook in het wetgevingsprogramma Herijking Faillissementsrecht tot uitgangspunt wordt genomen en dat het pluraliteitsvereiste hierin niet ter discussie wordt gesteld (HR 24 maart 2017, ECLI:NL:HR:2017:488).

Ad 3. Omdat de wetgever de toestand van te hebben opgehouden met betalen van art. 1 Fw niet nader heeft gedefinieerd, maar er toch criteria nodig waren om te toetsen of 'de toestand' van art. 1 lid 1 Fw bestaat, vindt ook dit vereiste zijn oorsprong in de jurisprudentie. Wanneer er geen enkele opeisbare vordering is, kan onmogelijk geconcludeerd worden dat een schuldenaar verkeert in de voor faillietverklaring vereiste toestand. Het is overigens niet vereist dat de andere schuldeisers op betaling aandringen of het faillissement van de schuldenaar verlangen (zie bijvoorbeeld HR 16 mei 1986, *NJ* 1986/637). Het is zelfs niet nodig dat hun vorderingen – men spreekt hier van steunvorderingen – opeisbaar zijn. Voor het uitspreken van iemands faillissement is het voldoende dat een van de schulden opeisbaar is, hetzij de schuld aan de aanvrager, hetzij een schuld aan een van de andere schuldeisers.

Wanneer aan deze drie vereisten is voldaan, moet de rechter nog beoordelen of dat inderdaad de in art. 1 lid 1 Fw bedoelde toestand oplevert. Bijna elke natuurlijke of rechtspersoon heeft wel een paar onbetaalde schulden, maar dat betekent niet meteen dat hij ook heeft opgehouden te betalen. Op dit punt heeft de rechter een grote mate van beoordelingsvrijheid, maar hij moet zijn beslissing wel motiveren, hoewel daaraan gezien de aard van de faillissementsprocedure geen strenge eisen worden gesteld (HR 5 maart 2004, ECLI:NL:HR:2004:AO1338). Dit oordeel is feitelijk van aard en kan in cassatie derhalve niet worden getoetst (HR 26 augustus 2003, ECLI:NL:HR:2003:AI0371 (*Venture Capital/ Dekker q.q.*)).

De Hoge Raad heeft herhaaldelijk uitgemaakt dat bij het aanvragen van een faillissement het exacte bedrag van de vordering waarop de aanvraag steunt, nog niet behoeft vast te staan (zie bijvoorbeeld HR 15 november 1985, *NJ* 1986/154, en voor het vervolg op deze uitspraak HR 18 april 1986, *NJ* 1986/530).

De behandeling van het verzoekschrift vindt in raadkamer plaats, niet in het openbaar. Is dit geen schending van art. 6 van het Europees Verdrag tot bescherming van de rechten van de mens en de fundamentele vrijheden (hierna: EVRM)?

> De ratio van art. 4 Fw, dat behandeling in raadkamer voorschrijft, is, naar uit de wetsgeschiedenis blijkt, gelegen in de bescherming van de privacy van de persoon wiens faillietverklaring verzocht wordt. Art. 4 Fw lijkt strijdig met art. 6 EVRM waarin aan iedereen een openbare behandeling van zijn zaak in het vooruitzicht wordt gesteld. De Hoge Raad heeft beslist dat art. 4 Fw zich wel verdraagt met art. 6 EVRM. Volgens de Hoge Raad (HR 26 juni 1981, *NJ* 1982/450) zullen de belangen van de schuldenaar wiens faillissement is aangevraagd, zich er in het algemeen tegen verzetten dat de aanvraag in het openbaar wordt behandeld. De Hoge Raad kent de schuldenaar die prijs stelt op openbare behandeling het recht toe om daarom te verzoeken. De schuldenaar die een dergelijk verzoek achterwege laat, kan zich er achteraf niet over beklagen dat de behandeling in raadkamer heeft plaatsgevonden.
> Dat de procedure tot faillietverklaring valt onder het bereik van art. 6 EVRM heeft de Hoge Raad bevestigd in zijn uitspraak van 20 mei 1988, *NJ* 1989/676 (*Koster/Van Nie q.q*). In die uitspraak is de eis van een openbare behandeling nader uitgewerkt.

Volgens art. 6 lid 1 Fw kan de rechtbank de schuldenaar oproepen om hem over de aanvraag te horen. De Hoge Raad heeft in een uitspraak van 1982 deze bevoegdheid omgezet in een plicht, zij het dat een ontsnappingsclausule werd opgenomen voor bijzondere gevallen (HR 29 oktober 1982, *NJ* 1983/196).

> De Hoge Raad overwoog dat een redelijke toepassing van art. 6 lid 1 Fw, die rekening houdt met de ernstige gevolgen die de faillietverklaring voor de schuldenaar kan hebben, met zich brengt dat de schuldenaar steeds moet worden opgeroepen, behalve in bijzondere gevallen, bijvoorbeeld indien vaststaat dat de schuldenaar naar het buitenland is uitgeweken en/of de gerechtvaardigde belangen van de schuldeisers, in het licht van de financiële situatie van de schuldenaar, generlei uitstel gedogen.

Bij zijn beslissing over het al dan niet uitspreken van het faillissement van de schuldenaar is de rechter niet gebonden aan de bewijsregels van het gewone civiele proces. De rechter komt een grote vrijheid toe bij het bepalen of de omstandigheden van het geval de faillietverklaring rechtvaardigen. Wel moet de rechter, wanneer hij tot faillietverklaring concludeert, zijn beslissing motiveren.

> De schuldeiser hoeft het bestaan van zijn vorderingsrecht en de aanwezigheid van meer schuldeisers slechts summier aan te tonen. Dat de rechter niet aan de gewone regels van bewijsrecht gebonden is, hangt daarmee samen. Zo zal de rechter, wanneer de betwisting van een vordering door de schuldenaar niet serieus schijnt, het bestaan van de vordering aannemen. Een schuldenaar die zich tegen een faillissementsaanvraag verweerde met de stelling dat het bestaan van de vordering van de aanvrager en de steunvorderingen niet op basis van een summier onderzoek kon worden vastgesteld, kreeg van de Hoge Raad te horen dat 'nodig maar ook voldoende is dat van het bestaan van de vorderingen summierlijk is gebleken' (zie HR 26 augustus 2003, ECLI:NL:HR:2003:AI0371). De rechter moet wel aangeven welke feiten en omstandigheden hem tot zijn beslissing hebben geleid. Als de motivering niet deugdelijk is, zal het vonnis in cassatie vernietigd kunnen worden wegens vormverzuim (zie

onder meer HR 7 april 1995, *NJ* 1997/21). Overigens gelden de motiveringseisen niet slechts voor vonnissen. De Hoge Raad heeft in een uitspraak van 20 februari 1981, *NJ* 1981/296, beslist dat ook bij een afwijzende beschikking – als het verzoek tot faillietverklaring wordt afgewezen – de beslissing gemotiveerd moet worden.

Het faillissement zal worden uitgesproken wanneer de rechter van mening is dat voldaan is aan het vereiste dat de schuldenaar verkeert in de toestand dat hij heeft opgehouden te betalen (vgl. art. 1 en art. 6 Fw). De rechter heeft een grote vrijheid ten aanzien van de vraag welke feiten of omstandigheden het aannemen van die toestand rechtvaardigen. Uit de overvloedige jurisprudentie die over art. 1 en 6 Fw bestaat, blijkt overduidelijk dat de vermogenstoestand van de schuldenaar op zichzelf niet doorslaggevend is. Uit HR 7 september 2001, ECLI:NL:HR:2001:AB2743, HR 18 januari 2002, ECLI:NL:HR:2002:AD4939, en HR 12 maart 2004, ECLI:NL:HR:2004:AO1995, blijkt bijvoorbeeld dat pluraliteit van schuldeisers weliswaar een noodzakelijke, maar niet een voldoende voorwaarde is voor faillietverklaring. Hetzelfde geldt voor het vereiste dat er ten minste één opeisbare vordering moet zijn en dat de aanvrager een vorderingsrecht moet hebben. Op het moment dat vaststaat dat aan alledrie deze voorwaarden is voldaan, dient de rechter nog na te gaan of dat inderdaad de toestand oplevert van te hebben opgehouden te betalen. Alleen in het bevestigende geval zal de faillietverklaring worden uitgesproken.

De Hoge Raad geeft overigens duidelijk aan, dat het oordeel over het wel of niet bestaan van de toestand van te hebben opgehouden te betalen feitelijk van karakter is en daarom in cassatie niet kan worden getoetst.

> Men zou zich kunnen voorstellen dat de rechter die sterke aanwijzingen heeft dat er onvoldoende actief aanwezig of te verwachten is, geneigd is om het verzoek tot faillietverklaring af te wijzen, bijvoorbeeld wegens gemis aan redelijk belang (zie ook art. 3:303 BW). Uit praktische overwegingen zou een afwijzing in een dergelijk geval wel te verdedigen zijn. Die afwijzing zou echter in strijd zijn met het systeem van de Fw. Verschillende bepalingen in de Fw maken duidelijk dat het de bedoeling van de wetgever is geweest dat de curator – die bij het vonnis van faillietverklaring wordt aangesteld – gaat onderzoeken hoe de vermogenstoestand van de schuldenaar is. Daartoe geeft de wet hem speciale bevoegdheden, zoals het recht om de voor de schuldenaar bestemde post te openen (zie art. 99 Fw), bevoegdheden die de rechtbank bij haar – summiere – onderzoek niet heeft. Zou de curator tot de bevinding komen, dat de toestand van de boedel zodanig is dat van een normale afwikkeling van het faillissement geen sprake kan zijn, dan kan de curator voorstellen het faillissement op te heffen 'wegens gebrek aan voldoende baten'. Het is echter niet de bedoeling dat de rechter hierop vooruitloopt (zie HR 10 mei 1974, *NJ* 1975/267 (*'Lege boedel'*)). Het is de curator die de vermogenstoestand van de schuldenaar onderzoekt. Pas na kennisneming van de resultaten van dat onderzoek, dat in het algemeen niet gedaan kan worden in het kader van de summiere behandeling van een faillissementsaanvraag, kan de rechter beslissen of de aanvraag zonder belang is of zelfs het resultaat is van misbruik (HR 10 november 2000, *NJ* 2001/249 (*Gemeente Dantumadeel/Beheer BV*)).

Dikwijls zal de schuldeiser zijn faillissementsaanvraag intrekken, voordat de rechtbank tot een beslissing is gekomen. De faillissementsaanvraag wordt namelijk vaak gedaan in de hoop de schuldenaar tot betaling te bewegen. Wordt inderdaad betaald, dan zal de schuldeiser zijn aanvraag intrekken. Wordt niet betaald, dan kan de schuldeiser zijn aanvraag handhaven of aanhouding van de behandeling vragen om de schuldenaar gelegenheid te geven alsnog te betalen of een regeling te treffen. De schuldeiser kan de faillissementsaanvraag dus oneigenlijk gebruiken door er een pressie- of incassomiddel van te maken.

Tot nu toe is behandeld de faillietverklaring die wordt verzocht door één of meer schuldeisers. Het initiatief tot faillietverklaring kan ook van andere personen uitgaan.

Zo kan de schuldenaar zelf zijn faillissement aanvragen of – in de terminologie van de Faillissementswet – aangifte doen van zijn eigen faillissement (art. 1 Fw). Het aantal gevallen waarin dat gebeurt, bedraagt ongeveer 40% van het aantal waarin door één of meer schuldeisers het initiatief wordt genomen.

> Men kan zich afvragen wat een schuldenaar ertoe beweegt een dergelijke aangifte te doen. Een reden kan zijn dat hij op deze wijze hoopt uit de chaotische situatie te geraken die ontstaat wanneer talloze schuldeisers op betaling aandringen en de schuldenaar niet tot betaling in staat is. Overigens ligt het in dit soort situaties eerder voor de hand dat de schuldenaar surseance van betaling aanvraagt (zie daarover nader hoofdstuk XI), ofschoon dat sedert de inwerkingtreding van de Wsnp niet langer mogelijk is voor natuurlijke personen die geen zelfstandig beroep of bedrijf uitoefenen (art. 214 lid 4 Fw).
>
> Indien het de schuldenaar erom te doen is om langs de weg van een faillissement tot toepassing van de schuldsaneringsregeling te komen, maakt hij met een ander doel gebruik van de bevoegdheid om aangifte te doen van zijn eigen faillissement dan waarvoor die bevoegdheid is verleend. Er is dan sprake van misbruik van recht (HR 28 juni 2013, ECLI:NL:HR:2013:48).

De schuldenaar kan zich persoonlijk tot de griffie van de rechtbank wenden om – mondeling of schriftelijk – zijn faillissement aan te vragen. Is de schuldenaar gehuwd, dan kan hij slechts aangifte doen met medewerking van zijn echtgenoot, tenzij de echtgenoten met uitsluiting van iedere gemeenschap zijn gehuwd (zie art. 4 lid 2 Fw).

Sinds de inwerkingtreding van de Invorderingswet 1990 is ook de fiscus bevoegd een faillissementsaanvraag te doen. Aanvankelijk was dat geregeld in art. 3 IW 1990. Thans is er een voor alle bestuursorganen geldende bepaling opgenomen in art. 4:124 AWB en stelt art. 73.4.1 van De Leidraad Invordering (versie 2008) een aantal extra eisen aan een faillissementsaanvraag door de fiscus. Ingevolge de Leidraad is daar onder meer toestemming van de Minister van Financiën voor vereist, maar omdat dat geen ontvankelijkheidsvereiste is, kan de rechter ook bij ontbreken van die toestemming een faillissement uitspreken op aanvraag van de fiscus. Het machtigingsvereiste is bedoeld als een interne maatregel die een uniforme toepassing van de faillissementsaanvraag als invorderingsinstrument moet waarborgen.

Ook kan het Openbaar Ministerie faillietverklaring verzoeken om redenen van openbaar belang. Aanvankelijk ging het daarbij om gevallen waarin de schuldenaar voortvluchtig was zonder orde op zaken te hebben gesteld of bezig was zijn goederen te verduisteren. Nu wordt het aan het Openbaar Ministerie overgelaten om te bepalen wanneer het openbaar belang optreden vordert, maar ongeacht op wiens initiatief het verzoek tot faillietverklaring aanhangig wordt gemaakt, steeds zal de rechter moeten nagaan of de schuldenaar in de toestand verkeert dat hij 'heeft opgehouden te betalen'.

Daarnaast is het in enkele gevallen mogelijk dat de rechter het faillissement ambtshalve uitspreekt, bijvoorbeeld wanneer een surseance van betaling wordt ingetrokken (zie art. 242 Fw), wanneer in een schuldsanering een akkoord wordt ontbonden (zie art. 340 lid 4 Fw) of wanneer een schuldsanering tussentijds wordt beëindigd. In de laatste twee gevallen volgt alleen faillissement wanneer er baten zijn om de vorderingen van de schuldeisers geheel of gedeeltelijk te kunnen voldoen (zie art. 350 lid 5 Fw en hoofdstuk XII).

Terwijl de behandeling van de faillissementsaanvraag in raadkamer plaatsvindt, wordt ter openbare terechtzitting het vonnis van faillietverklaring uitgesproken, ondanks het feit dat de aanvraag moet worden gedaan bij verzoekschrift. Wanneer afwijzend wordt beslist, gebeurt dat wel bij beschikking. Uit de wetsgeschiedenis blijkt niet waarom is gekozen voor deze gedeeltelijk incorrecte terminologie.

Het vonnis is uitvoerbaar bij voorraad: de staat van faillissement treedt terstond in en duurt voort, ook al zouden rechtsmiddelen tegen de uitspraak worden aangewend (zie daarover § 3).

Dat de staat van faillissement intreedt, betekent voor de schuldenaar dat hij het beheer en de beschikking over zijn in het faillissement vallend vermogen verliest. Deze bevoegdheden komen in handen van de curator, die zijn taak uitoefent onder toezicht van de rechter-commissaris. Beiden worden bij het vonnis van faillietverklaring benoemd. Een uittreksel van het vonnis van faillietverklaring wordt onverwijld gepubliceerd in de *Staatscourant* (art. 14 lid 3 Fw).

> Deze publicatie is onder meer van belang in verband met de vraag in hoeverre derden die met de inmiddels beheers- en beschikkingsonbevoegde schuldenaar gehandeld hebben, bescherming verdienen. Daarop wordt in hoofdstuk IV nader ingegaan.

Daarnaast houdt de griffier van elke rechtbank een register bij van alle faillissementen, welke in zijn rechtsgebied worden uitgesproken (art. 19 Fw). De daarin opgenomen gegevens verstrekt de griffier ook aan de Raad voor de Rechtspraak, die sinds 1 december 2005 verantwoordelijk is voor het bijhouden van het Centraal Insolventie Register (CIR) (art. 19a Fw). Inzage in beide registers is kosteloos. Een uittreksel kan tegen betaling worden verkregen. De registers kunnen ook worden geraadpleegd via www.rechtspraak.nl/registers/insolventieregister.

Met de WMF worden de decentrale registers afgeschaft (art. 19 en 19a Fw) en blijft alleen het Centraal Insolventie Register (CIR, Stb. 2016, 312) over, waarin mogelijk ook aankondiging van verificatievergaderingen, uitdelingslijsten en andere voor schuldeisers relevante informatie gepubliceerd gaat worden.

3 Rechtsmiddelen

Hierboven werd al aangegeven dat tegen het vonnis van faillietverklaring nog rechtsmiddelen kunnen worden aangewend; ook wanneer de faillissementsaanvraag niet is gehonoreerd staan rechtsmiddelen open.

Het Wetboek van Burgerlijke Rechtsvordering kent de volgende mogelijkheden om tegen een rechterlijke uitspraak op te komen: verzet, hoger beroep, cassatie, herroeping en derdenverzet. Verdedigbaar is dat slechts de drie eerstgenoemde in geval van faillissement van toepassing zijn.

> Daartoe zou men zich in de eerste plaats – in navolging van Molengraaff – op het standpunt kunnen stellen dat de opsomming in art. 8-12 Fw limitatief bedoeld is.

> Voorts is van belang dat de Hoge Raad in zijn uitspraak van 9 december 1983, *NJ* 1984/384, heeft uitgemaakt dat tegen een beslissing op een verzoek tot faillietverklaring geen request-civiel openstaat. De Hoge Raad wees in genoemd arrest op de bijzondere aard van de procedure tot faillietverklaring; deze regeling is gericht op een snelle berechting en beslissing en bindt daartoe de in de Faillissementswet genoemde rechtsmiddelen aan korte

termijnen. Toelating van het rechtsmiddel van request-civiel – waarvoor een termijn geldt van drie maanden – is hiermee, aldus de Hoge Raad, niet te verenigen. Op 1 januari 2002 is het request-civiel afgeschaft en vervangen door de mogelijkheid van herroeping (art. 382-389 Rv). Al spoedig bleek dat de Hoge Raad ook herroeping onverenigbaar acht met de regeling van de procedure tot faillietverklaring (HR 7 maart 2003, ECLI:NL:HR:2003:AF3076).

Het rechtsmiddel van derdenverzet, een middel voor derden om zich te verzetten tegen een vonnis dat hun rechten benadeelt – zie art. 376-380 Rv – lijkt in faillissement zeer goed toepasbaar. Zoals hieronder zal blijken, is de kwestie van de toelaatbaarheid van derdenverzet in geval van faillissement niet van groot praktisch belang, nu art. 10 Fw een specifieke regeling geeft die meer in overeenstemming is met het regime van de verzoekschriftprocedure.

Worden de rechtsmiddelen verzet, hoger beroep en cassatie ingesteld krachtens art. 8-12 Fw, dan gelden aanmerkelijk kortere termijnen dan krachtens de bepalingen van Rv (zie art. 143, 339 en 402 Rv). Bij faillissement bedraagt de termijn meestal acht dagen na de uitspraak (zie art. 8-12 Fw). De Hoge Raad is van oordeel dat aan deze termijnen strikt de hand moet worden gehouden (HR 8 juli 1987, *NJ* 1988/105).

Er kan slechts een uitzondering worden gemaakt als aan twee voorwaarden is voldaan:
- degene die het rechtsmiddel instelt wist niet en kon redelijkerwijs ook niet weten dat er een uitspraak was gedaan door een fout of verzuim van de griffie, én
- de uitspraak is hem als gevolg van een niet aan hem toe te rekenen fout of verzuim pas na afloop van de termijn voor het instellen van het rechtsmiddel toegezonden of verstrekt (HR 28 november 2003, ECLI:NL:HR:2003:AN8489).

Als dus uit een proces-verbaal blijkt dat de verzoeker bij de mondelinge behandeling van de zaak aanwezig is geweest en dat bij die gelegenheid is meegedeeld dat op een bepaalde datum uitspraak zal worden gedaan, kan niet worden volgehouden dat de verzoeker niet wist of redelijkerwijs niet kon weten dat er op die genoemde datum inderdaad uitspraak was gedaan, ook al is de tekst daarvan pas later beschikbaar gekomen (HR 10 juni, ECLI:NL:HR:2005:AT1097). Een ander voorbeeld: iemand is bij verstek failliet verklaard. Daags daarna wordt hij daarvan op de hoogte gesteld door de curator, die hem meteen wijst op de mogelijkheid van verzet. Vervolgens weigert de gefailleerde mee te werken aan de afwikkeling van zijn faillissement en wordt om die reden – nog binnen de verzettermijn – in bewaring gesteld (zie art. 87 Fw). Uiteindelijk wordt er te laat verzet aangetekend, omdat de gefailleerde naar zijn zeggen als gevolg van zijn detentie beperkt was in de communicatie met zijn raadsman. De Hoge Raad laat de niet-ontvankelijkverklaring van het verzet door rechtbank en Hof in stand, omdat omstandigheden, waarvan het ontstaan aan de gefailleerde zelf toerekenbaar is, geen excuus vormen voor overschrijding van de verzettermijn (HR 3 november 2006, ECLI:NL:HR:2006:AY8309).

Verzet moet worden gedaan bij de rechterlijke instantie die de faillietverklaring voor het eerst heeft uitgesproken, meestal de rechtbank; hoger beroep wordt ingesteld bij het gerechtshof, en cassatie bij de Hoge Raad.

In art. 8-12 Fw wordt gedetailleerd aangegeven wie een bepaald rechtsmiddel kan instellen en welke voorschriften bij het instellen en behandelen van deze rechtsmiddelen in acht moeten worden genomen. Daarom worden in het onderstaande slechts enkele punten belicht.

Om te beginnen de positie van de schuldenaar die in staat van faillissement is verklaard: deze heeft tegen het vonnis recht van hoger beroep dan wel recht van verzet. Het recht van hoger beroep heeft de schuldenaar wanneer hij op de aanvraag tot faillietverklaring wél, recht van verzet wanneer hij niet is gehoord (zie in dit verband HR 18 december 1992, *NJ* 1993/177). Hiervóór werd reeds opgemerkt dat de Hoge Raad in een uitspraak van 29 oktober 1982, *NJ* 1983, 196, heeft uitgemaakt dat de schuldenaar steeds moet worden opgeroepen om over

Rechtsmiddelen 3

de faillissementsaanvraag door een schuldeiser te worden gehoord, behalve in bijzondere gevallen. De schuldenaar zal niet worden opgeroepen wanneer hij zelf het initiatief tot de faillietverklaring heeft genomen. Dit is begrijpelijk; evenmin wekt het verbazing dat onder die omstandigheden de schuldenaar niet – door middel van verzet of hoger beroep – tegen zijn faillietverklaring kan opkomen. Heeft de schuldenaar zelf aangifte tot faillietverklaring gedaan, en heeft de rechtbank daarop afwijzend beschikt, dan staat de schuldenaar het recht van hoger beroep ten dienste. Ook heeft de schuldenaar het recht van hoger beroep wanneer de rechtbank afwijzend heeft gereageerd op door de schuldenaar gedaan verzet.

Volgens art. 8 lid 4 Fw moet de schuldenaar die verzet doet of in hoger beroep gaat, binnen vier dagen na het indienen van zijn verzoekschrift de advocaat die het verzoek tot faillietverklaring heeft ingediend, in kennis stellen van zijn verzet of hoger beroep door middel van een deurwaardersexploit; daarbij moet hij tevens aangeven wanneer de behandeling zal plaatsvinden. Niet of niet-tijdige nakoming van dit voorschrift leidt in beginsel tot niet-ontvankelijkheid van het verzet of hoger beroep; de rechter kan echter naar bevind van zaken enig uitstel verlenen – dat wil zeggen een nieuwe dag voor de behandeling bepalen – zodat de schuldenaar in de gelegenheid is alsnog de in art. 8 lid 4 Fw bedoelde kennisgeving te doen. Vindt die kennisgeving plaats, dan geldt het eerder begane verzuim voor hersteld (zie HR 15 juli 1985, *NJ* 1986/210, en HR 23 december 1983, *NJ* 1984/328).

Wanneer de partij op wiens verzoek het faillissement is uitgesproken, ondanks het verzuim bij de behandeling van het hoger beroep in persoon of bij advocaat verschijnt, is het verzuim gedekt; dan is immers het doel van art. 8 lid 4 Fw – zoveel mogelijk zeker te stellen dat de aanvrager van het faillissement bij de behandeling van het hoger beroep van de schuldenaar gelegenheid krijgt het zijne te zeggen – toch bereikt (HR 23 juli 1984, *NJ* 1985/50; in dezelfde zin HR 11 september 1987, *NJ* 1988/95).

Heeft een schuldeiser het faillissement aangevraagd en is op die aanvraag negatief beschikt, dan komt de schuldeiser het recht van hoger beroep toe (vgl. art. 9 Fw).

Interessanter is de figuur die in art. 10 Fw is geregeld: met uitzondering van degene die de faillietverklaring heeft uitgelokt, heeft iedere schuldeiser en iedere belanghebbende het recht van verzet tegen de faillietverklaring. Wie onder belanghebbende moet worden verstaan, geeft de wet niet aan. Wel heeft dit begrip in literatuur en jurisprudentie invulling gekregen.

Een belanghebbende wordt omschreven als iemand die, hoewel hij geen schuldeiser is, in een bepaalde rechtsbetrekking tot de schuldenaar staat. Enkele voorbeelden:
- de echtgenoot die met de gefailleerde in gemeenschap gehuwd is. Ook als de echtgenoot bij de behandeling van de aanvraag of aangifte tot faillietverklaring aanwezig is geweest, blijft het recht van art. 10 Fw intact;
- degene die bijvoorbeeld een huis heeft gekocht samen met iemand die later failliet wordt verklaard (HR 16 april 1982, *NJ* 1982/644);
- sinds eind 2015 wordt ook de curator beschouwd als belanghebbende in de zin van art. 10 Fw. Dat heeft te maken met de zogenoemde 'legeboedelproblematiek'. Bij gebrek aan (te verwachten) baten blijken veel faillissementsboedels leeg te zijn. Een curator moet dan wel uren en kosten maken, maar kan daarvan geen betaling tegemoet zien. Er is daarom in de praktijk gezocht naar een mogelijkheid om aan benoeming in dergelijke faillissementen te ontkomen. Die mogelijkheid is gevonden door ook curatoren aan te merken als belanghebbende in de zin van art. 10 Fw.

Volgens vaste rechtspraak moet het antwoord op de vraag of iemand als *belanghebbende* kan worden aangemerkt, worden afgeleid uit de aard van de procedure en de daarmee verband houdende wetsbepalingen. Daarbij zal een rol spelen in hoeverre iemand door de uitkomst van de desbetreffende procedure zodanig in een eigen belang kan worden getroffen dat hij daarin behoort te mogen opkomen ter bescherming van dat belang, of in hoeverre hij anderszins zo nauw betrokken is of is geweest bij het onderwerp dat in de procedure wordt

19

behandeld dat daarin een belang is gelegen om in de procedure te verschijnen (vgl. HR 10 november 2006, ECLI:NL:HR:2006:AY8290, en HR 25 mei 2012, ECLI:NL:HR:2012:BV9961).

Indien een rechtspersoon op eigen aangifte failliet is verklaard, is de curator als belanghebbende in de zin van art. 10 lid 1 Fw aan te merken en kan hij pro se verzet doen tegen de faillietverklaring, indien hij dat doet omdat de boedel (nagenoeg) geen baten bevat en baten ook niet te verkrijgen of te verwachten zijn. In dat geval heeft (het bestuur van) de rechtspersoon de bevoegdheid aangifte tot faillietverklaring te doen – en daarmee de te benoemen curator te belasten met de werkzaamheden die tot beëindiging van het bestaan van de rechtspersoon moeten leiden zonder dat de curator voor zijn werkzaamheden een vergoeding tegemoet kan zien – misbruikt. De rechtspersoon dient dan de weg van art. 2:19 BW te bewandelen (HR 18 december 2015, ECLI:NL:HR:2015:3636 (*Hoeksma q.q./R.M. Trade BV*)).

Ook als het faillissement wordt aangevraagd door een schuldeiser is voor het slagen van verzet door de curator vereist dat de faillissementsaanvraag – ongeacht of deze door een schuldeiser dan wel de schuldenaar zelf is ingediend – is aan te merken als misbruik van bevoegdheid. Daarvan kan sprake zijn indien degene die het faillissement aanvraagt, op het moment van de aanvraag weet of behoort te weten dat de boedel leeg is en geen voldoende gerechtvaardigd belang bij de aanvraag heeft. Een voldoende gerechtvaardigd belang kan zijn om de ontbinding van een rechtspersoon te bewerkstelligen (HR 22 december 2017, ECLI:NL:HR:2017:3269 (*Boersen pro se en q.q./Bedrijfstakpensioenfonds*)).

De belanghebbende van art. 10 Fw heeft dus het recht van verzet; degene wiens verzet als bedoeld in art. 10 Fw is afgewezen heeft het recht van hoger beroep (zie art. 11 Fw). Men kan niet het rechtsmiddel van verzet overslaan en rechtstreeks hoger beroep instellen tegen het vonnis tot faillietverklaring (zie HR 7 december 1984, *NJ* 1985/268). Hetzelfde geldt ingeval de faillietverklaring in hoger beroep door het hof is uitgesproken. De schuldeiser die niet het faillissement heeft aangevraagd of een belanghebbende moet dan, alvorens cassatieberoep in te stellen, verzet doen bij dat Hof. Bij gebreke daarvan is het cassatieberoep niet ontvankelijk (zie HR 12 september 2003, ECLI:NL:HR:2003:AJ9981).

Het gesloten stelsel van rechtsmiddelen brengt mee dat een schuldeiser(die het faillissement niet heeft aangevraagd) of een belanghebbende die in eerste aanleg geen verzet heeft gedaan tegen de faillietverklaring dat niet alsnog kan doen tegen de bekrachtiging van een faillietverklaring door het hof. Verzet is alleen mogelijk tegen de faillietverklaring zelf. Datzelfde stelsel verhindert ook dat de enkele oproep om in hoger beroep te worden gehoord of de enkele indiening in hoger beroep van een verweerschrift iemand tot partij maakt in de appelprocedure aan wie de Faillissementswet vervolgens het recht geeft om cassatieberoep in te stellen (zie HR 20 april 2007, ECLI:NL:HR:2007:BA3413, resp. HR 14 december 2007, ECLI:NL:HR:2007:BB5550).

De rechter aan wie de zaak na verzet of hoger beroep wordt voorgelegd, beziet opnieuw of de schuldenaar verkeert 'in de toestand dat hij heeft opgehouden te betalen'. Bij zijn onderzoek houdt de rechter niet alleen rekening met feiten en omstandigheden die eerder niet bekend waren, maar ook met gebeurtenissen die zich pas later hebben voorgedaan. Zo zal de faillietverklaring vernietigd worden wanneer de openstaande schulden inmiddels – uiteraard door een derde, want de schuldenaar is beschikkingsonbevoegd – zijn voldaan.

De omstandigheid dat de schuldeiser op wiens aanvraag het faillissement is uitgesproken, in hoger beroep verklaart dat hij zijn aanvraag intrekt, kan echter op zichzelf niet tot vernietiging leiden. De rechtstoestand van faillissement, welke ook de rechtspositie van de andere schuldeisers bepaalt, staat immers niet meer ter beschikking van de schuldeiser die deze toestand bevoegd heeft uitgelokt (HR 4 november 1949, *NJ* 1950/17, en HR 7 februari 1958, *NJ* 1958/202 (*Jennissen*)). De appelrechter is zelfs niet gehouden een vonnis van faillietverklaring te vernietigen wanneer de schuldenaar stelt (en de aanvrager niet weerspreekt of zelfs erkent) dat het aan de rechter in eerste aanleg summierlijk gebleken vorderingsrecht van de aanvrager niet bestaat. Ook in dat geval beoordeelt de appelrechter zelfstandig of al dan niet summierlijk blijkt van dat vorderingsrecht (HR 10 november 2006, ECLI:NL:HR:2006:AY6204). Het hof moet de hem voorgelegde vraag of de schuldenaar in de toestand verkeert te hebben opgehouden met betalen beoordelen naar de omstandigheden zoals die zijn gebleken in eerste aanleg én in hoger beroep (HR 11 juli 2008, ECLI:NL:HR:2008:BD3705 (*Van den Akker/ In de Veste BV*)).

Daarbij kan hij rekening houden met alle feiten en omstandigheden, zodat hij kan komen tot een beoordeling ex nunc. Doet hij dat niet, dan bestaat het gevaar dat een beslissing wordt genomen over een toestand die niet meer bestaat, zoals gebeurde toen een Hof een faillissement uitsprak, terwijl het hoger beroep was ingetrokken (HR 14 februari 2014, ECLI:NL:HR:2014:336). Aldus kan hij komen te staan voor de door hem opnieuw – maar dan naar dat tijdstip – te beantwoorden vraag of wordt voldaan aan het vereiste van pluraliteit van schuldeisers. Hij zal dan in zijn onderzoek moeten betrekken of (alle) door de rechtbank in aanmerking genomen steunvorderingen nog bestaan. Voor handhaving van een faillissement in hoger beroep moet dus ook sprake zijn van één of meer steunvorderingen (HR 17 januari 2014, ECLI:NL:HR:2014:98 (*Unitco*)).

4 Vernietiging van de faillietverklaring

In het voorgaande werd opgemerkt dat de faillietverklaring na aanwending van een rechtsmiddel bij vonnis of arrest vernietigd kan worden, bijvoorbeeld wanneer alle schulden die de failliet had, inmiddels door een derde zijn voldaan. Ook om andere redenen kan de rechter bij de behandeling van verzet, hoger beroep of cassatie tot vernietiging van de faillietverklaring besluiten. Zo is het denkbaar dat de appelrechter – anders dan de eerste instantie – van oordeel is dat het vorderingsrecht van de schuldeiser die het faillissement heeft aangevraagd, niet voldoende vaststaat. Wat zijn nu de rechtsgevolgen van de vernietiging? Voorop staat dat de schuldenaar het beheer en de beschikking over zijn vermogen terugkrijgt. De bevoegdheid tot beheer en tot beschikking waren ten gevolge van de faillietverklaring op de curator overgegaan. Heeft de curator van die bevoegdheden gebruik gemaakt, dan kan dit consequenties hebben voor de schuldenaar. Omdat vernietiging terugwerkende kracht heeft, wordt de schuldenaar geacht nooit failliet te zijn geweest. Ook tijdens het faillissement is de schuldenaar handelingsbekwaam gebleven. Daarom is hij gebonden aan alle tijdens het faillissement door hem verrichte rechtshandelingen. Niet van belang is of de boedel daaraan al dan niet gebonden zou zijn geweest.

Vernietiging van een faillissementsvonnis heeft overigens geen onmiddellijke werking. Het faillissement blijft van kracht totdat kennisgeving/aankondiging van de vernietiging heeft plaatsgevonden conform art. 15 Fw. Tot dat moment blijft de curator bevoegd de boedel te binden, maar hij zal daarbij wel terughoudend te werk moeten gaan en alleen van die bevoegdheid gebruik mogen maken wanneer dat in het belang is van de boedel, bijvoorbeeld in verband met voortzetting van het bedrijf of een mogelijke doorstart (HR 11 november 2016, ECLI:NL:HR:2016:2577).

> Stel dat de curator aan een aannemer opdracht heeft gegeven tot een in zijn ogen noodzakelijke reparatie aan het woonhuis van de failliet – in de regel een beheershandeling – of dat de curator conform art. 101 Fw goederen heeft verkocht omdat de daaraan te besteden bewaar- of onderhoudskosten te veel zouden oplopen. De door de curator verrichte handelingen binden dan de schuldenaar; ze zijn op rechtsgeldige wijze verricht, althans wanneer ze verricht zijn op of vóór de dag waarop de vernietiging wordt gepubliceerd (art. 13 Fw). De publicatie moet geschieden op dezelfde wijze als waarop krachtens art. 14 Fw de faillietverklaring is aangekondigd, en is pas mogelijk wanneer de termijn gedurende welke men tegen de vernietiging kan opkomen, verstreken is.

Het faillissement zal inmiddels de nodige kosten met zich hebben gebracht, zoals advertentiekosten, griffierechten, het salaris van de curator. Door wie die kosten moeten worden voldaan hangt van de omstandigheden af; de rechter kan de kosten ten laste brengen van degene die het faillissement heeft aangevraagd, van de schuldenaar of van beiden (zie art. 15 lid 3 Fw).

> De rechter zal de kosten voor rekening van de schuldeiser laten komen wanneer het vorderingsrecht van de schuldeiser niet komt vast te staan en de schuldeiser – wellicht – het faillissement ten onrechte heeft aangevraagd.
> De rechter zou de kosten voor rekening van de schuldenaar kunnen brengen, wanneer de schuldenaar het tot een faillissement heeft laten komen en het faillissement een einde neemt omdat derden bereid zijn de failliet de helpende hand te bieden (zie voor de vraag voor wiens rekening de kosten komen in geval van vernietiging in cassatie met verwijzing van de zaak ter verdere behandeling HR 11 juni 1982, *NJ* 1983/11).

5 Opheffing van het faillissement

Naast de mogelijkheid van vernietiging van de faillietverklaring is er nog een andere wijze waarop het faillissement in een vroegtijdig stadium kan eindigen, namelijk opheffing. Opheffing komt zeer vaak voor.

> Zoals in hoofdstuk I reeds aan de orde kwam, wordt tegenwoordig in de praktijk een andere volgorde van afwikkeling van het faillissement gehanteerd dan de Faillissementswet voorschrijft. Het systeem van de Faillissementswet komt erop neer dat de curator zich in de eerste fase van het faillissement beperkt tot het inventariseren van de boedel en het beheren daarvan. Vervolgens vindt de officiële vaststelling van de vorderingen van de schuldeisers plaats op de verificatievergadering. Daarna gaat de curator de boedel liquideren en verdeelt hij de opbrengst onder de schuldeisers, met inachtneming van de wettelijke rangorde. Liquidatie vindt in het systeem van de Faillissementswet derhalve alleen plaats na de verificatievergadering.
> In de praktijk loopt het doorgaans anders. De curator gaat onmiddellijk tot liquidatie over. In veel gevallen is vrij snel duidelijk of er in het desbetreffende faillissement voldoende opbrengst zal zijn om de schuldeisers uit te betalen. Hun vorderingen zijn weliswaar nog niet formeel vastgesteld, maar de curator kan het totale beloop ervan wel reeds met een vrij grote mate van zekerheid schatten.

Blijkt inderdaad dat de opbrengst te gering is om de faillissementskosten en overige boedelschulden te voldoen, dan zal de curator aan de rechter-commissaris voorstellen het faillissement op te heffen. Bij dat voorstel voegt de curator het ontwerp van zijn financieel eindverslag, waaruit de baten en de betaalde kosten blijken. Het verslag wordt op de griffie van de rechtbank ter inzage gelegd. Dit is voor de crediteuren de enige mogelijkheid om kennis te nemen van wat er in het faillissement is gebeurd. De rechtbank stelt vervolgens het salaris van de curator vast, die dat verwerkt in het definitieve financiële eindverslag, dat ter goedkeuring aan de rechter-commissaris wordt voorgelegd. Na verkregen goedkeuring gaat de curator over tot uitbetaling van hetgeen zich op de faillissementsrekening bevindt. Dan behandelt de rechtbank de voordracht tot opheffing. Op dat moment moet de faillissementsrekening leeg zijn. Als er zelfs onvoldoende actief is om het salaris van de curator (integraal) te voldoen dan blijft ook het financieel eindverslag nog achterwege en weten derhalve alleen de curator en de rechtbank hoe het faillissement precies wordt afgewikkeld.

De opheffing vindt zijn wettelijke basis in art. 16 Fw. De wet spreekt van opheffing 'wegens gebrek aan voldoende baten'.

Bij opheffing komen de kosten, waaronder het salaris van de curator, in beginsel voor rekening van de schuldenaar. Deze kosten moeten bij voorrang boven alle andere schulden worden voldaan (art. 16 lid 2 Fw).

Het is mogelijk dat na de opheffing opnieuw een aanvraag of aangifte tot faillietverklaring wordt gedaan. Omdat het niet ondenkbaar is dat een hierop uitgesproken faillissement wederom zou moeten worden opgeheven wegens de toestand van de boedel, eist art. 18 Fw dat de schuldenaar of de schuldeiser die het faillissement wil uitlokken, aantoont dat er voldoende baten zijn om de kosten van het faillissement te bestrijden.

> Voor de schuldenaar geldt deze verplichting zonder enige beperking. Aan een schuldeiser wordt de eis slechts gesteld wanneer binnen drie jaar na de opheffing het faillissement opnieuw wordt aangevraagd. Art. 18 Fw levert dus het enige geval op waarin de toestand van de boedel bij de beslissing om het faillissement uit te spreken, de doorslag geeft.

Wanneer na de opheffing van het faillissement mocht blijken dat er baten aanwezig zijn die ten tijde van de opheffing niet bekend waren, kan het faillissement niet worden 'heropend', maar zal opnieuw faillissement moeten worden aangevraagd.

> Art. 194 Fw, dat de mogelijkheid opent om tot vereffening en verdeling over te gaan van baten die aan de boedel terugvallen of aanvankelijk niet bekend waren (zie hoofdstuk IX, § 1), is niet – ook niet analogisch – van toepassing in het geval van opheffing, aldus de Hoge Raad in zijn uitspraak van 10 augustus 1984, *NJ* 1985/69. In dit verband is van belang, zoals ook uit de tekst van het artikel blijkt, dat de uitdeling en vereffening van art. 194 Fw geschiedt op basis van de vroegere uitdelingslijsten; in geval van opheffing is er geen verbindend geworden slotuitdelingslijst en gewoonlijk ook geen lijst van geverifieerde schuldvorderingen; in zo'n geval ligt een vereffening en verdeling als bedoeld in art. 194 Fw dan ook niet in de rede (zie in dit verband ook HR 27 januari 1995, *NJ* 1995/579).

6 Vereenvoudigde afwikkeling

In het verlengde van de opheffing vond men het in de praktijk ook niet zinvol om een verificatievergadering te beleggen als tevoren bekend was dat van de geverifieerde schuldeisers alleen de hoogst preferente een uitkering tegemoet konden zien.

> Bij de curator in het faillissement van X BV hebben zich dertig schuldeisers gemeld, waaronder de Ontvanger met een vordering van € 35.000 wegens door de BV niet afgedragen omzetbelasting. Op basis van de Invorderingswet 1990 heeft deze vordering een zeer hoge voorrang (zie hierover nader hoofdstuk VI, § 5). Nadat de curator alle boedelschulden heeft betaald, blijft er € 15.000 over. Alvorens dat bedrag onder de faillissementsschuldeisers kan worden verdeeld, moet er volgens het wettelijk systeem een verificatievergadering worden gehouden (zie hierover nader hoofdstuk VIII). Vervolgens moet de curator een uitdelingslijst opstellen waaruit blijkt in welke volgorde de schuldeisers betaald worden en hoeveel ieder van hen zal ontvangen. Dan wordt al snel duidelijk dat het volledige saldo van € 15.000 naar de Ontvanger gaat, maar dat stond al vast.

Als naast de boedelschulden alleen de faillissementsvorderingen van fiscus en UWV (premievorderingen zijn op grond van art. 60 Wfsv even hoog in rang als belastingvorderingen) geheel of gedeeltelijk betaald konden worden, had de praktijk er vrede mee dat het faillissement werd afgewikkeld als omschreven in het hiervoor gegeven voorbeeld. Men noemde dat 'oneigenlijke opheffing', een effectieve methode om te komen tot afwikkeling van een faillissement waarin, na betaling van de boedelschulden, alleen voor de hoogst preferente faillissementscrediteuren nog enige uitkering beschikbaar was.

Betwisting van een belasting- of premieschuld tijdens een verificatievergadering blijft zonder effect, omdat alleen de curator bevoegd is daartegen iets te ondernemen bij de belastingautoriteiten of de belastingrechter. Een renvooiprocedure biedt geen uitkomst, omdat de civiele kamer van de rechtbank niet bevoegd is om van dit soort zaken kennis te nemen. Als art. 19 lid 3 IW 1990 de ontvanger dan ook nog de mogelijkheid geeft betaling door de curator te vorderen van een belastingschuld van de gefailleerde zonder verificatie af te wachten (art. 19 lid 7 IW 1990), dan wekt het geen verwondering dat de oneigenlijke opheffing veelvuldig werd toegepast.

Om tegemoet te komen aan het bezwaar dat er voor de oneigenlijke opheffing geen wettelijke basis was, is in 1999 wetsvoorstel 27199 ingediend, waarmee de vereenvoudigde afwikkeling in de Faillissementswet werd geïntroduceerd. Op 1 augustus 2002 zijn art. 137a-137g Fw in werking getreden. Daaruit volgt dat, wanneer aannemelijk is dat er geen enkele uitkering beschikbaar komt voor de concurrente schuldeisers, de rechter-commissaris kan bepalen dat afhandeling van de concurrente vorderingen achterwege blijft en dat er geen verificatievergadering wordt gehouden.

> De curator kan daartoe een verzoek doen, maar de rechter-commissaris kan ook ambtshalve besluiten dat een faillissement vereenvoudigd moet worden afgewikkeld. De rechter-commissaris zal slechts sporadisch gebruik maken van die laatste mogelijkheid. Zijn taak is immers om toezicht te houden op de curator, niet om op diens stoel te gaan zitten.

Wanneer de rechter-commissaris het verzoek van de curator om het faillissement vereenvoudigd te mogen afwikkelen inwilligt, moet de curator daarvan onmiddellijk aan alle bekende schuldeisers mededeling doen. Bovendien moet hij zorgen voor publicatie als bedoeld in art. 14 Fw. De concurrente vorderingen worden nu dus niet geverifieerd, de preferente wel. Vervolgens gaat de curator na welke vorderingen bevoorrecht zijn en welke zijn gedekt door pand, hypotheek of retentierecht. Als daarover verschil van mening bestaat treedt de curator in overleg met de desbetreffende schuldeiser en probeert met hem tot een vergelijk te komen. Slaagt hij daar niet in dan legt de curator het geschil voor aan de rechter-commissaris. Kan ook die de partijen niet verenigen dan volgt een renvooiprocedure. De gefailleerde kan erkenning van een vordering of preferentie wel betwisten, maar niet tegenhouden (art. 137b lid 4 jo. art. 126 Fw).

Intussen gaat de curator over tot liquidatie van de boedel, waarna hij een uitdelingslijst opmaakt, welke hij ter goedkeuring aan de rechter-commissaris voorlegt. Na verkregen goedkeuring wordt de lijst op de griffie van de rechtbank ter inzage gelegd. Ook nu volgt weer mededeling aan alle bekende schuldeisers en publicatie. De wet schrijft voor dat daarbij melding wordt gemaakt van het feit dat de uitdelingslijst geen betrekking heeft op de concurrente vorderingen (zie art. 137d lid 4 Fw).

> De schuldeisers hebben de mogelijkheid om tegen de uitdelingslijst in verzet te komen door indiening van een bezwaarschrift (art. 137e lid 1 Fw). Ook een concurrente schuldeiser is

daartoe gerechtigd, met dien verstande dat zijn verzet niet beperkt mag blijven tot het feit dat zijn vordering niet op de lijst voorkomt (art. 137e lid 4 Fw).

Juist omdat er bij vereenvoudigde afwikkeling geen verificatievergadering wordt gehouden, biedt art. 137e Fw de enige mogelijkheid voor een schuldeiser die bij de indiening van zijn vordering heeft verzuimd aanspraak op een voorrecht of voorrang te maken, dat door verzet tegen de uitdelingslijst alsnog te doen. Een rechtbank besloot ten onrechte het hier bedoelde verzet niet toe te staan, omdat art. 137b Fw daarvoor geschreven zou zijn: het is aan de curator om na te gaan welke vorderingen bevoorrecht zijn of zijn gedekt door pand, hypotheek of retentierecht, en daarover in geval van geschil in overleg te treden met de desbetreffende schuldeiser. De Hoge Raad is van oordeel dat die opvatting geen steun vindt in de wet en vernietigt de beschikking van de rechtbank (HR 13 juni 2014, ECLI:NL:HR:2014:1404).

Na afloop van de verzettermijn of na het in kracht van gewijsde gaan van de beslissing op een gedaan verzet gaat de curator over tot het doen van de vastgestelde uitkeringen en als hij daarmee klaar is eindigt het faillissement.

Het kan voorkomen dat er tijdens de vereenvoudigde afwikkeling toch voldoende baten blijken te zijn om enige uitkering aan de concurrente crediteuren te kunnen doen. Dat kan een gevolg zijn van een voor de boedel gunstige afloop van een renvooiprocedure, een geslaagd beroep van de curator op de faillissementspauliana (zie hoofdstuk V), de omstandigheid dat de failliet goederen verwerft, e.d. In dat geval bepaalt de rechter-commissaris dat alsnog een verificatievergadering wordt gehouden en wordt verder het wettelijk systeem gevolgd.

Met deze regeling heeft de wetgever inderdaad een wettelijke basis gegeven aan de voormalige oneigenlijke opheffing, maar er kan niet gezegd worden dat de afwikkeling daarmee is vereenvoudigd. De kans is groot dat de vele extra werkzaamheden welke met deze regeling aan de curator zijn opgedragen zoveel kosten met zich brengen, dat uiteindelijk alsnog gewone opheffing ex art. 16 Fw moet volgen. Als een curator geen verzoek richt aan de rechter-commissaris om te mogen overgaan tot vereenvoudigde afwikkeling en hij maakt gebruik van de bevoegdheid welke art. 19 lid 3 IW 1990 hem geeft om uit eigen beweging belastingaanslagen van de gefailleerde te voldoen en hij doet dat met het geld dat resteert na betaling van de boedelschulden, dan kan hij het faillissement daarna voordragen voor opheffing ex art. 16 Fw en is de hele vereenvoudigde afwikkeling overbodig. De wetgever had deze wellicht beter kunnen reserveren voor die situaties waarin na betaling van de boedelschulden en de faillissementsvordering van fiscus en UWV nog geld resteert voor de overige preferente faillissementsschuldeisers.

HOOFDSTUK III
De omvang van de failliete boedel

1 Inleiding

Krachtens art. 3:276 BW staat de schuldenaar met zijn gehele vermogen in voor de betaling van zijn tegenwoordige en toekomstige schulden. De vraag welke vermogensbestanddelen door het faillissementsbeslag worden getroffen, wordt meer specifiek beantwoord door art. 20 en 21 Fw. De hoofdregel is dat het faillissement het gehele vermogen van de schuldenaar ten tijde van de faillietverklaring omvat, alsmede hetgeen de schuldenaar gedurende het faillissement verwerft (art. 20 Fw). Voor natuurlijke personen wordt daarop in art. 21 Fw een aantal uitzonderingen opgesomd.

> Zo blijven onder meer buiten het faillissement sommige zaken die de failliet voor zijn dagelijks levensonderhoud nodig heeft zoals bed, beddengoed en kleding. Buiten het faillissement kan ook datgene blijven wat de failliet door persoonlijke werkzaamheid of als bezoldiging gedurende het faillissement verkrijgt, indien en voor zover de rechter-commissaris zulks bepaalt (vgl. art. 21 sub 2 Fw). De rechter-commissaris kan een bedrag vaststellen dat ter vrije beschikking van de gefailleerde blijft, zodat de gefailleerde in zijn levensonderhoud – en in dat van zijn gezin – kan blijven voorzien. Bij het bepalen van het bedrag wordt meestal uitgegaan van het participatiewetminimum.
> Regelmatig komt het voor dat de schuldenaar geen looninkomsten, maar een uitkering geniet. Ook op uitkeringen is art. 21 sub 2 Fw rechtstreeks van toepassing. (Zie HR 4 juni 1993, *NJ* 1993/458).

Afhankelijk van de context en de overige omstandigheden van het geval kan een beding dat het recht op een prestatie doet vervallen enkel en alleen vanwege het in staat van faillissement raken van de schuldeiser of een daarop gebaseerde opzegging, met als gevolg dat de wederpartij die de tegenprestatie daarvoor al heeft ontvangen, zijn eigen prestatie niet meer hoeft te verrichten, nietig zijn wegens strijd met art. 20 Fw (HR 12 april 2013, ECLI:NL:HR:2013:BY9087 (*Megapool*)).

2 Wat valt in de boedel?

Op grond van het bovenstaande zou men kunnen menen dat het vaststellen van de omvang van de boedel een eenvoudige zaak is. Immers: alle vermogensbestanddelen die aan de schuldenaar toebehoren, vallen in de boedel, tenzij ze door art. 21 Fw of door een bijzondere wettelijke regeling worden uitgezonderd.

Een probleem schuilt echter in de omstandigheid dat het soms moeilijk is om te bepalen óf een vermogensbestanddeel aan de schuldenaar toebehoort. Hieronder wordt een aantal gevallen onder de loep genomen waarin twijfel kan rijzen omtrent de vraag of de failliet rechthebbende is. De opsomming is niet limitatief.

Stel dat de schuldenaar vóór zijn faillietverklaring goederen heeft gekocht; de goederen zijn aan de schuldenaar geleverd, maar op het moment van de faillietverklaring heeft de schuldenaar de koopsom nog niet voldaan. Vallen deze goederen in de boedel?

In beginsel wel, want de schuldenaar is rechthebbende, ondanks het feit dat de goederen nog niet betaald zijn. Betaling is naar Nederlands recht immers geen voorwaarde voor eigendomsverkrijging. Wel heeft de verkoper, als de koper niet betaalt, een aantal belangrijke bevoegdheden. Zo kan hij de overeenkomst ontbinden wanneer de koper – al dan niet toerekenbaar – tekortschiet in de nakoming van de verbintenis. In geval van ontbinding ontstaat voor beide partijen een ongedaanmakingsverbintenis, wat in casu onder andere inhoudt dat de verkoper een recht op teruglevering krijgt. De verkoper kan naast gehele of gedeeltelijke ontbinding schadevergoeding vorderen (art. 6:261 e.v. BW). Al deze vorderingen leveren voor de verkoper echter slechts een persoonlijk recht op; de verkoper zal in geval van faillissement van de koper zijn vordering ter verificatie moeten indienen. Betreft de verkoop een roerende zaak, dan heeft de verkoper naast de bovenomschreven mogelijkheden misschien de mogelijkheid om de zaak terug te krijgen door gebruik te maken van het recht van reclame (art. 7:39-7:44 BW). Krachtens het recht van reclame kan de verkoper van een roerende, aan de koper afgeleverde, zaak, niet zijnde een registergoed, die zaak terugvorderen wanneer de koopprijs nog niet is voldaan. Wil de verkoper het recht van reclame met succes kunnen inroepen, dan moet wel aan enkele voorwaarden zijn voldaan. In de eerste plaats moet de zaak zich nog in dezelfde staat bevinden als bij aflevering (art. 7:41 BW). Voorts moeten de rechten van derden worden gerespecteerd (art. 7:42 BW). Bovendien geldt de termijn van art. 7:44 BW, hetgeen erop neerkomt dat het recht vervalt wanneer zowel zes weken zijn verstreken na het opeisbaar worden van de koopprijs als zestig dagen na aflevering van de zaak. In geval van faillissement van de koper geldt bovendien art. 7:40 BW, dat bepaalt dat de curator de zaak voor de boedel kan behouden door de koopprijs te voldoen of daarvoor zekerheid te stellen.

In de praktijk wordt bij koopovereenkomsten vaak gebruik gemaakt van een eigendomsvoorbehoudclausule: de verkoper behoudt zich de eigendom van de verkochte zaak voor totdat zijn vordering zal zijn voldaan. Het spreekt voor zich dat de verkoper in dit geval bij wanbetaling de zaak kan opvorderen, ook wanneer de koper failliet is verklaard. Ondanks het faillissement krijgt de verkoper dan toch integrale betaling van zijn vordering.

Goederen die de schuldenaar vóór zijn faillietverklaring heeft verkocht, maar die op het moment van faillietverklaring nog niet zijn geleverd, vallen in de failliete boedel: zij behoren nog steeds aan de failliet toe.

Stel dat de curator ten huize van de failliet een antieke klok aantreft, en dat de failliet beweert dat de klok vóór het faillissement is verkocht aan B, doch dat de klok door omstandigheden nog niet aan B is geleverd. Ongetwijfeld valt de klok in de failliete boedel: de eigendom van de klok gaat pas over op B wanneer geleverd wordt. Nu A failliet is verklaard, is levering niet meer mogelijk omdat A door de faillietverklaring zijn beschikkingsbevoegdheid verliest (art. 23 Fw). De positie die koper B in het faillissement van A inneemt, is tamelijk zwak; B heeft een persoonlijk recht op levering, een concurrente vordering die hij ter verificatie zal moeten indienen. Hetzelfde geldt wanneer A vóór zijn faillietverklaring een registergoed of een vorderingsrecht heeft verkocht, en aan de daarvoor bestemde leveringsvereisten ten tijde van de faillietverklaring nog niet is voldaan. In dit verband is van belang art. 35 lid 1 Fw dat bepaalt: indien op de dag van de faillietverklaring nog niet alle handelingen die voor een levering door de schuldenaar nodig zijn, hebben plaatsgevonden, kan de levering niet geldig meer geschieden. Een voorbeeld hiervan op het terrein van de cessie: volgens art. 3:94 lid 1 BW moet voor de overdracht van een vorderingsrecht niet alleen een akte worden opgemaakt en ondertekend, maar geldt bovendien als constitutief vereiste dat de levering van de vordering aan de debitor cessus wordt 'medegedeeld'. Heeft de cedent vóór zijn faillietverklaring een akte van cessie opgemaakt en ondertekend, maar is ten tijde van de faillietverklaring de debitor cessus nog niet verwittigd, dan behoort de vordering nog tot de boedel (vgl. HR 14 juli 2000, ECLI:NL:HR:2000:AA6527).

Omdat het mededelingsvereiste een belemmering bleek te vormen voor verschillende financiële transacties is in 2004 de stille cessie in het BW opgenomen (art. 3:94 lid 3 BW). Naar het voorbeeld van de stille verpanding van vorderingen op naam (art. 3:239 lid 1 BW) kunnen nu ook tegen één of meer bepaalde personen uit te oefenen rechten worden geleverd door een daartoe bestemde authentieke of geregistreerde onderhandse akte zonder mededeling aan de personen tegen wie die rechten moeten worden uitgeoefend. Voorwaarde daarbij is dat deze rechten op het tijdstip van de levering reeds bestaan of rechtstreeks zullen worden verkregen uit een dan reeds bestaande rechtsverhouding. Na een stille cessie kan de cessionaris niet meer worden geraakt door het faillissement van de cedent, omdat de rechten niet meer tot het vermogen van de cedent behoren.

Problemen kunnen rijzen wanneer de failliet soortzaken onder zich heeft en één of meer personen beweren eigenaar daarvan te zijn. De vraag in hoeverre de zaken in de boedel vallen, is niet zonder meer te beantwoorden. Van belang is of de zaken zich lenen voor vermenging.

Een voorbeeld: graanhandelaar A, die er tevens zijn bedrijf van maakt graan dat aan anderen toebehoort, in zijn silo's op te slaan, gaat failliet. Op dat moment bevindt zich negen ton graan in de silo's. B slaagt erin te bewijzen dat hij acht ton graan aan A in bewaring heeft gegeven. Hij wenst deze hoeveelheid te revindiceren. Eveneens komt vast te staan dat A voor zichzelf vier ton had opgeslagen. Welke is nu de positie van B? Krachtens art. 5:15 BW kan men A en B aanmerken als mede-eigenaren van het graan. De mede-eigenaar heeft een vordering tot uitlevering; deze vordering heeft goederenrechtelijke trekken en kan als zodanig ook in geval van faillissement geldend worden gemaakt. In zoverre staat B dus sterk. B heeft echter als mede-eigenaar slechts recht op een evenredig gedeelte van de mede-eigendom; in casu kan B uitlevering vorderen van zes en wordt A aangemerkt als eigenaar van de resterende drie ton (vgl. HR 10 februari 1978, *NJ* 1979/338 (*Nieuwe Matex*)).

In een geval als het bovenstaande is sprake van vermenging. Blijkens art. 5:15 BW ontstaat mede-eigendom wanneer roerende zaken die aan verschillende eigenaren toebehoren, door vermenging tot één nieuwe zaak verenigd worden. De *Parl. Gesch. Boek 5*, p. 108, vermeldt dat een dergelijke vermenging zich kan voordoen bij granen en vloeistoffen, maar niet bij geld. Dit roept de vraag op welke de positie van B is wanneer hij bankbiljetten aan A in bewaring geeft en A failliet gaat, na de bankbiljetten bij de aan hem, A, toebehorende bankbiljetten te hebben gevoegd. In dat geval wordt A als eigenaar van de bankbiljetten aangemerkt, tenzij B erin slaagt te bewijzen welke biljetten hij in bewaring heeft gegeven, wat hem vrijwel nooit zal lukken. In de regel heeft B bij faillietverklaring van A dan ook slechts een concurrente vordering.

Zie in dit verband ook de uitspraak van de Hoge Raad van 3 februari 1984, *NJ* 1984/752 (*Faillissement notaris*). In deze zaak had een koper van een registergoed de voor de verkoper bestemde koopsom gestort op de bankrekening van de notaris via wie de transactie liep; de notaris ging vervolgens failliet voordat het tot doorbetaling van het gestorte bedrag aan de verkoper was gekomen. Het gestorte bedrag valt dan in beginsel in de failliete boedel van de notaris (vgl. art. 20 Fw). De Hoge Raad oordeelt dat de paritas creditorum eraan in de weg staat om de koper of de verkoper die de betaling via de notaris laten lopen, boven de andere schuldeisers te beschermen. De Hoge Raad overweegt voorts: 'Beslissend is (...) dat het geld (...) deel van het vermogen van de notaris is gaan uitmaken en dat niet de weg is gekozen van storting van het bedrag op een afzonderlijke rekening ten name van de notaris met vermelding van diens hoedanigheid van opdrachtnemer van de betreffende koper en verkoper, noch een – voor wat betreft het afgescheiden blijven van het overgemaakte bedrag van het vermogen van de notaris – daarmee gelijk te stellen weg.'

Dezelfde redenering wordt gevolgd in het geval van een tot kinderbijslag gerechtigde, die de uitkeringsbedragen heeft laten overmaken naar de rekening van een derde. Als die derde vervolgens failliet gaat, heeft de gerechtigde slechts een concurrente vordering in het faillissement van de derde. De op de rekening van de derde bijgeschreven bedragen zijn tot diens vermogen gaan behoren en vormen geen afgescheiden vermogen, ook al kunnen ze nog volledig worden geïdentificeerd (HR 21 mei 1999, *NJ* 2001/630 (*Bahceci/Van der Zwan q.q.*)).

Is wel gebruik gemaakt van een in art. 25 Wet op het Notarisambt of art. 19 Gerechtsdeurwaarderswet geregelde kwaliteitsrekening en wordt de rechthebbende op het saldo of een deel daarvan in staat van faillissement verklaard, dan valt de aanspraak in diens faillissement (zie HR 12 januari 2001, ECLI:NL:HR:2001:AA9441).

Aanvaarding van het fenomeen kwaliteitsrekening, zoals in het arrest van 1984 is gebeurd, betekent een uitzondering op de basisregel van art. 3:276 BW dat een schuldenaar in beginsel met zijn hele vermogen instaat voor zijn schulden. Vanwege de rechtszekerheid en de belangen van het financieringsverkeer moet volgens de Hoge Raad met het maken van uitzonderingen op die regel de nodige terughoudendheid worden betracht. Zij moeten passen binnen het stelsel van de wet en aansluiten bij de wel in de wet geregelde gevallen, zoals art. 25 Wet op het Notarisambt of art. 19 Gerechtsdeurwaarderswet. Het publiek moet erop kunnen vertrouwen, dat notarissen en gerechtsdeurwaarders, wier wettelijke taak vaak meebrengt dat derden gelden aan hen toevertrouwen, deze gelden door middel van een generale of bijzondere kwaliteitsrekening afgescheiden houden van hun eigen vermogen. Overeenkomstige toepassing van de voor notarissen en gerechtsdeurwaarders in de wet opgenomen regelingen op de door advocaten en accountants aangehouden derdengeldenrekeningen past binnen het stelsel van de wet en sluit aan bij in de wet geregelde gevallen. Een incassobureau dat de inning van alle vorderingen van een ziekenhuis verzorgt en daarvoor op eigen naam een speciale rekening heeft geopend, waarop uitsluitend betalingen van patiënten worden ontvangen, past echter niet binnen het stelsel van de wet. In een dergelijk geval is er geen sprake van een kwaliteitsrekening en dus evenmin van een afgescheiden vermogen. Als het incassobureau failliet gaat valt het saldo op de betreffende rekening in de boedel (zie HR 13 juni 2003, ECLI:NL:HR:2003:AF3413 (*Geneeskundigen Beatrixziekenhuis/Procall*)).

Heeft de schuldenaar vóór zijn faillietverklaring een toekomstig goed bij voorbaat geleverd, en verkrijgt hij het goed pas na zijn faillietverklaring, dan valt het goed – behalve wanneer de schuldenaar een commissionair is – in de boedel.

Stel dat A aan B een door A uit het buitenland te betrekken machine verkoopt. B betaalt de koopsom vooruit, waarop A bereid is de machine bij voorbaat aan B te leveren. Na enkele weken arriveert de machine bij A; A is inmiddels failliet verklaard. B en de curator van A zijn het niet eens over de vraag wie eigenaar van de machine is. Hoe liggen B's kansen? Het antwoord op deze vraag is te vinden in art. 35 lid 2 Fw. Dit artikel bepaalt dat een toekomstig goed dat bij voorbaat geleverd is, in het faillissement van de vervreemder valt, als de vervreemder het goed eerst na zijn faillietverklaring heeft verkregen (vgl. in dit verband ook de problematiek van de cessie van toekomstige vorderingen, hoofdstuk IV, § 3).

Hetzelfde geldt voor toekomstige vorderingen. ING financiert Spaanderman BV. Tot zekerheid bedingt ING pandrecht op alle bestaande vorderingen en op alle toekomstige vorderingen uit bestaande rechtsverhoudingen. Spaanderman failleert en de curator zegt een aantal overeenkomsten op. De daaruit voortvloeiende restitutieverplichtingen worden voldaan door betaling op de faillissementsrekening. ING stelt zich op het standpunt dat deze vorderingen onder haar pandrecht vallen. De Hoge Raad is het daar niet mee eens en overweegt: 'vorderingen tot ongedaanmaking of restitutie als gevolg van ontbinding of opzegging door de curator, moeten voor de toepassing van art. 35 lid 2 Fw worden aangemerkt als vorderingen die pas ontstaan door de beëindigingshandeling van de curator en vallen daarom onbelast in de boedel' (HR 3 december 2010, ECLI:NL:HR:2010:BN9463 (*ING/Nederend q.q.*)).

Wordt een roerende zaak geleverd aan een inmiddels gefailleerde commissionair die deze zaak vóór zijn faillietverklaring heeft gekocht in opdracht van een ander, dan valt die zaak niet in de failliete boedel.

> Commissionair A koopt op eigen naam, maar in opdracht en voor rekening van B, een jong renpaard van C. Afgesproken wordt dat C het paard over drie maanden zal leveren aan A. Op het moment waarop A het paard ontvangt, is A failliet. Het paard valt niet in A's failliete boedel. Uit de memorie van toelichting bij art. 35 lid 2 Fw valt op te maken dat genoemd artikel niet geldt voor commissieverhoudingen. Tegen de achtergrond van art. 3:110 BW, waar duidelijk voor de leer van de directe verkrijging is gekozen, is dit weinig opzienbarend.

Tot zover enkele gevallen waarin twijfel kan rijzen omtrent de vraag of bepaalde vermogensbestanddelen aan de failliet toebehoren. Bij het vaststellen van de omvang van de failliete boedel kan men nog op andere problemen stuiten. Aan een viertal problemen – van onderling zeer verschillende aard – wordt hieronder aandacht besteed. Ook deze opsomming is niet limitatief.

Stel dat gedurende het faillissement een nalatenschap openvalt waarbij de gefailleerde als erfgenaam is aangewezen. Ongetwijfeld behoort hetgeen de gefailleerde uit de nalatenschap verkrijgt tot de failliete boedel. Art. 20 Fw bepaalt met zoveel woorden dat het faillissement ook datgene omvat wat de schuldenaar tijdens zijn faillissement verwerft.

Men dient zich te realiseren dat de vraag óf de failliet als erfgenaam verkrijgt, afhangt van de keuze die de curator maakt. De curator beslist – in plaats van de failliet – over het aanvaarden of verwerpen van de nalatenschap (zie art. 41 Fw).

> Iemand die gerechtigd is tot een nalatenschap kan kiezen tussen aanvaarden van de nalatenschap, verwerpen, of aanvaarden onder het voorrecht van boedelbeschrijving. Bij een 'zuivere' aanvaarding treedt men als erfgenaam in de rechten en plichten van de erflater, bij verwerping treedt men noch in de rechten noch in de plichten, terwijl aanvaarding onder het voorrecht van boedelbeschrijving erop neerkomt dat de erfgenaam niet met zijn eigen vermogen aansprakelijk is wanneer de schulden van de nalatenschap de activa overtreffen. De erfgenaam is vrij in zijn keuze. Is de erfgenaam gefailleerd, dan zal de beslissing genomen moeten worden door de curator: deze heeft echter aanmerkelijk minder keuzevrijheid dan onder normale omstandigheden aan een erfgenaam toekomt. De curator kan kiezen uit aanvaarding onder het voorrecht van boedelbeschrijving of verwerping. Voor verwerping is volgens art. 41 Fw machtiging van de rechter-commissaris vereist. Valt de keuze op aanvaarding onder het voorrecht van boedelbeschrijving, dan hebben de schuldeisers van de nalatenschap geen verhaal op de erfgenaam, zij kunnen niet in het faillissement opkomen. Vertoont de nalatenschap daarentegen een positief saldo, dan valt hetgeen de failliet verkrijgt conform art. 20 Fw in de boedel.

Het faillissement omvat niet alleen stoffelijke voorwerpen, maar ook rechten; denk aan een vorderingsrecht dat de failliet op een klant heeft of aan een tegoed bij de bank. Heeft de schuldenaar vóór zijn faillietverklaring een levensverzekering afgesloten, dan vloeien ook daaruit rechten voort die in de boedel vallen.

> Bij een overeenkomst van levensverzekering komen aan de verzekeringnemer beschikkingsrechten toe, zoals het recht om een begunstigde aan te wijzen en het recht om de verzekering af te kopen of te belenen. Na de faillietverklaring is de curator in beginsel bevoegd om die rechten met toestemming van de rechter-commissaris uit te oefenen onder dezelfde voorwaarden als voor de verzekeringnemer golden. In verband met de inwerkingtreding van titel 17 van Boek 7 BW (Verzekering) is in de Faillissementswet art. 22a opgenomen, dat de strekking heeft om de uitoefening van die bevoegdheden door de curator uit te sluiten of te beperken:
> – lid 1a: het recht van afkoop kan niet worden uitgeoefend voor zover de begunstigde of de verzekeringnemer door de afkoop onredelijk zou worden benadeeld;

- lid Ib: de begunstiging mag alleen gewijzigd worden ten behoeve van de boedel, tenzij de begunstigde of de verzekeringnemer als gevolg van die wijziging onredelijk zou worden benadeeld;
- lid Ic: het recht om de verzekering te belenen kan niet door de curator worden uitgeoefend. De overige beschikkingsrechten vallen buiten de boedel.

Een vraag die in de praktijk vaak zal kunnen rijzen, is: wat betekent het feit dat de schuldenaar gehuwd is voor de omvang van de boedel? Valt ook het vermogen van de echtgenoot in het faillissement? Het antwoord op deze vragen hangt onder meer af van het huwelijksvermogensregime dat tussen de echtgenoten bestaat. Laten we om te beginnen kijken naar het geval dat het eenvoudigst is én het meest voorkomt: de algehele gemeenschap van goederen. Gemakshalve zal er in het onderstaande steeds van uit worden gegaan, dat de man failliet is.

> In verreweg de meeste gevallen bestaat in Nederland tussen echtgenoten een systeem van wettelijke gemeenschap. Dat systeem is van kracht wanneer de echtgenoten noch bij het aangaan van het huwelijk noch staande het huwelijk huwijkse voorwaarden hebben opgemaakt. De wettelijke gemeenschap leidt er in de regel toe dat alles wat de echtgenoten bij het aangaan van het huwelijk bezitten en alles wat zij gedurende het huwelijk verwerven, gemeenschappelijk wordt (art. 93 Boek 1 BW). Men spreekt dan van algehele gemeenschap. Gaat iemand die in algehele gemeenschap is gehuwd, failliet, dan wordt volgens art. 63 lid 1 Fw zijn faillissement behandeld als faillissement van de gemeenschap. Alle gemeenschapsgoederen vallen in de boedel en het bestuur over die goederen komt toe aan de curator. Niet alleen de failliet, maar ook zijn echtgenote verliest de bevoegdheid om over het gemeenschapsvermogen te beschikken. Voorts kan ook de echtgenote niet meer door haar handelingen de boedel binden (art. 63 lid 2 Fw jo. art. 24 Fw). Het faillissement van de man heeft voor de vrouw dus zware consequenties; de vrouw mag echter niet als gefailleerde worden beschouwd (HR 27 februari 1959, *NJ* 1959/556; zie in dit verband ook HR 21 februari 1997, *NJ* 1997/543).
> Het beginsel dat het faillissement alles omvat, wordt zowel wat de failliet zelf betreft als ten aanzien van zijn echtgenote gemitigeerd door art. 21 Fw. Geniet bijvoorbeeld de vrouw gedurende het faillissement van de man inkomsten, dan blijven die inkomsten buiten de boedel, voor zover de rechter-commissaris dat bepaalt (vgl. art. 22 Fw).
> Bij het faillissement van een man die in algehele gemeenschap gehuwd is, rijst de vraag welke schuldeisers zich op de boedel kunnen verhalen. Zijn dat alleen de schuldeisers die met de man gehandeld hebben of ook de schuldeisers die hun vordering ontlenen aan een handeling van de vrouw? Het antwoord moet gegeven worden aan de hand van art. 95 en 96 Boek 1 BW. Die artikelen houden in dat zowel gemeenschapsschulden als privéschulden op de gemeenschap verhaald kunnen worden, ongeacht of die schulden door de man of door de vrouw zijn aangegaan. Met andere woorden: de winkelier die aan de vrouw een koelkast heeft geleverd – hetgeen tot een gemeenschapsschuld leidt – kan zich op de gemeenschap verhalen, maar ook de verkoper bij wie de man een racefiets heeft aangeschaft en het modehuis dat aan de vrouw een bontjas heeft geleverd – privéschulden van man resp. vrouw. Al deze schuldeisers kunnen in het faillissement van de man opkomen (art. 63 lid 1 Fw).

Meestal zullen de begrippen 'wettelijke gemeenschap' en 'algehele gemeenschap' vereenzelvigd kunnen worden. Echter niet altijd: ook wanneer echtgenoten gehuwd zijn in wettelijke gemeenschap kan ieder van beiden privé-eigendom hebben. Heeft de failliet privégoederen, dan worden die goederen uiteraard door het faillissement getroffen. De privégoederen dienen niet als verhaalsobject voor alle schuldeisers, maar alleen voor de schuldeisers die daarop verhaal zouden kunnen nemen als er geen gemeenschap was (art. 63 lid 1 Fw).

Dat een echtgenoot ondanks het feit dat hij in wettelijke gemeenschap is gehuwd, privé-eigendom heeft, kan zich voordoen wanneer ouders hun zoon of dochter bijvoorbeeld een huis schenken, maar daarbij uitdrukkelijk bepalen dat dat huis niet in de gemeenschap valt (art. 94 lid 1; zie ook art. 94 lid 3 Boek 1 BW). Heeft nu de man op deze wijze een huis geschonken gekregen, en gaat hij failliet, dan is het huis een verhaalsobject voor alle schuldeisers die hun vordering ontlenen aan een handeling van de man, ongeacht of die handeling een gemeenschapsschuld of een privéschuld betrof. Schulden die de vrouw is aangegaan, kunnen niet op het huis verhaald worden, tenzij het schulden betreft waarvoor de man hoofdelijk aansprakelijk is. Een voorbeeld daarvan geeft art. 85 Boek 1 BW: echtgenoten zijn hoofdelijk aansprakelijk voor huishoudelijke schulden. Zou de vrouw dus levensmiddelen hebben gekocht en niet betaald, dan kan de leverancier zich op de privé-eigendom van de man verhalen.

Is sprake van wettelijke gemeenschap en heeft de echtgenote van de gefailleerde privé-eigendom, dan zal zij trachten die privé-eigendom buiten de boedel te houden. Daarin zal zij alleen slagen als het haar lukt te bewijzen dat bepaalde goederen inderdaad haar privé-eigendom zijn. De bewijslast die in faillissement op haar gelegd wordt, is zeer zwaar (art. 61 Fw). De achtergrond hiervan is duidelijk: de wetgever heeft willen voorkomen dat echtgenoten vermogensbestanddelen aan de boedel zouden onttrekken door ze van het etiket 'privé-eigendom van de echtgenoot van de failliet' te voorzien.

Een soortgelijk probleem doet zich voor wanneer de echtgenoten met uitsluiting van iedere gemeenschap – een van de meest voorkomende vormen van huwelijkse voorwaarden – zijn gehuwd. Bij uitsluiting van iedere gemeenschap heeft ieder van de echtgenoten een privévermogen. Faillissement van de man zou dan ook slechts zijn vermogen dienen te treffen en niet dat van zijn echtgenote.

Die regel gaat echter pas op wanneer de echtgenote er volgens de regels van art. 61 Fw in is geslaagd te bewijzen dat bepaalde goederen aan haar privé toebehoren. In de praktijk wordt art. 61 Fw veel vaker gehanteerd bij uitsluiting van iedere gemeenschap dan bij wettelijke gemeenschap. Hieronder wordt uitgegaan van echtgenoten die met uitsluiting van iedere gemeenschap zijn gehuwd.

Stel dat de man failliet gaat en dat de curator de auto, waarvan het kentekenbewijs op naam van de vrouw staat, tot de boedel wil rekenen. De vrouw zal – wil zij dit voorkomen – moeten bewijzen dat de auto aan haar toebehoort. Hoe dit bewijs geleverd moet worden, wordt aangegeven in art. 61 Fw. Enkele voorbeelden:
– heeft de vrouw de auto ten huwelijk aangebracht, dan zal zij bewijs moeten leveren op de in art. 1:130 BW aangegeven wijze (art. 61 lid 2 Fw);
– stelt de vrouw dat de auto haar door haar ouders is geschonken, dan dient zij dat te bewijzen door beschrijving of bescheiden (art. 61 lid 3 Fw).

De bewijslast is het zwaarst wanneer de vrouw aanvoert dat de auto aan haar toebehoort omdat zij de auto tijdens het huwelijk heeft gekocht en de auto aan haar is geleverd. Kan zij een kwitantie overleggen waaruit blijkt dat zij de auto gekocht heeft, dan is zij nog niet veilig voor de greep van de curator. Weliswaar staat vast dat de auto aan haar in eigendom toebehoort, maar dat is niet voldoende. De vrouw zal bovendien moeten bewijzen dat de auto met haar geld gekocht is. Van dit laatste moet bewijs geleverd worden door 'voldoende bescheiden ten genoege van de rechter'. Komt naar het oordeel van de rechter niet vast te staan dat de auto met geld van de vrouw is aangeschaft, dan vormt de auto een verhaalsobject voor de faillissementsschuldeisers, ondanks het feit dat de auto – naar juridische maatstaven – eigendom is van de vrouw (zie voor jurisprudentie m.b.t. art. 61 Fw HR 27 februari 1987, *NJ* 1988/35, en HR 30 oktober 1987, *NJ* 1988/292).

In het nieuwe huwelijksvermogensrecht is gemeenschap van goederen niet langer de regel. Uitgangspunt is dat vanaf de datum van inwerkingtreding (1 januari 2018) echtgenoten alleen delen wat zij tijdens het huwelijk samen opbouwen, hetgeen beperkte gemeenschap betekent; zij delen dus niet:
- vermogen dat al vóór het huwelijk in bezit was, tenzij gezamenlijk verworven;
- alle erfenissen en giften (met of zonder testament);
- de vruchten van vermogen, erfenissen en giften;
- wat hiervoor in de plaats treedt.

In de nabije toekomst zullen curatoren en bewindvoerders van een echtpaar dus met drie vermogens te maken kunnen krijgen: het privévermogen van de vrouw, het privévermogen van de man en het gezamenlijke vermogen. Daarnaast blijft het 'oude' systeem van toepassing op vóór 1 januari 2018 gesloten huwelijken.

HOOFDSTUK IV
Invloed van het faillissement op de rechtspositie van de schuldenaar

1 Inleiding

Wanneer iemand failliet is verklaard, zal dat op tal van punten leiden tot een wijziging in zijn rechtspositie. Vermeld werd reeds dat de schuldenaar door zijn faillietverklaring het beheer en de beschikking over zijn in het faillissement vallend vermogen verliest (art. 23 Fw). Ook kwam aan de orde dat art. 35 Fw eraan in de weg staat dat de schuldenaar die een goed heeft verkocht, maar nog niet geleverd, alsnog – na zijn faillietverklaring – tot levering over kan gaan. Aan deze bepalingen ligt de gedachte ten grondslag dat de boedel intact moet blijven ten behoeve van de schuldeisers die zich op de boedel kunnen verhalen. De schuldenaar mag na zijn faillietverklaring niets meer aan de boedel onttrekken. Die gedachte komt ook tot uiting in art. 24 Fw dat bepaalt dat de boedel niet aansprakelijk is voor verbintenissen van de schuldenaar die na de faillietverklaring zijn ontstaan, behalve voor zover de boedel door de verbintenis is gebaat. Op deze artikelen wordt in § 3 nader ingegaan.

In § 4 komen art. 25-32 Fw aan bod; in die artikelen wordt de bevoegdheid van de failliet om als procespartij op te treden aan banden gelegd bij procedures die van invloed zijn op de toestand van de boedel.

In § 5 wordt gekeken naar de failliet als partij bij wederkerige overeenkomsten; art. 37-40 Fw geven aan in hoeverre het faillissement wijziging brengt in wederkerige overeenkomsten die vóór de faillietverklaring zijn gesloten.

Maar eerst wordt – in § 2 – aandacht besteed aan de vraag wat de faillietverklaring betekent voor de persoonlijke vrijheid van de schuldenaar.

2 Inbreuken op de persoonlijke vrijheid van de gefailleerde

De Faillissementswet bevat verschillende bepalingen die de bewegingsvrijheid van de failliet beperken. Het meest algemeen is art. 91 Fw dat de gefailleerde verbiedt zijn woonplaats te verlaten, tenzij hij toestemming heeft verkregen van de rechter-commissaris. Deze bepaling houdt verband met de inlichtingenplicht van art. 105 Fw:
– de gefailleerde is verplicht de curator, de commissie uit de schuldeisers en de rechter-commissaris alle gevraagde inlichtingen te verschaffen en moet de curator uit eigen beweging inlichten over feiten en omstandigheden waarvan hij weet of behoort te weten dat deze voor de omvang, het beheer of de vereffening van de boedel van belang zijn (art. 105 lid 1 Fw);

- indien op de voet van art. 74 Fw dan wel art. 75 Fw een commissie uit de schuldeisers is benoemd, is de gefailleerde op grond van art. 105 lid 1 Fw verplicht om voor deze commissie te verschijnen en haar alle inlichtingen te verschaffen, zo dikwijls als hij daartoe wordt opgeroepen. Dergelijke verstrekkende verplichtingen kunnen de gefailleerde zodanig in een eigen belang treffen dat hij in de procedure op de voet van art. 74 of 75 Fw behoort te mogen opkomen ter bescherming van dat belang, hetgeen grond is om hem in dat verband als belanghebbende aan te merken (HR 6 juni 2014, ECLI:NL:HR:2014:1338);
- heeft de gefailleerde vermogensbestanddelen in het buitenland, dan is hij verplicht de curator daarover in te lichten en alle medewerking te verlenen om de curator de beschikking te geven over die buitenlandse vermogensbestanddelen (art. 105 lid 2 Fw);
- bij gemeenschap van goederen geldt de inlichtingenplicht ook voor de andere echtgenoot of geregistreerd partner voor zover het faillissement de gemeenschap betreft (art. 105 lid 3 Fw);

Met de Wet Versterking Positie Curator (*Stb.* 2017, 124) zijn daar de volgende verplichtingen aan toegevoegd:
- de gefailleerde verleent de curator alle medewerking aan het beheer en de vereffening van de boedel (art. 105a lid 1 Fw);
- de gefailleerde draagt terstond de administratie en de daartoe behorende boeken, bescheiden en andere gegevensdragers volledig en ongeschonden over aan de curator; zo nodig stelt hij de curator alle middelen ter beschikking om de inhoud binnen redelijke termijn leesbaar te maken (art. 105a lid 2 Fw);
- bij gemeenschap van goederen geldt de plicht tot medewerking ook voor de andere echtgenoot of geregistreerd partner voor zover het faillissement de gemeenschap betreft (art. 105a lid 3 Fw).

In het faillissement van een rechtspersoon, een vennootschap onder firma of een commanditaire vennootschap geldt het voorgaande ook voor de bestuurders en commissarissen, alsmede voor eenieder die in de drie jaar voorafgaande aan het faillissement bestuurder of commissaris was (art. 106 lid 1 en lid 3 Fw).

Handelt de failliet in strijd met verplichtingen welke de wet hem in verband met zijn faillissement oplegt (zie bijvoorbeeld art. 91, 105, 105a of 116 Fw) of bestaat er gegronde vrees voor het niet nakomen van die verplichtingen, dan kan hij op voordracht van de rechter-commissaris of op verzoek van de curator of één of meer van de schuldeisers door de rechtbank in bewaring worden gesteld (art. 87 Fw).

> De failliet kan in bewaring worden gesteld in een huis van bewaring of in zijn eigen woning, onder toezicht van een politieambtenaar. In beginsel geldt de inbewaringstelling voor dertig dagen, maar de termijn kan door de rechtbank telkens met dertig dagen worden verlengd. De beginselen van proportionaliteit en subsidiariteit moeten daarbij in acht worden genomen (HR 10 januari 2014, ECLI:NL:HR:2014:51). Bovendien mogen de door middel van een gijzeling te verkrijgen inlichtingen uitsluitend worden gebruikt in verband met de afwikkeling van het faillissement (HR 24 januari 2014, ECLI:NL:HR:2014:161).
>
> Blijkens de wetsgeschiedenis vond de wetgever het niet nodig om in de Faillissementswet een maximale tijdsduur voor de bewaring op te nemen, omdat het bevel tot inbewaringstelling slechts een geldigheidsduur heeft van dertig dagen. Na afloop daarvan de rechter telkens

opnieuw zal moeten nagaan of voor verlenging van dat bevel voldoende grond bestaat. Onder verwijzing naar art. 5 EVRM heeft de Hoge Raad in een uitspraak van 2 december 1983, *NJ* 1984/306, overwogen dat de rechter die ingevolge art. 87 lid 3 Fw moet oordelen over een verzoek tot verlenging, niet enkel heeft na te gaan of op basis van de stand van zaken ten tijde van zijn beschikking grond bestaat voor inbewaringstelling, maar dat hij daarenboven moet onderzoeken of die grond een voortgezette inbreuk op het recht op persoonlijke vrijheid van de gefailleerde nog rechtvaardigt. Daartoe zal de rechter, aldus de Hoge Raad, telkens het recht op persoonlijke vrijheid van de gefailleerde – dat naarmate de vrijheidsberoving langer duurt meer gewicht in de schaal legt – moeten afwegen tegen de bij de inbewaringstelling betrokken belangen.

Het bevel tot inbewaringstelling kan onmiddellijk bij het vonnis van faillietverklaring worden gegeven, maar ook later. In het voorgaande werd reeds vermeld dat het vonnis van faillietverklaring uitvoerbaar bij voorraad is, met andere woorden dat het vonnis ten uitvoer gelegd kan worden, ook al staan er nog rechtsmiddelen tegen open.

In aansluiting hierop wordt in de literatuur verdedigd dat ook het bevel tot inbewaringstelling onmiddellijk kan worden geëffectueerd. De Hoge Raad is nog verder gegaan: ook bevelen die in een latere fase van het faillissement worden gegeven, zijn uitvoerbaar bij voorraad (HR 11 december 1981, *NJ* 1982/349).

Het is echter in beginsel aan de curator om met het oog op het belang van de boedel te beslissen of en op welk moment hij tot tenuitvoerlegging van een op de voet van art. 87 Fw gegeven bevel tot inbewaringstelling van de gefailleerde zal laten overgaan. Tegen een gefailleerde was een bevel tot inbewaringstelling uitgevaardigd door de rechtbank. De gefailleerde ging daartegen in hoger beroep. Tijdens de behandeling daarvan ruim zes weken later bleek dat het bevel nog altijd niet ten uitvoer was gelegd. Het hof wees de verzochte inbewaringstelling af omdat de curator zich volgens het hof na zes weken in redelijkheid niet meer op het standpunt kon stellen dat de inbewaringstelling noodzakelijk was om de gefailleerde te dwingen tot nakoming van diens verplichtingen. De Hoge Raad meent dat dit oordeel getuigt van een onjuiste rechtsopvatting. De wet kent geen termijn waarbinnen tenuitvoerlegging moet hebben plaatsgevonden en de strekking van een dergelijk bevel – de gefailleerde bewegen tot nakoming van de verplichtingen welke de wet hem in verband met het faillissement oplegt – brengt niet mee dat het onmiddellijk moet worden ten uitvoer gelegd (HR 5 maart 2010, ECLI:NL:HR:2010:BK8635 (*Gevers q.q./A te Y*)).

Komt de echtgenoot/geregistreerde partner de verplichtingen niet na, dan is inbewaringstelling niet mogelijk. Het tegenovergestelde geldt voor bestuurders en commissarissen.

In verband met de persoonlijke vrijheid van de gefailleerde is ook van belang de uitspraak van de Hoge Raad van 23 december 1983, *NJ* 1985/170. De casus was als volgt:

> De schuldenaar was een hypothecaire geldlening aangegaan welke – volgens zijn stellingen – ten tijde van het faillissement ƒ 225.000 beliep. Aan deze geldlening was een verzekeringsovereenkomst gekoppeld die inhield dat de schuldenaar van zijn schuld bevrijd zou zijn wanneer hij 80 tot 100% arbeidsongeschikt zou worden. Aangezien over de arbeidsongeschiktheid onduidelijkheid bestond, droeg de rechter-commissaris de gefailleerde op zich psychiatrisch te laten onderzoeken.
>
> Heeft de rechter-commissaris de bevoegdheid een dergelijke opdracht te geven? De Hoge Raad beantwoordt deze vraag bevestigend; de motivering komt er – kort gezegd – op neer dat de failliet alle medewerking behoort te verlenen die in het belang van de boedel door de curator of de rechter-commissaris van hem wordt verlangd. Dit kan meebrengen dat hij behoort mee te werken aan een onderzoek betreffende zijn persoon.

De wet kent in art. 14 lid 1 jo. art. 99 Fw nog een andere aantasting van de persoonlijke levenssfeer: de zogenoemde postblokkade. De rechter die de faillietverklaring uitspreekt, geeft in de uitspraak tevens last aan de curator tot het openen van aan de gefailleerde gerichte brieven en telegrammen. In verband daarmee wordt door de griffier onverwijld kennis gegeven van het faillissement aan het postvervoerbedrijf of de postvervoerbedrijven die zijn aangewezen als verlener van de universele postdienst, alsmede de andere geregistreerde postvervoerbedrijven, bedoeld in de Postwet 2009. Na die kennisgeving zijn de betreffende postvervoerbedrijven verplicht alle voor de failliet bestemde post aan de curator af te geven. Na lezing behoudt de curator alle stukken die voor de boedel van belang zijn; de rest – privécorrespondentie – stelt de curator terstond aan de gefailleerde ter hand. Alleen de curator of de rechter-commissaris kan de postvervoerbedrijven van deze verplichting ontslaan, tenzij de griffier hen bericht stuurt van de vernietiging van het faillissement in verzet, hoger beroep of cassatie (art. 15 lid 1 Fw). Met de tegenwoordige elektronische communicatiemiddelen krijgt de curator allang niet meer alle voor de gefailleerde bestemde berichten te zien, maar een waterdicht alternatief voor de postblokkade is er niet.

3 Invloed van het faillissement op de beschikkingsbevoegdheid van de schuldenaar en op de mogelijkheid om de boedel te binden

Het verlies van beheers- en beschikkingsbevoegdheid dat art. 23 Fw aan de faillietverklaring verbindt, gaat in bij de aanvang van de dag waarop het faillissement wordt uitgesproken. Strikt genomen kan de schuldenaar dus reeds beschikkingsonbevoegd zijn, voordat hij failliet is verklaard. De wetgever heeft uit praktische overwegingen voor deze regeling gekozen; zou men de beschikkingsonbevoegdheid pas laten ingaan op het moment van faillietverklaring, dan zouden immers gemakkelijk meningsverschillen tussen de curator en diens wederpartij kunnen ontstaan over de vraag of de handeling nu juist vóór de faillietverklaring had plaatsgevonden of eerst daarna.

> Art. 23 Fw heeft een belangrijke rol gespeeld in de jurisprudentie van de Hoge Raad met betrekking tot de problematiek van de overdracht van (toekomstige) vorderingen. De eerste uitspraak van de Hoge Raad die in dit verband van belang is, is die van 26 maart 1982, *NJ* 1982/615 (*SOS/ABN en Scheepvaartkrediet*). De Hoge Raad overwoog dat cessie van een toekomstige vordering wegens het bepaalde in art. 23 Fw niet tegen de boedel kan worden ingeroepen, indien de cedent vóór het ontstaan van de vordering failliet wordt verklaard.
>
> In het arrest van 1982 maakte de Hoge Raad onderscheid tussen toekomstige vorderingen en 'terstond krachtens overeenkomst ontstane vorderingen onder een opschortende tijdsbepaling of voorwaarde of tot periodieke betalingen'. Naar aanleiding van deze uitspraak rees in de literatuur de vraag hoe nu nog niet verschenen huurtermijnen gezien moeten worden. Zijn dat toekomstige vorderingen of bestaande vorderingen (tot periodieke betaling)? De Hoge Raad heeft in het arrest WUH/Onex (HR 30 januari 1987, *NJ* 1987/530) duidelijk gemaakt dat huurtermijnen die op de dag van de faillietverklaring nog niet zijn verschenen, moeten worden beschouwd als toekomstige vorderingen. De aan de gefailleerde verhuurder toekomende huurtermijnen die verschijnen na de faillietverklaring komen toe aan de boedel; de cessie van die huurtermijnen kan wegens het bepaalde in art. 23 Fw niet tegen de boedel worden ingeroepen (zie over de problematiek van de toekomstige vorderingen ook HR 25 maart 1988, *NJ* 1989/200 (*Staal Bankiers/Ambags q.q.*)).
>
> Een andere interessante vraag is in hoeverre een girale betaling waartoe iemand vóór zijn faillietverklaring opdracht heeft gegeven, maar die pas na de faillietverklaring wordt voltooid, tegen de boedel kan worden ingeroepen. In de visie van de Hoge Raad kan de curator altijd het betaalde terugvorderen waarmee na faillietverklaring van de schuldenaar de rekening van de schuldeiser is gecrediteerd (HR 20 maart 2015, ECLI:NL:HR:2015:689 (*JPG/Gunning q.q.*)). Daarmee is de Hoge Raad teruggekomen van de regel van het arrest *Vis q.q./NMB* (HR 31 maart 1989, *NJ* 1990/1) op grond waarvan moest worden nagegaan of de bank waaraan de overschrijvingsopdracht werd gegeven, bij de aanvang van de dag van de faillietverklaring

alle handelingen had verricht, die zij als opdrachtnemer van de schuldenaar ter effectuering van de betaling aan de begunstigde gehouden was te verrichten. Was dat het geval, dan viel het bedrag buiten de boedel; zo niet, dan diende het bedrag aan de curator te worden afgedragen. Daarbij maakte het nog verschil of failliet en schuldeiser een rekening hadden bij dezelfde bank of bij verschillende banken. In het eerste geval moesten zowel de af- als de bijschrijving zijn voltooid vóór de aanvang van de dag van de faillietverklaring; in het tweede geval was voldoende dat de bank van de failliet vóór de dag van het faillissement alle handelingen had verricht, die zij als opdrachtnemer van de failliet ter effectuering van de betaling gehouden was te verrichten. Daarnaar hoeft een curator nu dus geen onderzoek meer te doen.

Bij beschikkingsonbevoegdheid moet men niet alleen denken aan de onmogelijkheid om rechtsgeldig over te dragen, maar ook aan de onmogelijkheid om op rechtsgeldige wijze goederenrechtelijke beperkte rechten te vestigen.

Heeft de schuldenaar na zijn faillietverklaring vermogensbestanddelen die tot de boedel behoren, aan een derde overgedragen, dan kan de curator die goederen van de derde opvorderen, behalve wanneer de derde zich op bescherming kan beroepen (daarop wordt hieronder ingegaan). Min of meer hetzelfde geldt wanneer de schuldenaar na zijn faillietverklaring goederen die tot de boedel behoren, heeft verpand of verhypothekeerd. Het pand- of hypotheekrecht is dan niet op rechtsgeldige wijze tot stand gekomen, en de curator kan die rechten als het ware negeren, tenzij de derde beschermd wordt.

Behalve door de schuldenaar zijn beschikkingsbevoegdheid te ontnemen, tracht de wetgever de boedel intact te houden door in art. 24 Fw te bepalen dat de boedel niet aansprakelijk is voor verbintenissen van de schuldenaar die na de faillietverklaring zijn ontstaan, tenzij de boedel door die verbintenissen is gebaat.

Stel dat de failliet een transportbedrijf heeft en dat hij een van de hem toebehorende vrachtwagens laat repareren. Als het een noodzakelijke reparatie betreft en de curator bovendien heeft bepaald dat het bedrijf van de gefailleerde voorlopig zal worden voortgezet, zal de boedel waarschijnlijk door de reparatie zijn gebaat. De reparateur kan dan zijn vordering rechtstreeks op de boedel verhalen. Dit ligt anders wanneer de failliet aan de garagehouder opdracht heeft gegeven de vrachtwagen van enkele sierstrips te voorzien. Door een dergelijke handeling van de failliet is de boedel, naar men redelijkerwijs kan aannemen, niet gebaat. Er is dan geen boedelvordering ontstaan, maar ook geen faillissementsvordering die ter verificatie kan worden ingediend. De garagehouder heeft een zogenoemde niet-verifieerbare vordering verkregen en zal voor de voldoening daarvan moeten wachten tot het faillissement geëindigd is. Alleen in het uiterst zeldzame geval dat de failliet vermogen heeft dat buiten de failliete boedel valt, zal de wederpartij tijdens het faillissement verhaal kunnen nemen op dat buiten het faillissement vallende gedeelte van het vermogen.

Hetzelfde geldt wanneer de failliet een onrechtmatige daad heeft gepleegd. Dat art. 24 Fw ook dan van toepassing is, blijkt uit het feit dat in het artikel wordt gesproken van verbintenissen die zijn 'ontstaan' en niet van verbintenissen die zijn 'aangegaan'. Het is misschien triest voor de benadeelde, maar het lijdt geen twijfel dat hij zich niet op de boedel zal kunnen verhalen.

In gevallen waarin de boedel niet is gebaat, kunnen niettemin – hierboven werd daarvan reeds het voorbeeld gegeven van de niet-noodzakelijke werkzaamheden van de garagehouder – uit handelingen van de failliet verbintenissen ontstaan. Die verbintenissen kunnen echter niet ten laste van de boedel worden gebracht; de handelingen van de failliet zijn relatief nietig, dat wil zeggen: zij zijn geldig tussen de failliet en diens wederpartij, maar nietig ten opzichte van de boedel of, zo men wil, ten opzichte van de curator.

De Hoge Raad heeft in zijn jurisprudentie het relatieve karakter van de nietigheid benadrukt. Een gefailleerde had een agentuurovereenkomst gesloten waarbij was afgesproken dat een deel van de provisie die hij zou verdienen, aangewend zou worden om een vordering die de principaal op hem had, af te lossen. De Hoge Raad overwoog dat de omstandigheid dat de overeenkomst tijdens het faillissement tot stand was gekomen en een deel van de boedel betrof – denk aan art. 21 sub 2 Fw – niet de (absolute) nietigheid van het beding meebracht, maar dat dit beding slechts ten opzichte van de curator niet gold (HR 31 mei 1963, NJ 1966/340 (Visch/Van Rooijen)).

In het bovenstaande kwam aan de orde dat iemand aan wie de failliet een tot de boedel behorend goed heeft overgedragen, in beginsel door de curator kan worden aangesproken tot teruggave van dat goed, en dat iemand die in opdracht van de failliet bepaalde werkzaamheden heeft verricht, zijn vordering in de regel niet op de boedel zal kunnen verhalen. Gezien het uitgangspunt van de wetgever dat de failliet niet door zijn handelingen de boedel mag benadelen, lijkt een dergelijke benadering volkomen op zijn plaats. Men kan zich echter de vraag stellen of de wederpartij van de failliet geen bescherming verdient. Bij het antwoord op deze vraag speelt de publicatie van het faillissement (zie hoofdstuk 2, § 2) een belangrijke rol.

Met de publicatie kunnen enige dagen zijn gemoeid. Intussen is en blijft de hoofdregel dat de schuldenaar zijn beschikkingsbevoegdheid verliest bij de aanvang van de dag waarop het faillissement wordt uitgesproken. Zoals in het voorgaande reeds aan de orde kwam, heeft de wetgever welbewust voor deze oplossing gekozen. De omstandigheid dat in bepaalde gevallen derden nadeel van deze regeling kunnen ondervinden, moet wijken voor het belang van de gezamenlijke schuldeisers, of, zo men wil, voor het belang van de boedel.

Illustratief in dit verband is de volgende casus. Op 23 december wordt een BV in staat van faillissement verklaard. Vanwege de kerstdagen vindt publicatie pas plaats op 29 december. In de tussenliggende periode blijft de bestuurder van de gefailleerde BV – zonder aan de huisbankier mededeling te doen van het faillissement – betalingsopdrachten geven, die tot een bedrag van ruim € 9000 keurig door de bank worden uitgevoerd. De rekening-courant vertoonde een creditsaldo. Na ontdekking van deze gang van zaken vordert de curator betaling door de bank van genoemd bedrag op de boedelrekening. Na 23 december kon de BV immers op grond van het bepaalde in art. 23 Fw niet meer over het saldo op de rekening-courant beschikken zonder goedkeuring van de curator. De bank verweert zich door te stellen dat zij van het faillissement niet op de hoogte was en ook niet hoefde te zijn, omdat het nog niet was gepubliceerd. De vordering van de curator wordt toegewezen, omdat de toestand van de boedel wordt gefixeerd bij aanvang van de dag van faillietverklaring, ook ten opzichte van onwetende derden (zie HR 28 april 2006, ECLI:NL:HR:2006:AV0653 (Huijzer q.q./Rabobank)). De bank kan nu proberen de uitgevoerde betalingsopdrachten terug te draaien wegens onverschuldigde betaling, maar dat kan – zeker als het gaat om een groot aantal schuldeisers aan wie betalingen zijn gedaan – een heel bewerkelijke en kostbare oefening worden. Een andere mogelijkheid voor de bank zou zijn om de directeur, die de betalingsopdrachten heeft verstrekt terwijl hij daartoe niet (meer) bevoegd was, aan te spreken op grond van onrechtmatige daad. Dat is echter alleen zinvol als de bestuurder enig verhaal biedt, hetgeen in deze casus niet het geval bleek, nu de bestuurder op zijn beurt ook failliet werd verklaard.

Een uitzondering op de hoofdregel biedt art. 35 lid 3 Fw. Dit artikel bepaalt dat voor de toepassing van art. 3:86 en 3:238 BW degene die van de schuldenaar heeft verkregen, geacht wordt na de bekendmaking van de faillietverklaring als bedoeld in art. 14 lid 3 Fw, diens onbevoegdheid te hebben gekend. Art. 3:86 BW beschermt de verkrijger van een roerende zaak, niet-registergoed, of van een recht aan toonder of order tegen de beschikkingsonbevoegdheid van de vervreemder, indien de verkrijger te goeder trouw is en de overdracht anders dan om niet geschiedt. Art. 3:238 BW beschermt – kort gezegd – de pandhouder tegen beschikkingsonbevoegdheid van de pandgever, indien de pandhouder te goeder trouw is. Op grond van art. 35 lid 3 Fw kan in deze twee gevallen de verkrijger geen aanspraak maken op bescherming, indien hij verkrijgt na de publicatie van art. 14 lid 3 Fw. Na die publicatie wordt de verkrijger immers geacht de onbevoegdheid van de vervreemder te hebben gekend en wordt hij geacht niet te goeder trouw te zijn. Vindt de verkrijging plaats vóór de publicatie van art. 14 lid 3 Fw, dan kan de verkrijger wél een beroep doen op art. 3:86 of 3:238 BW. Of dat beroep succes heeft, hangt ervan af of de verkrijger erin slaagt aan te tonen dat hij inderdaad te goeder trouw was.

Art. 35 lid 3 Fw geldt niet voor registergoederen. Het antwoord op de vraag of een derde bij verkrijging van een registergoed van een failliete vervreemder beschermd wordt, vindt men in art. 3:24 lid 2 sub c BW: geen bescherming.

Bijzondere aandacht besteedt de Faillissementswet in art. 52 aan degene die een schuld voldoet – van vóór het faillissement – aan zijn inmiddels gefailleerde schuldeiser. De betaling is bevrijdend indien de goede trouw van de betaler komt vast te staan. De regeling van art. 52 Fw komt erop neer dat betaling door een schuldenaar aan zijn gefailleerde schuldeiser vóór publicatie van het faillissement in beginsel bevrijdend is; bewezen mag echter worden dat de schuldenaar op de hoogte was van het faillissement. Wordt betaald na de bekendmaking, dan is de betaling slechts bevrijdend voor zover de betaler bewijst dat hij nog niet van het faillissement op de hoogte kon zijn; ook hier is tegenbewijs mogelijk. Onder bekendmaking in art. 52 Fw moet blijkens de MvT verstaan worden publicatie in de zin van art. 14 lid 3 Fw. Aan art. 52 Fw ligt dezelfde gedachte ten grondslag als aan art. 6:34 BW: bescherming bij betaling aan een onbevoegde.

> In het hiervoor besproken arrest van 28 april 2006, ECLI:NL:HR:2006:AV0653 (*Huijzer q.q./Rabobank*), en opnieuw in een arrest van 23 maart 2012, ECLI:NL:HR:2012:BV0614 (*ING/Manning q.q.*), oordeelde de Hoge Raad dat een bank die een door de gefailleerde gegeven betalingsopdracht uitvoert ten laste van een creditsaldo, een ná faillietverklaring ontstane verbintenis nakomt. De rekening-courantverhouding bestond wel reeds vóór de faillietverklaring van de rekeninghouder, maar telkens wanneer er een betalingsopdracht wordt gegeven ontstaat er een nieuwe verbintenis, die door de bank moet worden uitgevoerd. Daarna kan de bank zich dus niet beroepen op art. 52 Fw en, tenzij de boedel door de uitvoering van de betalingsopdracht is gebaat, heeft de boedel op de bank een vordering ter grootte van het ten laste van het creditsaldo betaalde bedrag.

Min of meer ten overvloede vermeldt art. 52 lid 3 Fw dat voldoening aan de gefailleerde eveneens bevrijdend is voor zover het betaalde aan de boedel ten goede is gekomen. Heeft de failliet het ontvangene bijvoorbeeld afgedragen aan de curator, dan is de schuldenaar gekweten.

> De financiëlezekerheidsovereenkomst (FZO), waarmee zekerheid wordt verschaft door overdracht of verpanding van op de kapitaalmarkt verhandelbare effecten of geld dat op een bank- of depositorekening is gecrediteerd, is uitgezonderd van de regel op grond waarvan een faillietverklaring terugwerkt tot 00.00 uur daaraan voorafgaand. Dit nieuwe zekerheidsrecht is opgenomen in het BW (art. 7:51-7:56 BW) op basis van EG-Richtlijn 2002/47, welke een optimaal functionerende Europese financiële markt ten doel had. FZO's, aangegaan of geëffectueerd op de dag van faillissement, maar vóór het moment van de eigenlijke faillietverklaring, zijn geldig (art. 63e lid 1 Fw). Dat is ook de reden waarom art. 14 lid 1 Fw voorschrijft dat het tijdstip van de faillietverklaring tot op de minuut nauwkeurig in het vonnis moet worden vermeld. Iemand die een vordering heeft uit een FZO kan zelfs een beroep doen op onbekendheid met het faillissement als het gaat om rechtshandelingen die verricht zijn na het uitspreken van het faillissement maar wel nog op dezelfde dag (art. 63e lid 2 Fw).

4 De invloed van de faillietverklaring op gerechtelijke procedures

De faillietverklaring heeft tot gevolg dat de schuldenaar het beheer en de beschikking over zijn tot het faillissement behorend vermogen verliest; ook kan de schuldenaar niet meer door zijn handelingen de boedel binden (vgl. art. 23 en 24 Fw). Deze regels hebben hun weerslag op de bevoegdheid van de failliet om – als eiser of als gedaagde – in een proces op te treden. Daarbij is het uiteraard van primair belang vast te stellen of de procedure de boedel raakt. Voor zover de boedel niet rechtstreeks bij de procedure betrokken is, blijft de procesbevoegdheid van de failliet onaangetast. Men kan hierbij denken aan familiezaken als echtscheiding, adoptie etc.

> Natuurlijk kan het ook bij dergelijke procedures voorkomen dat de boedel belang heeft bij het geding: de curator kan zich dan voegen of tussenkomen krachtens art. 217 Rv. Tegen een reeds gewezen vonnis kan de curator opkomen met het rechtsmiddel van derdenverzet (art. 376-380 Rv).

Bij procedures die de boedel wel rechtstreeks betreffen moet men onderscheid maken tussen vorderingen die voldoening uit de boedel ten doel hebben en andere vorderingen. De eerstgenoemde moeten ter verificatie worden ingediend (art. 26 Fw). Dit geldt ook wanneer een dergelijke vordering ten tijde van de faillietverklaring reeds aanhangig was. Het geding wordt dan op grond van art. 29 Fw geschorst, hetzij door een enkele mededeling van partijen, hetzij ambtshalve door de rechter.

> De in art. 29 Fw vervatte schorsingsregeling ziet uitsluitend op de instantie waar het geding aanhangig is op het moment van faillietverklaring. Is op dat moment reeds vonnis gewezen of doet zich het geval van art. 30 lid 1 Fw voor, dan geldt voor het voortzetten van het geding in hoger beroep of cassatie dat zulks door of tegen de curator moet geschieden en bestaat voor schorsing van rechtswege op de voet van art. 29 Fw geen grond (HR 16 januari 2009, ECLI:NL:HR:2009:BH0070 (*Wertenbroek q.q./Van den Heuvel c.s.*)).

Het geding wordt alleen voortgezet als de verificatie van de vordering wordt betwist. De voortzetting geschiedt bij de rechterlijke instantie waar het geding aanhangig was. Wat de procederende partijen betreft treedt er een wijziging op: de procedure loopt nu tussen de eiser en degene die de vordering betwist heeft, dat wil zeggen de curator of een schuldeiser (vgl. HR 16 januari 1981, *NJ* 1981/155).

> Men kan zich afvragen of de regel dat het geding wordt geschorst en eventueel – bij dezelfde rechterlijke instantie – wordt hervat, ook van toepassing is op het geval dat de 'procedure' niet aanhangig is voor de gewone burgerlijke rechter, maar bijvoorbeeld voor arbiters of bindend adviseurs. Dat het 'geding' wordt geschorst, wordt algemeen aangenomen, maar ten aanzien van de kwestie waar het geding moet worden hervat, bestaat geen communis opinio. Sommigen zijn van mening dat indien de zaak bij arbiters aanhangig was, de zaak ook bij hen moet worden voortgezet, anderen – onder wie Molengraaff – verdedigen dat in een dergelijk geval verwezen moet worden naar de volgens art. 122 Fw competente rechtbank.
>
> Art. 29 Fw bepaalt dat gedingen die ten tijde van de faillietverklaring aanhangig zijn, worden geschorst. Zijn meer dan twaalf maanden sinds de schorsing verlopen zonder dat het geding is voortgezet, dan kan elk van beide partijen verval van instantie vragen (art. 251 Rv). Verval van instantie zal worden gevraagd door de partij die daarmee de wederpartij buiten gevecht kan stellen. De ratio van art. 251 Rv is te voorkomen dat gedingen blijven slepen door het stilzitten van partijen.

De invloed van de faillietverklaring op gerechtelijke procedures **4**

In het algemeen valt voor de regeling van art. 251 Rv veel te zeggen; het eigenaardige is echter dat het artikel – naar in de jurisprudentie met betrekking tot art. 279 Rv (oud) meermalen is beslist – ook wordt toegepast, wanneer partijen geheel buiten hun schuld niet in staat zijn het geding te hervatten, zoals bij art. 29 Fw (vgl. HR 19 januari 1917, *NJ* 1917/227). Als de rechter op verzoek van een van partijen de vervallenverklaring uitspreekt, wordt het geding geacht niet te hebben plaatsgevonden; het vorderingsrecht wordt echter hierdoor niet aangetast, zodat de eiser tot een nieuwe dagvaarding kan overgaan als daaraan niets anders in de weg staat. Indien echter een appelinstantie vervalt, verkrijgt het vonnis a quo kracht van gewijsde (art. 253 Rv).

Hierboven werd onderscheid gemaakt tussen vorderingen die voldoening uit de boedel ten doel hebben, en andere vorderingen die de boedel rechtstreeks betreffen. Deze laatste vorderingen moeten worden ingesteld door of tegen de curator (art. 25 Fw).

Voorbeelden van deze vorderingen zijn: opvordering van eigendom en uitoefening van het recht van reclame. In deze gevallen is procederen door of tegen de gefailleerde niet uitgesloten, maar een eventuele veroordeling van de failliet heeft tegenover de boedel geen rechtskracht (art. 25 lid 2 Fw; vgl. HR 12 februari 1931, *NJ* 1931/854).

Art. 27 en 28 Fw regelen het geval dat een vordering als bedoeld in art. 25 Fw reeds aanhangig was ten tijde van de faillietverklaring; dan kan schorsing gevraagd worden. Dit geldt zowel voor de vordering die is ingesteld door als voor de vordering die is ingesteld tegen de schuldenaar. De schorsing van een door de gefailleerde aanhangig gemaakte procedure op grond van art. 27 Fw gaat pas in op het tijdstip dat de rechter beslist op het schorsingsverzoek en niet op het moment dat schorsing wordt gevraagd. De rechter moet een termijn bepalen waarbinnen de curator moet worden opgeroepen om het geding over te nemen en om – als de curator dat niet doet – ontslag van instantie te vragen of het geding met de gefailleerde voort te zetten buiten bezwaar van de boedel. Voor schorsing is derhalve altijd rechterlijke tussenkomst vereist (HR 11 december 2009, ECLI:NL:HR:2009:BK0857 (*AB&P/Axa*)).

Treedt de – inmiddels gefailleerde – schuldenaar als eiser op, dan kan de gedaagde schorsing vragen om de gelegenheid te hebben de curator tot overneming van het geding op te roepen. Geeft de curator aan de oproeping gehoor en neemt hij het geding over, dan wordt het proces voor rekening van de boedel gevoerd. De proceskosten leveren dan een boedelschuld op. Wil de curator de door de schuldenaar ingestelde vordering niet handhaven, dan vormen de proceskosten slechts een concurrente vordering. De curator kan ook zonder opgeroepen te zijn te allen tijde het geding overnemen (art. 27 lid 3 Fw; zie over deze bepaling ook HR 22 juni 1990, *NJ* 1991/606). Geeft de curator aan de oproeping geen gehoor, dan kan de gedaagde óf het proces met de gefailleerde voortzetten óf ontslag van de instantie vragen. In het laatste geval wordt de procedure niet voortgezet. In het eerste wel, zij het dat de voortzetting geschiedt 'buiten bezwaar van de boedel'. Dat wil zeggen dat de kosten van het proces – zo de failliet daarin zou worden veroordeeld – niet ten laste van de boedel mogen worden gebracht. De boedel wordt echter wel door de uitspraak gebonden.

Een soortgelijke regeling geldt wanneer iemand in hoger beroep komt van een uitspraak betreffende een door hem vóór zijn faillietverklaring ingestelde vordering, terwijl hij ten tijde van het uitbrengen van de appeldagvaarding in staat van faillissement verkeert. Gesteld voor een dergelijk probleem heeft de Hoge Raad beslist dat – hoewel een en ander niet rechtstreeks uit art. 25 e.v. Fw voortvloeit – wel uit de strekking en het stelsel van deze bepalingen kan worden afgeleid dat in zo'n geval de wederpartij dezelfde bevoegdheid heeft als haar in art. 27 Fw wordt toegekend. Dat wil zeggen dat zij schorsing kan vragen om de curator op te roepen zoals hierboven aangegeven. De inmiddels gefailleerde is derhalve wel ontvankelijk in zijn hoger beroep; overeenkomstig het derde lid van art. 27 Fw is de curator bevoegd om de appelprocedure over te nemen (zie HR 18 november 1983, NJ 1984/256). Als de curator in hoger beroep verstek zou hebben laten gaan, dan kan hij volgens de Hoge Raad het geding alsnog overnemen door het instellen van cassatie. De curator is immers bevoegd een procedure 'te allen tijde' over te nemen (zie HR 11 januari 2002, ECLI:NL:HR:2002:AD4929).

Als de curator eenmaal met toestemming van de rechter-commissaris een procedure heeft overgenomen staat de gefailleerde verder buiten het geding en is geen procespartij meer (HR 23 april 2010, ECLI:NL:HR:2010:BL5450). Tegen na de overname door de curator gewezen vonnissen of arresten kan de gefailleerde dus geen rechtsmiddel instellen. Het maakt daarbij niet uit of het om een dagvaardings- of een verzoekschriftprocedure gaat (HR 12 april 2013, ECLI:NL:HR:2013:BZ1065). De inzet van de procedure is dan niet meer het belang van de gefailleerde, maar het belang van de boedel, hetgeen kan leiden tot het instellen van een rechtsmiddel, maar net zo goed tot het beëindigen van de procedure door bijvoorbeeld een schikking (HR 13 maart 2013, ECLI:NL:HR:2013:BY4558 (*Hoppenbrouwers q.q./S*)).

Is de failliet gedaagde, dan kan de eiser schorsing vragen om de curator op te roepen (vgl. HR 16 januari 1981, NJ 1981/156). Verschijnt de curator, dan wordt in beginsel geprocedeerd voor rekening van de boedel. Stemt de curator onmiddellijk in de eis toe, dan leveren de proceskosten van de wederpartij slechts een concurrente vordering op. Verschijnt de curator niet, dan kan de eiser het geding met de gefailleerde voortzetten. Het vonnis heeft rechtskracht tegen de boedel (art. 28 lid 4 jo. art. 25 lid 2 Fw). Over de vraag wat met de proceskosten moet geschieden, bestaat in de literatuur geen eenstemmigheid. Sommigen verdedigen dat de proceskosten van vóór de faillietverklaring ter verificatie moeten worden ingediend en dat de daarna gemaakte kosten boedelschuld zijn. Anderen zijn van mening dat de proceskosten in hun totaliteit – zonder splitsing – ter verificatie moeten worden ingediend. De eerste oplossing lijkt het meest billijk, omdat de curator door niet te verschijnen de wederpartij van de failliet in een slechte positie brengt. Het niet-verschijnen heeft voor de curator vooral zin als het faillissement toch binnen afzienbare tijd zal worden opgeheven wegens gebrek aan voldoende baten. Meestal verdwijnen deze procedures in een langdurige slaap, omdat er na schorsing niets gebeurt en vaak zelfs de curator niet wordt opgeroepen.

Het is niet altijd onmiddellijk duidelijk of een vordering voldoening van een verbintenis uit de boedel ten doel heeft. De rechtsvordering wordt dan beheerst door art. 28 Fw; zodra gebleken is dat de vordering strekt tot voldoening uit de boedel wordt het geding, zo nodig ambtshalve, overeenkomstig art. 29 Fw geschorst, om alleen dan te worden voortgezet indien de verificatie van de vordering wordt betwist (zie HR 7 januari 1983, NJ 1983/542).

Is de procedure zo ver gevorderd dat de stukken aan de rechter zijn overgelegd met het verzoek om vonnis te wijzen, dan wordt inderdaad vonnis gewezen alsof er geen faillissement was. Art. 25 lid 2 en art. 27-29 Fw zijn dan niet van toepassing, althans wanneer het vonnis een eindvonnis is (art. 30 Fw).

> Dat de rechter onder deze omstandigheden een eindvonnis kan wijzen alsof er geen faillissement is, spreekt voor zich als men zich realiseert dat de procespartijen in dit geval geen invloed meer hebben op de te nemen beslissing; de zaak ligt anders wanneer de rechter een tussenvonnis wijst: art. 27-29 Fw zijn dan weer van toepassing.

De handelingen door de schuldenaar vóór de faillietverklaring in het proces verricht, zijn in beginsel geldig.

> Dit lijdt uitzondering indien de curator – of, in het geval van art. 29 Fw, de schuldeiser – erin slaagt te bewijzen dat de schuldenaar door zijn processueel optreden de schuldeisers desbewust heeft benadeeld, en dat de tegenpartij dit wist of kon weten (art. 31 Fw).

5 De invloed van het faillissement op bestaande overeenkomsten

Algemeen
Op het moment waarop iemand failliet wordt verklaard, is hij waarschijnlijk partij bij tal van overeenkomsten: hij is bijvoorbeeld huurder of verhuurder, werkgever of werknemer, hij heeft overeenkomsten lopen met het gas- en waterleidingbedrijf, met verzekeringsmaatschappijen, hij heeft koopovereenkomsten gesloten die nog niet volledig zijn afgewikkeld etc. Welke invloed heeft de faillietverklaring nu op die overeenkomsten? Slechts voor een beperkt aantal gevallen geeft de Faillissementswet antwoord op die vraag; zie onder meer art. 39 Fw voor de huurovereenkomst en art. 40 Fw voor de arbeidsovereenkomst. Ontbreekt een wettelijke regeling, dan moet men er in beginsel van uitgaan dat de faillietverklaring geen invloed heeft op bestaande overeenkomsten. Rechten en plichten blijven in stand, zowel aan de zijde van de failliet als aan de zijde van diens wederpartij. Wel wordt vanaf de faillietverklaring de plaats van de failliet in sommige gevallen ingenomen door de curator (art. 68 Fw). De curator kan de rechten van de failliet uitoefenen; omgekeerd moeten de rechten die de wederpartij jegens de failliet heeft, tegen de curator geldend worden gemaakt.

> Heeft de schuldenaar bijvoorbeeld vóór zijn faillietverklaring een auto gekocht en de koopsom betaald, dan zal de curator de auto kunnen opvorderen. Heeft de schuldenaar verkocht en heeft de wederpartij de koopsom voldaan, dan heeft de wederpartij recht op levering; de curator zal echter niet tot afgifte gedwongen kunnen worden (vgl. art. 26 Fw). De wederpartij zal haar – persoonlijk – recht op levering ter verificatie moeten indienen; het vorderingsrecht wordt conform art. 133 Fw op waarde geschat.

Wederkerige overeenkomsten algemeen
Behalve art. 39 en 40 Fw zijn er nog enkele bepalingen die een regeling geven voor de invloed van het faillissement op een aantal bijzondere overeenkomsten; die bepalingen komen hieronder nog aan de orde. Eerst wordt aandacht besteed aan een artikel dat van belang is voor de wederkerige overeenkomst in het algemeen: art. 37 Fw. Dit artikel voorziet in het geval dat een wederkerige overeenkomst ten tijde van de faillietverklaring zowel door de failliet als door zijn wederpartij in het geheel niet of slechts gedeeltelijk is nagekomen. De wederpartij van de failliet kan de curator dan een redelijke termijn stellen binnen welke de curator moet verklaren of hij de overeenkomst gestand wil doen.

> Wanneer een curator een leverancier van andere dan de in art. 37b Fw bedoelde goederen of diensten via onderhandelingen of de rechter dwingt tot tijdelijke doorlevering, betekent dat niet zonder meer dat hij de daaraan ten grondslag liggende overeenkomst gestand doet in de zin van art. 37 Fw. De vraag hoe verklaringen en gedragingen van een curator in dit verband moeten worden uitgelegd, dient met inachtneming van alle omstandigheden van het geval te worden beantwoord (HR 2 december 2016, ECLI:NL:HR:2016:2744 (*Ctac/Borsboom en Van Rootselaar q.q.*)).

Uit art. 37 lid 1 Fw blijkt dat de curator de mogelijkheid heeft om overeenkomsten niet gestand te doen en dus de daaruit voortvloeiende verbintenissen niet na te komen. Een curator mág dus wanprestatie plegen en daarmee de wederpartij naar verificatie verwijzen.
- Dit is duidelijk indien de verplichting van de gefailleerde uit een 'doen' bestaat, bijvoorbeeld de levering van een goed. Niet-levering zal leiden tot (passieve) wanprestatie en

voor vorderingen die daarmee samenhangen is de wederpartij op de weg van verificatie aangewezen (art. 26 Fw en 37a Fw).
- Een curator mag alleen 'actief' niet-nakomen, wanneer de wet of een overeenkomst de bevoegdheid daartoe toekent; het kan dan bijvoorbeeld gaan om een ontruiming of de opeising van een huurobject, terwijl de huurovereenkomst nog loopt (HR 11 juli 2014, ECLI:NL:HR:2014:1681 (*ABN AMRO/Berzona*)). Niet-nakoming van dergelijke verbintenissen levert een boedelschuld op.
- Van strijd met het uitgangspunt dat het faillissement geen invloed heeft op bestaande overeenkomsten is geen sprake in die zin dat de inhoud en verbindendheid van de overeenkomst niet door het faillissement worden aangetast maar slechts de mate waarin zij aan de boedel kunnen worden tegengeworpen.

Verklaart de curator zich binnen de gestelde termijn bereid tot nakoming, dan is hij verplicht bij die verklaring zekerheid te stellen voor de nakoming (art. 37 lid 2 Fw). Spreekt de curator zich echter niet of niet tijdig voor nakoming uit, dan verliest hij het recht zijnerzijds nakoming van de overeenkomst te vorderen (art. 37 lid 1 Fw). De wederpartij kan vervolgens kiezen voor ontbinding en/of schadevergoeding.

> De bedoeling van art. 37 Fw is in de eerste plaats om de wederpartij van de inmiddels gefailleerde de mogelijkheid te bieden uit de onzekerheid te geraken die ontstaat door het faillissement. Een voorbeeld: een antiekhandelaar verkoopt een nog te restaureren klok aan een klant die akkoord gaat met levering over drie maanden; de koopprijs zal bij de levering worden voldaan. Na twee maanden gaat de klant failliet. De antiquair verkeert in onzekerheid: moet hij de overeenkomst nog nakomen? In een dergelijk geval is het voor de antiquair niet erg aantrekkelijk om de overeenkomst te moeten nakomen. Hij moet dan immers de gerestaureerde klok leveren en krijgt als tegenprestatie een concurrente vordering op de failliet. Art. 37 Fw biedt de antiquair nu de mogelijkheid de curator een redelijke termijn te stellen waarbinnen deze zich moet uitspreken over de vraag of hij de overeenkomst gestand wil doen. Wanneer de curator zich bereid verklaart de overeenkomst na te komen, moet hij daarvoor zekerheid stellen. Het spreekt voor zich dat de curator zich slechts bereid verklaart tot nakoming, wanneer de boedel voordeel heeft bij de transactie.
> Verklaart de curator zich niet bereid, dan kan de antiquair – afgezien van mogelijke uitoefening van het retentierecht (art. 7:39 e.v. BW) – de overeenkomst ontbinden en eventueel aanvullende schadevergoeding vorderen. De vordering tot schadevergoeding levert een concurrente vordering op (art. 37a Fw).
> Een curator verliest echter niet het recht op prestatie/betaling voor een reeds door de gefailleerde verrichte tegenprestatie (HR 2 december 2016, ECLI:NL:HR:2016:2730 (*Poot c.s./Peters q.q.*)). Was de tegenprestatie op de dag van het faillissement nog niet verschuldigd, dan heeft de boedel een vordering uit ongerechtvaardigde verrijking (HR 2 december 2016, ECLI:NL:HR:2016:2729 (*De Krom c.s./Van Logtestijn q.q.*)). In beide zaken ging het om het faillissement van een aannemer, die de bouwwerkzaamheden slechts gedeeltelijk had voltooid. Opdrachtgevers stelden zich op het standpunt dat de curator, die te kennen had gegeven de overeenkomsten niet gestand te doen, van hen ook geen nakoming meer kon vorderen, i.c. betaling van de reeds verrichte werkzaamheden.

De wederpartij van de failliet kan van art. 37 Fw gebruik maken, ongeacht de vraag of de failliet toerekenbaar tekortschiet dan wel of de failliet nog niet tekortgeschoten is in de nakoming van de overeenkomst. Wanneer de failliet toerekenbaar tekortschiet, heeft de wederpartij de keuze tussen art. 37 Fw en de 'normale' vorderingen die ten dienste staan in geval van toerekenbare tekortkoming.

De invloed van het faillissement op bestaande overeenkomsten **5**

In geval van toerekenbare tekortkoming kan gevorderd worden:
1. nakoming (art. 3:296 BW), eventueel met aanvullende schadevergoeding (art. 6:74 BW);
2. ontbinding (art. 6:265 jo. 6:277 BW), ook eventueel met aanvullende schadevergoeding;
3. vervangende schadevergoeding (art. 6:87 BW), eventueel met aanvullende schadevergoeding.

Al deze vorderingen leveren de schuldeiser slechts een persoonlijk recht op, zodat de schuldeiser zijn vordering ter verificatie zal moeten indienen.

Voor sommige overeenkomsten bepaalt de wet met zoveel woorden wat de invloed van de faillietverklaring van een van de contractspartijen is. Genoemd werden reeds art. 39 en 40 Fw voor de huur- resp. arbeidsovereenkomst. Daarnaast kan gewezen worden op art. 38 Fw voor termijnzaken, art. 38a Fw voor huurkoop, en art. 7:422 BW voor lastgeving.

- De regeling met betrekking tot termijnzaken komt erop neer dat bij faillissement van de koper hetzij van de verkoper de overeenkomst automatisch ontbonden wordt. Onder termijnzaken verstaat men overeenkomsten waarbij waren – daaronder vallen ook effecten – worden verkocht tegen de prijs die geldt ten tijde van het sluiten van de overeenkomst, terwijl levering en betaling later zullen plaatsvinden. Meestal hebben termijnzaken een min of meer speculatief karakter.
- Bij huurkoop van roerende zaken bestaat een bijzondere regeling voor faillissement van de huurkoper. Zowel de huurverkoper als de curator krijgt dan de mogelijkheid de overeenkomst ontbonden te verklaren. De huurverkoper krijgt de zaak dan weer in handen. Om te voorkomen dat hij er door de ontbinding beter van wordt, houdt de wet een verrekeningsverplichting in (art. 7A:1576t BW).
- Volgens art. 7:422 BW leidt faillissement van de lastgever of van de lasthebber tot beëindiging van de lastgevingsovereenkomst.

Huurovereenkomsten
Ook op huurovereenkomsten is art. 37 van toepassing, maar alleen als de verhuurder failliet wordt verklaard. Gaat de huurder failliet, dan geldt art. 39 Fw en kunnen zowel de curator als de verhuurder de overeenkomst opzeggen. Een opzegtermijn van drie maanden is in beginsel voldoende. Dat is alleen anders als er huurpenningen zijn vooruitbetaald voor meer dan drie maanden. Opzegging kan dan niet eerder plaatsvinden dan tegen de dag waarop de vooruitbetaalde periode afloopt. Ook als naar plaatselijk gebruik een langere opzegtermijn in acht moet worden genomen, kan de termijn van drie maanden worden overschreden.

In zijn arrest van 9 januari 2015 (ECLI:NL:HR:2015:42 (*Doka/Kalmijn q.q.*)) heeft de Hoge Raad uitgemaakt dat art. 39 Fw ook van toepassing is als het om roerende zaken gaat.

De curator heeft voor de opzegging machtiging van de rechter-commissaris nodig (art. 68 lid 2 Fw). De regeling van art. 39 Fw biedt de curator het voordeel dat hij een einde kan maken aan een overeenkomst die wellicht voor de boedel een last betekent. Ook de verhuurder is bij de regeling van art. 39 Fw gebaat: hij kan zich bevrijden van een insolvente huurder. Bovendien levert de huursom vanaf de dag van de faillietverklaring een boedelschuld op.

Wanneer een verhuurder een pandrecht heeft bedongen tot zekerheid voor de betaling van toekomstige huurpenningen en de curator van de huurder zet de huurovereenkomst voort in verband met een eventuele doorstart, dan blijven de huurpenningen een vordering van de verhuurder/pandhouder op de huurder/pandgever. Dat de slotzin van art. 39 lid 1 Fw de huurpenningen na faillietverklaring van de huurder tot boedelschuld bestempelt, betekent niet dat de verhuurder zijn pandrecht daarvoor niet zou mogen uitoefenen (HR 15 april 2016, ECLI:NL:HR:2016:665 (*Van der Maas q.q./Heineken*)).

Tot 19 april 2013 zou datzelfde zonder meer hebben gegolden voor de verplichting om het gehuurde te ontruimen. Sinds de Hoge Raad echter arrest heeft gewezen in de zaak *Koot Beheer BV/Tideman q.q.* (HR 19 april 2013, ECLI:NL:HR:2013:BY6108) moet daar genuanceerder naar gekeken worden. In genoemd arrest heeft de Hoge Raad het reeds lang geldende 'toedoencriterium' verlaten. Dit criterium hield in dat wanneer als gevolg van een handelen van de curator een schuld ontstond, dat altijd een boedelschuld opleverde, zoals ook werd geoordeeld in HR 18 juni 2004, ECLI:NL:HR:2004:AN8170 (*Van Galen q.q./Circle Vastgoed BV*)).

> Koot verhuurt bedrijfsruimte aan Brand & Van Wijk Logistiek BV. Na faillietverklaring van de huurder zegt de curator de huurovereenkomst op. Bij de oplevering blijkt er een schade aan het voormalige gehuurde te zijn van € 24.000. Koot vordert betaling van dat bedrag van de curator als boedelschuld, zulks geheel in lijn met de uitspraak van de Hoge Raad in *Van Galen q.q./Circle Vastgoed*. De Hoge Raad oordeelt echter – zoals hiervoor al aangegeven – dat in het stelsel van de Faillissementswet een curator kan/mag besluiten om in het belang van de boedel een overeenkomst niet gestand te doen, hetgeen een concurrente faillissementsvordering oplevert. In dit stelsel past volgens de Hoge Raad niet: 'dat een schadevergoedingsverplichting die in verband met de huuropzegging ontstaat een boedelschuld is op de enkele grond dat zij is ontstaan als gevolg van een rechtshandeling – en dus door toedoen – van de curator.' (Zie voor nadere uitwerking van het ontstaan van boedelschulden hoofdstuk VI, § 2).

Veel huurovereenkomsten, vooral als het gaat om bedrijfsruimte, worden aangegaan voor bepaalde tijd. In dergelijke overeenkomsten wordt veelal bedongen dat bij tussentijdse beëindiging een schadevergoeding moet worden betaald, gelijk aan de resterende huurtermijnen. Opzegging door een curator op grond van art. 39 Fw wordt echter beschouwd als een regelmatige beëindiging van de huurovereenkomst. De verhuurder heeft recht op huurpenningen tot het einde van de opzegtermijn, maar niet op schadevergoeding, ook al eindigt de huur eerder dan overeengekomen (HR 11 januari 2011, ECLI:NL:HR:2011:BO3534 (*Aukema/Uni-Invest*)).

> Wanneer een derde zich garant stelt voor de nakoming van de verplichtingen van de huurder(s) geldt dat voor de verplichtingen uit de huurovereenkomst. Als die er niet (meer) zijn, zoals na een regelmatige huuropzegging door de curator, dan kan de verhuurder zich niet op de garantiebepalingen beroepen (HR 15 november 2013, ECLI:NL:HR:2013:1244 (*Romania*)).
> Het feit dat een schadevergoedingsclausule deel uitmaakt van een sale-and-lease-backtransactie, die wordt gebruikt om nieuwe financiering aan te trekken, maakt in dit verband geen verschil (HR 22 november 2013, ECLI:NL:HR:2013:1381 (*Autodrôme*)).

Art. 39 Fw staat echter niet in de weg aan een contractueel beding dat de verhuurder de bevoegdheid geeft om na faillietverklaring van zijn huurder over te gaan tot ontbinding (wegens wanprestatie; niet op grond van art. 39 Fw) en aan ontbinding op die grond tevens een recht op schadevergoeding verbindt (HR 13 mei 2005, ECLI:NL:HR:2005:AT2650 (*Curatoren Baby XL/Amstel Lease*)).

Dit levert echter slechts een concurrente vordering op (art. 37a Fw) en geen boedelschuld.

De curator kan het geldend maken van dergelijke schadevergoedingsvorderingen verhinderen door zelf de huur op te zeggen. Doet hij dat niet en de verhuurder zegt op, dan is een bank die, na betaling op grond van een bankgarantie aan de verhuurder, verhaal nam op de failliete boedel van de huurder, niet ongerechtvaardigd verrijkt (HR 17 februari 2017, ECLI:NL:HR:2017:278 (*Hansteen/Verwiel q.q.*)).

In nog een huurkwestie maakt de Hoge Raad andermaal duidelijk dat het (voort)bestaan van een wederkerige overeenkomst niet wordt beïnvloed door het faillissement van een van de contractanten. Dat betekent in de opvatting van de Hoge Raad echter niet dat de schuldeiser van een duurovereenkomst wiens wederpartij failliet wordt verklaard, de rechten uit die overeenkomst kan blijven uitoefenen alsof er geen faillissement ware.

De juridisch eigenaar van een bedrijfspand met bovenwoning ging failliet. De economisch eigenaar verhuurde bevoegdelijk de bovenwoning. De curator van de juridisch eigenaar vorderde ontruiming van de bovenwoning. De huurders stelden zich op het standpunt dat de curator hun gebruik van het gehuurde moest dulden. De Hoge Raad is het oneens met de huurders en overweegt: 'Een andere opvatting zou immers ertoe leiden dat het aan de Faillissementswet mede ten grondslag liggende beginsel van gelijkheid van schuldeisers op onaanvaardbare wijze zou worden doorbroken. Dit geldt ook voor gevallen waarin de gefailleerde krachtens de tussen partijen gesloten overeenkomst niet is gehouden een bepaalde prestatie te verrichten, maar het gebruik van een aan hem in eigendom toebehorende zaak te dulden.' Door het faillissement van de juridisch eigenaar kan de economisch eigenaar het gebruiksrecht met betrekking tot het pand niet langer tegenwerpen aan de curator van de economisch eigenaar, die daarom ook niet aan derden een huurrecht kon verschaffen dat aan de curator van de juridisch eigenaar kon worden tegengeworpen (HR 3 november 2006, ECLI:NL:HR:2007:AX8838 (*Nebula*)).

De economisch eigenaar heeft alleen een verbintenisrechtelijke aanspraak jegens de juridisch eigenaar en een dergelijke aanspraak kan alleen geldend worden gemaakt door indiening ter verificatie.

Arbeidsovereenkomsten
Wanneer een werknemer failliet gaat, heeft dat in beginsel geen gevolgen voor de arbeidsovereenkomst. Bij faillissement van de werkgever echter kan op vrij korte termijn worden opgezegd door de werknemer en door de curator, ook als het gaat om een arbeidsovereenkomst voor bepaalde tijd. Die korte termijn biedt het voordeel dat de loonschulden niet teveel kunnen oplopen ten koste van de andere schuldeisers. De opzegverboden van art. 7:670 BW (opzegging tijdens ziekte, zwangerschap, enz.) gelden niet voor de curator. Aan de opzegverboden van art. 7:646-7:649 BW, art. 5 Algemene wet gelijke behandeling (bij opzegging onderscheid maken op grond van geslacht, godsdienst, seksuele geaardheid, enz.) is ook de curator gehouden. Slechts in zeer uitzonderlijke omstandigheden zal opzegging door de curator als kennelijk onredelijk in de zin van art. 7:681 BW kunnen worden bestempeld (zie HR 19 januari 1990, *NJ* 1990/662).

Voor de opzegging van een arbeidsovereenkomst heeft de curator machtiging van de rechter-commissaris nodig, niet de in het reguliere ontslagrecht gebruikelijke ontslagvergunning van het UWV (art. 7:671a lid 1 BW). Dit blijkt uit art. 67 lid 2 Fw. Een werknemer heeft de mogelijkheid om binnen vijf dagen nadat hij van de machtiging kennis heeft kunnen nemen daartegen beroep in te stellen bij de rechtbank (art. 67 lid 2 Fw). De curator is verplicht de werknemer bij de opzegging op die beroepsmogelijkheid en de daarvoor geldende termijn te wijzen. Verzuimt de curator dat te doen, dan kan de werknemer binnen veertien dagen na de opzegging door middel van een aan de curator gerichte buitengerechtelijke verklaring een beroep doen op de vernietigbaarheid van de opzegging. Een opzegging door de curator zonder machtiging van de rechter-commissaris is eveneens vernietigbaar, maar de termijn waarbinnen daarop een beroep moet worden gedaan is beduidend korter: vijf dagen, te rekenen vanaf de dag waarop de arbeidovereenkomst is opgezegd (art. 72 lid 2 Fw).

De loonvorderingen en de met de arbeidsovereenkomst samenhangende premies zijn vanaf de dag van de faillietverklaring boedelschuld (art. 40 Fw).

Achterstallig loon van vóór het faillissement van de werkgever evenals het op grond van art. 40 Fw als boedelschuld verschuldigde loon levert een preferente vordering op (art. 3:288 sub e BW). Als er niet voldoende baten zijn om de loonvorderingen te betalen, dan neemt het UWV op grond van art. 61 jo. 64 e Werkloosheidswet de loonbetalingsverplichting over. Dit wordt ook wel de loongarantieregeling genoemd, welke inhoudt dat het loon over dertien weken voorafgaand aan het faillissement van de werkgever en over de opzegtermijn is gegarandeerd, evenals het vakantiegeld en de vergoeding van niet-genoten vakantiedagen over maximaal een jaar voorafgaand aan de datum van het faillissement. Na betaling daarvan wordt het UWV gesubrogeerd in de rechten van de werknemer.

> Vergoeding van niet-genoten vakantiedagen is te beschouwen als een loonaanspraak en levert ingevolge art. 40 lid 2 Fw een preferente boedelvordering op, omdat het begrip 'loon' in de zin van art. 40 lid 2 Fw niet afwijkt van het begrip 'loon' in de zin van het BW. De aanspraak op die uitkering ontstaat uit de wet (art. 7:616 en 625 BW) bij de beëindiging van de arbeidsovereenkomst. Wanneer die beëindiging plaatsvindt na de dag der faillietverklaring, is de uitkering in geld niet slechts boedelschuld voor zover zij betrekking heeft op vakantieaanspraken opgebouwd vanaf die dag, maar in haar geheel. Bovendien kan de curator een werknemer niet dwingen om niet-genoten vakantiedagen op te nemen om zo het ontstaan van een boedelvordering te voorkomen (HR 17 november 2017, ECLI:NL:HR:2017:2907 (*UWV/Aukema q.q.*)).
>
> Ook de vordering van een werknemer ter zake de affinanciering van backserviceverplichtingen in verband met de opbouw van ouderdomspensioen ontstond door opzegging van de arbeidsovereenkomst en derhalve door toedoen van de curator, zodat ook die vordering een boedelschuld opleverde (HR 12 november 1993, *NJ* 1994/229 (*Frima q.q./Blankers*)). Omdat het hierbij niet om een loonbestanddeel ging, ontstond slechts een concurrente boedelschuld (zie HR 24 januari 2003, ECLI:NL:HR:2003:AF0189). Na HR 19 april 2013, ECLI:NL:HR:2003:AF0189 (*Koot Beheer BV/Tideman q.q.*) geldt dit niet langer onverkort en zal steeds aan de hand van de nader door de Hoge Raad geformuleerde criteria bezien moeten worden of door het handelen van de curator nu wel of niet een boedelschuld is ontstaan (zie hierover nader hoofdstuk VI, § 2).
>
> Aanspraken gebaseerd op een sociaal plan leveren noch een boedelschuld, noch een verifieerbare schuld op (HR 12 januari 1990, *NJ* 1990/662).
>
> Ingevolge art. 7:673c BW is de transitievergoeding niet langer verschuldigd, indien de werkgever in staat van faillissement is verklaard.

Wanneer een curator direct na zijn benoeming een arbeidsovereenkomst heeft opgezegd, maar het vonnis van faillietverklaring wordt daarna vernietigd, dan blijft het ontslag – geheel conform art. 13 – in stand met dien verstande echter dat de opzegging met terugwerkende kracht wordt beheerst door het reguliere ontslagrecht (art. 13a Fw). Als aan het gegeven ontslag dan geen dringende reden ten grondslag ligt of er is geen vergunning verkregen van het UWV, kan de ontslagen werknemer de nietigheid van het ontslag inroepen en eventueel schadevergoeding of de wettelijke schadeloosstelling vorderen. Deze regeling is in de Faillissementswet opgenomen ter uitvoering van de EG-Richtlijnen 98/50 en 2001/23 betreffende het behoud van de rechten van werknemers bij overgang van ondernemingen. Daardoor werden de lidstaten van de Europese Unie gedwongen maatregelen te nemen ter voorkoming van misbruik van de faillissementsaanvraag met het doel om daardoor de rechten van werknemers te frustreren.

> Tijdens de parlementaire behandeling van wetsvoorstel 27199 ter implementatie van genoemde richtlijnen is door een amendement de term 'misbruik' geschrapt uit het oorspronkelijke ontwerp van art. 13a Fw, zodat de regeling nu geldt voor alle werknemers die te maken krijgen met de vernietiging van het faillissement van hun werkgever. Of werknemers nu erg blij moeten zijn met deze wetswijziging is zeer de vraag. In de eerste plaats is misbruik moeilijk vast te stellen. Er zijn slechts enkele uitspraken van de Hoge Raad bekend, waarbij sprake was van vernietiging van een faillissement wegens 'zuiver' misbruik (zie HR 29 juni 2001, ECLI:NL:HR:2001:AB2388 (*MTW/FNV*), en HR 28 mei 2004, ECLI:NL:HR:2006:AP0084 (*Digicolor*)). In de meeste gevallen gaat het om een combinatie van factoren en blijkt een faillissement terecht te zijn uitgesproken, omdat er hoe dan ook sprake is van de toestand van te hebben opgehouden te betalen. Verder zal een werkgever die mogelijkheden ziet om een faillissement te laten vernietigen daar nu wellicht van af zien om niet het risico te lopen met de gevolgen van toepassing van het reguliere ontslagrecht te worden geconfronteerd. Ook voor curatoren kan het lastiger worden ondernemingen going-concern te verkopen, omdat potentiële doorstarters niet geconfronteerd willen worden met de gevolgen van een mogelijke vernietiging van het faillissement van de onderneming die ze willen gaan voortzetten.

Blijkt er inderdaad misbruik te zijn gemaakt van de faillissementsaanvraag, dan geldt voor de opzegging van de arbeidovereenkomst door de curator met terugwerkende kracht het ontslagrecht zoals dat buiten faillissement van toepassing is. De opzegging is dan vernietigbaar wegens het ontbreken van de vereiste toestemming van het UWV. De werknemer moet daar binnen twee maanden wel weer een beroep op doen, anders blijft het gegeven ontslag in stand.

Ook zijn dan alsnog de bepalingen met betrekking tot het behoud van rechten van werknemers in geval van overgang van ondernemingen (art. 7:662 e.v. BW) van toepassing. Op grond van EG-Richtlijn 177/87 konden de lidstaten zelf bepalen of de regeling van toepassing zou zijn in insolventieprocedures, welke gericht zijn op liquidatie van het vermogen (faillissement en schuldsanering). Met de uitspraak van het Hof van Justitie in de zaak *Abels/Bedrijfsvereniging MEI* is daarover duidelijkheid verkregen in die zin, dat de regeling alleen dwingend van toepassing is in reorganisatieprocedures zoals de surseance van betaling (HvJ 7 februari 1985, zaak 135/83, *NJ* 1985/902). Art. 7:666 BW bepaalt nu expliciet dat de regeling niet van toepassing is op de overgang van een onderneming indien de werkgever in staat van faillissement is verklaard en de onderneming tot de boedel behoort. Bij een doorstart vanuit een faillissement gaan de werknemers dus niet van rechtswege mee over naar de verkrijger van de onderneming. Dat kan anders zijn bij een voorbereide doorstart, een zogenoemde pre-pack (zie hoofdstuk XIII). Ofschoon dat niet uitdrukkelijk is geregeld, moet aangenomen worden dat hetzelfde geldt wanneer de werkgever is toegelaten tot de schuldsaneringsregeling.

> Art. 7:668a BW kan echter wel van toepassing zijn in geval van de overgang of doorstart van een onderneming vanuit faillissement. De keten van arbeidsovereenkomsten voor

bepaalde tijd wordt niet doorbroken wanneer er sprake is van opvolgend werkgeverschap (HR 14 juli 2006, ECLI:NL:HR:2006:AY3782 (*Boekenvoordeel/Isik*)).

Doorleveringsverplichting
Niet alleen in een wettelijke regeling kan zijn neergelegd wat de invloed van het faillissement op een overeenkomst is, ook in de overeenkomst zelf kunnen daaromtrent voorzieningen zijn getroffen. Zo wordt in veel overeenkomsten, in het bijzonder bij geldleningen, de onmiddellijke opeisbaarheid van de vordering bij faillissement van de schuldenaar bedongen, hetgeen met name van betekenis is met het oog op de hoogte van de te verifiëren vordering.

Art. 37b Fw kent een bijzondere regeling voor overeenkomsten voor de levering van gas, water en elektriciteit. Voor natuurlijke personen behoren deze leveranties tot de eerste levensbehoeften. Voor ondernemingen zijn zij vaak essentieel om de onderneming – al dan niet tijdelijk – voort te kunnen zetten. Op grond van het bepaalde in art. 37b Fw moet aan particulieren en aan ondernemingen die daaraan behoefte hebben ook tijdens faillissement worden doorgeleverd. Ook al heeft de gefailleerde afnemer niet alle rekeningen van vóór het faillissement betaald, toch mag de leverancier de leveranties niet opschorten. Zodoende kan een curator, als hij het bedrijf wil voortzetten, niet gedwongen worden de rekeningen van vóór het faillissement te voldoen, terwijl dat slechts concurrente vorderingen zijn. Zolang de leveringen van na het faillissement worden betaald, moet er doorgeleverd worden. Het feit dat de afnemer vóór het faillissement tekort is geschoten in het betalen van de rekening levert geen grond op voor ontbinding van de overeenkomst (art. 37b lid 2 Fw). Ook een beroep op contractuele afspraken op grond waarvan de leverancier in geval van faillissement tot ontbinding kan overgaan of de overeenkomst van rechtswege zal zijn ontbonden, is slechts toegelaten met goedvinden van de curator (art. 37b lid 3). Met deze bepaling is in feite de jurisprudentie van de Hoge Raad over deze materie gecodificeerd, waarbij in gedachten moet worden gehouden dat het nog niet zo heel lang geleden is, dat de betreffende voorzieningen werden geleverd door overheidsbedrijven met een monopoliepositie (HR 20 maart 1981, *NJ* 1981/640 (*Veluwse Nutsbedrijven*), en HR 16 oktober 1998, *NJ* 1998/896 (*Van der Hel q.q./Edon*)). Met art. 37b Fw wordt in elk geval een uitzondering gemaakt op de regel dat een faillissement geen invloed heeft op bestaande overeenkomsten en kunnen leveranciers van gas, water en elektriciteit zich niet meer opstellen als zogenoemde dwangcrediteuren.

HOOFDSTUK V
De actio Pauliana

1 Inleiding

Tenzij de wet anders bepaalt, is iedereen vrij over zijn vermogen te beschikken op de wijze die hem goeddunkt. Dit geldt ook voor iemand die schulden heeft. Voor een schuldenaar geldt echter nog een andere stelregel, te weten dat hij met zijn gehele vermogen moet instaan voor de betaling van zijn schulden (art. 3:276 BW).

Om te voorkomen dat de schuldenaar zijn schuldeisers benadeelt door bestanddelen aan zijn vermogen te onttrekken, biedt de wet soms de mogelijkheid om rechtshandelingen die de schuldenaar vóór zijn faillietverklaring heeft verricht, aan te tasten. Heeft de schuldenaar bijvoorbeeld een hem toebehorende auto ter waarde van € 35.000 aan een vriend geschonken of voor een veel te lage prijs verkocht, dan benadeelt hij zijn schuldeisers in hun verhaalsmogelijkheden. De schuldeisers moeten tegen een dergelijke rechtshandeling kunnen opkomen. Daarin voorziet de zogeheten actio Pauliana, ook wel kortweg de Pauliana genoemd.

> Van de Pauliana kan zowel in als buiten faillissement gebruik worden gemaakt. Buiten faillissement komt de actio Pauliana toe aan iedere schuldeiser die door een rechtshandeling van zijn schuldenaar benadeeld is. In faillissement staat de actio Pauliana open voor de curator die ten behoeve van de boedel optreedt tegen rechtshandelingen die de schuldenaar vóór zijn faillietverklaring heeft verricht (art. 49 Fw). De door de schuldenaar 'paulianeus' verrichte rechtshandelingen kunnen vernietigd worden. Aan het bewijs dat de schuldeiser c.q. de curator moet leveren, wil een beroep op de Pauliana slagen, stelt de wet zware eisen. Voor de 'gewone' Pauliana vindt men die in art. 3:45 e.v. BW; de faillissementspauliana is geregeld in art. 42-51 Fw. De regeling van de faillissementspauliana is geënt op die van de gewone Pauliana, maar natuurlijk zijn er verschillen. Het spreekt voor zich dat in het onderstaande de faillissementspauliana centraal zal staan.

2 De wijze waarop de curator een beroep doet op de Pauliana en de vereisten waaraan voldaan moet zijn, wil het beroep slagen

De curator kan tegen de rechtshandeling opkomen door middel van een buitengerechtelijke verklaring. De verklaring moet worden gericht tot degene(n) die partij bij de rechtshandeling was/waren; de curator is hierbij niet aan een bepaalde vorm gebonden.

Art. 42 Fw houdt in dat de curator die zich met succes op de Pauliana wil beroepen, moet bewijzen:
1. dat de rechtshandeling onverplicht is verricht;
2. dat de rechtshandeling heeft geleid tot benadeling van de schuldeisers;
3. dat de schuldenaar bij het verrichten van de rechtshandeling wist of behoorde te weten dat die handeling tot benadeling zou leiden;

4. wanneer het een rechtshandeling anders dan om niet betreft, dat ook degene met of jegens wie de schuldenaar de rechtshandeling verrichtte (hierna kortheidshalve aangeduid als 'de wederpartij') wist of behoorde te weten dat die handeling tot benadeling zou leiden.

Op deze vereisten wordt hieronder nader ingegaan.

Ad 1. Met onverplichte rechtshandelingen worden bedoeld rechtshandelingen die worden verricht zonder dat daartoe een op de wet of een overeenkomst rustende rechtsplicht bestaat.

> Stel dat een in financiële problemen verkerend bedrijf de bank verzoekt om voortzetting van de kredietverlening en dat de bank zich daartoe slechts bereid verklaart als het bedrijf een bezitloos pandrecht vestigt in de zin van art. 3:237 BW op het machinepark dat aan het bedrijf toebehoort. Het bedrijf voldoet aan deze voorwaarde, de geldkraan blijft open, maar desondanks gaat het bedrijf enige maanden later failliet.
>
> Kan de curator nu de nietigheid van deze rechtshandeling inroepen wegens het onverplichte karakter ervan? De Hoge Raad heeft in een soortgelijk geval deze vraag bevestigend beantwoord. Dat de feitelijke situatie zo was dat de schuldenaar praktisch niet anders kon doen dan de aangevochten handeling te verrichten, betekent volgens de Hoge Raad nog niet dat hier een rechtsplicht aanwezig was (HR 10 december 1976, *NJ* 1977/617 (*Eneca*)).
>
> In de praktijk ligt met name bij kredietverleningen het grote probleem. Vaak komt de faillissementspauliana om de hoek kijken in het geval dat de schuldenaar kort voor het faillissement aan een kredietgever zekerheid heeft verschaft c.q. meer zekerheden dan hij reeds eerder had verleend; het probleem is dan niet zelden dat de schuldenaar zich reeds veel eerder – bijvoorbeeld bij het aangaan van de kredietrelatie met de bank – had verplicht om die zekerheid te verschaffen zodra de schuldeiser daarom zou verzoeken. Men kan zich afvragen of in een dergelijke situatie sprake is van een verplichte dan wel van een onverplichte rechtshandeling.

Deze kwestie is aan de orde geweest in de uitspraak van de Hoge Raad van 16 januari 1987, *NJ* 1987/528 (*Steinz q.q./Amro*)). De casus komt op het volgende neer: Ten Hoope BV had zich bij het aangaan van een rekening-courantverhouding met de Amrobank verbonden alle handelsvorderingen tot zekerheid aan de bank te cederen. Overeengekomen was, kort gezegd, dat de cessie zou geschieden bij periodiek aan de bank toe te zenden brieven. Op 22 oktober 1982 verzocht de bank Ten Hoope BV de cessielijsten voortaan om de twee weken in te zenden. Vervolgens ontving de bank cessielijsten op 28 oktober en op 5 en 8 november 1982. Op 9 november 1982 werd Ten Hoope BV op eigen aangifte failliet verklaard. De curator achtte de inzending van de cessielijst d.d. 8 november 1992 een onverplichte handeling omdat was afgesproken dat eens in de twee weken een cessielijst zou worden ingezonden. De Hoge Raad stelde de curator in het gelijk. De omstandigheid dat Ten Hoope BV zich bij de geruime tijd eerder gesloten kredietovereenkomst had verplicht tot zekerheidstelling, was volgens de Hoge Raad niet van belang voor de vraag of de cessie van 8 november 1982 al dan niet als een onverplichte handeling had te gelden.Ook het ongevraagd terugbetalen van een lening die in onderling overleg onmiddellijk opeisbaar is, is een in de zin van art. 42 Fw onverplicht verrichte rechtshandeling (HR 30 september 1994, *NJ* 1995/626 (*Kuijsters/Gaalman q.q.*)). Hetzelfde geldt voor de inbetalinggeving van een stuk grond, terwijl een som geld verschuldigd was (HR 18 december 1992, *NJ* 1993/169 (*KIN/Emmerich q.q.*)) of de inbetalinggeving van vrachtauto's ter voldoening van een geldvordering (HR 20 november 1998, *NJ* 1999/611 (*Verkerk/Tiethoff q.q.*)). Dat het hier gaat om constante rechtspraak blijkt uit HR 5 november 2004, ECLI:NL:HR:AP1437, waarin de vernietiging door het hof van de inbetalinggeving van een tractor en een houtversnipperaar door de Hoge Raad in stand wordt gelaten.

> Ook een samenstel van rechtshandelingen kan voor vernietiging in aanmerking komen wanneer deze rechtshandelingen nauw met elkaar samenhangen, zoals in de volgende casus. Air Holland Charter BV verkoopt en levert op grond van een reorganisatieovereenkomst aan haar moeder, Air Holland NV, haar aandelen in Air Holland Lease, een 100% dochter. Betaling van de aandelen vindt plaats doordat AHC een dividendbesluit neemt waardoor aan AH een zodanig dividend wordt toegekend dat daarmee de koopprijs van de aandelen kan worden verrekend. Niet lang daarna failleert AHC. De curatoren riepen de vernietiging in van het reorganisatiebesluit en eisten terugbetaling van het dividend. Echter, naar het oordeel van de Hoge Raad kon het besluit tot uitkering van dividend en de voldoening daarvan door verrekening met de koopprijs van de aandelen niet los worden gezien van de reorganisatieovereenkomst. Hieruit vloeit voort dat de vorderingen van de curatoren alleen kans van slagen hadden, als zij de nietigheid van al deze rechtshandelingen hadden ingeroepen (HR 19 december 2008, ECLI:NL:HR:2008:BG1117 (*Curatoren Air Holland Charter BV/Air Holland NV*)).

De mogelijkheid om met behulp van de Pauliana rechtshandelingen te vernietigen, is in beginsel beperkt tot handelingen die de schuldenaar heeft verricht terwijl hij daartoe niet verplicht was. Het zou ongerijmd zijn indien men de schuldenaar zou verwijten dat hij een handeling heeft verricht ten aanzien waarvan op hem een rechtsplicht rustte. Heeft de schuldenaar bijvoorbeeld vóór zijn faillietverklaring een opeisbare schuld betaald, dan is de handeling verplicht verricht en als zodanig niet voor vernietiging vatbaar. Art. 47 Fw maakt hierop een uitzondering: de curator kan die betaling vernietigen mits hij aantoont óf dat degene die de betaling ontving, wist dat het faillissement van de schuldenaar reeds was aangevraagd, óf dat er sprake was van overleg tussen de schuldenaar en de schuldeiser dat ten doel had die schuldeiser door die betaling boven andere schuldeisers te begunstigen.

> De Hoge Raad heeft in 1987 een principiële uitspraak gedaan met betrekking tot art. 47 Fw in het arrest *Loeffen q.q/Mees en Hope I* (HR 8 juli 1987, *NJ* 1988/104). De casus was – kort gezegd – als volgt:
> Meerhuys BV (hierna: Meerhuys) had een rekening-courantverhouding met de bank Mees en Hope. Begin maart 1982 vertoonde die rekening een debetstand van ƒ 856.000. Meerhuys stond er slecht voor; haar faillissement was aangevraagd en de bank wist dat. De bank besprak de situatie met de heer De Koning, die directeur-grootaandeelhouder was van Meerhuys, maar ook van een zekere APO BV (hierna: APO). In 1980 had de bank van Meerhuys en APO (en van een derde vennootschap) bedongen dat elk van de drie hoofdelijk aansprakelijk was jegens de bank voor hetgeen elk van de BV's aan de bank verschuldigd zou zijn. In de bespreking tussen de bank en De Koning kwam aan de orde dat APO ongeveer ƒ 750.000 schuldig was aan Meerhuys. De Koning zegde de bank toe dit bedrag te zullen overmaken op Meerhuys' rekening bij de bank. Opmerkelijk is dat de rekening-courant van APO bij de bank op dat moment ook een groot negatief saldo vertoonde. De bank maakte echter de toegezegde overmaking mogelijk door aan APO het bedrag van ƒ 750.000 als krediet te verstrekken. Meerhuys' rekening werd derhalve – op 12 maart 1982 – gecrediteerd met ƒ 750.000, waardoor haar debetsaldo werd verminderd tot ƒ 106.000. Dat saldo was gedekt door een stil pandrecht op de inventaris, zodat de bank geen enkel risico meer liep. Vijf dagen later werd Meerhuys failliet verklaard.
> De curator, mr. Loeffen, riep de nietigheid van de overmaking in op grond van art. 47 Fw en vorderde veroordeling van de bank om het bedrag van ƒ 750.000 alsnog aan de boedel te voldoen. De bank stelde zich op het standpunt dat een beroep op art. 47 Fw niet kon slagen, omdat voor 'voldoening aan een opeisbare schuld' een handeling van de schuldenaar vereist zou zijn. De Hoge Raad was het met dit laatste niet eens en overwoog dat de memorie van

toelichting voor de Pauliana weliswaar een te kwader trouw handelen van de schuldenaar veronderstelt, maar dat daaraan geen doorslaggevende betekenis meer toekomt. De Hoge Raad vervolgde: 'Beslissend is veeleer de betekenis welke aan de hand van de eisen van het huidige rechtsverkeer valt toe te kennen aan de strekking van art. 47 (...). Daarbij is in het bijzonder van belang dat tegenwoordig – anders dan ten tijde van het totstandkomen van de Faillissementswet – girale betaling als een normale wijze van betaling moeten worden beschouwd.' De Hoge Raad overwoog vervolgens dat banken niet in een gunstige uitzonderingspositie mogen komen te verkeren door het feit dat vermindering van een schuld van de failliet aan de bank van rechtswege voortvloeit uit het crediteren van diens rekening bij de bank. Ook die gang van zaken moet, aldus de Hoge Raad, worden aangemerkt als een 'voldoening' in de zin van art. 47 Fw.

Verder interpreteert de Hoge Raad artikel 47 Fw restrictief en laat niet toe dat de twee daarin genoemde vernietigingsgronden worden uitgebreid. Zo kan de verstrekking van extra hypothecaire zekerheid aan de vooravond van het faillissement, hetgeen op grond van de algemene bankvoorwaarden is aan te merken als een verplichte rechtshandeling, niet worden vernietigd op de in artikel 54 Fw vervatte grond dat de hypotheekhouder – wetende van het komende faillissement – niet te goeder trouw zou hebben gehandeld (zie HR 16 juni 2000, ECLI:NL:HR:AA6234 (*Van Dooren q.q./ABN-AMRO I*)).

Wanneer de gefailleerde kort voor zijn faillietverklaring in ruil voor verhoging van zijn kredietlimiet (extra) zekerheid heeft gesteld ten behoeve van de bank en vervolgens de vrijgekomen kredietruimte heeft gebruikt voor de voldoening van een deel van zijn schuldeisers, brengt dat weliswaar geen wijziging in zijn totale schuldenlast, maar de bank heeft op de opbrengst van de in aanvullende zekerheid verbonden zaken voorrang verkregen boven de resterende schuldeisers, terwijl de met het verhoogde krediet betaalde schuldeisers slechts concurrent waren. De resterende schuldeisers krijgen derhalve in plaats van met een concurrente medeschuldeiser te maken met de bank als preferent medeschuldeiser. Een dergelijke verschuiving in verhaalspositie zal, behoudens het geval dat de bank de aanvullende zekerheid niet behoeft aan te spreken tot verhaal van haar vordering, benadeling van de resterende schuldeisers meebrengen (HR 8 juli 2005, ECLI:NL:HR:2005:AT1089 (*Van Dooren q.q./ABN-AMRO II*)).

Van benadeling van schuldeisers is ook sprake als de extra kredietruimte alleen gebruikt wordt om preferente schuldeisers te voldoen. Andere, onbetaald gebleven preferente schuldeisers kunnen zich dan immers niet meer verhalen op de in aanvullende zekerheid gegeven zaken. Wetenschap van benadeling doet zich volgens de Hoge Raad voor indien ten tijde van de handeling het faillissement en een tekort daarin met een redelijke mate van waarschijnlijkheid waren te voorzien voor zowel de schuldenaar als degene met of jegens wie de schuldenaar de rechtshandeling verrichtte. Om dus niet het risico te lopen dat de curator de bank als financiële redder in nood kan betichten van de voor toepassing van art. 42 Fw vereiste wetenschap van benadeling, moet de bank de situatie goed analyseren en aannemelijk kunnen maken dat die analyse inderdaad heeft plaatsgevonden. Punten die daarbij van belang zijn: financiële gegevens van meerdere jaren, hoe is de onderneming gefinancierd, wat zijn de toekomstvooruitzichten, wat is het resultaat van een liquiditeits- en een solvabiliteitstoets, is gebruikgemaakt van interne en externe indicatoren. Daarmee wordt enerzijds de oorzaak van het met een redelijke mate van waarschijnlijkheid te verwachten faillissement geanalyseerd, anderzijds wordt beoordeeld of het reddingsplan het gewenste effect kan/zal hebben. In deze casus was gebleken dat volstrekt ontoereikend inzicht bestond in het financiële reilen en zeilen binnen het concern. Bovendien ontbrak bij de huisbankier het nodige vertrouwen, omdat toereikende financiële gegevens ontbraken. Dat de curator dan succes heeft met een actio Pauliana is niet zo verwonderlijk, ook al moest daar – de dagvaarding, waarmee de eerste procedure werd ingeleid, dateert van februari 1995 – bijna zestien jaar over worden geprocedeerd (HR 22 december 2009, ECLI:NL:HR:2009:BI8493 (*ABN-AMRO/Van Dooren q.q. III*)).

Hetzelfde geldt voor een pandhouder die bij de vestiging van het pandrecht wist dat het faillissement van de pandhouder onontkoombaar was (zie HR 29 juni 2001, ECLI:NL:HR:2001:AB2435 (*Meijs q.q./Bank of Tokyo*)), waaruit tevens een belangrijke versoepeling van de eisen voor de registratie van een pandakte volgt. Uitsluitend bewijs van de wetenschap dat het faillissement van de schuldenaar daadwerkelijk is aangevraagd kan leiden tot vernietiging. Daarnaast kan de curator, zoals hierboven werd vermeld, op grond van art. 47 Fw de voldoening van een opeisbare schuld vernietigen, wanneer hij aantoont dat er sprake was van overleg tussen de schuldenaar en de schuldeiser dat ten doel had die schuldeiser door die betaling boven andere schuldeisers te begunstigen. De Hoge Raad heeft in het arrest *Gispen q.q./IFN* (HR 24 maart 1995, *NJ* 1995/628) beslist dat een redelijke, ook met de huidige eisen van zekerheid van betalingsverkeer strokende, uitleg van art. 47 Fw meebrengt dat voor de aanwezigheid van overleg als in dat artikel bedoeld, is vereist dat er sprake is van samenspanning, dat wil zeggen, aldus de Hoge Raad, dat niet alleen bij de schuldeiser, maar ook bij de schuldenaar het oogmerk heeft voorgezeten deze schuldeiser boven andere schuldeisers te begunstigen. (Zie ook HR 22 september 2006, ECLI:NL:HR:2006:AX8834.)

Wanneer sprake is van een combinatie van een onverplichte en een verplichte rechtshandeling, betekent vaststelling van wetenschap van benadeling vereist voor toepassing van art. 42 Fw niet zonder meer dat er ook sprake is van samenspanning in de zin van art. 47 Fw (HR 20 november 1998, *NJ* 1999/611 (*Verkerk/Tiethoff q.q.*)). Wanneer echter de bedrijfsvoering van een Nederlandse BV en een Duitse GmbH in dezelfde handen is, dan is de wetenschap van de benarde financiële toestand van de GmbH ook aanwezig bij de BV. Als de GmbH dan toch belangrijke betalingen doet aan de BV kan behoudens tegenbewijs worden aangenomen dat beiden het oogmerk hebben gehad om de BV te bevoordelen (HR 7 maart 2003, ECLI:NL:HR:2003:AF1881 (*Cikam BV/Siemon q.q.*)).

Een laatste voorbeeld van toepassing van art. 47 Fw is het *Stukro*-arrest. Een advocaat wordt benaderd om een driepartijenovereenkomst op te stellen op grond waarvan Accomodaties machines en inventaris levert aan Stukro, die de verschuldigde koopsom aan Holding zal betalen, die op haar beurt het van Stukro te ontvangen bedrag zal verrekenen met een vordering die zij op Accomodaties heeft. Omdat Accomodaties in financieel zwaar weer verkeerde werd er in de overeenkomst een ontbindende voorwaarde opgenomen op grond waarvan de overeenkomst van rechtswege zou zijn ontbonden, indien en welke reden dan ook één of meer bepalingen van de overeenkomst hun werking zouden verliezen. Alles wat ter uitvoering van die overeenkomst zou zijn verricht diende dan te worden teruggedraaid. Een maand later is Accomodaties failliet. De curator dagvaardt Holding, Stukro en de voormalig directeur van Accomodaties, Brouwer, en vordert hoofdelijke veroordeling tot betaling aan de boedel van de koopsom van de machines en inventaris, op de grond dat de verkoop, althans de betaling, paulianeus is. De vordering wordt grotendeels toegewezen en de koopsom wordt aan de curator betaald. Dan volgt een procedure tegen de advocaat, die een beroepsfout zou hebben gemaakt door te adviseren de driepartijenovereenkomst aan te gaan zonder daarbij te wijzen op de daaraan verbonden risico's in geval van faillissement van Accomodaties. Over de vraag of er sprake is van benadeling is de Hoge Raad kort en duidelijk: er is sprake van benadeling doordat de koopsom die Accomodaties had bedongen ten goede van één concurrente crediteur (Holding) is gekomen. Een betaling van een aan de schuldenaar verschuldigde geldsom, met diens goedvinden niet aan hem maar aan een van zijn schuldeisers in mindering op het door hem aan die schuldeiser verschuldigde, geldt als voldoening door de schuldenaar in de zin van art. 47 Fw. Een dergelijke wijze van voldoening kan niet aan de werking van art. 47 Fw worden onttrokken door de schuldenaar van de schuldenaar (Stukro) als 'derde' aan te merken. De in de driepartijenovereenkomst opgenomen ontbindende voorwaarde kan de dwingendrechtelijke bepalingen van art. 47 en art. 51 lid 1 Fw niet opzijzetten (HR 18 januari 2008, ECLI:NL:HR:2008:BB5067 (*Stukro*-arrest)).

Ad 2. Om te bepalen of de rechtshandeling heeft geleid tot benadeling van de schuldeisers moet een vergelijking worden gemaakt tussen de toestand van de boedel zoals die is en de toestand zoals die geweest zou zijn, wanneer de rechtshandeling niet was verricht.

Van benadeling in de zin van art. 42 Fw is sprake wanneer de schuldeisers zijn benadeeld in hun verhaalsmogelijkheden. Dat kan ook het geval zijn wanneer voor geleverde zaken een redelijke prijs is betaald, zodat het vermogen van de nadien gefailleerde per saldo niet is verminderd. In het geval dat heeft geleid tot de uitspraak van de Hoge Raad van 22 mei 1992, *NJ* 1992/526 (*Bosselaar q.q./Interniber*), had de koper de – redelijke – koopsom gestort op de bankrekening van de (later gefailleerde) verkoper. Daardoor was de schuld die de verkoper aan de bank had verminderd. De Hoge Raad overwoog dat het vermogen van de schuldenaar per saldo weliswaar niet was verminderd, maar dat dat niet wegneemt dat zonder de transactie de opbrengst van de verkochte zaken beschikbaar zou zijn geweest voor de gezamenlijke schuldeisers.

In het arrest *Loeffen q.q./Mees en Hope II* van 22 maart 1991, *NJ* 1992/214 overwoog de Hoge Raad dat aan het vereiste van benadeling niet is voldaan indien de schuldeisers slechts een voordeel ontgaat. Tevens blijkt uit dat arrest, dat ook bij toepassing van art. 47 Fw sprake moet zijn van benadeling. Voor benadeling is nodig, maar – aldus de Hoge Raad – ook voldoende dat die aanwezig is op het moment dat de rechter over de vordering tot vernietiging beslist. Of sprake is van benadeling moet beoordeeld worden aan de hand van de hypothetische situatie waarin de schuldeisers zouden hebben verkeerd zonder de gewraakte rechtshandeling in vergelijking met de situatie waarin zij feitelijk verkeren als die rechtshandeling onaangetast blijft (HR 19 oktober 2001, ECLI:NL:HR:ZC3654 (*Diepstraten/Gilhuis q.q.*)).

Ad 3. Dat bewezen moet worden dat de schuldenaar ten tijde van het verrichten van de rechtshandeling wist of behoorde te weten dat die handeling benadeling van de schuldeisers tot gevolg zou hebben, plaatst de curator in de praktijk voor bijna onoverkomelijke problemen. Daarom wordt soms de bewijslast omgekeerd (zie § 3).

Ad 4. Wanneer het een handeling anders dan om niet betreft moet bovendien bewezen worden dat de wederpartij van de schuldenaar wist of behoorde te weten dat uit de rechtshandeling benadeling van de schuldeisers zou voortvloeien. Wetenschap van de kans op benadeling is volgens de Hoge Raad echter onvoldoende (HR 17 november 2001, ECLI:NL:HR:AA8357 (*Bakker q.q./Katko*)). Hieruit volgt dat een handeling om niet vernietigd kan worden, ook wanneer de wederpartij van de schuldenaar te goeder trouw was.

> Heeft A vóór zijn faillietverklaring een auto ter waarde van € 15.000 voor € 5000 verkocht en geleverd aan B, dan zal de curator – het betreft hier een handeling anders dan om niet – moeten bewijzen dat zowel A als B wisten of behoorden te weten dat deze handeling tot benadeling van de boedel zou leiden. Omdat ook het bewijzen van de wetenschap van de wederpartij van de failliet geen eenvoudige zaak is, geldt hiervoor soms ook een omkering van de bewijslast (zie § 3). Heeft A de auto daarentegen vóór zijn faillietverklaring aan B geschonken, dan hoeft de curator alleen A's wetenschap van benadeling te bewijzen. Slaagt de curator daarin, dan zal B, ook al was hij te goeder trouw, de auto aan de curator moeten afstaan, behalve wanneer hij niet is gebaat (zie § 4).

Zowel art. 42 als art. 47 Fw kwam aan de orde in een uitspraak van de Hoge Raad over de rechtsgeldigheid van verzamelpandakten. Wanneer de daarvoor vereiste volmachtverlening (aan de pandnemer of een derde) uitsluitend moet worden beschouwd als uitvoering van de in de stampandakte neergelegde verplichting tot verpanding en er alleen voor dient om de verpandingen tot stand te brengen, is de volmachtverlening dus geen onverplichte rechtshandeling in de zin van art. 42 Fw, ook al was deze specifieke wijze van uitvoering van de verplichting tot verpanding niet overeengekomen. Voor een geslaagd beroep op art. 47 Fw geldt ook in dit geval geen ander vereiste dan dat er sprake is van samenspanning tussen de bank en de kredietnemers. Daarbij mag het oogmerk van de bank om zich boven andere schuldeisers te begunstigen niet worden toegerekend aan de volmachtgevers. De enkele wetenschap bij beide partijen van het feit dat de andere schuldeisers worden benadeeld, levert een zodanige samenspanning nog niet op (HR 1 februari 2013, ECLI:NL:HR:2013:BY4134 (*Van Leuveren q.q./ING*)). Zie in verband met de kwestie van de verzamelpandakte ook hoofdstuk VI, § 3.

3 Omkering van de bewijslast

Het bewijzen van de wetenschap van de schuldenaar en van diens wederpartij is geen eenvoudige opgave, reden waarom de wetgever de curator te hulp komt door in een aantal gevallen een vermoeden van wetenschap van benadeling voorop te stellen. De wetgever gaat ervan uit dat zowel de schuldenaar als de wederpartij wisten dat de handeling tot benadeling van de schuldeisers zou leiden wanneer een van de in art. 43 Fw genoemde rechtshandelingen binnen één jaar voor de faillietverklaring is verricht en de schuldenaar zich niet reeds voor de aanvang van die termijn daartoe had verplicht.

> Art. 43 Fw geeft een limitatieve opsomming. Lid 1 onder 1 ziet op overeenkomsten waarbij de prestatie van de schuldenaar de contraprestatie aanmerkelijk overtreft. Lid 1 onder 2 betreft rechtshandelingen waarbij de schuldenaar een niet-opeisbare schuld heeft voldaan of daarvoor zekerheid heeft gesteld. In lid 1 onder 3-6 gaat het – kort gezegd – om rechtshandelingen die de schuldenaar heeft verricht met partijen die tot hem in een nauwe relatie staan. Bij een natuurlijk persoon zijn dit familieleden dan wel rechtspersonen waarin hij of bepaalde familieleden als bestuurder, commissaris of aandeelhouder betrokken zijn. Bij een rechtspersoon zijn dit rechtspersonen die tot dezelfde groep behoren dan wel rechtspersonen waarin dezelfde natuurlijke persoon en/of diens familieleden als aandeelhouder, bestuurder of commissaris betrokken zijn. Lezing van – met name – lid 4-6 van art. 43 Fw doet zien dat de wetgever heeft getracht alle denkbare mogelijkheden van betrokkenheid af te dekken; de regeling is daardoor vrij ingewikkeld geworden. Bovendien heeft de Hoge Raad in zijn uitspraak van 29 november 2013 (ECLI:NL:HR:2013:CA3762 (*Roeffen q.q./Jaya BV*)), duidelijk gemaakt dat het bij art. 43 Fw om een uitzonderingsbepaling gaat die – net zo min als art. 47 Fw – ruim mag worden uitgelegd.

Bij rechtshandelingen om niet, zoals schenkingen, hoeft slechts bewezen te worden dat de schuldenaar wist of behoorde te weten dat de rechtshandeling tot benadeling zou leiden. Heeft de schuldenaar de rechtshandeling verricht binnen één jaar voor de faillietverklaring, dan geldt een vermoeden van wetenschap (art. 45 Fw).

In alle hierboven vermelde gevallen is tegen het vermoeden van wetenschap tegenbewijs toegelaten.

4 De rechtsgevolgen van de vernietiging

Wanneer de rechtshandeling wordt vernietigd, moet de wederpartij datgene wat uit het vermogen van de schuldenaar is gegaan, aan de curator 'teruggeven' (art. 51 lid 1 Fw).

> Heeft de schuldenaar bijvoorbeeld vóór zijn faillietverklaring een auto voor een veel te lage prijs verkocht en geleverd, dan zal de wederpartij die auto aan de curator moeten afstaan. Aangezien bij een geslaagd beroep op de Pauliana de overeenkomst met terugwerkende kracht ongedaan wordt gemaakt, kan de curator – gelet ook op de 'goederenrechtelijke' werking van de vernietiging – de auto revindiceren.
> De prestatie die de schuldenaar heeft verricht, zal niet altijd bestaan in een 'geven'. Het is bijvoorbeeld ook mogelijk dat de schuldenaar, die een schildersbedrijf uitoefent, voor een 'vriendenprijs' het huis van B geschilderd heeft. In een dergelijk geval moet de curator eveneens kunnen optreden. Krachtens art. 6:203 jo. art. 6:210 BW moet de verrichte prestatie 'ongedaan' worden gemaakt; is dat onmogelijk, dan is een waardevergoeding op zijn plaats. Het feit dat in casu art. 6:203 e.v. BW van toepassing zijn, brengt voorts met zich dat degene op wie de teruggaveplicht rust, zich daaraan eventueel met een beroep op overmacht kan onttrekken (vgl. art. 6:78 BW).

Bij rechtshandelingen om niet is de wederpartij uiteraard a fortiori tot teruggave verplicht. Was de wederpartij te goeder trouw en toont zij aan dat zij ten tijde van de faillietverklaring niet door de rechtshandeling was gebaat, dan vervalt de teruggaveplicht (art. 42 lid 3 Fw).

> Een voorbeeld: heeft de wederpartij vóór de faillietverklaring een auto geschonken gekregen en is die auto ten tijde van de faillietverklaring total loss, dan is de wederpartij – mits te goeder trouw – niet tot teruggave en evenmin tot schadevergoeding verplicht.

De teruggaveplicht behoeft niet altijd te rusten op de wederpartij van de schuldenaar. Heeft de wederpartij het van de schuldenaar verkregen goed overgedragen aan een derde, dan zal die derde tot teruggave van het goed verplicht zijn, tenzij hij te goeder trouw was (zie art. 51 lid 2 Fw).

Analoog aan hetgeen hierboven is opgemerkt met betrekking tot de wederpartij, moet de derde te goeder trouw die om niet heeft verkregen, de zaak teruggeven, tenzij hij aantoont dat hij ten tijde van de faillietverklaring niet ten gevolge van de rechtshandeling was gebaat.

> Heeft de wederpartij van de failliet het van de failliet verkregen goed doorverkocht en geleverd aan een derde te goeder trouw, dan wordt die derde zonder meer beschermd. Heeft de wederpartij het goed geschonken aan een derde te goeder trouw, dan zal de curator die derde met succes tot teruggave kunnen aanspreken. Was het goed ten tijde van de faillietverklaring reeds tenietgegaan, dan vervalt de teruggaveplicht.
> Het bovenstaande geldt niet alleen wanneer de derde eigendom heeft verkregen (of meende te verkrijgen), maar ook wanneer ten behoeve van de derde bijvoorbeeld een recht van pand of van hypotheek op het terug te geven goed gevestigd is.
> Art. 51 lid 2 Fw kan de derde te goeder trouw ook te hulp komen wanneer de transactie die hij met de wederpartij van de failliet heeft verricht, eerst na de faillietverklaring tot stand is gekomen. De bescherming van art. 51 lid 2 Fw is derhalve niet beperkt tot handelingen die vóór de faillietverklaring zijn verricht (zie HR 27 april 1984, *NJ* 1984/680 (*Claassen q.q./Van Elderen*)).

Was de derde niet te goeder trouw dan zal hij het goed zonder meer moeten teruggeven; met name het hieronder te bespreken art. 51 lid 3 Fw is dan niet van toepassing.

Bij rechtshandelingen anders dan om niet heeft de schuldenaar een prestatie ontvangen van de wederpartij. Het lijkt redelijk dat de wederpartij die jegens de curator tot teruggave verplicht is, harerzijds de door haar verrichte prestatie terugkrijgt. In de praktijk zal dit maar ten dele lukken. De curator behoeft namelijk het door de schuldenaar ontvangene slechts terug te geven – als boedelschuld – voor zover de boedel is gebaat. Dat is het geval wanneer het ontvangene in handen van de curator is gekomen of op andere wijze het actief van de boedel heeft vermeerderd. Voor zover de boedel niet is gebaat, heeft de wederpartij van de failliet een concurrente vordering (art. 51 lid 3 Fw).

> Stel dat A een kast ter waarde van € 25.000 voor € 15.000 verkoopt en levert aan B. De koopsom wordt betaald; A gaat failliet. De curator slaagt erin te bewijzen dat de handeling paulianeus was. B moet de kast teruggeven. Heeft A nu van de koopsom € 10.000 besteed voor het kopen van obligaties en heeft hij € 5000 verspeeld in het casino, dan krijgt B € 10.000 als boedelschuld terug. Voor de resterende € 5000 zal hij zijn vordering ter verificatie moeten indienen.

5 Samenloop van de actio Pauliana en de vordering uit onrechtmatige daad

In veel gevallen zullen de omstandigheden die een beroep op de Pauliana rechtvaardigen van dien aard zijn dat ook aan de vereisten van art. 6:162 BW is voldaan. De curator kan dan kiezen tussen de faillissementspauliana en de vordering uit onrechtmatige daad. De Hoge Raad heeft dit bepaald in het arrest *Peeters q.q./Gatzen* (HR 14 januari 1983, *NJ* 1983/597). Die beslissing is herhaald in de uitspraak van de Hoge Raad van 8 november 1991, *NJ* 1992/174 (*Nimox*) en daarna in de zaak *Notaris M./Curatoren Tilburgsche Hypotheekbank* (HR 23 december 1994, *NJ* 1996/628).

> De casus in laatstgenoemde zaak was – kort gezegd – als volgt. De Tilburgsche Hypotheekbank (hierna: de THB) hield zich bezig met hypothecaire financieringen. In 1983 werd de THB failliet verklaard. De ondergang van de THB werd onder meer veroorzaakt doordat bij de door de THB verstrekte geldleningen veelvuldig sprake was van overfinanciering. Toen de onroerendgoedmarkt rond 1980 instortte, leidden deze overfinancieringen voor de THB tot een groot verlies. Ten tijde van de faillietverklaring had de THB een tekort van ruim ƒ 78 miljoen. Bij de hypothecaire geldleningen was een aantal notarissen betrokken geweest die zich volgens de curatoren van de THB door de wijze waarop en de omstandigheden waaronder zij hun medewerking aan het passeren van de akten hadden verleend, aan een onrechtmatige daad jegens de gezamenlijke schuldeisers van de THB hadden schuldig gemaakt. De curatoren stelden zich op het standpunt dat de betreffende notarissen hun medewerking aan het passeren van de bewuste akten hadden moeten weigeren. Een van de notarissen, notaris M., werd door de curatoren op grond van onrechtmatige daad aangesproken voor een bedrag van ruim ƒ 29 miljoen. Notaris M. voerde onder meer het verweer dat de curatoren niet bevoegd waren de onderhavige vordering op grond van onrechtmatige daad in te stellen, althans niet jegens derden die niet behoorden tot de kring van personen die op basis van de faillissementspauliana aansprakelijk gesteld kunnen worden. De Hoge Raad verwierp dit verweer. Volgens de Hoge Raad waren de curatoren bevoegd de onderhavige vordering ten behoeve van de gezamenlijke schuldeisers in te stellen en is er geen goede grond om deze bevoegdheid te beperken in die zin dat de vordering alleen gericht zou kunnen worden tegen degenen die op grond van de faillissementspauliana aangesproken kunnen worden. Ten aanzien van de 'betrokkenheid' van de notaris oordeelde de Hoge Raad dat betrokkenheid niet vereist dat de derde de benadeling van de schuldeisers heeft bevorderd of daarvan heeft geprofiteerd. Van betrokkenheid kan, aldus de Hoge Raad, ook sprake zijn wanneer de derde in een positie verkeerde dat hij de gestelde benadeling had kunnen voorkomen, maar in plaats daarvan daaraan zijn noodzakelijke medewerking heeft verleend. In de uitspraak van 15 september 1995, *NJ* 1996, 629 (*Notaris E./Curatoren THB*) heeft de Hoge Raad voor de vraag of de curatoren bevoegd waren de onrechtmatige daadsvordering in te stellen met zoveel woorden verwezen naar het zojuist besproken arrest inzake notaris M.

De keuzemogelijkheid tussen de Pauliana en de vordering op grond van onrechtmatige daad is vooral van belang als de rechtsgevolgen uiteenlopen. Zoals reeds aan de orde kwam, betekent een geslaagd beroep op de Pauliana dat de rechtshandeling vernietigd wordt, zodat de door de schuldenaar verrichte prestatie moet worden 'teruggegeven'; hiervoor, in § 4, werd reeds vermeld dat soms 'teruggave' door de aard van de prestatie niet mogelijk is, en dat dan met een waardevergoeding wordt volstaan.

> Wordt de wederpartij veroordeeld uit hoofde van een onrechtmatige daad, dan zal dat vaak leiden tot een verplichting tot schadevergoeding. Schadevergoeding zal meestal bestaan in het betalen van een geldsom, maar ook andere vormen zijn mogelijk (art. 6:103 BW). Zo is denkbaar een veroordeling tot herstel in de vorige toestand, hetgeen kan neerkomen op teruggave. Tot zover behoeft er wat de rechtsgevolgen betreft geen verschil te zijn tussen

de Pauliana en de vordering uit onrechtmatige daad. Soms echter kan het wel van belang zijn dat de vordering uit onrechtmatige daad mogelijk is.

In de eerste plaats valt te denken aan het zojuist genoemde geval van waardevergoeding. Voor het bepalen van die waarde wordt gekeken naar het moment waarop de paulianeuze rechtshandeling werd verricht. Heeft de waarde daarna wijziging ondergaan, en is daardoor schade ontstaan, dan wordt daarmee geen rekening gehouden. Voor die eventuele aanvullende schadevergoeding kan de curator dan een vordering uit onrechtmatige daad instellen. In dit geval wordt de Pauliana dus ingesteld samen met de vordering uit onrechtmatige daad. In de tweede plaats is de vordering uit onrechtmatige daad van belang wanneer degene op wie de teruggaveplicht rust, zich op overmacht kan beroepen (zie hiervoor § 4). Wordt die persoon veroordeeld tot schadevergoeding op grond van onrechtmatige daad, dan kan een eventueel beroep op overmacht hem niet baten. Afwijzing van een op art. 42 of 47 Fw gebaseerde vordering sluit toewijzing van een op hetzelfde feitencomplex gebaseerde vordering uit onrechtmatige daad niet uit. Er moet dan wel sprake zijn van bijzondere omstandigheden (HR 16 juni 2000, ECLI:NL:HR:2006:AA6234 (*Van Dooren q.q./ABN-AMRO I*)), zoals bijvoorbeeld selectieve betaling aan een groepsmaatschappij (zie HR 12 juni 1998, *NJ* 1998/727) of uitoefening van ongeoorloofde pressie door de schuldeiser (zie HR 24 maart 1995, *NJ* 1995/628 (*Gispen q.q./IFN*)).

In dit verband is van belang de uitspraak van de Hoge Raad in de zaak *Peeters q.q./Gatzen* (HR 14 januari 1983, *NJ* 1983/597). De casus was – kort gezegd – als volgt: Van Rooij, buiten gemeenschap van goederen gehuwd, verkoopt en levert vóór zijn faillietverklaring de echtelijke woning, die aan hem toebehoorde, via een tussenpersoon voor een veel te lage prijs aan zijn echtgenote, Gatzen. Wanneer Van Rooij failliet gaat, vordert de curator een verklaring voor recht dat Gatzen jegens de gezamenlijke schuldeisers van Van Rooij een onrechtmatige daad heeft gepleegd, alsmede veroordeling van Gatzen tot betaling van het verschil tussen de waarde van het huis en het door haar, Gatzen, betaalde bedrag (de curator vordert uit dien hoofde circa ƒ 69.000). Dat feitencomplex geeft de Hoge Raad aanleiding om de zogenoemde Peeters/Gatzenvordering in het leven te roepen: een curator is ook bevoegd voor de belangen van schuldeisers op te komen bij benadeling door de gefailleerde; in een dergelijk geval kan plaats zijn voor het geldend maken door de curator van een vordering tot schadevergoeding tegen een derde die bij de benadeling van schuldeisers betrokken is, ook al kwam een dergelijke vordering uiteraard niet aan de gefailleerde zelf toe.

In tegenstelling tot de faillissementspauliana, die uitsluitend aan de curator ter beschikking staat (art. 49 Fw), is van een exclusieve bevoegdheid van de curator om een derde die betrokken is geweest bij benadeling van de boedel rechtstreeks aan te spreken uit onrechtmatige daad geen sprake. Om die bevoegdheid aan een benadeelde schuldeiser te kunnen ontzeggen is een wettelijke grondslag vereist, maar die kan noch in de Faillissementswet, noch in enige andere wettelijke bepaling gevonden worden, aldus de Hoge Raad. Omdat afwikkeling van een dergelijke vordering zich buiten de boedel afspeelt wordt de paritas creditorum daardoor niet doorbroken, terwijl de ordelijke afwikkeling van het faillissement er niet door wordt bemoeilijkt (HR 21 december 2001, ECLI:NL:HR:2001:AD4499 (*SOBI/Hurks*)). In het daarop volgende arrest van dezelfde datum overweegt de Hoge Raad echter dat een behoorlijke afwikkeling van het faillissement kan meebrengen dat indien ook de curator op grond van hetzelfde feitencomplex tegen de derde ageert uit onrechtmatige daad eerst op deze vordering van de curator en daarna pas op die van de individuele schuldeiser wordt beslist (HR 21 december 2001, ECLI:NL:HR:2001:AD2684 (*Lunderstädt/De Kok c.s.*)).

Feitelijke handelingen, zoals bijvoorbeeld omzetting van stil pand in vuistpand lenen zich niet voor vernietiging (HR 21 juni 2013, ECLI:NL:HR:2013:BZ7199 (*Eringa q.q./ABN AMRO*)). Wel kunnen zij tot benadeling van schuldeisers leiden, maar in dat geval zal een vordering uit onrechtmatige daad op grond van art. 6:162 BW uitkomst moeten bieden.

HOOFDSTUK VI
Positie van de schuldeisers

1 Inleiding

Iedere schuldeiser die een vordering heeft op iemand wiens faillissement is uitgesproken, ziet zich gesteld voor de vraag of, en zo ja, in hoeverre, zijn vordering zal worden voldaan. De opbrengst van het vermogen van de failliet is meestal niet toereikend om iedere schuldeiser volledig te kunnen betalen. De wet stelt voorop dat iedereen dan moet worden voldaan naar evenredigheid van de grootte van zijn vorderingsrecht; deze hoofdregel kan worden doorbroken voor zover een schuldeiser een aan de wet ontleende voorrangspositie inneemt (art. 3:277 BW).

> Tot de schuldeisers die zich krachtens de wet op een voorrangspositie kunnen beroepen, kan men in de eerste plaats rekenen de pandhouder en de hypotheekhouder; deze schuldeisers zijn separatisten, wat wil zeggen dat zij hun rechten kunnen uitoefenen alsof er geen faillissement was (zie hierna § 3).
> Een voorrangspositie komt ook toe aan de schuldeisers die zich op een wettelijk voorrecht, een privilege, kunnen beroepen; een aantal voorrechten wordt genoemd in het BW. Er zijn echter ook andere wetten waaraan schuldeisers voorrechten kunnen ontlenen (§ 4); zo noemt de Invorderingswet 1990 bijvoorbeeld in art. 21 een voorrecht waar de fiscus aanspraak op kan maken (zie hierover voorts § 5).
> Naast de gevallen waarin de wet met zoveel woorden aan een bepaalde schuldeiser een voorrecht toekent staan de gevallen waarin een schuldeiser feitelijk preferent is; dan ontleent de schuldeiser zijn voorrangspositie aan een bepaalde feitenconstellatie. Een voorbeeld hiervan biedt de figuur van de verrekening: de schuldeiser van de failliet die ook zijnerzijds een schuld aan de failliet heeft, kan de vordering en de schuld met elkaar verrekenen, hetgeen met zich brengt dat hij meestal beter af is dan wanneer de failliet geen tegenvordering op hem had gehad (zie hiervoor § 6).
> Pas wanneer de hierboven genoemde – preferente – schuldeisers hun vorderingen voldaan hebben gekregen, komen de overige – de concurrente – schuldeisers aan bod, waarover nader in § 7.
> In dit hoofdstuk zal aandacht worden besteed aan de verschillende categorieën schuldeisers en aan de volgorde waarin zij hun vorderingen kunnen verhalen, mits er geen afkoelingsperiode is afgekondigd (zie § 8).

Wanneer we spreken over de schuldeisers die zich op de boedel kunnen verhalen, denken we in eerste instantie aan de schuldeisers die reeds vóór de faillietverklaring een vordering op de schuldenaar hadden. In hoofdstuk IV, § 3, kwam aan de orde dat de schuldeiser die een vordering heeft uit een na de faillietverklaring gesloten overeenkomst, die vordering niet op de boedel kan verhalen, tenzij de boedel door de overeenkomst is gebaat (art. 24 Fw). In dat laatste geval neemt de schuldeiser dan de comfortabele positie in van boedelschuldeiser. In de volgende paragraaf zal aandacht worden besteed aan de vraag wat het betekent om boedelschuldeiser te zijn alsmede aan de vraag welke andere schuldeisers behalve de zojuist genoemde, een boedelvordering hebben.

2 Boedelschuldeisers

Boedelschulden zijn schulden die ontstaan door en in elk geval na de faillietverklaring. Zij ontstaan:
1. ingevolge de wet;
   Voorbeelden van deze categorie zijn te vinden in art. 39 en 40 Fw. Art. 39 Fw bepaalt met zoveel woorden dat de huursom van de door de failliet gehuurde onroerende zaak vanaf de dag van de faillietverklaring boedelschuld is. Art. 40 Fw houdt in dat bij faillissement van de werkgever de loonvorderingen van de werknemers en de daarmee samenhangende premieschulden vanaf de dag van de faillietverklaring boedelschulden zijn.
   Ook art. 24 Fw kan leiden tot boedelschulden, namelijk wanneer de boedel is gebaat ten gevolge van een verbintenis van de schuldenaar, welke is ontstaan na de faillietverklaring.
2. omdat zij door de curator in zijn hoedanigheid zijn aangegaan;
   Onder het aangaan van een schuld door de curator in deze zin is te verstaan dat de curator deze schuld op zich neemt bij een rechtshandeling, doordat zijn wil daarop is gericht (art. 3:33 en 3:35 BW). Een voorbeeld van deze categorie is de schuld die ontstaat wanneer de curator een taxateur inschakelt om de waarde te bepalen van een tot de failliete boedel behorende antieke klok die de curator wil gaan verkopen. De taxatiekosten leveren dan een boedelschuld op.
3. omdat zij een gevolg zijn van een handelen van de curator in strijd met een door hem in zijn hoedanigheid na te leven verbintenis of verplichting.

Zoals in het arrest *Koot Beheer BV/Tideman q.q.* (HR 19 april 2013, ECLI:NL:HR:2013:BY6108) de verplichting om de schade aan de gevels van het gehuurde te herstellen op het moment van faillietverklaring van de huurder reeds latent aanwezig was, bestond in *Van Galen q.q./Circle Vastgoed* (HR 18 juni 2004, ECLI:NL:HR:2004:AN8170) de verplichting om het op het gehuurde terrein achtergebleven vervuilde plastic op te ruimen – kosten ƒ 400.000 – ook reeds ten tijde van de faillietverklaring van de huurder. Bedoelde verplichtingen waren geen gevolg van het feit dat de curator een op hem rustende verbintenis of verplichting niet nakwam en leveren dus geen boedelschuld (meer) op, maar een ter verificatie in te dienen vordering.

> Wanneer in het kader van parate executie door de pandhouder verkoop en levering aan particulieren plaatsvindt vanuit winkels en door personeel van gefailleerde is de daarover verschuldigde omzetbelasting geen boedelschuld. Bij gebreke van een daartoe strekkende bepaling is in deze gevallen geen sprake van een boedelschuld op grond van de wet. Evenmin is daarin sprake van een handelen van de curator in strijd met een verplichting. De vraag is derhalve of deze schuld door de curator in zijn hoedanigheid wordt aangegaan. Die vraag moet ontkennend worden beantwoord. Omdat hier sprake is van verkoop en levering als gevolg van parate executie door de pandhouder, kan niet worden gezegd dat sprake is van een rechtshandeling van de curator waaraan de verschuldigdheid van omzetbelasting is verbonden. Dit wordt niet anders indien de curator op enigerlei wijze zijn medewerking aan die verkoop verleent (HR 19 december 2017, ECLI:NL:HR:2017:3149 (*Roeffen q.q./Ontvanger*)).

Het begrip 'boedelschuld' wordt in de Faillissementswet wel gebruikt, maar wordt in die wet nergens omschreven. Boedelschulden kunnen worden aangeduid als faillissementskosten. Algemeen wordt aangenomen dat bij boedelschulden een onderscheid moet worden gemaakt tussen algemene en bijzondere faillissementskosten. Bijzondere faillissementskosten zijn de kosten die samenhangen met het realiseren van één bepaald vermogensbestanddeel.

> Ter illustratie van het begrip 'bijzondere faillissementskosten' het volgende voorbeeld.
> Stel dat tot de boedel een roerende zaak behoort ten aanzien waarvan een schuldeiser het voorrecht van art. 3:285 BW geldend wil maken. De bevoorrechte schuldeiser kan, zoals hierna in § 4 nader aan de orde zal komen, de zaak niet zelf gaan verkopen, want hij heeft niet het recht van parate executie. De schuldeiser kan zich echter wel bij voorrang op de opbrengst van de zaak verhalen. De gang van zaken is nu zo, dat de curator de zaak zal gaan verkopen en dat de bevoorrechte schuldeiser – bij voorrang – aanspraak kan maken op de opbrengst. Op die opbrengst moeten echter eerst de bijzondere faillissementskosten in mindering worden gebracht. Te denken valt hierbij aan de kosten die de curator heeft moeten maken in het kader van de verkoop van deze zaak, zoals taxatie- en veilingkosten. Het gaat hierbij dus om kosten die uitsluitend zijn gemaakt om de verkoop van die specifieke zaak mogelijk te maken.

Uit een uitspraak van de Hoge Raad (HR 30 juni 1995, *NJ* 1996/554 (*Mees Pierson/Mentink q.q.*) volgt dat alle boedelschulden die niet tot de bijzondere faillissementskosten behoren, zijn aan te merken als algemene faillissementskosten. Dit betekent dat zij moeten worden omgeslagen over de opbrengst van ieder deel van de boedel (zie art. 182 Fw).

> In het zojuist genoemde arrest deed zich het volgende voor. Mees Pierson, de bank, had een hypotheekrecht op een tot de failliete boedel behorend registergoed. Omdat de bank niet snel tot executie overging, stelde de curator de bank een termijn in de zin van art. 58 Fw (zie hierna § 3). De bank liet die termijn verlopen en de curator ging vervolgens tot verkoop van het registergoed over. De gerealiseerde koopprijs bedroeg ƒ 400.000 en de netto-opbrengst (na aftrek van de kosten) circa ƒ 368.000. De bank was bevoorrecht op de opbrengst, maar moest ingevolge art. 182 Fw wel bijdragen in de algemene faillissementskosten. Tot die algemene faillissementskosten behoorden onder meer de loonkosten van de werknemers van de gefailleerde over de periode van na de faillietverklaring. De slotsom was dat de bank slechts aanspraak kon maken op een bedrag van circa ƒ 33.000 (waarop bovendien de kosten van de procedure tussen de bank en de curator nog in mindering gebracht moesten worden omdat de bank in die procedure in het ongelijk was gesteld).

Het kenmerkende van boedelschulden is, dat zij onmiddellijk uit de boedel moeten worden voldaan en dat zij niet ter verificatie behoeven te worden ingediend. De boedelschuldeisers komen in beginsel het eerst aan bod wanneer de curator – na de boedel verzilverd te hebben – tot verdeling van de opbrengst overgaat. Wanneer de opbrengst niet toereikend is om alle boedelschuldeisers te voldoen, moeten die schulden in beginsel naar evenredigheid worden voldaan behoudens de daarvoor geldende wettelijke redenen van voorrang (zie HR 28 september 1990, *NJ* 1991/305 (*De Ranitz q.q. Ontvanger*)).

> Als de curator boedelschulden niet betaalt, kan daarvoor – zoals reeds besproken in hoofdstuk I – beslag gelegd worden op delen van de boedel (HR 28 november 1930, *NJ* 1931/253 (*Teixeira de Mattos*)). Art. 33 Fw verzet zich hier niet tegen omdat het in casu geen schulden van de failliet, maar schulden van de curator in zijn hoedanigheid betreft.
> Indien echter vaststaat dat de boedel onvoldoende actief heeft om een boedelvordering te voldoen, levert dat een grond op voor afwijzing van die vordering, omdat bij de verdeling van het actief geen vorderingen kunnen worden voldaan waarvoor de boedel niet de middelen

heeft. Beslissend is de toestand van de boedel op het tijdstip dat de slotuitdeling plaatsvindt (HR 31 oktober 2014, ECLI:NL:HR:2014:3080 (*Scholtes q.q./CZ*)).

3 Separatisten

Separatisten zijn schuldeisers die hun rechten kunnen uitoefenen alsof er geen faillissement was. Art. 57 Fw noemt de pandhouder en de hypotheekhouder. Welke zijn de rechten die deze schuldeisers hebben? In de eerste plaats hebben zij het recht van parate executie, dat wil zeggen het recht om het goed waarop hun recht van pand of hypotheek rust, te gaan verkopen zonder over een van een rechter afkomstige executoriale titel te beschikken (zie art. 3:248 en 3:268 BW). In de tweede plaats kunnen deze schuldeisers hun vordering bij voorrang op de opbrengst van het goed waarop hun zekerheidsrecht rust, verhalen. Deze rechten hebben de pand- en hypotheekhouder dus ook wanneer de schuldenaar failliet is verklaard (zie art. 57 lid 1 Fw). Het feit dat deze schuldeisers kunnen handelen alsof er geen faillissement was, brengt bovendien met zich mee dat zij niet behoeven bij te dragen in de algemene faillissementskosten (art. 182 Fw).

> Het recht van hypotheek en het recht van pand zijn zekerheidsrechten. Is het recht op een registergoed gevestigd, dan is het een recht van hypotheek; is het recht op een ander goed gevestigd, dan is het een recht van pand (art. 3:227 BW).
> Bij het recht van pand kan men diverse vormen onderscheiden. In de eerste plaats is er het vuistpandrecht. Dit wordt gevestigd door de betreffende zaak – het gaat vooral om roerende zaken en om toonderpapieren – in de macht van de pandhouder te brengen (art. 3:236 lid 1 BW).
> Voorts is er het pandrecht op vorderingen. Voor het vestigen hiervan is vereist een akte en mededeling van de verpanding aan de debiteur van de vordering (art. 3:236 lid 2 BW).
> Daarnaast kennen we twee vormen van zogeheten 'bezitloos' of 'stil' pandrecht. Dit kan worden gevestigd op roerende zaken, en wel bij authentieke of bij geregistreerde onderhandse akte (art. 3:237 lid 1 BW). De zaak kan dan in de macht van de pandgever blijven. Bezitloos of stil pandrecht kan ook worden gevestigd op vorderingen; ook hier is een authentieke of een geregistreerde onderhandse akte vereist (art. 3:239 BW). De vordering moet ten tijde van de verpanding in voldoende mate door de akte worden bepaald. Dit betekent echter niet dat de vordering in de akte zelf moet worden gespecificeerd door vermelding van bijzonderheden zoals de naam van de schuldenaar of het nummer van een factuur. Voldoende is dat de akte zodanige gegevens bevat dat, eventueel achteraf, aan de hand daarvan kan worden vastgesteld om welke vordering het gaat. Als datum van registratie wordt aangemerkt de datum van aanbieding van de akte ter registratie bij de Belastingdienst. (Zie HR 14 oktober 1994, *NJ* 1995/447 en HR 20 juni 1997, *NJ* 1998/362 (*Spaarbank/Gispen q.q.*)).
> Inmiddels kunnen pandrechten op vorderingen zelfs worden gevestigd met gebruikmaking van een verzamelpandakte. De constructie komt erop neer dat de bank op periodieke (vaak dagelijkse) basis een alomvattende onderhandse pandakte opmaakt waarbij alle cliënten van de bank al hun bestaande vorderingen en toekomstige vorderingen uit dan reeds bestaande rechtsverhoudingen (bij voorbaat) aan de bank verpanden en dat de bank deze akte laat registreren bij de Belastingdienst. Bij het opmaken en ondertekenen van de pandakte worden de kredietnemers door de bank vertegenwoordigd op grond van eerder verleende (onherroepelijke) volmachten (HR 3 februari 2012, ECLI:NL:HR:2012:BT6947 (*Dix q.q./ING*)).
> Wil de verpanding door middel van een verzamelpandakte rechtsgevolg hebben, dan is nodig dat de eerdere datering van zowel de akte waarin de titel voor de verpanding ligt besloten als de akte waarin de volmacht is verleend vaststaat. Bij betwisting van die datering ligt het in beginsel op de weg van de partij die zich op de akte beroept om de juistheid van die datering te bewijzen (HR 1 februari 2013, ECLI:NL:HR:2013:BY4134 (*Van Leuveren q.q./ING*)).
> Het bezitloos pandrecht op roerende zaken is in de praktijk van groot belang; met behulp van deze figuur is het mogelijk dat de bank bij bedrijfsfinancieringen de bedrijfsinventaris

en de voorraden 'als onderpand' krijgt, terwijl de debiteur, het bedrijf, die inventaris en de voorraden kan blijven gebruiken. Ook het stil pandrecht op vorderingen speelt in het bedrijfsleven een grote rol (zie voor de werking van een dergelijk recht in geval van faillissement van de pandgever HR 17 februari 1995, *NJ* 1996/471 (*Mulder q.q./CLBN*), welk arrest hierna in § 6 nader aan de orde komt).

Wanneer de pand- of hypotheekhouder zijn recht van parate executie uitoefent, kan hij in beginsel kiezen tussen openbare en onderhandse verkoop.

> Een onderhandse verkoop zal vaak tot een hogere opbrengst leiden. Voor de onderhandse verkoop is zowel bij pand als bij hypotheek goedkeuring van de voorzieningenrechter nodig (art. 3:251 en 3:268 BW).

Bij parate executie door de hypotheekhouder moet de koopsom altijd in handen van de notaris worden gestort; een pandhouder die paraat executeert, krijgt de koopsom zelf in handen. Uit de koopsom moeten eerst de kosten van executie worden voldaan (art. 3:270 en art. 3:253 BW). Wat gebeurt er met de rest van de opbrengst? In beginsel is die bestemd voor de eerste hypotheekhouder dan wel voor de eerste pandhouder, die immers hun vordering bij voorrang op de opbrengst kunnen verhalen. Is er na voldoening van de eerste pand- of hypotheekhouder een restant, en zijn er opvolgende pand- of hypotheekhouders, dan komen die achtereenvolgens in aanmerking voor betaling van hun vorderingen.

> Het komt nogal eens voor dat op een registergoed meer dan één recht van hypotheek is gevestigd. Als de parate executie zoveel opbrengt dat alle hypotheekhouders kunnen worden voldaan, is er uiteraard geen probleem. Is de opbrengst ontoereikend om alle hypotheekhouders te voldoen, dan rijst de vraag wat de positie is van de hypotheekhouders die hun vordering niet betaald hebben gekregen. De regeling die hiervoor sinds jaar en dag bestaat, is dat de hypotheken van de niet betaalde hypotheekhouders vervallen; men noemt deze rechtsfiguur 'zuivering' (art. 3:273 en 3:274 BW). Uiteraard behoudt in een dergelijk geval de hypotheekhouder wel zijn vordering, maar deze is niet langer door hypotheek gedekt. Deze regeling komt tegemoet aan de belangen van de koper die anders een registergoed zou verwerven waar nog (oude) hypotheken op zouden rusten.
> Voor zover de opvolgende pand- en hypotheekhouders uit het restant van de opbrengst kunnen worden voldaan, hoeven zij niet bij te dragen in de algemene faillissementskosten (art. 182 Fw).

Bij het uitoefenen van het recht van parate executie door de pand- of hypotheekhouder in geval van faillissement kan een probleem rijzen wanneer zich een schuldeiser heeft aangediend die zich op een wettelijk voorrecht kan beroepen dat boven pand of hypotheek gaat. Het kan dan bijvoorbeeld gaan om het retentierecht van art. 3:290 e.v. BW of het bodemvoorrecht van de fiscus (art. 21 lid 2 IW 1990). Hoe moet de opbrengst dan worden verdeeld?

> Hierin voorziet art. 57 lid 3 Fw. Dit artikel houdt in dat de curator bij de verdeling van de opbrengst de belangen van de hoger-geprivilegieerden moet behartigen. Daartoe zal de curator de executerende pand- of hypotheekhouder moeten aanspreken tot betaling van een gedeelte van de opbrengst, voor zover nodig om de schuldeisers met een hogere voorrang te voldoen. Aangezien de bevoorrechte schuldeisers geen separatisten zijn, moeten zij bijdragen in de algemene faillissementskosten. (Vgl. HR 5 november 1993, *NJ* 1994/258).

Het is denkbaar dat bij executie door een pand- of hypotheekhouder een recht dat iemand op de desbetreffende zaak heeft, komt te vervallen. Stel dat iemand een recht van vruchtgebruik heeft verkregen nadat op de zaak een hypotheekrecht was gevestigd. Aangezien oudere beperkte rechten vóórgaan, vervalt het recht van vruchtgebruik als de hypotheekhouder gaat executeren. De vruchtgebruiker – een beperkt gerechtigde in de zin van art. 3:8 BW – heeft dan recht op schadevergoeding. Dit recht kan de beperkt gerechtigde ook realiseren wanneer de verkoop ex art. 57 Fw heeft plaatsgevonden.

> De beperkt gerechtigde wiens recht tengevolge van de executie door een pand- of hypotheekhouder is vervallen, deelt buiten het faillissement om, en in zoverre dus als separatist, mee in de opbrengst van het verkochte goed (art. 57 lid 2 Fw). De beperkt gerechtigde blijft buiten de omslag in de algemene faillissementskosten (art. 182 lid 1 Fw). Aangezien de beperkt gerechtigde niet het recht van parate executie heeft, dient, wanneer de pand- of hypotheekhouder niet tot verkoop overgaat, de verkoop te geschieden door de curator. In dat geval moet ook de beperkt gerechtigde bijdragen in de kosten.

Volgens art. 58 lid 1 Fw kan de curator de pand- en hypotheekhouders een redelijke termijn stellen waarbinnen zij hun rechten moeten uitoefenen. Naar het oordeel van de Hoge Raad kunnen de omstandigheden van het geval echter meebrengen dat (verdere) uitoefening door de curator van deze bevoegdheid, in aanmerking nemende de onevenredigheid van de betrokken belangen, misbruik van bevoegdheid oplevert (HR 16 januari 2015, ECLI:NL:HR:2015:87, en HR 6 februari 2015, ECLI:NL:HR:2015:228 (*Welage q.q./Rabobank*)).

Wanneer de separatisten niet tijdig van hun recht gebruik maken, kan de curator tot verkoop overgaan.

> Wanneer de curator gaat verkopen ex art. 58 Fw, behouden de pand- en hypotheekhouders hun rechten op de opbrengst. Wel moeten zij in dit geval bijdragen in de algemene faillissementskosten (zie art. 182 lid 1 Fw, HR 3 december 1993, *NJ* 1994/176, alsmede het hiervóór in § 2 reeds besproken arrest van de Hoge Raad van 30 juni 1995, *NJ* 1996/554 (*Mees Pierson/Mentink q.q.*)).

Blijkens art. 58 lid 2 Fw kan de curator een met pand of hypotheek bezwaard goed tot op het tijdstip van de verkoop lossen tegen voldoening van hetgeen waarvoor het pand- of hypotheekrecht tot zekerheid strekt, alsmede van de reeds gemaakte kosten van executie.

> Het spreekt voor zich dat de curator van dit lossingsrecht slechts gebruik zal maken wanneer het door hem te betalen bedrag kleiner is dan de opbrengst die de curator van de verkoop verwacht. Meestal lost de curator niet in.

Zowel wanneer de verkoop geschiedt door de curator als wanneer de pand- of hypotheekhouder zelf verkoopt, kunnen de pand- en hypotheekhouders en de beperkt gerechtigden die niet of niet volledig uit de opbrengst worden voldaan, voor het ontbrekende als concurrent schuldeiser opkomen (zie art. 59 Fw).

4   Bevoorrechte schuldeisers

Terwijl de vorige paragraaf betrekking had op schuldeisers die – in de vorm van pand of hypotheek – voorrang hadden bedongen, komen in deze paragraaf schuldeisers aan bod die voorrang hebben omdat de wet aan hun vordering voorrang verbindt.

De voorrechten zijn limitatief in de wet opgesomd; in art. 3:284-3:287 BW vindt men de bijzondere voorrechten, in art. 3:288 en 3:289 BW de algemene.

> Van een bijzonder voorrecht is sprake wanneer de schuldeiser zijn vordering bij voorrang kan verhalen op de opbrengst van één specifiek aangewezen zaak van de schuldenaar. Een voorbeeld: art. 3:285 BW bepaalt dat degene die uit hoofde van een overeenkomst van aanneming van werk werkzaamheden heeft verricht aan een roerende zaak zijn vordering bij voorrang op de opbrengst van die zaak kan verhalen wanneer zijn vordering niet wordt voldaan.
> Bij een algemeen voorrecht kan de schuldeiser zijn vordering bij voorrang verhalen op de opbrengst van het gehele vermogen van de schuldenaar; een voorbeeld hiervan biedt art. 3:288 sub e BW: de werknemer die achterstallig loon te vorderen heeft, is bevoorrecht op de opbrengst van het gehele vermogen van zijn werkgever.
> De bijzondere voorrechten gaan vóór de algemene.

Wat is nu de positie van een bevoorrecht schuldeiser in geval van faillissement van de schuldenaar?

De bevoorrechte schuldeiser moet zijn vordering ter verificatie indienen; wordt de vordering mét het voorrecht erkend, dan kan de bevoorrechte schuldeiser, na voldoening van de faillissementskosten waarin hij dus moet bijdragen, als eerste aanspraak maken op de opbrengst van de verkochte zaak c.q. op de opbrengst van het gehele vermogen van de schuldenaar.

> De positie van de bevoorrechte schuldeiser kan aan de hand van het volgende voorbeeld nader worden geïllustreerd:
> Stel dat A herhaaldelijk machines die aan B toebehoren, heeft gerepareerd en dat op het moment van faillietverklaring van B de reparatiekosten zijn opgelopen tot € 5000. A dient zijn vordering ter verificatie in en maakt daarbij melding van zijn voorrecht ex art. 3:285 BW. De vordering en het voorrecht worden erkend en de machines brengen bij verkoop door de curator € 6500 op. Stel dat de curator aan taxatie- en veilingkosten etc. met betrekking tot de machines € 500 heeft besteed, dan is A gerechtigd tot de netto-opbrengst ad € 6000. Nu zijn er naast deze bijzondere faillissementskosten ook algemene faillissementskosten, zoals het salaris van de curator, de advertentiekosten van art. 14 lid 3 Fw, enz. Ook in deze kosten moet A bijdragen; nemen we bijvoorbeeld aan dat hiermee voor A een bedrag gemoeid is van € 1500, dan kan A zijn voorrecht uitoefenen op het resterende bedrag van € 4500. Het is derhalve mogelijk dat A, hoewel hij bevoorrecht is, uiteindelijk toch nog voor een gedeelte van zijn vordering als concurrent schuldeiser zal moeten opkomen. Voor deze schuldeisers geldt derhalve hetzelfde als voor de zekerheidsgerechtigden, wanneer de opbrengst van het onderpand onvoldoende is.

5   De bijzondere positie van de fiscus

Om te beginnen geldt voor de fiscus het zogenoemde 'open systeem' van invordering, hetgeen wil zeggen dat de Ontvanger beschikt over alle bevoegdheden die elke schuldeiser heeft op grond van enige wettelijke bepaling. Voorheen was dit geregeld in art. 3 lid 2 IW 1990. Thans is een voor alle bestuursorganen geldende bepaling opgenomen in art. 4:124 AWB: het bestuursorgaan beschikt ten aanzien van de invordering ook over de bevoegdheden die een schuldeiser op grond van het privaatrecht heeft. De Ontvanger kan dus bijvoorbeeld gebruik maken van alle beslagmogelijkheden van het Wetboek van Burgerlijke Rechtsvordering, maar kan desgewenst ook overgaan tot een faillissementsaanvraag. De Leidraad Invordering stelt wel een aantal extra eisen waaraan een faillissementsaanvraag door de fiscus moet voldoen (zie § 73), maar daarbij gaat het om beleidsregels, waaraan de Belastingdienst zelf toetst of die koers of een andere moet worden gevolgd bij de invordering. De Leidraad brengt geen verandering in de eisen, welke door de Faillissementswet worden gesteld. Om een faillissement aan te mogen vragen heeft de ontvanger bijvoorbeeld toestemming nodig van de Minister van Financiën. Het ontbreken van die toestemming hoeft de rechter er echter niet van te weerhouden om een faillissement uit te spreken. Het toestemmingsvereiste is immers geen ontvankelijkheidsvereiste.

Naast deze algemene civielrechtelijke bevoegdheden beschikt de Ontvanger op grond van de wet over diverse specifieke bevoegdheden, waarvan de belangrijkste hierna worden besproken.

Versnelde invordering
Zoals blijkt uit art. 10 IW 1990 kan de fiscus in een faillissementssituatie overgaan tot versnelde invordering. Een belastingaanslag is normaal gesproken invorderbaar twee maanden na dagtekening van het aanslagbiljet (art. 9 lid 1 IW 1990). Die termijn vervalt bij faillissement van de belastingschuldige en de openstaande aanslag wordt terstond en tot het volle bedrag invorderbaar. Daarnaast heeft de fiscus een aantal bijzondere bevoegdheden die hem de status van superpreferente schuldeiser verschaffen.

Artikel 19 IW1990
In de eerste plaats kan de Ontvanger op basis van art. 19 IW 1990 vorderen dat een derde die geld verschuldigd is aan een belastingschuldige, de belastingaanslagen van die belastingschuldige voldoet.

> Op grond van deze bepaling hoeft de Ontvanger de belastingvorderingen die zijn ontstaan vóór het faillissement, niet ter verificatie aan te melden. De Ontvanger kan van de curator onmiddellijke voldoening uit de baten van de boedel eisen. De derde is verplicht aan die vordering te voldoen zonder daartoe – onder meer – verificatie van de belastingschuld te mogen afwachten (zie art. 19 lid 7 IW 1990). Gebruikmaking van deze bevoegdheid tijdens het faillissement van een belastingschuldige zou tot moeilijkheden aanleiding kunnen geven. De belastingschulden daterend van vóór het faillissement komen namelijk pas voor betaling in aanmerking na de boedelschulden, zodat van de curator niet kan worden verlangd dat hij aan de Ontvanger betaalt, voordat hij zekerheid heeft dat alle boedelschulden voldaan kunnen worden. Daarnaast is het mogelijk dat er vorderingen zijn die boven de vorderingen van de fiscus gaan (zie bijvoorbeeld art. 21 lid 2 IW 1990). In de praktijk worden moeilijkheden voorkomen, doordat de Ontvanger wel de vordering van art. 19 lid 3 IW 1990 instelt, maar tevens zijn vordering bij de curator aanmeldt, waarbij altijd aanspraak wordt gemaakt op voorrang. Vervolgens wacht de Ontvanger de loop van het faillissement af. Indiening ter verificatie zou zinloos zijn, omdat de curator of de schuldeisers een fiscale vordering niet kunnen betwisten en een renvooiprocedure in de zin van art. 122 Fw niet mogelijk is, nu alleen de belastingrechter bevoegd is in fiscale kwesties, terwijl een renvooiprocedure tot de competentie van de burgerlijke rechter behoort.
> Aanmelding van de fiscale vorderingen stelt de curator in staat daarvan melding te maken in zijn verslagen, zodat ook de andere schuldeisers daar kennis van kunnen nemen en zich een beeld kunnen vormen van hun verhaalsmogelijkheden. Ook is bedoelde aanmelding nodig om de curator in staat te stellen de belangen van de fiscus te behartigen (art. 57 lid 3 Fw).

De bijzondere positie van de fiscus 5

Het algemeen fiscaal voorrecht
In de tweede plaats kent art. 21 lid 1 IW 1990 aan de fiscus een algemeen voorrecht toe op alle goederen van de belastingschuldige. Dit voorrecht gaat vóór alle andere – bijzondere en algemene – voorrechten, behalve de in art. 21 lid 2 IW 1990 genoemde:
- het voorrecht op verzekeringspenningen (art. 3:287 BW);
- het voorrecht ter zake van de kosten van de faillissementsaanvraag (art. 3:288 lid 1 sub a BW) mits het faillissement op die aanvraag is uitgesproken; en
- het voorrecht ter zake van de kosten van behoud (art. 3:284 BW), voor zover die kosten zijn gemaakt na dagtekening van het aanslagbiljet.

Het algemeen fiscaal voorrecht heeft dus wel voorrang boven de meeste andere voorrechten, maar niet noodzakelijkerwijs boven andere redenen van voorrang. De retentor bijvoorbeeld heeft volgens art. 3:292 BW voorrang op alle schuldeisers tegen wie het retentierecht kan worden ingeroepen. Daartoe behoort ook de fiscus, zodat het retentierecht voorrang heeft op het fiscaal voorrecht.

Het algemeen fiscaal voorrecht vormt een uitzondering op de hoofdregel van art. 3:280 BW dat een bijzonder voorrecht voor een algemeen voorrecht gaat. Het blijft echter een voorrecht en komt daarom in rang na pand en hypotheek (art. 3:279 BW), tenzij de wet anders bepaalt. De tweede volzin van art. 21 lid 2 IW 1990 doet dat inderdaad met de regeling van het bodemvoorrecht.

Het bodemvoorrecht
Het algemeen fiscaal voorrecht gaat ook boven een pandrecht dat rust op een bodemzaak. Daarom wordt ook wel gesproken van het 'bodemvoorrecht'. Het moet dan in de eerste plaats gaan om zaken, welke eigendom zijn van de belastingschuldige, omdat er anders geen pandrecht op gevestigd kan zijn. Verder moet het gaan om bodemzaken, zoals gedefinieerd in art. 22 lid 3 IW 1990.

> De wet spreekt van 'roerende zaken ter stoffering van een huis of landhoef'. Deze terminologie dateert uit 1845, maar thans wordt met een huis of landhoef een gebouw bedoeld. Met 'tot stoffering' wordt tot uitdrukking gebracht dat de roerende zaken tot een enigszins duurzaam gebruik strekken, in overeenstemming met de bestemming van het gebouw, waardoor dat gebouw ook beter aan die bestemming beantwoordt. Inventaris en gereedschappen zijn dus wel bodemzaken, voorraden, half- en eindfabrikaten niet. De roerende zaken moeten zich bevinden 'op de bodem van de belastingschuldige'. In de rechtspraak wordt onder 'bodem' verstaan het perceel dat feitelijk in gebruik is bij de belastingschuldige en waarover hij onafhankelijk van anderen de beschikking heeft (zie HR 18 oktober 1991, *NJ* 1992/298).
> Als alleen de administratie van de gefailleerde zich op een bepaald perceel bevindt, is er geen sprake van bodem van de belastingschuldige (HR 11 april 2014, ECLI:NL:HR:2014:896 (*Ontvanger/Den Besten BV*)).
> In de discussie tussen een curator en een bank of showroommodellen, waarop ten behoeve van de bank een bezitloos pandrecht was gevestigd, zijn te kwalificeren als bodemzaken, herhaalt de Hoge Raad nog eens de reeds eerder gegeven omschrijving en constateert dan dat 'showroommodellen – of zij nu verkocht worden of niet – behoren tot de handelswaar voor de verhandeling waarvan het gebouw nu juist dient. Zij plegen bovendien met een zekere regelmaat te worden vervangen door aan de mode van het moment of aan de eisen des tijds beantwoordende nieuwe modellen. Daarom strekken zij niet tot een enigszins duurzaam gebruik van de winkel of showroom waarin zij zijn opgesteld' (HR 9 december 2011, ECLI:NL:HR:2011:BT2700 (*Quint q.q./ING*)). De curator kreeg dus gelijk en het bodemvoorrecht van de fiscus ging niet op.

73

Zoals in het voorgaande (hoofdstuk IV, § 3) reeds aan de orde kwam, zijn het juist de bodemzaken waarop banken vaak een bezitloos pandrecht hebben. Dit betekent dat er een conflict kan ontstaan tussen de fiscus en de bezitloos pandhouder wanneer de belastingschuldige/ schuldenaar niet aan zijn verplichtingen voldoet. Meer in het bijzonder is van belang hoe de verhouding tussen het fiscaal bodemvoorrecht en het bezitloos pandrecht is in geval van faillissement van de schuldenaar. De bezitloos pandhouder kan als separatist paraat gaan executeren. De vraag die vervolgens rijst, is of de fiscus op enigerlei wijze aanspraak kan maken op de opbrengst van de verkochte zaken. Dat dat inderdaad kan, volgt uit art. 21 lid 2 IW 1990. Die bepaling houdt in dat het fiscale voorrecht op bodemzaken in rang gaat boven een bezitloos pandrecht op diezelfde zaken. In geval van faillissement kan de fiscus dan met behulp van art. 57 lid 3 Fw via de curator aanspraak maken op de opbrengst, aangezien de fiscus in dat specifieke geval een hoger-geprivilegieerde schuldeiser is dan de pandhouder.

> Het bodemvoorrecht behoort bij de belastingvordering vanaf het moment dat die (materieel) ontstaat. Als pas na het faillissement formalisering van die vordering plaatsvindt door het opleggen van een aanslag, kan toch het bodemrecht worden ingeroepen, ook al zijn de goederen reeds verkocht en gaat het nog slechts om de verdeling van de opbrengst (zie HR 26 juni 1998, NJ 1998/745 (Aerts q.q./ABN-AMRO)). Wel heeft de Hoge Raad in genoemd arrest op de uitoefening van het bodemvoorrecht een beperking aangebracht in die zin dat de Ontvanger daarvan geen gebruik mag maken zolang hij op andere goederen van de belastingschuldige – het zogenoemde vrij actief – verhaal kan nemen. Bedoelde beperking is verder verfijnd in HR 12 juli 2002, ECLI:NL:HR:2002:AE1547 (Verdonk q.q./Ontvanger), waaruit volgt dat pas na de omslag van de faillissementskosten over het vrij actief beoordeeld moet worden of de fiscale vorderingen daaruit kunnen worden voldaan. Dat leidt weliswaar tot een inbreuk op de separatistenpositie van de bank als bezitloos pandhouder, maar de Hoge Raad acht dat niet ontoelaatbaar, omdat die inbreuk haar wettelijke basis vindt in art. 21 lid 2 IW 1990. Dat curatoren als gevolg van deze opvatting ingewikkelde berekeningen moeten maken brengt daarin geen verandering, omdat niet kan worden gezegd dat deze berekeningen onuitvoerbaar of onaanvaardbaar ingewikkeld zijn, aldus de Hoge Raad.
>
> Belastingschulden die materieel en formeel pas na het faillissement ontstaan zijn boedelschulden, waarop art. 57 lid 3 Fw niet van toepassing is (zie HR 28 november 2003, ECLI:NL:HR:2003:AN7840 (ABN-AMRO en ING/Curatoren Koverto)). Een verhoging wegens het niet of niet tijdig voldoen van belastingen die op aangifte moeten worden afgedragen (bijvoorbeeld loon- en omzetbelasting) ziet de Hoge Raad in laatstgenoemd arrest als een straf in de zin van art. 6 EVRM en die kan niet ten laste worden gebracht van een ander dan degene aan wie de straf is opgelegd. In dat geval wijkt het pandrecht niet voor het bodemvoorrecht van de fiscus.

In art. 21 lid 2 IW 1990 is voorts bepaald dat de onderlinge rangorde tussen de fiscus en de bezitloos pandhouder op bodemzaken niet meer gewijzigd kan worden na de faillietverklaring van de (belasting)schuldenaar. Deze regel is in de wet opgenomen om te voorkomen dat toch een rangwisseling optreedt ten gevolge van het feit dat de bezitloos pandhouder de verpande zaken onder zich neemt en zich daardoor tot vuistpandhouder maakt (zie art. 3:237 BW). Aan het vuistpandrecht is immers een hogere voorrang verbonden dan aan het bezitloos pandrecht. Het is voor de toepassing van art. 21 lid 2 IW 1990 niet nodig dat de fiscus daadwerkelijk bodembeslag heeft gelegd. De rangwisseling vindt plaats 'ongeacht of tevoren inbeslagneming heeft plaatsgevonden'. Het bodembeslag vervalt toch door het faillissement, althans voor zover het is gelegd op vermogensbestanddelen die aan de failliet toebehoren (art. 33 Fw).

Het bodemrecht
Ten slotte ontleent de fiscus aan art. 22 IW 1990 het bodemrecht. Normaliter kan een schuldeiser slechts beslag leggen en verhaal nemen op goederen welke eigendom zijn van zijn schuldenaar. Wanneer toch beslag wordt gelegd op een aan een derde toebehorend goed voor een schuld van iemand anders, kan deze zich tegen uitwinning verzetten (zie bijvoorbeeld art. 456 en 538 Rv). Hetzelfde geldt bij beslaglegging door de fiscus ter invordering van belastingschulden. In dat geval kan de derde tevens een beroepschrift indienen bij de directeur (art. 22 lid 1 IW 1990). Volgens art. 22 lid 3 kunnen derden echter nooit verzet in rechte doen als de fiscus beslag heeft gelegd voor de in dat artikellid genoemde belastingen, waarvan de belangrijkste de loonbelasting en de omzetbelasting zijn. Daardoor is het voor de fiscus mogelijk zich te verhalen op goederen die niet aan de belastingschuldige, maar aan derden toebehoren. Het bodemrecht treft alleen zogenoemde bodemzaken (voor de omschrijving daarvan zie het bodemvoorrecht hierboven). De fiscus is zich bewust van het vergaande karakter van het bodemrecht. Daarom wordt gebruikmaking daarvan beleidsmatig ingeperkt in de Leidraad Invordering. Volgens die Leidraad dient geen gebruik te worden gemaakt van het bodemrecht, indien de bodemzaak is te beschouwen als reële eigendom van de derde, d.w.z. dat de zaken niet alleen in juridische zin eigendom zijn van de derde, maar hem ook in economische zin in overwegende mate toebehoren.

De leverancier onder eigendomsvoorbehoud heeft wel in juridische zin de eigendom, maar in economische zin draagt de koper alle risico's, zoals verlies en waardevermindering. De leverancier onder eigendomsvoorbehoud zal dus verhaal door de fiscus op de door hem geleverde en nog in eigendom toebehorende zaken moeten dulden. De verhuurder van roerende zaken daarentegen draagt ook de economische risico's en heeft derhalve de reële eigendom. Ondanks het bodemrecht kan hij zijn zaken opeisen.

> Wordt de belastingschuldige failliet verklaard dan vervalt het bodembeslag voor zover dat rust op bodemzaken van de gefailleerde (art. 33 Fw), maar het blijft gehandhaafd voor zover het rust op bodemzaken van derden.

Het bodemrecht van de fiscus is zeer omstreden. Daarom is aan het eind van de tachtiger jaren van de vorige eeuw een interdepartementale werkgroep in het leven geroepen om te bezien of het bodemrecht in zijn huidige vorm moest blijven bestaan. In 1990 heeft de werkgroep haar rapport uitgebracht, hetgeen heeft geleid tot wetsvoorstel 22942. Dit wetsvoorstel voorziet in afschaffing van het fiscaal voorrecht en vervanging van het bodemrecht door een bijzonder verhaalsrecht, waarbij het begrip 'bodem' van de belastingschuldige wordt losgelaten. In plaats daarvan zal de fiscus zich kunnen verhalen op de permanente bedrijfsmiddelen. Allerlei rollend materieel zou daarmee onder het bereik van het bijzonder verhaalsrecht komen te vallen. Het wetsvoorstel is in 1992 bij de Tweede Kamer ingediend en is formeel nog steeds onderwerp van parlementaire behandeling. De behandeling stagneerde, omdat eigenlijk niemand wist welke budgettaire gevolgen afschaffing van het bodemrecht zou hebben. Uit een rapport van het Centraal Plan Bureau van februari 2004 blijkt dat de Belastingdienst op jaarbasis een bedrag tussen € 7 en 9,25 miljoen aan inkomsten zou derven, waarvan ongeveer 2/3 als gevolg van het afschaffen van het bodem(voor)recht en 1/3 als gevolg van het afschaffen van het fiscaal voorrecht. Wellicht kan de parlementaire behandeling worden voortgezet zodra ook bekend is welke inkomsten het bijzonder verhaalsrecht de fiscus oplevert. Voor zover bekend is daarnaar geen onderzoek gaande. Het is daarom zeer de vraag of wetsvoorstel 22942 nog ooit tot wet zal worden.

Sommige sociale verzekeringspremies (AOW, ANW) werden ingevorderd door de fiscus, andere (Ziektewet, WAO) door het UWV. De premies van beide categorieën genoten op basis van art. 16 Coördinatiewet Sociale Verzekeringen een voorrecht dat gelijk stond met het algemene fiscale privilege van art. 21 lid 1 IW 1990. De Coördinatiewet is inmiddels vervangen door de Wet Financiering Sociale Verzekeringen (*Stb.* 2005, 36). Op basis daarvan vordert de fiscus zowel de premie voor de volksverzekeringen als de premies voor de werknemersverzekeringen in (art. 60 WFSV). Hij kan daarbij gebruik maken van zowel het bodemrecht als het bodemvoorrecht (art. 60 lid 2 en 3 WFSV). Deze uitbreiding van de werking van het bodem(voor)recht lijkt bepaald niet in overeenstemming met de strekking van wetsvoorstel 22942.

Een bekende constructie om het bodem(voor)recht van de fiscus te ontwijken was de bodemverhuurconstructie. Doordat de belastingschuldige zijn bodem verhuurde aan een derde, meestal de bank, was er geen sprake meer van bodemzaken en kon het bodem(voor)recht niet meer worden toegepast. De bank verkreeg zodoende een vuistpand en bleef daarmee de fiscus vóór. Deze constructie werd door de Hoge Raad aanvaard in 1985 (HR 12 april 1985, *NJ* 1986/808 (*Ontvanger/NMB*)). Ook van de afvoerconstructie werd veelvuldig gebruik gemaakt, met name door stil pandhouders. Door hun pandrecht om te zetten in vuistpand verloren de in pand gegeven zaken eveneens het karakter van een bodemzaak en had de fiscus het nakijken. Deze en andere ontwijkingsconstructies waren een doorn in het oog van met name het Ministerie van Financiën en na Prinsjesdag 2012 heeft men kans gezien in het belastingplan voor 2013 (wetsvoorstel 33402) een nieuwe bepaling op te nemen over het bodem(voor)recht. Voorgesteld werd invoering van art. 22bis IW 1990, waarvan lid 2 als volgt luidt:

> "Houders van pandrechten of overige derden die geheel of gedeeltelijk recht hebben op een bodemzaak, zijn gehouden de ontvanger mededeling te doen van het voornemen hun rechten met betrekking tot deze bodemzaak uit te oefenen, dan wel van het voornemen enigerlei andere handeling te verrichten of te laten verrichten waardoor die zaak niet meer kwalificeert als bodemzaak."

De ontvanger heeft dan vier weken de tijd om te besluiten of hij iets wil ondernemen ten aanzien van de betreffende bodemzaak. Niet-nakoming van deze meldingsplicht kan tot gevolg hebben dat de nalatige verplicht wordt de executiewaarde van de zaak tot maximaal het bedrag van de materiële belastingschulden (als omschreven in art. 22 lid 3 IW 1990) aan de fiscus te voldoen. De fiscus verwachtte hiermee op jaarbasis honderd miljoen meer binnen te halen. Niet onderzocht is echter wat het effect van art. 22bis IW 1990 gaat zijn op de financieringspraktijk. Het lijkt niet denkbeeldig dat het nóg moeilijker gaat worden voor met name het midden- en kleinbedrijf om krediet te krijgen. Gevolg daarvan is dan weer dat er allerlei belastingopbrengsten gaan teruglopen, waardoor het eindresultaat wel eens negatief zou kunnen uitvallen voor de schatkist. Bovendien zal de praktijk naar alle waarschijnlijkheid zo vindingrijk zijn dat ook voor dit vernieuwde bodem(voor)recht ontwijkingsconstructies zullen worden bedacht. Inwerkingtreding van art. 22bis IW 1990 heeft in elk geval tot gevolg gehad dat bovenvermelde ontwijkingsconstructies volledig in onbruik zijn geraakt.

Wel is hiermee nog eens duidelijk geworden dat als de wetgever écht iets wil, hij dat op uiterst korte termijn kan realiseren – voor art. 22bis IW 1990 duurde dat nog geen vier maanden; het is op 1 januari 2013 in werking getreden – terwijl wetsvoorstel 22949 al ruim een kwart eeuw in de la ligt.

De vraag of art. 6 EVRM in zijn algemeenheid in de weg staat aan het fiscaal bodemrecht, is door de Hoge Raad ontkennend beantwoord in het arrest van 13 januari 1989, *NJ* 1990/211.

6 Feitelijk preferente schuldeisers

Naast de gevallen waarin de wet expliciet aan een schuldeiser voorrang toekent – denk aan de voorrechten en aan pand en hypotheek – staan de gevallen waarin een schuldeiser zich op grond van een bepaalde feitenconstellatie in een voorrangspositie bevindt; men spreekt dan van een 'feitelijke preferentie'. Zo'n feitelijke preferentie doet zich bijvoorbeeld voor bij het recht van reclame, bij verrekening, bij gedwongen schuldverrekening, bij het retentierecht en in beginsel ook bij andere opschortingsrechten.

Het recht van reclame
De verkoper van een roerende zaak die de zaak aan de koper heeft afgeleverd terwijl de koopsom nog niet is voldaan, kan op grond van art. 7:39 BW die zaak als zijn eigendom van de koper terugvorderen wanneer betaling van de koopsom uitblijft. Dit recht heeft de verkoper ook in geval van faillissement van de koper. De verkoper heeft derhalve door het recht van reclame uit te oefenen in geval van faillissement van de koper, een sterke positie: hij krijgt immers de zaak terug. Bij gebreke van het recht van reclame heeft de verkoper slechts een persoonlijk recht op de koopsom, welke vordering hij ter verificatie zal moeten indienen. In het voorgaande kwam reeds aan de orde aan welke vereisten moet zijn voldaan om het recht van reclame te kunnen inroepen (zie hoofdstuk III, § 2). Wanneer dat met succes gebeurt, wordt de koop ontbonden en eindigt het recht van de koper (art. 7:39 BW). De verkoper is weer eigenaar en zijn eigendomsrecht wordt door de fiscus gerespecteerd als reële eigendom.

Verrekening (art. 53 Fw)
Wanneer twee personen over en weer elkaars schuldeiser en schuldenaar zijn en de verschuldigde prestaties aan elkaar beantwoorden, d.w.z. gelijksoortig zijn, kunnen de vorderingen tot het beloop van de kleinste vordering tegen elkaar wegvallen. Men noemt dit verrekening (art. 6:127 e.v. BW). Verrekening is ook mogelijk wanneer een van de twee personen failliet is, zie art. 53 Fw.

> Een voorbeeld: A heeft een vordering op B van € 3000 en B heeft een vordering op A van € 4000. Stel dat A door B tot betaling wordt aangesproken, dan kan A zich erop beroepen dat hij een tegenvordering op B heeft; de verbintenissen gaan tot het beloop van € 3000 teniet, voor B resteert een vordering op A van € 1000. Is B failliet verklaard en wordt A door de curator tot betaling aangesproken, dan geldt in beginsel hetzelfde.

De voordelen voor A zijn evident: was verrekening in faillissement niet toegestaan, dan zou A aan de curator zijn gehele schuld moeten voldoen, terwijl hij van zijn vordering weinig of niets betaald zou zien. Gemiddeld ontvangt een concurrent crediteur nog geen

4% op zijn vordering. A hoeft ook niet te wachten op afwikkeling van de boedel door de curator en hoeft niet mee te delen in de kosten.

Voor verrekening in faillissement (zie art. 53 e.v. Fw) gelden deels andere voorwaarden dan voor verrekening buiten faillissement.

De voorwaarden voor verrekening buiten faillissement zijn te vinden in art. 6:127 BW en komen op het volgende neer:
1. partijen moeten over en weer elkaars schuldeiser en schuldenaar zijn;
2. de schuld en de vordering moeten aan elkaar beantwoorden (gelijksoortig zijn);
3. degene die zich op verrekening beroept, moet bevoegd zijn om zijn schuld al te betalen;
4. de vordering van degene die zich op verrekening beroept, moet afdwingbaar (opeisbaar) zijn.

Ad 1. Bij deze voorwaarde dient men erop te letten dat degene die zich op verrekening wil beroepen, schuldenaar van de gefailleerde moet zijn (en niet bijvoorbeeld van de gezamenlijke schuldeisers). Dit wordt ook wel het wederkerigheidsvereiste genoemd.

> In dit verband is opnieuw van belang de uitspraak van de Hoge Raad in de zaak *Peeters q.q./Gatzen*, waarin de curator van Van Rooij diens echtgenote, Gatzen, tot betaling van ƒ 69.000 aanspreekt wegens onrechtmatige daad, omdat zij de woning van Van Rooij voor dat bedrag te weinig van Van Rooij had overgenomen. (HR 14 januari 1983, *NJ* 1983/597).
>
> Gatzen had vóór het faillissement een belastingschuld van Van Rooij van ongeveer ƒ 20.000 betaald; dit bedrag wilde zij verrekenen met het door haar eventueel verschuldigde bedrag ad ƒ 69.000.
>
> Slaagt dit beroep op verrekening?
>
> Het antwoord luidt ontkennend. De vrouw is weliswaar ter zake van de belastingschuld schuldeiseres van de failliet, maar zij is niets aan haar gefailleerde echtgenoot verschuldigd. Immers, aangenomen al dat de vrouw door de transactie met het huis een onrechtmatige daad heeft gepleegd, dan is dit niet een onrechtmatige daad jegens haar man (die uiteraard met de transactie had ingestemd), doch jegens de gezamenlijke schuldeisers van de man. De vrouw kan derhalve niet worden aangemerkt als schuldenares van de gefailleerde, zodat in dit opzicht niet is voldaan aan de door art. 53 Fw voor verrekening gestelde voorwaarden.
>
> Een andere casus waarin het beroep op verrekening niet opging wegens het ontbreken van wederkerigheid was de zaak van de bestuurder van een vennootschap, die stelde een vordering te hebben op de gefailleerde vennootschap. De curator sprak hem met succes aan wegens onbehoorlijk bestuur (art. 2:248 BW) en de bestuurder meende zijn gepretendeerde vordering te kunnen verrekenen met zijn schuld aan de curator. De aansprakelijkheid van bestuurders ingevolge Boek 2 BW is echter geen aansprakelijkheid jegens de gefailleerde, maar jegens de boedel. De aansprakelijke bestuurder is geen schuldenaar van de gefailleerde, terwijl zijn schuld bovendien niet vóór de faillietverklaring is ontstaan of voortvloeit uit handelingen door hem vóór de faillietverklaring met de vennootschap verricht, zodat niet is voldaan aan de door art. 53 Fw voor verrekening gestelde voorwaarden (HR 18 september 2009, ECLI:NL:HR:2009:BI5912 (*Van den End q.q./B*)).

Ad 2. Deze voorwaarde is doorgaans geen probleem, omdat het in de praktijk meestal gaat om geldschulden. Verrekening is echter ook mogelijk bij andere prestaties. Te denken valt bijvoorbeeld aan het geval dat soortzaken als graan, olie en dergelijke geleverd moeten worden. Voorwaarde voor verrekening is dan uiteraard wel dat de over en weer verschuldigde prestaties gelijk of gelijkwaardig zijn.

Ad 3. Deze voorwaarde houdt – zoals gezegd – in dat degene die zich op verrekening beroept, bevoegd moet zijn om zijn schuld al aan de wederpartij te betalen. Het komt weleens voor dat aan een schuld een termijn is verbonden ten behoeve van de schuldeiser. In dat geval kan de schuldenaar van die schuld dus (nog) niet verrekenen.

Ad 4. De vierde voorwaarde betekent niets anders dan dat de vordering op de wederpartij opeisbaar moet zijn.

> Wanneer de wederpartij een vordering onder opschortende voorwaarde of onder opschortende tijdsbepaling heeft, is toch verrekening mogelijk. De vordering wordt dan vastgesteld aan de hand van art. 130 en 131 Fw. Verrekening is zelfs mogelijk wanneer de omvang van de vordering die de wederpartij jegens de failliet heeft, nog niet exact vaststaat.
> Het eerste geval kan zich voordoen wanneer B een onmiddellijk opeisbare vordering op A heeft, terwijl A een vordering op B heeft die pas op 1 maart van enig jaar behoeft te worden voldaan. Stel dat B op 1 augustus van het daaraan voorafgaande jaar failliet gaat, dan kan A verrekenen nadat de contante waarde van de vordering conform art. 131 Fw is berekend (zie hoofdstuk VIII, § 4).
> Een voorbeeld van het tweede geval: B heeft van A € 4000 te vorderen uit hoofde van een koopovereenkomst. A heeft een vordering op B uit hoofde van een door B vóór zijn faillietverklaring gepleegde onrechtmatige daad. Spreekt de curator van B A aan tot betaling van het bedrag van € 4000, dan kan A de vordering uit onrechtmatige daad naar voren brengen; het vaststellen van de vordering geschiedt met inachtneming van art. 133 Fw.

In faillissement gelden de laatste twee vereisten niet, zodat noch de vordering op de failliet noch de schuld aan de failliet opeisbaar hoeft te zijn. Zou dat wel het geval zijn, dan zou de schuldenaar van de failliet wel aan de boedel moeten betalen, maar met de inning van zijn vordering moeten wachten totdat die opeisbaar is geworden. De kans is niet gering dat de boedel tegen die tijd geen verhaal meer biedt. Zonodig zal de waarde van de (nog) niet opeisbare vordering op grond van art. 130, 131 of 133 kunnen worden vastgesteld. Ook de schuld aan de failliet hoeft niet opeisbaar te zijn.

In plaats van voorwaarden drie en vier van art. 6:127 BW stelt art. 53 lid 1 Fw voor verrekening in faillissement het vereiste dat vordering en schuld beide zijn ontstaan vóór de faillietverklaring of voortvloeien uit handelingen die vóór de faillietverklaring met de gefailleerde zijn verricht. Deze eis geldt zowel voor de schuld als voor de vordering. Wanneer één van de twee pas na het faillissement is ontstaan of niet voortvloeit uit een handeling vóór faillissement met de gefailleerde verricht, is verrekening niet mogelijk.

> Uit de jurisprudentie blijkt dat 'voortvloeien uit' zoals bedoeld in art. 53 Fw enige nadere invulling heeft gekregen. Niet alle gevallen, waarin een na de faillietverklaring ontstane schuld ook maar enigszins verband houdt met een daarvóór gesloten overeenkomst, zijn daar onder te brengen. De Hoge Raad eist dat de 'rechtstreekse oorzaak' van de schuld ligt in een na de faillietverklaring door partijen zelf verrichte rechtshandeling; niet een rechtshandeling van een derde, welke bovendien geen verband houdt met de vóór de faillietverklaring door partijen gesloten overeenkomst.
> Dit valt eenvoudig te illustreren met het volgende voorbeeld. Een gefailleerde heeft een betaalrekening bij een bank. Op die rekening komt een betaling binnen van een debiteur van de gefailleerde. In plaats van de debiteur is de bank nu het betreffende bedrag schuldig aan de gefailleerde, immers het moet nog op diens rekening worden bijgeschreven. Als de gefailleerde op dat moment 'rood' staat, heeft de bank niet alleen een vordering op hem, maar door de betaling van de derde ook een schuld aan hem. Daarmee lijkt aan alle eisen voor verrekening te zijn voldaan. Buiten faillissement is dat ook zo en vindt van rechtswege verrekening plaats (art. 6:140 BW). Als de schuld van de bank aan de gefailleerde echter pas na het faillissement ontstaat, is dat in de visie van de Hoge Raad onvoldoende rechtstreeks en is verrekening niet geoorloofd. Zie in dit verband onder meer HR 27 januari 1989, *NJ* 1989/422 (*Otex/Steenbergen q.q.*).

Hetzelfde geldt wanneer een bank een betalingsopdracht krijgt van een rekeninghouder. Uitvoering van een dergelijke opdracht leidt tot een vordering van de bank op de opdrachtgever. Vertoont de rekening van de opdrachtgever een creditsaldo, dan verrekent de bank de vordering met dat saldo. Wordt de betalingsopdracht echter gegeven na de faillietverklaring, dan is de bank die de opdracht uitvoert niet bevoegd tot verrekening. De vordering van de bank is immers ontstaan na faillietverklaring en vloeit niet voort uit een vóór de faillietverklaring met de gefailleerde verrichte rechtshandeling (HR 28 april 2006, NJ ECLI:NL:HR:2006:AV0653 (*Rabobank/Huijzer q.q.*)).

Wordt een huurovereenkomst na de faillietverklaring van de verhuurder van rechtswege ten laste van de boedel voortgezet, dan vormen de vorderingen van de huurder (rustig genot van het gehuurde, reparaties, e.d.), die betrekking hebben op de periode vanaf de faillietverklaring, geen vorderingen die rechtstreeks voortvloeien uit een vóór de faillietverklaring ontstane rechtsverhouding. Zouden dergelijke vorderingen worden verrekend, dan zou de boedel voor de door haar geleverde prestatie geen reële tegenprestatie ontvangen, hetgeen een niet te rechtvaardigen doorbreking van de paritas creditorum zou zijn en een goed boedelbeheer ernstig zou bemoeilijken (HR 22 december 1989, NJ 1990/661 (*Tiethoff q.q./NMB*)).

In 1993 stelt het Productschap voor Vee en Vlees een heffingverordening vast in verband met de sanering van de runderslachtsector. De verordening zou in werking treden op de met een besluit van de voorzitter van het productschap te bepalen datum. Tot haar faillietverklaring op 1 juni 1999 betaalt Groninger Vleeshandel B.V. de op basis van bedoelde verordening opgelegde voorschotheffingen. De curator meent dat het daarbij steeds is gegaan om onverschuldigde betalingen en vordert terugbetaling van € 1.154.583. Dan neemt de voorzitter van het Productschap op 4 december 1999, derhalve ná faillietverklaring van GVH, alsnog het voor de inwerkingtreding van de verordening vereiste besluit. De heffingen worden met terugwerkende kracht opnieuw vastgesteld en het Productschap wil de nieuw vastgestelde heffingen verrekenen met hetgeen aan de curator moet worden (terug)betaald. De Hoge Raad is echter van oordeel dat het Productschap geen vordering had daterend van vóór de faillietverklaring van GVH, zodat er voor verrekening geen ruimte was (HR 23 mei 2014, ECLI:NL:HR:2014:1213 (*Productschap Vee en Vlees/Van der Molen q.q.*)).

Art. 53 Fw geldt niet voor boedelschulden.

Aldus de Hoge Raad in de uitspraak van 27 mei 1988, NJ 1988/964 (*Amro/NAPM*). De casus was als volgt:

In november 1980 was aan NAPM surseance van betaling verleend. Tijdens de surseance opende NAPM met medewerking van de bewindvoerders een zogenoemde surseancerekening. Door middel van deze rekening verstrekte Amro aan NAPM een boedelkrediet in rekening-courant. In oktober 1981 kwam er een einde aan de surseance en werd NAPM failliet verklaard met benoeming van de bewindvoerders tot curatoren. Op dat moment bedroeg de vordering van Amro uit hoofde van het boedelkrediet ongeveer ƒ 650.000. Na de faillietverklaring werd in opdracht van derden nog ongeveer ƒ 450.000 op de rekening van NAPM overgemaakt. De curatoren eisten van Amro afgifte van dat bedrag. Amro weigerde, met een beroep op verrekening; haar schuld aan NAPM ad circa ƒ 450.000 zou zijn weggevallen tegen haar vordering ad ongeveer ƒ 650.000.

De Hoge Raad stelde Amro in het gelijk en overwoog als volgt: 'Uit het stelsel van de Faillissementswet en in het bijzonder uit het daarin gemaakte onderscheid tussen boedelschulden en andere schulden (...), alsmede uit de plaatsing van art. 53 in een reeks van artikelen die over andere schulden dan boedelschulden handelen, vloeit voort dat art. 53 op een rechtsverhouding als de onderhavige niet van toepassing is.'

Een en ander komt erop neer dat in een geval als dit de verrekeningsbevoegdheid niet getoetst moet worden aan art. 53 Fw, maar aan de gewone regels van art. 6:127 e.v. BW.

De Hoge Raad herhaalt deze visie nog eens in een arrest van 9 oktober 2009, ECLI:NL:HR:2009:BI7129 (*Bovast/Rosenberg Polak q.q.*). Bovast B.V. spreekt af tegen vergoeding gelden te incasseren voor de curator. Hetgeen zij moet afdragen aan de curator wil Bovast verrekenen met de incassovergoeding. Het hof stelt dan vast dat de vordering van Bovast een boedelvordering oplevert, zodat art. 53 Fw toepassing mist en er geen plaats is voor verrekening. Op zichzelf acht de Hoge Raad dat juist, maar als aan de 'normale' voorwaarden van art. 6:127 BW is voldaan, staat niets aan verrekening in de weg. Het hof had dat na moeten gaan.

Hierboven werd opgemerkt dat voor verrekening in faillissement andere voorwaarden gelden dan voor verrekening buiten faillissement.

> In de zaak die heeft geleid tot de uitspraak van de Hoge Raad van 28 juni 1985, *NJ* 1986/192, werd door een van partijen aangevoerd dat, nu voor verrekening in faillissement eigen rechtsregels gelden, een vóór het faillissement overeengekomen beding, inhoudende dat partijen zich niet op verrekening zouden beroepen, niet zou gelden in geval van faillissement. De Hoge Raad verwerpt deze opvatting: een dergelijk beding geldt in beginsel ook in faillissement; wel kan uit de overeenkomst anders voortvloeien, doch in het onderhavige geval deed die situatie zich niet voor (zie in dit verband ook HR 16 januari 1987, *NJ* 1987/553 (*Hooijen/Tilburgsche Hypotheekbank*), en HR 22 juli 1991, *NJ* 1991/748). Deze uitspraak illustreert nog eens duidelijk de werking van het fixatiebeginsel op grond waarvan een faillissement in beginsel geen invloed heeft op de geldigheid van bestaande overeenkomsten.

Een belangrijk verschil tussen de regeling van verrekening in faillissement en die van verrekening buiten faillissement blijkt uit art. 53 lid 3 Fw. Volgens deze bepaling kan de curator geen beroep doen op art. 6:136 BW.

> Art. 6:136 BW houdt in dat een beroep op verrekening kan worden gepasseerd wanneer de vordering van degene die zich op verrekening wil beroepen, niet eenvoudig vast te stellen is. Men spreekt in dat verband ook wel van de liquiditeitscorrectie. Indien de curator – als eiser – wordt geconfronteerd met een door de schuldeiser van de failliet gedaan beroep op verrekening, kan de curator geen gebruik maken van de regeling van art. 6:136 BW. In het omgekeerde geval, waarin de curator wil verrekenen, heeft de wederpartij wel het recht om zich op de regeling van art. 6:136 BW te beroepen. Hieruit volgt dat, wanneer een curator een vordering van de gefailleerde cedeert, ook de cessionaris geen beroep kan doen op art. 6:136 BW (HR 11 juli 2003, ECLI:NL:HR:2003:AF7535 (*Frog Navigation Systems*)). Beroept een debiteur van een verpande vordering zich op verrekening, dan kan de pandhouder zich in het faillissement van de pandgever evenmin beroepen op art. 6:136 BW (HR 13 september 2013, ECLI:NL:HR:2013:BZ7391).

Voor de fiscus wordt een uitzondering op het vereiste van wederkerigheid gemaakt. Binnen een fiscale eenheid kan de fiscus een belastingschuld van een vennootschap verrekenen met een vordering tot belastingteruggaaf van een andere tot die eenheid behorende vennootschap. Bij een 'fiscale eenheid' (art. 15 Vpb) wordt de vennootschapsbelasting geheven als ware de dochtervennootschap in de moedervennootschap opgegaan, al blijven het juridisch gezien afzonderlijke rechtssubjecten. De belasting wordt dus geheven van de moeder, die daarom ook recht heeft op door de Belastingdienst aan de fiscale eenheid te restitueren bedragen (HR 30 oktober 2015, ECLI:NL:HR:2015:3190).

Die uitzondering geldt niet als het gaat om het vereiste dat schuld en vordering moeten zijn ontstaan vóór de faillietverklaring of voortvloeien uit een vóór de faillietverklaring bestaande rechtsverhouding (art. 24 Inv.Wet 1990).
- Wanneer de boedel recht heeft op teruggave van omzetbelasting voor aan de boedel vóór het faillissement geleverde goederen of diensten is niet voldaan aan dat vereiste.
- Wanneer de boedel recht heeft op teruggave van omzetbelasting wegens niet betaalde facturen, terwijl de belasting vóór de faillietverklaring op aangifte is voldaan, is dat

wel het geval (HR 13 oktober 2017, ECLI:NL:HR:2017:2627 (*Curatoren Eurocommerce/ Ontvanger*).

De wet bevat een aantal waarborgen om te voorkomen dat van de mogelijkheid van verrekening misbruik wordt gemaakt. Zo bepaalt art. 54 Fw dat iemand die vóór de faillietverklaring een schuld aan of een vordering op de gefailleerde heeft overgenomen van een derde, zich niet op verrekening kan beroepen, als hij bij de overneming niet te goeder trouw was. Vorderingen of schulden die na de faillietverklaring zijn overgenomen, kunnen in het geheel niet worden verrekend (art. 54 lid 2 Fw).

Stel dat A een schuld heeft aan B van € 15.000. A weet dat B een faillissement boven het hoofd hangt. A weet ook dat C € 15.000 van B te vorderen heeft. Het zou nu lucratief zijn – zowel voor A als voor C – wanneer de vordering op en de schuld aan B in één hand zouden komen; in dat geval ontstaat de mogelijkheid om te verrekenen. A en C zouden bijvoorbeeld kunnen overeenkomen dat A de vordering die C op B heeft, voor € 5000 overneemt. C krijgt op die wijze meer dan hij van de curator in het faillissement van B heeft te verwachten en A's schuld zou door verrekening teniet kunnen gaan. Wil de curator dit verhinderen, dan zal hij moeten bewijzen dat A bij de overneming niet te goeder trouw was. A handelt niet te goeder trouw, wanneer hij bij de overneming wist dat B in een zodanige toestand verkeerde dat zijn faillietverklaring was te verwachten (HR 30 januari 1953, *NJ* 1953/578 (*Doyer en Kalff*)).

De problematiek van art. 54 Fw is ook aan de orde geweest in de uitspraak van de Hoge Raad van 7 oktober 1988, *NJ* 1989/449 (*Amro/Tilburgsche Hypotheekbank*). De feiten in deze zaak waren als volgt:
Op 1 juli 1982 omstreeks 13.00 uur kreeg de Amsterdamse vestiging van de Amrobank van een van haar rekeninghouders de opdracht om een bedrag van ƒ 2.099.222,01 over te maken op de rekening van de Tilburgsche Hypotheekbank (THB) bij het kantoor van de Amro te Tilburg. Amro-Amsterdam debiteert daarop de rekening van de opdrachtgever en geeft nog dezelfde dag (1 juli 1982) opdracht aan Amro-Tilburg om de rekening van THB voor het desbetreffende bedrag te crediteren. Amro-Tilburg zendt aan THB een dagafschrift gedateerd 2 juli 1982, waaruit de creditering blijkt. Amro-Tilburg had op 1 juli 1982 een vordering op THB van ongeveer ƒ 2.500.000. Op 1 juli 1982 om 00.50 uur had De Nederlandsche Bank per telex aan Amro medegedeeld dat zij met betrekking tot THB nog diezelfde dag een verzoek zou indienen als bedoeld in art. 32 Wet Toezicht Kredietwezen (WTK). Dit gebeurde ook en op 2 juli 1982 verklaarde de Rechtbank Breda dat THB verkeerde in de in art. 32 WTK bedoelde toestand. Dit betekent dat THB kwam te verkeren in een situatie die ongeveer gelijk is aan een voorlopige surseance van betaling. Die situatie bleef ongeveer een jaar bestaan en daarna werd THB failliet verklaard. De curatoren eisten van Amro afgifte van het op 2 juli 1982 bijgeschreven bedrag. Amro weigerde en beriep zich op verrekening.

De Hoge Raad stelde de curatoren in het gelijk en overwoog dat 'wanneer de bank zich door creditering van de rekening van de schuldenaar tot diens debiteur maakt, terwijl zij op dat moment niet te goeder trouw is in de zin van art. 54 c.q. 235 Fw, het bepaalde in die artikelen zich ertegen verzet dat de bank zich op compensatie (verrekening) beroept.' De Hoge Raad verwijst hierbij naar zijn beslissing van 8 juli 1987, *NJ* 1988/104 (*Loeffen q.q./ Mees en Hope I*).

De Hoge Raad overweegt verder dat hetzelfde heeft te gelden indien de bank vóór de faillietverklaring c.q. de aanvang van de surseance weliswaar de rekening nog niet heeft gecrediteerd, maar door de aanvaarding van de opdracht daartoe en het geven van een begin van uitvoering daaraan voor haar wel reeds een voor verrekening vatbare 'verplichting tot crediteren' was ontstaan.

Met betrekking tot de vraag wat verstaan moet worden onder het 'niet te goeder trouw' handelen in de zin van art. 54 en 235 Fw overweegt de Hoge Raad dat voldoende is dat de bankgiro-instelling op het ogenblik van de verkrijging van de schuld wist dat de schuldenaar in een zodanige toestand verkeerde dat zijn faillissement c.q. zijn surseance van betaling te verwachten was.

Van schuldovername is geen sprake wanneer een bank als pandhouder voor de executie van haar pandrecht gebruik maakt van de diensten van de pandgever; de betalingen die dan worden gestort op de rekening van de pandgever bij de bank zijn onderdeel van de executoriale verkoop en mogen door de bank worden verrekend met de schuld van de pandgever aan de bank (HR 14 februari 2014, ECLI:NL:HR:2014:319 (Feenstra q.q./ING)).

Wanneer iemand vorderingen van de failliet op derden koopt, valt dat niet onder het bereik van art. 54 lid 1 Fw (HR 10 juli 2015, ECLI:NL:HR:2015:1825 (*Wemaro/De Bok q.q.*)).

In het voorgaande kwam aan de orde dat de Hoge Raad in zijn uitspraken – met verwijzing naar art. 54 Fw – de regel heeft geformuleerd dat een bank zich niet op verrekening kan beroepen met betrekking tot girale betalingen die op de rekening van haar debiteur zijn gedaan, wanneer die betalingen zijn ontvangen op een tijdstip waarop de bank wist dat het faillissement van die debiteur was te verwachten dan wel reeds was uitgesproken.

Uit een arrest van de Hoge Raad van 17 februari 1995, *NJ* 1996/471 (*Mulder q.q./CLBN*), blijkt dat deze regel niet geldt wanneer die girale betalingen zijn gedaan ter voldoening van vorderingen waarop de bank een stil pandrecht had waarvan zij nog geen mededeling had gedaan aan de debiteuren van die vorderingen. In een dergelijk geval is verrekening door de bank wel mogelijk.

> De casus was als volgt. Connection, een onderneming die in 1985 een kredietovereenkomst had gesloten met CLBN (Credit Lyonnais Bank Nederland, hierna ook: de bank), had sinds 1 januari 1992, ter uitvoering van die kredietovereenkomst, ten behoeve van de bank een stil pandrecht gevestigd op de vorderingen die zij had uitstaan. Van dat pandrecht was geen mededeling gedaan aan de debiteuren van die vorderingen. De bank vernam op 13 november 1992 dat Connection van plan was om voor zichzelf faillissement aan te vragen. Op 17 november 1992 is Connection op eigen aangifte failliet verklaard. De bank had op dat moment een vordering op Connection van ruim ƒ 4 miljoen.
>
> Op 25 en 26 november 1992 heeft de bank mededeling van haar pandrecht gedaan aan de schuldenaren van de verpande vorderingen. In de periode van 13 tot en met 16 november 1992 heeft de bank op de rekeningen van Connection girale betalingen ontvangen van ruim ƒ 40.000. In de periode van 17 tot en met 26 november 1992 heeft de bank op die wijze betalingen ontvangen van ruim ƒ 150.000. Al deze betalingen strekten tot voldoening van vorderingen waarop de bank een stil pandrecht had. De curator vorderde veroordeling van de bank om de ontvangen bedragen aan de boedel af te dragen. De bank beriep zich op verrekening in de zin van art. 53 Fw. Het geschil tussen de curator en de bank betrof betaling van vorderingen waarvan het pandrecht nog niet aan de debiteuren was medegedeeld. De Hoge Raad overwoog:
> – ten aanzien van het pandrecht: zolang de pandhouder geen mededeling van haar pandrecht doet, blijft de pandgever (en na faillissement de curator) bevoegd de verpande vorderingen te innen (art. 3:246 lid 1 BW). Door betaling gaat de vordering teniet en daarmee ook het daaruit afgeleide beperkte (pand)recht (art. 3:81 lid 2 sub a BW). Evenwel blijft volgens de Hoge Raad bij inning door de curator het aan het pandrecht verbonden recht van voorrang bestaan, maar moet de pandhouder wachten op uitdeling door de curator en meedelen in de faillissementskosten.
> – ten aanzien van verrekening: mede gezien de voorrang die de pandhouder behoudt, bestaat er geen goede grond de strenge regels van verrekening van girale betalingen – te weten (a) in het zicht van faillissement (art. 54 Fw; *Curatoren THB*) en (b) in faillissement (art. 53 Fw; *Otex/Steenbergen*) – ook van toepassing te achten in het geval deze betalingen zijn gedaan ter voldoening van aan de bank verpande vorderingen. Dezelfde uitzondering geldt als het gaat om bedragen die een bank ontvangt op grond van een factoringovereenkomst (HR 14 juni 2013, ECLI:NL:HR:2013:BZ5663 (*Favini*)).

De Hoge Raad achtte de bank dus bevoegd tot verrekening, zowel wat betreft de betalingen van vóór het faillissement als ten aanzien van de betalingen van na de faillietverklaring.

Voor deze verrekeningsbevoegdheid voerde de Hoge Raad twee argumenten aan. In de eerste plaats overwoog de Hoge Raad dat een bank in een geval als het onderhavige reeds een voorrang heeft boven de andere schuldeisers, zodat niet gezegd kan worden dat de bank zich door verrekening een uitzonderingspositie verschaft ten opzichte van de andere schuldeisers. In de tweede plaats merkte de Hoge Raad op dat een bank zich onder het oude (vóór 1 januari 1992 geldende) recht door verrekening kon verhalen op hetgeen zij ontving ter voldoening van een vordering die aan haar tot zekerheid was gecedeerd. Volgens de Hoge Raad was het de bedoeling van de wetgever om het mogelijk te maken de onder het oude recht bestaande financieringspatronen te continueren.

In een vergelijkbare situatie voegde de Hoge Raad hieraan nog toe dat zolang geen mededeling van het pandrecht is gedaan, de curator na verloop van een redelijke termijn bevoegd is om zonder overleg met de pandhouder over te gaan tot inning. De Hoge Raad acht een termijn van twee weken redelijk. De bank/pandhouder heeft dan voorrang op de opbrengst, maar moet meedelen in de faillissementskosten (HR 22 juni 2007, ECLI:NL:HR:2007:BA2511 (ING/Verdonk q.q.)).

Niet lang na *Mulder q.q./CLBN* werd aan de Hoge Raad de zaak voorgelegd, waarin de Rabobank Breda had ingestemd met verkoop van een stil aan haar verpande inventaris. Betaling zou plaatsvinden in drie termijnen op de rekening van de verkoper/pandgever bij de Rabobank. Na betaling van de eerste termijn ging de verkoper failliet. De resterende twee termijnen werden na het faillissement betaald en de bank wil die twee termijnen verrekenen met haar vordering op de gefailleerde. De curator vordert echter afdracht aan de boedel. De Hoge Raad overweegt dat een stil pandrecht op roerende zaken niet van rechtswege komt te rusten op de vordering tot betaling van de koopprijs. Omdat de door de koper gedane betalingen ook niet hun oorzaak vonden in een vóór de faillietverklaring door de bank met de verkoper gesloten overeenkomst, stond het bepaalde in art. 53 lid 1 Fw in de weg aan verrekening als door de bank toegepast. Voor een uitzondering als aanvaard in het arrest *Mulder q.q./CLBN* is volgens de Hoge Raad in het onderhavige geval geen plaats (zie HR 23 april 1999, NJ 1999/158 (*Van Gorp q.q./Rabobank*)).

Gedwongen schuldverrekening (art. 56 Fw)

Degene die met de gefailleerde deelgenoot is in een gemeenschap die tijdens het faillissement wordt verdeeld, kan zich op gedwongen schuldverrekening beroepen.

Aan de hand van een voorbeeld kan gedemonstreerd worden wat gedwongen schuldverrekening inhoudt: erflater A laat een vermogen na van € 140.000. Er zijn twee erfgenamen: B en C. De nalatenschap van A bestaat uit € 100.000 in contanten en een vordering van € 40.000 op B. B heeft namelijk vóór het overlijden van A dat bedrag van A geleend. Wanneer de nalatenschap wordt verdeeld, heeft ieder recht op de helft ofwel € 70.000. B moet zich laten welgevallen dat éérst de schuld die hij aan de nalatenschap heeft, aan hem wordt toegescheiden. Dat betekent dat hij daarnaast een bedrag van € 30.000 in contanten ontvangt. C krijgt € 70.000 in contanten. Deze wijze van afwikkeling van de nalatenschap kan ook worden toegepast wanneer B inmiddels failliet is verklaard (vgl. art. 56 Fw). Gedwongen schuldverrekening levert zodoende bij faillissement van B een feitelijke preferentie op voor C.

Het retentierecht (art. 60 Fw)

Ook de retentor staat bij faillissement van de schuldenaar sterk. De schuldeiser die een retentierecht heeft, bijvoorbeeld de reparateur, hoeft de zaak ten aanzien waarvan hij een vorderingsrecht heeft, pas af te staan wanneer die vordering wordt voldaan. Dit recht om de afgifte op te schorten heeft de schuldeiser ook wanneer de schuldenaar failliet gaat (art. 60 Fw). Wanneer de waarde van de gerepareerde zaak de reparatiekosten overtreft – wat vaak het geval zal zijn – zal de curator geneigd zijn om die kosten te voldoen om aldus de zaak in de boedel te kunnen brengen; deze situatie levert voor de retentor derhalve een feitelijke preferentie op.

Volgens art. 60 lid 2 Fw heeft de curator het recht om de teruggehouden zaak in de boedel te brengen, hetzij door de vordering van de retentor in te lossen, hetzij door de zaak bij de retentor op te eisen. In het eerste geval heeft het retentierecht gewerkt conform de bedoeling van de retentor. Zijn vordering wordt voldaan en hij heeft met het faillissement verder niets te maken. In het geval dat de curator de zaak bij de retentor opeist, wordt het retentierecht gefrustreerd. De zaak wordt in de boedel gebracht en de curator kan gaan verkopen. De retentor heeft dan op grond van art. 3:292 BW wel een zeer hoge voorrang op de opbrengst, maar hij moet wel bijdragen in de bijzondere en de algemene faillissementskosten, zodat zijn positie minder gunstig is dan in het geval van inlossing.

Wanneer de curator niets doet, kan de retentor op grond van art. 60 lid 3 Fw de curator een redelijke termijn stellen, waarbinnen de curator zijn keuze op een van de twee alternatieven moet bepalen. Komt de curator niet (tijdig) tot een keuze, dan kan de retentor zelf gaan verkopen. Anders gezegd: in geval van nalatigheid van de curator krijgt de retentor als ultimum remedium het recht van parate executie; de regels van pand of hypotheek – denk aan het geval dat het retentierecht betrekking heeft op een schip – zijn dan van overeenkomstige toepassing. De retentor die paraat executeert, hoeft dan ook niet bij te dragen in de algemene faillissementskosten (vgl. art. 182 lid 1 Fw).

Art. 60 lid 4 Fw houdt nog een regeling in voor de situatie dat het retentierecht betrekking heeft op een registergoed. De retentor moet binnen veertien dagen na het verstrijken van de in lid 3 bedoelde termijn de curator bij exploit aanzeggen dat tot executie wordt overgegaan; het exploit moet in de registers worden ingeschreven. Blijft inschrijving achterwege, dan kan het recht van parate executie niet worden tegengeworpen aan een derde die met de curator heeft gehandeld (vgl. art. 3:24 BW).

Het retentierecht werd door accountants en boekhouders vaak uitgeoefend op de administratie van een gefailleerde, omdat er sprake was van onbetaalde facturen. Curatoren werden daardoor belemmerd in de uitvoering van hun taken, hetgeen de wetgever ertoe heeft gebracht om in de Wet Versterking Positie Curator art. 105b Fw op te nemen. Wanneer nu een curator heeft verzocht om afgifte van de administratie van een gefailleerde kunnen derden, die die administratie in de uitoefening van een beroep of bedrijf, op welke wijze dan ook, onder zich hebben, geen beroep doen op een retentierecht, waarmee vorenbedoeld probleem van curatoren goeddeels is opgelost.

7 Concurrente schuldeisers

Concurrente schuldeisers zijn schuldeisers die zich niet op een recht van voorrang kunnen beroepen. Zij moeten hun vorderingen ter verificatie indienen en zij kunnen zich pondspondsgewijs op de opbrengst van de boedel verhalen, nadat de boedelschuldeisers en de preferente schuldeisers hun rechten hebben gerealiseerd.

> In de praktijk blijken er bij de afwikkeling van faillissementen zoveel preferente schuldeisers te zijn en is de opbrengst van de boedel meestal zo gering, dat de concurrente schuldeisers zelden enige uitkering krijgen. Als het al tot uitkering komt, krijgen deze schuldeisers hooguit enkele procenten van hun vorderingen betaald.

8 De afkoelingsperiode

In art. 63a Fw heeft de wetgever een figuur opgenomen die de curator in staat moet stellen zich in betrekkelijke rust een beeld te vormen van de (omvang van de) boedel zonder steeds lastig gevallen te worden door schuldeisers die bijvoorbeeld op grond van een beweerd eigendomsvoorbehoud of recht van reclame goederen uit de boedel komen opeisen. De wetgever spreekt in dit verband van een 'afkoelingsperiode'.

> De rechter-commissaris kan volgens art. 63a Fw op verzoek van iedere belanghebbende of ambtshalve bij schriftelijke beschikking bepalen dat elke bevoegdheid van derden – daaronder vallen ook de separatisten – tot verhaal op tot de boedel behorende goederen of tot opeising van goederen die zich in de macht van de gefailleerde of van de curator bevinden, voor een periode van ten hoogste twee maanden – eventueel met nog twee maanden te verlengen – slechts met machtiging van de rechter-commissaris kan worden uitgeoefend. De afkoelingsperiode kan zich ook beperken tot bepaalde derden; voorts kunnen aan de beschikking of aan de machtiging voorwaarden verbonden worden. Gedurende de afkoelingsperiode lopen aan of door derden gestelde termijnen voort, voor zover dit redelijkerwijs noodzakelijk is om de derde of de curator in staat te stellen zijn standpunt te bepalen, bijvoorbeeld in het kader van art. 60 lid 3 Fw.
> De afkoelingsperiode kan worden bepaald tijdens faillissement, maar ook door de rechter die de faillietverklaring uitspreekt op verzoek van de aanvrager van het faillissement of van de schuldenaar (art. 63a lid 4 Fw).

De afkoelingsperiode betekent geen vrijbrief voor de curator. In een situatie die vergelijkbaar was met die in het *Maclou* arrest, *NJ* 1996/727 (zie hoofdstuk VII, § 2) verweerden de curatoren zich tegen een aansprakelijkstelling ex art. 6:162 BW met de stelling dat een doelmatige afwikkeling van het faillissement meebracht dat zij tijdens de afkoelingsperiode tot op zekere hoogte bevoegd waren te beschikken over zaken in de boedel waarop een eigendomsvoorbehoud rustte. Zij hadden de betreffende zaken in de macht van een derde gebracht en daarbij bedongen dat het eigendomsvoorbehoud zou worden gerespecteerd, hetgeen echter niet gebeurde. Het door de curatoren ingeroepen belang van een doelmatige afwikkeling van het faillissement behoort volgens de Hoge Raad in zijn algemeenheid niet tot de zwaarwegende belangen van maatschappelijke aard waaraan een curator onder omstandigheden voorrang mag geven boven de belangen van individuele schuldeisers. De curatoren hadden daarom tevoren toestemming moeten vragen aan de leverancier die het eigendomsvoorbehoud had gemaakt om de betreffende goederen over te dragen. Bij gebreke van die toestemming bleven de curatoren verantwoordelijk voor de teruggave van die zaken aan de leverancier (zie HR 19 december 2003, ECLI:NL:HR:2003:AN7817 (*Curatoren Mobell/Interplan*)).

De houder van een stil pandrecht op vorderingen mag tijdens een afkoelingsperiode wel mededeling van zijn pandrecht doen aan de debiteuren en mag vervolgens ook betalingen in ontvangst nemen. Daarmee voorkomt de pandhouder dat de curator kan overgaan tot inning van de stil verpande vorderingen, waardoor hij zijn separatistenpositie zou kwijtraken. Weliswaar behoudt hij dan voorrang op de opbrengst, maar hij moet meedelen in de faillissementskosten (HR 17 februari 1994, *NJ* 1996/471 (*Mulder q.q./CLBN*), waarover nader in § 6 hierboven). De ontvangen bedragen moet de pandhouder echter storten bij een bewaarder (art. 63b Fw jo. 490b lid 2 Rv) en pas na afloop van de afkoelingsperiode kan hij zich dan op de ontvangen bedragen verhalen.

Blijkens art. 63c lid 1 Fw is ook de Ontvanger aan de afkoelingsperiode gebonden. Als bodembeslag is gelegd, mag de Ontvanger zonder machtiging van de rechter-commissaris gedurende de afkoelingsperiode niet tot uitwinning overgaan. Wanneer geen bodembeslag is gelegd, mag de Ontvanger dat tijdens een afkoelingsperiode alsnog doen, maar alleen op zaken van derden die zich op de bodem van de belastingschuldige bevinden. Derden kunnen dat alleen voorkomen door hun zaken tijdig van de bodem van de belastingschuldige te verwijderen, maar dat mag nu juist niet tijdens een afkoelingsperiode. Om te voorkomen dat de Ontvanger een onbedoeld voordeel zou krijgen als gevolg van de afkondiging van een afkoelingsperiode kunnen derden hun rechten op een zaak veilig stellen door bij deurwaardersexploit aanspraak te maken op afgifte van hun zaak vóórdat de Ontvanger bodembeslag heeft gelegd.

> Omdat uitwinning van uit hoofde van een financiëlezekerheidsovereenkomst verpande goederen op grond van art. 4 EG-Richtlijn 2002/47 steeds mogelijk moet zijn, zijn deze goederen uitgezonderd van de afkoelingsperiode (art. 63d Fw).

HOOFDSTUK VII
De organen die een rol kunnen spelen bij het bestuur van de boedel

1 Inleiding

Het is evident dat het erg onpraktisch zou zijn de afwikkeling van het faillissement, ook al wordt dat uitgesproken ten behoeve van de gezamenlijke schuldeisers, aan die schuldeisers op te dragen. Daarom bepaalt de wet dat de rechtbank die het faillissement uitspreekt, een curator benoemt die met het beheer en de vereffening van de boedel wordt belast (§ 2). Aangezien de rechtbank toezicht op de curator wenst uit te oefenen, benoemt zij tevens een van haar leden tot rechter-commissaris; deze heeft overigens naast het toezicht op de curator nog een aantal taken; daarop wordt in § 3 nader ingegaan.

Natuurlijk moeten de schuldeisers invloed kunnen uitoefenen op de gang van zaken. Zij kunnen dat doen door in de vergaderingen der schuldeisers, waarvan de verificatievergadering de belangrijkste is, hun stem te laten horen. Ook kunnen de schuldeisers hun inbreng hebben via de commissie uit de schuldeisers; een dergelijke commissie komt echter in de meeste faillissementen niet voor (§ 4).

2 De curator

De curator heeft een groot aantal taken en bevoegdheden; deze worden verspreid in de wet genoemd. Het meest algemeen is art. 68 Fw, waarin aan de curator het beheer en de vereffening van de boedel wordt opgedragen.

> Dat die taak ruim moet worden opgevat blijkt bijvoorbeeld uit HR 19 december 2008, ECLI:NL:HR:2008:BG1117 (*Curatoren Air Holland Charter/Air Holland NV c.s.*). Volgens de Hoge Raad moet aangenomen worden dat de curator in het faillissement van de moedermaatschappij op grond van art. 68 Fw bevoegd is de rechten uit te oefenen die zijn verbonden aan de onder zijn beheer vallende aandelen in een dochtermaatschappij, indien en voor zover zulks past bij een goed beheer van de boedel en daarmee vermogensrechtelijke belangen van de boedel worden gediend. Het gaat dan niet alleen om het stemrecht, maar bijvoorbeeld ook om het recht op dividend.

De curator als vertegenwoordiger
Over de vraag of de curator moet worden gezien als vertegenwoordiger van de failliet of als vertegenwoordiger van de gezamenlijke schuldeisers lopen in de literatuur de meningen uiteen.

> Voor de opvatting dat de curator moet worden gezien als vertegenwoordiger van de failliet zou kunnen pleiten dat de curator de beheers- en de beschikkingsbevoegdheid, welke krachtens

art. 23 Fw aan de failliet worden ontnomen, in diens plaats gaat uitoefenen. Als argument tegen deze opvatting wordt wel aangevoerd dat de curator een aantal bevoegdheden krijgt die de failliet niet had. Meestal wordt dan de bevoegdheid genoemd om de nietigheid in te roepen van paulianeuze handelingen die de failliet heeft verricht en de bevoegdheid om een vordering op grond van onrechtmatige daad in te stellen. Gedoeld wordt dan op de zogenoemde Peeters/Gatzenvordering (zie hoofdstuk VI, § 5). Een dergelijke vordering komt toe aan de gezamenlijke faillissementsschuldeisers, omdat zij is gegrond op de benadeling in hun verhaalsmogelijkheden als gevolg van het handelen van de gefailleerde (en de derde). Daarom valt deze vordering niet in de boedel, maar nu zij strekt tot herstel van de verhaalsmogelijkheden van de faillissementsschuldeisers, valt de opbrengst van de vordering wel in de boedel. Daarom brengt de wettelijke opdracht aan de curator tot beheer en vereffening van de failliete boedel mee dat hij ten behoeve van de gezamenlijke schuldeisers deze vordering kan innen en dus ook de voldoening daarvan in rechte kan vorderen. Aangezien de vordering zelf niet in de boedel valt, omvat deze bevoegdheid tot inning niet de bevoegdheid over de vordering zelf te beschikken door haar aan een derde over te dragen. Daartoe behoeft de curator last, toestemming of volmacht van de gezamenlijke schuldeisers (HR 24 april 2009, ECLI:NL:HR:2009:BF3917 (*Dekker q.q./Lutèce*)).

De aanhangers van de opvatting dat de curator vertegenwoordiger is van de gezamenlijke schuldeisers zoeken vooral steun in het doel van het faillissement. Het faillissement is erop gericht de belangen van de schuldeisers zo goed mogelijk tot hun recht te laten komen. De curator verricht zijn taken tegen die achtergrond, en als zodanig als vertegenwoordiger van de gezamenlijke schuldeisers.

Dat de taak van de curator zich niet verder uitstrekt, blijkt uit de volgende uitspraken van de Hoge Raad.
Het gaat niet goed met Installogic BV en een van de schuldeisers dreigt met een faillissementsaanvraag. Na overleg met zijn accountant besluit de bestuurder, die persoonlijk borg staat bij de bank voor ƒ 50.000, om in de periode juli en augustus 1998 geen enkele betaling meer te doen, maar alleen openstaande vorderingen te incasseren. Zodoende werd het negatieve banksaldo van ƒ 180.000 per eind juni omgebogen tot een positief saldo begin september 1998 van bijna ƒ 3000. De curator meent dat De Bont onrechtmatig heeft gehandeld jegens de 'augustus'-crediteuren en vordert ƒ 160.000 om aan die schuldeisers uit te kunnen keren. Echter, een dergelijke actie – ook al heeft de curator daarvoor een volmacht van de betrokken schuldeisers – valt buiten de grenzen van de in art. 68 lid 1 Fw aan de curator gegeven opdracht, terwijl ook overigens in de Faillissementswet daarvoor geen grondslag is te vinden (HR 16 september 2005, ECLI:NL:HR:2005:AT7997 (*Bannenberg q.q./De Bont*)).

Amlin verkrijgt in 1999 een krediet bij de Rabobank. Op 31 juli 2003 zegt de bank het krediet op, maar effectueert de opzegging niet, mede vanwege een nieuwe borgstelling. Ook nadien wordt Amlin door de Rabobank gefinancierd. Na het faillissement van Amlin vordert de curator van de Rabobank vergoeding van de schade, die de na de opzegging van het krediet onbetaald gebleven schuldeisers hebben geleden en wil de opbrengst van die vordering in de boedel laten vloeien. De Hoge Raad blijft erbij dat de curator in geval van benadeling van schuldeisers door de gefailleerde slechts bevoegd is voor de belangen van de gezamenlijke schuldeisers op te komen, ook voor zover hij een *Peeters/Gatzen*vordering instelt. Een selectieve behartiging van de belangen van schuldeisers valt buiten de grenzen van de in art. 68 lid 1 Fw aan de curator opgedragen taak, terwijl ook overigens daarvoor in de Faillissementswet geen grondslag valt aan te wijzen. De omstandigheid dat de curator voornemens is de opbrengst van de door hem ingestelde vordering in de boedel te laten vloeien, is niet van belang voor de beoordeling van zijn bevoegdheid om een vordering als de onderhavige in te stellen (HR 14 januari 2011, ECLI:NL:HR:2011:BN7887 (*Butterman q.q./ Rabobank*)).

In de literatuur wordt ook het standpunt verdedigd dat het bij de beoordeling van de taak van de curator niet gaat om de vraag of de curator vertegenwoordiger is (van de failliet of van de gezamenlijke schuldeisers), maar dat de curator moet worden gezien als iemand die zich bezighoudt met belangenbehartiging. Daarbij valt dan in de eerste plaats te denken aan de belangen van de gezamenlijke schuldeisers. De Hoge Raad heeft in het arrest *Ontvanger/ Gerritse q.q.* (HR 24 februari 1995, *NJ* 1996/472) beslist dat de curator ook met andere belangen rekening dient te houden. De Hoge Raad sprak in dat verband van belangen van maatschappelijke aard, zoals de continuïteit van de onderneming en de werkgelegenheid voor de werknemers die in het bedrijf van de gefailleerde werkzaam waren.

Ook in het arrest van 5 september 1997, *NJ* 1998/437 (*Ontvanger/Hamm q.q.*), overwoog de Hoge Raad dat de curator rekening behoort te houden met alle gerechtvaardigde belangen.

> De feiten in laatstgenoemd arrest waren, kort en zakelijk weergegeven, als volgt. Wolfson Informatica BV (hierna: de vennootschap) was failliet verklaard. De curator in het faillissement kreeg op zeker moment een brief van de Ontvanger met de mededeling dat de vennootschap recht had op teruggave van belasting tot een bedrag van circa f 12.000.
> De curator werd verzocht aan te geven op welke rekening dit bedrag moest worden betaald. De curator gaf het bankrekeningnummer van de vennootschap op, waarna het bedrag op die rekening werd overgemaakt. Enkele weken later kwam de Ontvanger erachter dat de betaling op een vergissing berustte, omdat niet de vennootschap recht had op belastingteruggave, maar de Wolfson Groep BV. De Ontvanger sprak de curator vervolgens aan tot terugbetaling van het overgeboekte bedrag op grond van onverschuldigde betaling. De Hoge Raad was van oordeel dat de door de Ontvanger gedane betaling berustte op een onmiskenbare vergissing. Wanneer de curator wordt geconfronteerd met een dergelijke vergissing, handelt hij volgens de Hoge Raad in overeenstemming met hetgeen in het maatschappelijk verkeer als betamelijk wordt beschouwd indien hij meewerkt aan het ongedaan maken van die vergissing. In een geval als het onderhavige mag de curator, aldus de Hoge Raad, er niet mee volstaan het betaalde bedrag aan het actief van de boedel toe te voegen, de vordering tot teruggave als concurrente boedelvordering te behandelen en op deze voet het bij vergissing betaalde bedrag ten profijte van de overige (boedel)crediteuren aan te wenden. In zijn uitspraak van 8 juni 2007 benadrukt de Hoge Raad nog eens dat deze regel uitsluitend geldt voor de gevallen waarin tussen de gefailleerde en degene die aan hem betaald heeft geen rechtsverhouding bestaat of heeft bestaan die aanleiding gaf tot de betaling en waarin de betaling slechts het gevolg is van een onmiskenbare vergissing. Het feit dat een curator enig onderzoek moet doen, alvorens duidelijkheid ontstaat over de al of niet verschuldigdheid van een betaling, betekent bovendien niet dat er geen sprake kan zijn van een onmiskenbare vergissing (HR 8 juni 2007, ECLI:NL:HR:AZ:4569 (*Van der Werff q.q./BLG Hypotheekbank NV*)).

Activiteiten van de curator
Bij de activiteiten die de curator verricht, kan men een aantal hoofdtaken onderscheiden. In de eerste plaats tracht de curator een zo volledig mogelijk beeld van de boedel te krijgen, hetgeen resulteert in een boedelbeschrijving en in een staat van baten en schulden, art. 94 resp. 96 Fw.

> De boedelbeschrijving is een lijst waaruit moet blijken welke goederen tot de boedel behoren; in de boedelbeschrijving moet de waarde van de goederen worden vermeld. De boedelbeschrijving stelt de curator in staat later te controleren of er goederen aan de boedel onttrokken zijn. Dat de curator er voor moet zorgen dat na de faillietverklaring niets meer aan de boedel wordt onttrokken, blijkt ook uit art. 92 Fw waarin de curator wordt

opgedragen 'bescheiden' – denk aan de boekhouding – en papieren van waarde, bijvoorbeeld verzekeringspolissen, onder zich te nemen.

De staat van baten en schulden zal, wat de baten betreft, gevormd worden door de goederen die reeds in de boedelbeschrijving zijn opgenomen plus de aan de gefailleerde toekomende vorderingen. Ten aanzien van de schulden bepaalt art. 96 Fw dat de staat de namen en woonplaatsen van de schuldeisers moet vermelden, alsmede het bedrag van de ieder van hen toekomende vorderingen.

De tweede hoofdtaak bestaat in het beheer van de boedel, zoals de Faillissementswet het in art. 68 uitdrukt. De curator draagt er in eerste instantie zorg voor dat de boedel zoals hij die heeft aangetroffen, in stand blijft en dat er geen vermogensbestanddelen verdwijnen.

In verband met het in stand houden van de boedel kan de curator de administratie van de failliet onder zich nemen alsmede effecten, geld en waardepapieren. Treft de curator bank- of girosaldi aan, dan zal hij die storten op de faillissementsrekening, welke op aanwijzing van de griffier op naam van de curator wordt geopend zodra een faillissement is uitgesproken. Alle betalingsverkeer verband houdende met de afwikkeling van het faillissement verloopt via die rekening. Bestaat bij de curator of bij de rechter-commissaris vrees dat andere dan de zojuist genoemde goederen aan de boedel worden onttrokken, dan kan de boedel verzegeld worden (vgl. art. 92 en art. 93 jo. art. 7 Fw).

Volgens het systeem van de Faillissementswet mag de curator pas in de laatste fase van het faillissement, de executoriale fase, boedelbestanddelen gaan vervreemden. Hierop bestaan de volgende uitzonderingen:
1. indien en zover de vervreemding noodzakelijk is ter bestrijding van de kosten van het faillissement;
2. indien de goederen niet dan met nadeel voor de boedel bewaard kunnen blijven.
   Men moet hierbij niet alleen denken aan de situatie dat de goederen aan bederf of snelle waardedaling onderhevig zijn, maar ook aan het geval dat met het bewaren van bepaalde goederen hoge kosten gemoeid kunnen zijn.
   De in sub 1 en 2 genoemde gevallen vindt men in art. 101 Fw. De Hoge Raad heeft dit artikel in een uitspraak van 27 augustus 1937, *NJ* 1938/9, ruim uitgelegd. Het artikel heeft niet slechts betrekking op vervreemding van bepaalde bestanddelen van de boedel, maar kan ook de gehele boedel betreffen; in het arrest werd de verkoop van een handelszaak in zijn totaliteit – vóór de insolventie – gesanctioneerd.
3. De curator kan goederen vervreemden in het kader van art. 98 Fw.
   Volgens dit artikel is de curator bevoegd het bedrijf van de gefailleerde voort te zetten. Deze mogelijkheid komt vooral in aanmerking wanneer er een goede kans bestaat dat het faillissement uitloopt op een akkoord of wanneer men hoopt dat het lopend bedrijf als geheel kan worden verkocht. Soms wordt het bedrijf korte tijd voortgezet, bijvoorbeeld om uitverkoop te houden. De voortzetting geschiedt ten bate en ten laste van de boedel; dit laatste betekent dat de kosten van een voortzetting boedelschulden zijn.

Zoals in hoofdstuk I en in hoofdstuk II, § 5, reeds aan de orde kwam heeft de praktijk het systeem van de Faillissementswet verlaten. In de praktijk gaat de curator vaak al snel over tot het vervreemden van boedelbestanddelen, nog vóór de verificatievergadering. De curator verricht zijn derde hoofdtaak, die van vereffening of liquidatie, in de praktijk derhalve vaak in een eerder stadium dan men op grond van het systeem van de Faillissementswet zou verwachten (zie over de vereffening ook hoofdstuk IX).

De WMF heft de in art. 101 Fw gestelde beperkingen op en verleent de curator een onbeperkte bevoegdheid om goederen te vervreemden.

De curator 2

Om te komen tot een voortvarende afwikkeling van de boedel kan de curator de pand- en hypotheekhouders een redelijke termijn stellen om tot uitoefening van hun rechten over te gaan (art. 58 Fw) (HR 11 april 2008, ECLI:NL:HR:2008:BC4846). In een geval waarin de uitoefening van een pand- of hypotheekrecht binnen de door de curator gestelde termijn (in redelijkheid) niet mogelijk blijkt, of waarin een pand- of hypotheekhouder van het niet tijdig uitoefenen van zijn recht anderszins geen verwijt kan worden gemaakt, is de curator bevoegd de termijn te verlengen, maar hij is daartoe niet verplicht. Ook in dergelijke gevallen dient hij immers het belang van de pand- of hypotheekhouder bij verlenging van die termijn af te wegen tegen het belang van een voortvarende afwikkeling van de boedel, en kan hij op grond van die belangenafweging het verzoek afwijzen (HR 20 december 2013, ECLI:NL:HR:2013:2051 (*Glencore*)).

Hiervoor werd reeds opgemerkt dat de curator bij het verrichten van zijn werkzaamheden niet geheel vrij is. Zo behoeft hij bijvoorbeeld machtiging van de rechter-commissaris in de gevallen genoemd in art. 37, 39, 40 en 58 lid 2 Fw (zie art. 68 lid 2 Fw).

Handelt de curator zonder machtiging, dan is de boedel niettemin jegens derden gebonden; wel kan de curator dan jegens de gefailleerde en de schuldeisers aansprakelijk zijn wanneer de boedel is benadeeld met als gevolg dat de verhaalsmogelijkheden voor de schuldeisers verminderd zijn (zie art. 72 Fw en HR 26 november 1982, *NJ* 1983/442).

Pleegt de curator bij het uitoefenen van zijn taak een onrechtmatige daad, dan levert dit voor de benadeelde een boedelvordering op. Soms kan de curator ook persoonlijk aansprakelijk worden gesteld. De Hoge Raad heeft zich over deze persoonlijke aansprakelijkheid uitgesproken in het arrest van 19 april 1996, *NJ* 1996/727 (*Maclou & Prouvost/Curatoren Van Schuppen*).

In de zaak die tot dit arrest heeft geleid, deed zich het volgende voor. De curatoren van een failliet verklaarde onderneming hadden in het kader van de overdracht van die onderneming aan een derde, ook voorraden die zij in het bedrijf hadden aangetroffen aan die derde verkocht en geleverd. Later bleek dat de leverancier van die voorraden deze destijds had geleverd onder eigendomsvoorbehoud. De – gedupeerde – leverancier sprak de curatoren aan op grond van onrechtmatige daad. De Hoge Raad overwoog dat de curator bij de uitoefening van zijn taak uiteenlopende, soms tegenstrijdige belangen moet behartigen en bij het nemen van zijn beslissingen – die vaak geen uitstel kunnen lijden – ook rekening behoort te houden met belangen van maatschappelijke aard. De Hoge Raad voegde hieraan toe dat deze bijzondere kenmerken van de taak van de curator meebrengen dat zijn eventuele persoonlijke aansprakelijkheid dient te worden getoetst aan een zorgvuldigheidsnorm die daarop is afgestemd. Deze norm komt er, aldus de Hoge Raad, op neer dat een curator behoort te handelen zoals in redelijkheid mag worden verlangd van een over voldoende inzicht en ervaring beschikkende curator die zijn taak met nauwgezetheid en inzet verricht. In het onderhavige geval achtte de Hoge Raad die norm niet geschonden. Een curator die in verband met de verkoop van een onroerende zaak van de rechter-commissaris opdracht krijgt om van de koper voldoende zekerheid voor de betaling van de koopprijs te bedingen, handelt niet in overeenstemming met die norm als hij dat verzuimt; hij is dan persoonlijk aansprakelijk (zie HR 27 november 1998, *NJ* 1999/685).

Voor zover de curator bij de uitoefening van zijn taak niet is gebonden aan regels, komt hem in beginsel een ruime mate van vrijheid toe. Uitgangspunt blijft het boedelbelang, maar de curator bepaalt hoe dat het beste wordt gediend. Hetzelfde geldt voor de wijze waarop hij rekening houdt met andere bij het beheer en de afwikkeling van de boedel betrokken belangen en voor de wijze waarop hij daarbij uiteenlopende, soms tegenstrijdige belangen tegen elkaar afweegt. Bij toetsing van het handelen van de curator aan de Maclou-norm past daarom terughoudendheid. Voor persoonlijke aansprakelijkheid van de curator is vereist dat hem een persoonlijk verwijt kan worden gemaakt van zijn handelen. Hij moet gehandeld hebben terwijl hij het onjuiste van zijn handelen inzag of redelijkerwijs had behoren in te zien (HR 16 december 2011, ECLI:NL:HR:2011:BU4204 (*Prakke/Gips q.q.*)).

Met de Wet Versterking Positie Curator (*Stb.* 2017, 124) heeft de curator er in het kader van de bestrijding van faillissementsfraude een belangrijke taak bijgekregen. Het aan art. 68 Fw toegevoegde lid 2 schrijft voor dat de curator bij het beheer en de vereffening van de boedel beziet of er sprake is van onregelmatigheden die het faillissement (mede) hebben veroorzaakt, de vereffening van de failliete boedel bemoeilijken of het tekort in het faillissement hebben vergroot. In het bevestigende geval informeert hij de rechter-commissaris vertrouwelijk en doet, zo de rechter-commissaris dit nodig acht, melding of aangifte van onregelmatigheden bij de bevoegde instanties. Beroep tegen de beslissing van de curator om al dan niet melding of aangifte van onregelmatigheden als bedoeld in art. 68 lid 2 Fw te doen, is niet mogelijk (art. 69 lid 1 tweede volzin Fw). In zijn faillissementsverslagen moet de curator aangeven hoe hij zich van deze nieuwe taken heeft gekweten (art. 73a Fw).

Toezicht op de curator
In verband met het toezicht op de curator is van belang art. 69 Fw. Dit artikel bepaalt dat – buiten de boedelschuldeisers – iedere schuldeiser, de commissie uit de schuldeisers en ook de gefailleerde tegen elke handeling van de curator kan opkomen bij de rechter-commissaris, of van de rechter-commissaris een bevel kan uitlokken dat de curator een bepaalde handeling moet verrichten of een voorgenomen handeling moet nalaten (zie over het begrip 'opkomen' HR 22 juni 1990, *NJ* 1990/717). Boedelschuldeisers hebben in beginsel een rechtstreekse aanspraak op de boedel, zodat zij geen behoefte hebben aan een mechanisme als dat van art. 69 Fw.

> Aan art. 69 Fw heeft de Hoge Raad in een aantal beschikkingen aandacht besteed. In de beschikking van 10 mei 1985, *NJ* 1985/791, overwoog de Hoge Raad dat de strekking van art. 69 Fw is de curator onder controle te stellen van diegenen in wier belang hij is aangesteld; de Hoge Raad voegde daaraan toe dat de in art. 69 Fw gegeven opsomming limitatief is. Uit de strekking van art. 69 Fw volgt, aldus de Hoge Raad, dat wanneer een schuldeiser zich tot de rechter-commissaris wendt, voor het geven van een bevel als waarvan in art. 69 Fw sprake is, slechts plaats is wanneer de verzoeker door de voorgenomen handeling in zijn belangen als schuldeiser zou worden getroffen. Deze beslissing past in het systeem van de wet. Immers, art. 69 Fw geeft limitatief aan wie zich tot de rechter-commissaris kan wenden. Andere belanghebbenden hebben die bevoegdheid niet. Het zou dan ook onjuist zijn wanneer iemand die schuldeiser is de bevoegdheid zou hebben een bevel van de rechter-commissaris uit te lokken op grond van andere belangen dan zijn belang als schuldeiser (zie ook *NJ* 1985/794 en *NJ* 1986/193, in welke laatste uitspraak de Hoge Raad met zoveel woorden verwees naar de beschikking, gepubliceerd in *NJ* 1985/791; zie voorts HR 30 november 1990, *NJ* 1991/129 en – meer recent – HR 20 februari 2004, ECLI:NL:HR:2004:AO3873, waarin een door de curator aansprakelijk gestelde bestuurder die geen schuldeiser was van de gefailleerde probeerde toegang te krijgen tot de procedure van art. 69 Fw door te stellen dat hij na betaling van een bedrag aan de boedel een regresrecht op de boedel kreeg en daardoor dus ook schuldeiser werd van de boedel. De Hoge Raad maakt korte metten met die redenering: 'Het toekennen van een regresrecht valt immers niet te rijmen met de verplichting van de bestuurder om het tekort van de boedel aan te vullen, omdat daardoor het boedeltekort in feite in stand zou blijven.'
> In *NJ* 1985/792, overwoog de Hoge Raad dat het voorschrift van art. 69 Fw in beginsel slechts is gegeven om de daarin genoemden – waaronder de gefailleerde – invloed toe te kennen op het beheer over de failliete boedel en om, zo zij menen dat bij dat beheer fouten worden gemaakt, deze te doen herstellen of voorkomen. Het artikel is echter, aldus de Hoge Raad, niet bedoeld om degenen die in art. 69 Fw worden genoemd, in de gelegenheid te stellen op deze eenvoudige wijze aan hen persoonlijk toekomende rechten tegenover de boedel geldend te maken. In een uitspraak van 9 juni 2000 heeft de Hoge Raad zijn eerdere

beslissingen op dit punt nog eens bevestigd (zie HR 9 juni 2000, ECLI:NL:HR:2000:AA6164 (*Durmaz/Kramer q.q.*)).

Er bestaat echter volgens de Hoge Raad aanleiding om een uitzondering op dit beginsel te maken wanneer het gaat om aan de gefailleerde persoonlijk toekomende rechten op gelden als bedoeld in art. 21 onder 3 Fw, of uit hoofde van andere wettelijke bepalingen die met die bepaling voor de toepassing van art. 69 Fw gelijk moeten worden gesteld, omdat zij ertoe strekken de gefailleerde ondanks zijn faillissement de beschikking te doen houden over uitkeringen die tot zijn levensonderhoud zijn bestemd. Het is wenselijk, aldus de Hoge Raad, dat geschillen welke omtrent dergelijke rechten tussen de curator en de gefailleerde mochten rijzen, op korte termijn en op eenvoudige, voor de gefailleerde zo min mogelijk kosten met zich brengende wijze kunnen worden beslist. In het stelsel van de Faillissementswet ligt dan voor de hand te aanvaarden dat dergelijke geschillen worden beslist door de rechter-commissaris. De Hoge Raad voegde hieraan toe dat van een dergelijke beslissing van de rechter-commissaris hoger beroep openstaat bij de rechtbank.

In het onderhavige geval was de schuldenaar na zijn faillietverklaring verdwenen. De uitkeringen krachtens de Wet op de arbeidsongeschiktheidsverzekering waar hij recht op had, waren in de tijd dat de failliet afwezig was in handen van de curator gekomen. Toen de failliet weer boven water kwam, vroeg hij aan de curator afgifte van die gelden. De curator weigerde. Voor dergelijke gevallen kan de failliet zich dus tot de rechter-commissaris wenden (vgl. ook *NJ* 1985/795 alsmede HR 3 juni 1994, *NJ* 1995/341, en HR 16 juni 1995, *NJ* 1996/553).

Art. 69 lid 2 Fw bepaalt dat de rechter-commissaris binnen drie dagen moet beslissen. In de beschikking van 10 mei 1985, *NJ* 1985/793, oordeelde de Hoge Raad dat overschrijding van die termijn niet tot nietigheid leidt; de wettelijke termijn van drie dagen is slechts bedoeld als een aansporing aan de rechter-commissaris om met spoed te beslissen. Aan overschrijding van de termijn is geen rechtsgevolg verbonden.

Voor de schuldeiser die op de voet van art. 69 Fw is opgekomen tegen een handeling van de curator, staat op grond van art. 67 lid 1 Fw tegen de daarop volgende beschikking van de rechter-commissaris hoger beroep open. De schuldeiser is in dat hoger beroep ontvankelijk, niet omdat hij schuldeiser in het faillissement is, maar omdat hij degene is die de beschikking van de rechter-commissaris heeft uitgelokt. Alleen degene die 'partij' was bij de beschikking van de rechter-commissaris heeft het recht van hoger beroep (HR 22 april 2005, ECLI:NL:HR:2005:AS4191 (*Nguyen/Berntsen q.q.*), en HR 22 december 2017, ECLI:NL:HR:2017:3253).

Art. 69 Fw wordt ook wel gebruikt om inzage te krijgen in de administratie van de gefailleerde, wanneer dat niet lukt via art. 3:15j aanhef en onder d BW. Op grond van dat artikel kunnen schuldeisers verzoeken om inzage van de tot de boekhouding van de failliet behorende boeken, bescheiden en andere gegevensdragers. Deze mogelijkheid is beperkt tot de boekhouding van de gefailleerde zelf, maar is niet bedoeld om openlegging te verkrijgen van de door de curator gevoerde boekhouding. Bovendien moeten schuldeisers een rechtstreeks en voldoende belang hebben bij toewijzing van het verzoek. Van het vereiste belang is sprake indien de schuldeiser inzage in de boekhouding van de failliet verlangt om zijn rechtsbetrekking met de failliet – en daarmee met de boedel – nader vast te (doen) stellen, bijvoorbeeld met betrekking tot de hoogte, aard of inhoud van zijn vordering. Indien echter inzage wordt verlangd met het oog op een mogelijk door hem in te stellen vordering tegen een derde, zoals de voormalige beleidsbepaler van een failliete vennootschap, is geen sprake van een rechtstreeks en voldoende belang als bedoeld in art. 3:15j aanhef en onder d BW (HR 8 april 2016, ECLI:NL:HR:2016:612). In dergelijke gevallen kan dus art. 69 Fw uitkomst bieden.

Volgens art. 73 Fw is de rechtbank bevoegd de curator te allen tijde te ontslaan en door een ander te vervangen op voordracht of verzoek van de in dat artikel genoemde personen.

In de zaak die heeft geleid tot de uitspraak van de Hoge Raad van 28 juni 1985, *NJ* 1985/870, was een dergelijk verzoek ingediend door een van de schuldeisers. De rechtbank wees het verzoek af met de motivering dat er geen reden was om de curator te ontslaan. De Hoge Raad besliste dat bij een beschikking als de onderhavige een dergelijke sobere motivering in beginsel voldoende is (zie in dit verband ook de uitspraak van de Hoge Raad van 23 september 1983, *NJ* 1984/202).

Omdat het ontslag van een curator het beheer van de boedel raakt moet in ontslagkwesties op grond van art. 65 Fw altijd de rechter-commissaris worden gehoord (HR 16 oktober 2009, ECLI:NL:HR:2009:BJ7318).

Art. 73a Fw legt de curator de verplichting op om telkens na verloop van drie maanden verslag uit te brengen over de toestand van de boedel. De termijn van drie maanden kan door de rechter-commissaris worden verlengd. Het artikel verlangt dat de curator het verslag 'nederlegt' ter griffie; de bepaling schrijft niet voor dat aan de gefailleerde of diens raadsman een afschrift van het verslag wordt verstrekt (HR 21 maart 1986, *NJ* 1986/573). Onder omstandigheden heeft de gefailleerde ook recht op inzage in het niet-openbare gedeelte van het faillissementsdossier (HR 22 september 1995, *NJ* 1997/339).

Ook de vaststelling van het salaris van de curator betreft het beheer van de boedel, zodat ook in verband daarmee de rechter-commissaris verplicht door de rechtbank moet worden gehoord. Tegen de vaststelling van het salaris op grond van art. 71 Fw kan een curator slechts beroep in cassatie instellen (HR 3 juli 1989, ECLI:NL:HR:1989:AB8474). Het gaat daarbij om een beschikking betreffende het beheer en de vereffening van de boedel. Dat is niet het geval wanneer het salaris na vernietiging van een faillissementsvonnis wordt vastgesteld op basis van art. 15 lid 3 Fw. De wetgever heeft er bewust voor gekozen om voor dat geval geen rechtsmiddel open te stellen. Een curator die het toch probeerde kreeg nul op het rekest (HR 12 juli 2013, ECLI:NL:HR:2013:BZ9953).

De Wet Civielrechtelijk Bestuursverbod (*Stb.* 2016, 153) maakt het mogelijk dat de curator of het OM de rechtbank verzoekt aan een (gewezen) bestuurder van een rechtspersoon of een natuurlijk persoon, die handelt of heeft gehandeld in de uitoefening van een beroep of bedrijf, een bestuursverbod op te leggen wanneer is voldaan aan één of meer van de in art. 106a lid 1 Fw genoemde voorwaarden:
- de bestuurder is in de drie jaar voorafgaand aan het faillissement veroordeeld wegens bestuurdersaansprakelijkheid (art. 2:138 of 2:248 BW);
- de bestuurder heeft doelbewust rechtshandelingen verricht, toegelaten of mogelijk gemaakt waardoor schuldeisers aanmerkelijk zijn benadeeld en die zijn vernietigd op grond van art. 42 of 47 Fw;
- de bestuurder is jegens de curator ernstig tekortgeschoten in zijn informatie- en medewerkingsverplichting;
- de bestuurder is tweemaal eerder betrokken geweest bij een faillissement waarvan hem persoonlijk een verwijt treft;
- aan de rechtspersoon of de bestuurder ervan is een boete opgelegd wegens een vergrijp als bedoeld in art. 67 d, e of f van de Algemene Wet inzake Rijksbelastingen (AWR).

Bedoeld verbod geldt voor maximaal vijf jaar (art. 106b lid 1 Fw). Als dat ertoe leidt dat een rechtspersoon zonder bestuurder(s) of commissaris(sen) komt te verkeren, kan de rechtbank overgaan tot aanstelling van één of meer bestuurders of commissarissen (art. 106c lid 3 Fw).

3 De rechter-commissaris

Strikt genomen bestaat de taak van de rechter-commissaris uit het houden van toezicht op het beheer en de vereffening van de failliete boedel (vgl. art. 64 Fw). Aangezien de curator met dat beheer en die vereffening is belast, wordt vaak gezegd dat de taak van de rechter-commissaris bestaat in het houden van toezicht op de curator. Deze laatste omschrijving stemt grotendeels met de werkelijkheid overeen, maar men moet niettemin in het oog houden dat de rechter-commissaris ook bevoegdheden heeft die weinig met het toezicht op de curator van doen hebben. Zo kan de rechter-commissaris getuigen horen en een deskundigenonderzoek gelasten (art. 66 Fw).

> De Hoge Raad ziet dit als een ruime bevoegdheid en gaat niet mee in de argumentatie van enkele directieleden van een gefailleerde BV die werden opgeroepen voor een verhoor en die betoogden dat de rechter-commissaris geen gebruik van deze bevoegdheid had mogen maken, omdat dat leidt tot hogere boedelkosten, hetgeen niet in het belang is van de gezamenlijke schuldeisers (HR 17 mei 2013, ECLI:NL:HR:2013:BZ3645).
> Volgens HR 23 december 2016, ECLI:NL:HR:2016:2997 is een begrenzing van deze ruime bevoegdheid gelegen in art. 3:13 lid 2 BW, dat ingevolge art. 3:15 BW van toepassing is op het faillissementsrecht. Art. 3:13 lid 2 BW houdt onder meer in dat een bevoegdheid wordt misbruikt door haar uit te oefenen met een ander doel dan waarvoor zij is verleend. Het doel van art. 66 Fw is om opheldering te verkrijgen over alle omstandigheden die het faillissement betreffen. Art. 105 Fw heeft een daarmee overeenstemmend doel. Dit betekent dat sprake kan zijn van misbruik van de bevoegdheden die art. 66 Fw en art. 105-106 Fw aan de rechter-commissaris toekennen, indien deze worden aangewend voor een ander doel dan het verkrijgen van de bedoelde opheldering, bijvoorbeeld het vergaren van gegevens ten behoeve van een civiele procedure tegen de gefailleerde of een bestuurder of commissaris van de gefailleerde (HR 30 september 1983, *NJ* 1984, 183). De aangewezen weg voor dit laatste doel is het voorlopig getuigenverhoor op de voet van art. 186 Rv of het getuigenverhoor op de voet van art. 166 Rv, dit in verband met de rechten en waarborgen die daaraan voor de te horen getuigen zijn verbonden (HR 6 oktober 2006, ECLI:NL:HR:2006:AX8295 (*ABN-AMRO/Arts q.q.*)).

De WMF maakt het mogelijk voor de rechter-commissaris om een deskundige te benoemen voor zover dit nodig is voor de goede en effectieve vervulling van het toezicht op het beheer en de vereffening van de failliete boedel. De daarmee verband houdende kosten komen ten laste van de boedel (toevoeging WMF aan art. 66 Fw).

> De curator van Ebcon wil inlichtingen van ABN-AMRO over een daags voor het faillissement van Ebcon door de bank doorgevoerde verrekening ten bedrage van ruim € 30.000 en verzoekt de rechter-commissaris een verhoor ex art. 66 Fw te beleggen. De advocaat van de bank verzoekt de rechter-commissaris om tijdens het verhoor de rechten te mogen uitoefenen die hij zou hebben bij een voorlopig getuigenverhoor. De rechter-commissaris beslist dat de bank alleen aanwezig mag zijn bij de verhoren van de (voormalige) medewerkers van de bank, hetgeen voor de advocaat van de bank aanleiding is om de rechter-commissaris te wraken. (HR 6 oktober 2006, ECLI:NL:HR:2006:AX8295 (*ABN-AMRO/Arts q.q.*)). De eerste vraag is dan of hoger beroep openstaat tegen de beslissing van de rechter-commissaris. De Hoge Raad overweegt op dat punt dat alle beslissingen die de rechter-commissaris neemt in het kader van de uitoefening van zijn in art. 66 Fw gegeven bevoegdheden voor de toepassing van art. 67 Fw (het aanwenden van een rechtsmiddel) dienen te worden aangemerkt als

beschikkingen, met uitzondering van maatregelen die enkel worden genomen ter verzekering van de geregelde loop van het getuigenverhoor (dagbepalingen, oproepen, maatregelen ter bevordering van een ordelijk verloop van het verhoor, e.d.). Alleen degene die 'partij' was bij de beschikking van de rechter-commissaris heeft dan het recht van hoger beroep. Nu de bank het verzoek aan de rechter-commissaris had gedaan stond voor haar hoger beroep open tegen de beschikking. Zie ook *Curatoren Benedik/Gebr. Benedik* hierna.

De tweede vraag is wat de strekking is van een verhoor ex art. 66 Fw. Dit verhoor vindt niet plaats in het kader van een geschil tussen partijen dat voorwerp is van een aanhangige of mogelijk aanhangig te maken procedure en is niet gericht op het verkrijgen van bewijs in een dergelijke procedure. Het dient om de rechter-commissaris en de curator door het horen van getuigen in staat te stellen ten aanzien van alle omstandigheden die het faillissement betreffen opheldering te verkrijgen. De rechten van een partij bij een 'regulier' getuigenverhoor gelden daarom niet in een verhoor op grond van art. 66 Fw. Het verhoor vindt in beginsel niet plaats in het openbaar. De rechter-commissaris kan derden als toehoorders tot het verhoor toelaten.

De rechter-commissaris heeft de voormalige accountant van KPN-QWEST als getuige gehoord, waarna Nacchio c.s. hebben verzocht om een afschrift van het proces-verbaal van het getuigenverhoor. De rechter-commissaris heeft dit verzoek afgewezen. Derden kunnen gelet op de strekking van art. 66 Fw en de omstandigheid dat het verhoor niet in het openbaar plaatsvindt geen aanspraak maken op een uittreksel of afschrift, dan wel inzage in het proces-verbaal. Het staat de rechter-commissaris echter vrij om een door een derde bij hem gedaan verzoek in te willigen, indien hij van oordeel is dat het belang van de boedel dit meebrengt, de derde daarbij voldoende belang heeft en de bescherming van reputatie of persoonlijke levenssfeer van anderen zich daartegen niet verzet (HR 6 oktober 2006, ECLI:NL:HR:2006:AV7032 (*Curatoren KPN-QWEST/Nacchio c.s.*).

Onder omstandigheden kan de gefailleerde recht hebben op inzage in het proces-verbaal van een verhoor, zeker als hij op basis van de verklaring(en) van de getuige(n) in verzekerde bewaring verkeert. Het belang van de gefailleerde bij inzage moet dan worden afgewogen tegen – onder meer – het belang van de boedel, waarvoor het belangrijk kan zijn dat de gefailleerde vooralsnog onkundig blijft van hetgeen de getuigen hebben verklaard. In zijn uitspraak van 19 februari 2016 (ECLI:NL:HR:2016:286) omschrijft de Hoge Raad de mogelijkheden die de rechter heeft wanneer hij afwijzend gaat beslissen op een verzoek om inzage.

Een andere belangrijke bevoegdheid is die van art. 21 sub 2 Fw, volgens welke bepaling de gefailleerde een deel van zijn loon vrij mag besteden, indien en voor zover de rechter-commissaris dat bepaalt.

Formeel oefent de rechter-commissaris zijn toezichthoudende taak uit door het geven van beschikkingen op verzoek van de curator om machtiging, goedkeuring of toestemming voor een bepaalde handeling. Daarnaast zijn er in verband met het beheer en de vereffening van de boedel tal van informele contacten tussen de curator en de rechter-commissaris. Dat dit onderscheid aanleiding kan geven tot misverstand blijkt uit HR 20 februari 2004, ECLI:NL:HR:2004:AO4143, (*Shurgard/Tideman q.q.*), waarin zich het volgende voordeed. De curator van Project Rijksstraatweg B.V. is in onderhandeling met Shurgard Nederland B.V. over de verkoop van een deel van de onroerende zaken van de gefailleerde. Onder voorbehoud van toestemming van de rechter-commissaris resulteert dit in een 'letter of intent', opgesteld door de curator, waarin afspraken met betrekking tot het verdere verloop van de onderhandelingen worden vastgelegd. Onder meer verleent de curator voor een bepaalde periode exclusiviteit aan Shurgard, gedurende welke periode hij geen koop- of huurovereenkomsten zal aangaan met derden. De reactie van Shurgard wijkt af van het in de letter of intent omschreven onderhandelingsresultaat, zodat de curator besluit de onroerende zaken middels een inschrijving aan te bieden; hij nodigt Shurgard uit daaraan deel te nemen. Shurgard beroept zich echter op de volgens haar overeengekomen exclusiviteit en vraagt schriftelijk bewijs van het feit dat de rechter-commissaris zijn toestemming aan de letter of intent heeft onthouden. Daarop vraagt de curator aan de rechter-commissaris hem schriftelijk te laten weten dat hij nooit toestemming zou hebben gegeven voor het aangaan van de letter of intent. De rechter-commissaris honoreert dat verzoek in de vorm van een memo en geeft daarbij aan dat 'deze beslissing is te zien als een beslissing ex artikel 176 Faillissementswet, waartegen ex artikel 67 lid 1 Faillissementswet geen hoger beroep mogelijk is'. Omdat Shurgard geen schuldeiser is van de gefailleerde kan zij langs de weg van art. 69 Fw niets ondernemen. Daarom tekent Shurgard cassatie aan op basis van art. 426 Rv en klaagt onder meer over het feit dat verzuimd is haar op de hoogte te stellen van de behandeling van het verzoek en haar daarvoor op te roepen. De beslissing van de rechter-commissaris zou daarom in strijd met de goede procesorde tot stand zijn gekomen. De curator heeft de rechter-commissaris echter niet gevraagd om machtiging, toestemming of goedkeuring te verlenen voor enige handeling, zodat het memo van de rechter-commissaris slechts beschouwd kan worden als een mededeling van louter informatieve aard en niet als een beschikking op een verzoek dat volgens de Faillissementswet voor behandeling en beslissing door de rechter-commissaris in aanmerking komt. Shurgard wordt derhalve niet-ontvankelijk verklaard in haar cassatieberoep.

Van alle beslissingen van de rechter-commissaris staat gedurende vijf dagen vanaf de dag dat de beschikking is gegeven hoger beroep open op de rechtbank. Op die regel bestaan echter meer dan twintig uitzonderingen, opgesomd in art. 67 lid 1 derde volzin Fw. Wanneer het daarbij gaat om een machtiging om een arbeidsovereenkomst op te zeggen, gaat de termijn pas lopen op de dag dat de werknemer van de verleende machtiging kennis heeft kunnen nemen (art. 67 lid 2 Fw). Wel moet men 'partij' zijn bij de gegeven beschikking.

> De curatoren in het faillissement van Benedik hebben de rechter-commissaris machtiging verzocht als bedoeld in art. 68 lid 2 Fw voor het aanspannen van een procedure tegen de ex-bestuurders van Benedik BV. De ex-bestuurders willen daartegen beroep aantekenen. Echter, zoals blijkt uit het hierboven besproken arrest van 6 oktober 2006 (*ABN-AMRO/Arts q.q.*) heeft alleen degene die 'partij' was bij de beschikking van de rechter-commissaris recht van hoger beroep. Als partij kan worden aangemerkt degene die, behorend tot een van de in art. 69 Fw genoemde categorieën, het tot de beschikking leidende verzoek aan de rechter-commissaris heeft gedaan. Ook kan als partij worden aangemerkt degene tot wie de beschikking is gericht, zoals in dit geval de curatoren. Degene tegen wie de curator gemachtigd is om een procedure aan te spannen, kan echter om die enkele reden niet als 'partij' bij de beschikking worden aangemerkt. Weliswaar is zijn belang direct betrokken bij de door de rechter-commissaris verleende machtiging, maar zijn rechtspositie wordt op zichzelf niet aangetast wanneer de curator van de machtiging gebruikmaakt. Bovendien heeft degene tegen wie met machtiging van de rechter-commissaris een procedure kan worden aangespannen, als zodanig geen belang of taak bij het toezicht op het beheer en de vereffening van de boedel, in welk kader de betrokken machtiging is gegeven. Ten slotte kan degene tegen wie de curator gemachtigd is een procedure te beginnen zijn bezwaren in die procedure naar voren brengen (HR 18 april 2008, ECLI:NL:HR:2008:BC5694 (*Curatoren Benedik/Benedik*)).

Omstreden is of de rechter-commissaris in geval van plichtsverzuim persoonlijk aansprakelijk kan worden gesteld voor de schade die derden hebben geleden. De Hoge Raad achtte het in zijn uitspraak van 17 april 1959, *NJ* 1961/573, onder verwijzing naar art. 844 Rv en 69 Fw, weinig aannemelijk dat de rechter-commissaris met een vordering op grond van onrechtmatige daad in een procedure zou kunnen worden betrokken. In de literatuur wordt hier wel anders over gedacht.

Zou dan wellicht de Staat aansprakelijk kunnen worden gesteld voor plichtsverzuim van de rechter-commissaris? Met een beroep op HR 3 december 1971, *NJ* 1972/137, zou men kunnen stellen dat een vordering waarschijnlijk weinig kans van slagen heeft als men deze baseert op een onrechtmatige daad. De Hoge Raad sprak in dit arrest – waar de vraag voorlag of een door de kantonrechter in het ongelijk gestelde partij de Staat aansprakelijk kon stellen voor de schadelijke gevolgen van de 'onrechtmatige daad' van de kantonrechter – als zijn mening uit dat de wet op uitputtende wijze aangeeft wanneer en hoe men tegen een rechterlijke beslissing kan opkomen. Daarmee is onverenigbaar dat iemand die in het ongelijk is gesteld, via een vordering tegen de Staat op grond van onrechtmatige daad de zaak buiten de in de wet genoemde rechtsmiddelen – nogmaals – ten toets zou kunnen brengen. Wel liet de Hoge Raad de mogelijkheid open dat de Staat ter zake van schending van art. 6 EVRM aansprakelijk zou kunnen worden gesteld, indien bij de voorbereiding van een rechterlijke beslissing zo fundamentele rechtsbeginselen zijn veronachtzaamd dat van een eerlijke en onpartijdige behandeling van de zaak niet meer kan worden gesproken, en tegen de beslissing geen rechtsmiddel openstaat en heeft opengestaan.

4 De commissie uit de schuldeisers

Om de schuldeisers in staat te stellen invloed uit te oefenen op de gang van zaken bij het faillissement van hun schuldenaar kent de Faillissementswet de mogelijkheid van de benoeming van een – voorlopige of definitieve – commissie uit de schuldeisers.

De hoofdtaak van de commissie bestaat in het geven van advies aan de curator. Zoals gezegd komt een 'commissie uit de schuldeisers' in de praktijk niet vaak voor.

> De curator kan over alle kwesties advies inwinnen; in sommige gevallen, bijvoorbeeld bij de voortzetting van het bedrijf van de gefailleerde, móet de curator advies inwinnen (zie voorts art. 78 Fw), maar hij is nooit aan het advies gebonden. Als de curator het niet eens is met een advies stelt hij de commissie daarvan onmiddellijk in kennis. De met het advies strijdige handeling mag hij dan gedurende drie dagen niet uitvoeren, zodat de commissie de mogelijkheid heeft de rechter-commissaris om een beslissing te vragen (art. 79 Fw).
>
> Behalve door het geven van advies kan de commissie invloed uitoefenen doordat zij te allen tijde inzage kan vorderen in de boeken en bescheiden die op het faillissement betrekking hebben; bovendien is zowel de curator als de gefailleerde verplicht aan de commissie alle gewenste inlichtingen te verstrekken (art. 76 resp. art. 105 Fw).
>
> Dat de taak van de commissie uit de schuldeisers voornamelijk adviserend is, blijkt ook uit het feit dat zij niet bevoegd is een rechtsmiddel aan te wenden tegen een beschikking tot opheffing van een faillissement. Volgens art. 18 Fw. kunnen alleen de gefailleerde en de (individuele) schuldeisers dat. De commissie is dus niet ontvankelijk in een dergelijk beroep (HR 4 februari 2000, *NJ* 2000/257).

Wat zojuist over de bevoegdheden van de commissie is gezegd, geldt zowel voor de voorlopige als voor de definitieve commissie. De voorlopige commissie wordt op initiatief van de rechtbank benoemd, hetzij bij het vonnis van failletverklaring, hetzij bij een latere beschikking, mits vóór de verificatievergadering; de definitieve commissie wordt benoemd indien op de verificatievergadering blijkt dat de schuldeisers daar prijs op stellen.

De aanwezigheid van een commissie uit de schuldeisers is niet verplicht voorgeschreven. Wanneer zal de rechtbank tot het instellen van een – voorlopige – commissie overgaan?

Art. 74 Fw bepaalt dat de rechtbank een commissie kan benoemen indien de belangrijkheid of de aard van de boedel daar aanleiding toe geeft. Bij belangrijkheid kan men denken aan omvangrijke activa en passiva, aan een groot aantal werknemers etc; bij de aard van de boedel zal de gecompliceerdheid een rol kunnen spelen.

De voorlopige commissie kan wel degelijk in een behoefte voorzien; zo kan de curator er zijn voordeel mee doen als hij advies kan vragen aan personen met een specifieke branchekennis.

De beslissing of er een definitieve commissie komt, hangt af van de schuldeisers; daarbij is onverschillig of er al een voorlopige commissie was. Zowel de voorlopige als de definitieve commissie kan bestaan uit één tot drie personen.

De WMF wijzigt 'commissie uit de schuldeisers' in 'schuldeiserscommissie' en moderniseert de taal van art. 74 Fw enigszins. Verder bestaat de commissie niet meer uit één tot drie leden, maar uit een oneven aantal leden en vertegenwoordigt zij belangrijke groepen van schuldeisers. Dat geldt zowel voor de voorlopige als voor de definitieve schuldeiserscommissie.

HOOFDSTUK VIII
De verificatie van de vorderingsrechten

Bij de bespreking van de positie van de schuldeisers kwam reeds aan de orde dat concurrente schuldeisers en schuldeisers met een voorrecht – in tegenstelling tot separatisten en boedelschuldeisers – hun vorderingen ter verificatie moeten indienen. Dat wil zeggen dat die schuldeisers hun vorderingen bij de curator moeten aanmelden, zodat onderzocht kan worden of de vordering werkelijk bestaat (en wel tot de beweerde omvang) en of de schuldeiser zich terecht op een voorrecht beroept. Alleen de schuldeisers van wie de vorderingen komen vast te staan, kunnen aanspraak maken op een aandeel in de opbrengst van de boedel.

De Faillissementswet geeft in art. 108-136 een uitgebreide regeling van de verificatie, welke in de volgende paragrafen wordt behandeld.

1 De gang van zaken vóór de verificatievergadering (art. 108–115 Fw)

Volgens art. 108 Fw bepaalt de rechter-commissaris de dag waarop uiterlijk de vorderingen moeten worden ingediend, en de plaats en het tijdstip van de verificatievergadering. In de praktijk doet de rechter-commissaris dit alleen als de curator aangeeft dat opheffing of vereenvoudigde afwikkeling niet aan de orde is. Tussen het indienen van de vorderingen en het houden van de verificatievergadering moeten minstens veertien dagen liggen.

De WMF past de wettekst aan de praktijk aan en formuleert een geheel nieuw art. 108 Fw: De rechter-commissaris bepaalt na het in kracht van gewijsde gaan van het vonnis van faillietverklaring zo nodig dag, uur en plaats van één of meer verificatievergaderingen, alsmede de wijze waarop wordt vergaderd overeenkomstig art. 80a Fw.

> Zodra de data zijn vastgesteld stelt de curator de bekende schuldeisers daarvan schriftelijk op de hoogte (art. 109 Fw).
> De vorderingen moeten schriftelijk bij de curator worden ingediend onder overlegging van bewijsstukken of van een afschrift daarvan (art. 110 Fw). Dat moet door of namens de schuldeiser zélf gedaan worden, overeenkomstig de regels van de wet, en kan niet gebeuren door de curator op eigen gezag (HR 28 november 2014, ECLI:NL:HR:2014:3464).

In de WMF wordt art. 110 Fw zodanig aangepast, dat de curator wél op eigen gezag vorderingen ter verificatie kan aanmelden.

> De curator onderzoekt de ingediende vorderingen aan de hand van de gegevens van de gefailleerde en kan desgewenst de gefailleerde om nadere inlichtingen vragen (art. 105 Fw). Heeft de curator bezwaar tegen de toelating van de vordering, dan treedt hij met de schuldeiser in overleg; daarbij is hij bevoegd ontbrekende stukken op te vragen. Vervolgens

maakt de curator twee lijsten op: één van voorlopig erkende en één van voorlopig betwiste vorderingen (art. 112 Fw). Deze lijsten vormen het uitgangspunt van het onderzoek op de verificatievergadering (zie art. 113 Fw).

De lijsten hebben een voorlopig karakter, zodat de curator op de verificatievergadering op zijn oorspronkelijke standpunt kan terugkomen.
Om de schuldeisers de gelegenheid te geven de lijsten te raadplegen en zich op de verificatievergadering voor te bereiden, worden afschriften van de lijsten neergelegd ter griffie van de rechtbank (zie ook art. 114 Fw).

2   De verificatievergadering (art. 116-120; art. 127 Fw)

De verificatievergadering wordt geleid door de rechter-commissaris. Verder zijn de curator en de failliet aanwezig. Ook schuldeisers kunnen verschijnen.

De curator kan zich met goedvinden van de rechter-commissaris doen vervangen; ontbreekt de curator of zijn vervanger, dan kan de vergadering geen doorgang vinden (art. 80 lid 2 Fw). Wanneer de failliet niet verschijnt – hij moet in persoon verschijnen – kan de vergadering worden verdaagd, of buiten aanwezigheid van de failliet worden voortgezet. De aanwezigheid van de failliet kan van belang zijn in verband met door hem te verstrekken inlichtingen; bij niet-verschijnen loopt de failliet het risico dat hij in verzekerde bewaring wordt gesteld (art. 116 jo. 87 Fw).

De WMF voorziet erin dat de rechter-commissaris bepaalt of een vergadering van schuldeisers fysiek dan wel schriftelijk of met gebruikmaking van een elektronisch communicatiemiddel plaatsvindt (art. 80a). Art. 116 Fw komt daarom te luiden: 'De gefailleerde neemt op een door de rechter-commissaris te bepalen wijze aan de verificatievergadering deel'.

Aanwezigheid van de schuldeisers is niet verplicht en vaak ook niet noodzakelijk; ook bij afwezigheid van een schuldeiser kan zijn vordering worden erkend. Wordt een vordering betwist, dan wordt de schuldeiser die het aangaat, door de griffier op de hoogte gesteld van de dan volgende renvooiprocedure (zie hierna, § 3).
De rechter-commissaris leest de lijst van voorlopig erkende en de lijst van voorlopig betwiste vorderingen voor. Iedere schuldeiser die op een van de lijsten voorkomt, kan de juistheid van een vordering of de beweerde voorrang betwisten (art. 119 Fw).

Met de WMF wordt art. 119 Fw als volgt aangepast: Tijdens de verificatievergadering worden de schuldeisers door of namens de rechter-commissaris behoorlijk geïnformeerd over de lijsten van voorlopig erkende en voorlopig betwiste schuldvorderingen. Heeft reeds publicatie van een lijst plaatsgevonden, dan kan de rechter-commissaris volstaan met verwijzing daarnaar.

Iedere schuldeiser die op een van de lijsten voorkomt, kan de juistheid van een vordering of de beweerde voorrang betwisten, maar hij hoeft de betwisting niet te motiveren. De gronden van betwisting komen pas bij de renvooiprocedure aan de orde.

De curator kan onafhankelijk van zijn eerder ingenomen standpunt een vordering erkennen of betwisten. Ook kan de curator beëdiging vorderen; daarvoor zal reden zijn als de vordering noch door een der schuldeisers noch door de curator wordt betwist, maar de curator de juistheid van de vordering niettemin in twijfel trekt, bijvoorbeeld omdat hij antedatering van de bewijsstukken vermoedt. De schuldeiser moet dan onder ede verklaren dat zijn vordering deugdelijk is (art. 120 Fw).

In beginsel worden op de verificatievergadering slechts vorderingen in behandeling genomen die tijdig zijn ingediend, dat wil zeggen uiterlijk op de door de rechter-commissaris bepaalde dag.

> In twee gevallen wordt van deze regel afgeweken: in de eerste plaats wanneer een vordering uiterlijk twee dagen voor de verificatievergadering is ingediend en noch de curator noch een schuldeiser bezwaar maakt tegen de verificatie (art. 127 lid 1 Fw). In de tweede plaats wanneer een vordering wordt ingediend door een schuldeiser die in het buitenland woont (art. 127 lid 3 Fw); dan is verificatie zelfs nog mogelijk als de vordering pas op de verificatievergadering wordt ingediend. Wel moet de schuldeiser dan aanvoeren dat het feit dat hij in het buitenland woont, hem heeft verhinderd zijn vordering eerder in te dienen. Wordt dit ter vergadering aangevochten, dan beslist de rechter-commissaris in hoogste ressort of de vordering wordt toegelaten (art. 127 lid 4 Fw). Ook in het eerstgenoemde geval kan de rechter-commissaris de knoop doorhakken wanneer tegen de vordering bezwaar wordt gemaakt.

Soms kan een vordering zelfs na de verificatievergadering nog geverifieerd worden, namelijk wanneer na het intreden van de staat van insolventie nog een vergadering van de schuldeisers wordt gehouden (zie art. 173a, 173c en 178 Fw), en wanneer de schuldeiser verzet doet tegen de uitdelingslijst (art. 186 Fw).

De WMF introduceert in faillissement een fatale termijn voor de indiening van vorderingen ter verificatie (art. 127 WMF). De mogelijkheden om te laat ingediende en nagekomen vorderingen alsnog geverifieerd te krijgen gaan daarom vervallen. Verificatie kan dan niet meer plaatsvinden door indiening uiterlijk twee dagen vóór de verificatievergadering (huidig art. 127 lid 1 Fw), tijdens een vergadering ingevolge art. 173a lid 5 Fw of door verzet tegen de uitdelingslijst (art. 186 Fw). Logischerwijs vervalt dan ook art. 191 Fw.

Art. 161a WMF bepaalt dat na beëindiging van het faillissement overeenkomstig art. 161 Fw (het in kracht van gewijsde gaan van de homologatie van een akkoord) verifieerbare vorderingen die niet binnen de termijn van art. 127 Fw (WMF) zijn ingediend niet langer afdwingbaar zijn. De wetgever wil daarmee bereiken dat meer schuldeisers hun vordering tijdig indienen en voorkomen dat schuldeisers met een verifieerbare vordering een gehomologeerd akkoord in gevaar kunnen brengen door alsnog aanspraak te maken op het akkoordpercentage (art. 157 Fw). Dat kan straks alleen nog als de schuldeiser redelijkerwijs niet in staat was de vordering binnen de termijn van art. 127 Fw (WMF) ter verificatie in te dienen.

3 De erkenning, de voorwaardelijke toelating en de betwisting van vorderingen (art. 121-126 Fw)

Vorderingen kunnen worden erkend, voorwaardelijk toegelaten, of betwist. Aan de rechtsgevolgen hiervan wordt in deze paragraaf aandacht besteed. Erkenning van een vordering heeft in het faillissement kracht van gewijsde; het recht van de schuldeiser staat onherroepelijk vast tegenover de curator, de faillissementsschuldeisers en de failliet, zodat de schuldeiser het recht heeft om voor het erkende bedrag mee te delen in de baten van de boedel.

> Van de onherroepelijkheid wordt afgeweken wanneer de curator de erkenning doet vernietigen op grond van bedrog, en wanneer een schuldeiser verzet doet tegen de uitdelingslijst,

bijvoorbeeld omdat hij zijn vordering abusievelijk voor een te laag bedrag had aangemeld (vgl. art. 186 Fw).
De schuldeiser van wie de vordering is erkend, kan daar ook na het faillissement nog baat bij hebben. Het proces-verbaal van de verificatievergadering waarin de erkenning is opgenomen, levert een executoriale titel op (art. 196 Fw), zodat de schuldeiser van wie de vordering in het faillissement niet geheel is voldaan, later, wanneer de schuldenaar/ex-failliet weer enig vermogen heeft, zich daar op eenvoudige wijze op kan verhalen. Dat geldt alleen als de ex-schuldenaar een natuurlijk persoon is. Een rechtspersoon wordt na beëindiging van een faillissement ontbonden (art. 19 aanhef en sub c BW). Na de inwerkingtreding van de Wsnp is het belang van art. 196 Fw dan ook veel geringer geworden. De failliet kan voorkomen dat de schuldeiser een executoriale titel verwerft door zich tegen de toelating van de vordering te verzetten (art. 126 Fw). Het verzet (= de betwisting) van de failliet heeft in faillissement geen enkel effect; de vordering wordt ondanks het verzet erkend en de schuldeiser verkrijgt alle aan de erkenning verbonden rechten. Aangezien aan het verzet na het faillissement wel rechtsgevolg verbonden is, zou de failliet in de verleiding kunnen komen om zonder meer iedere vordering te betwisten. De wet stelt hier paal en perk aan door te eisen dat de failliet zijn betwisting motiveert (art. 126 lid 2 Fw).

Wanneer de schuldeiser over een onherroepelijk vonnis voor zijn vordering beschikt, moet die vordering toch formeel worden geverifieerd, ook al zal de verificatie in dat geval in de regel kunnen bestaan uit de constatering dat de vordering erkend moet worden (HR 23 september 2011, ECLI:NL:HR:2011:BQ8092). De vordering kan immers teniet zijn gegaan, bijvoorbeeld door verrekening of betaling door een derde. Bovendien zal het vonnis niets inhouden over de rang van de vordering, die bij verificatie wel aan de orde is.

Soms kan een vordering voorwaardelijk worden toegelaten; dit biedt voor de schuldeiser het voordeel dat hij stemrecht heeft in de vergaderingen van schuldeisers, hetgeen vooral van belang is wanneer de schuldenaar een akkoord heeft aangeboden.

De rechter-commissaris kan een vordering voorwaardelijk toelaten wanneer die wordt betwist door de curator en/of door één of meer schuldeisers. De vordering móet voorwaardelijk worden toegelaten wanneer de curator beëdiging heeft gevorderd, maar de schuldeiser de eed niet aanstonds op de verificatievergadering aflegt; daarbij is het onverschillig of de schuldeiser weigert de eed af te leggen of dat hij de eed niet kan afleggen, omdat hij niet op de verificatievergadering aanwezig is (vgl. art. 121 Fw).

Bij betwisting door de curator en/of door één of meer schuldeisers probeert de rechter-commissaris de schuldeiser die erkenning vraagt, en de betwister(s) te verenigen. Lukt dit niet – bijvoorbeeld omdat de schuldeiser die erkenning vraagt, niet is verschenen –, dan verwijst de rechter-commissaris partijen naar een rolzitting van de rechtbank. Men spreekt in dat geval van een renvooiprocedure (art. 122 Fw).

> De betwisting kan betrekking hebben op een vordering en/of op een door een schuldeiser aangemeld recht van voorrang. Het is niet ondenkbaar dat een vordering wordt erkend, maar dat een daaraan verbonden voorrang wordt betwist. In dat geval vindt met betrekking tot de voorrang verwijzing plaats.
> Ook wanneer de vordering minder dan € 5000 bedraagt en dus tot de absolute competentie van de kantonrechter behoort, is de rechtbank bevoegd. Was de procedure echter reeds vóór de faillietverklaring bij de kantonrechter aanhangig, dan wordt die daar voortgezet.

Het geschil wordt naar de rechtbank verwezen, ook als vóór het faillissement was overeengekomen dat de zaak aan het oordeel van een andere rechter of van scheidslieden zou worden onderworpen, niet echter wanneer de wet een bijzondere rechter aanwijst (vgl. HR 21 februari 1964, *NJ* 1964/208).

> De renvooiprocedure wordt gevoerd volgens de gewone regels van procesrecht, met uitzondering van de volgende punten. In de eerste plaats vangt de procedure niet aan met een dagvaarding, maar met de verwijzing door de rechter-commissaris (art. 122 lid 1 Fw); de schuldeiser die niet op de verificatievergadering aanwezig was, wordt van de verwijzing op de hoogte gesteld.
> Voorts geeft de Faillissementswet in art. 122 lid 3 een bijzondere regeling voor het geval dat een van de partijen niet verschijnt. De gewone regels van het verstek (art. 139 e.v. Rv) missen toepassing. Indien de eiser – dat is in de renvooiprocedure de schuldeiser die erkenning vraagt – niet verschijnt, wordt hij geacht zijn aanvraag te hebben ingetrokken. Verschijnt de betwister niet, dan wordt hij geacht zijn betwisting te hebben laten varen; de vordering wordt dan door de rechter erkend. Zoals uit enkele uitspraken blijkt, past de Hoge Raad art. 122 lid 3 Fw niet zo streng toe: zowel in het geval dat de schuldeiser niet verschijnt als in het geval dat de betwister niet verschijnt, bestaat de mogelijkheid om het verzuim te herstellen. (Zie HR 24 juni 1994, *NJ* 1994/595, en HR 11 november 1994, *NJ* 1995/115).

4 Bijzondere bepalingen voor de verificatie van sommige vorderingen (art. 128-136 Fw)

De Faillissementswet geeft bijzondere regels voor de verificatie van voorwaardelijke vorderingen, van vorderingen die niet in geld zijn uitgedrukt, van vorderingen waarvoor twee of meer schuldenaren hoofdelijk verbonden zijn, enz. Aan deze bijzondere regels wordt in deze paragraaf aandacht besteed.

Heeft een schuldeiser een rentedragende vordering, dan kan de rente bij de verificatie in aanmerking worden genomen, zij het alleen de rente die op het moment van faillietverklaring verschuldigd was (art. 128 Fw).

> Na de faillietverklaring loopt de rente door ten laste van de failliet, en niet ten laste van de failliete boedel. Een uitzondering hierop bestaat wanneer de rente is gedekt door pand of hypotheek. Deze zekerheidsrechten dienen in de regel ook tot waarborg van de rentebetaling (zie art. 3:244 en 3:263 BW). In een dergelijk geval kan de rente die na de faillietverklaring is verschenen, wel worden geverifieerd. De schuldeiser heeft slechts recht op betaling van de rente voor zover die kan worden voldaan uit de opbrengst van het in zekerheid gegeven goed. Aangezien die opbrengst pas bekend is bij de verkoop, wordt de rentevordering pro memorie geverifieerd. Blijkt de opbrengst ontoereikend om daaruit naast de hoofdvordering de rente te voldoen, dan levert de verificatie van de na de faillietverklaring verschenen rente voor de schuldeiser geen enkel recht op.
> Art. 128 Fw is alleen van toepassing wanneer de schuldeiser zich op de boedel tracht te verhalen zonder gebruik te maken van zijn recht van separatisme. Separatisten kunnen het immers aan de curator overlaten om hun onderpand te gelde te maken. Gewoonlijk bedingt de curator dan een boedelbijdrage om zijn werkzaamheden te bekostigen.
> Overigens is rente die tijdens een faillissement vervalt niet opeisbaar, zodat de verjaringstermijn van art. 3:308 BW (vijf jaar) gedurende een faillissement niet loopt (HR 24 juni 2016, ECLI:NL:HR:2016:1294 (*Boele c.s./Van Galen q.q.*)).

Een vordering onder ontbindende voorwaarde wordt voor het gehele bedrag geverifieerd; gaat de voorwaarde in vervulling, dan moet de schuldeiser datgene wat hij ontvangen heeft, teruggeven (art. 129 Fw).

Om de betekenis van deze regel te demonstreren een voorbeeld: A verkoopt en levert op 1 december 2003 een auto aan B. B bedingt dat de koopovereenkomst zal worden ontbonden als de benzineprijs op 1 april 2004 10% hoger zal liggen dan op 1 december 2003. Afgesproken wordt dat de koopsom ad € 5000 uiterlijk op 1 april 2004 zal worden voldaan. Op 3 januari 2004 gaat B failliet. Het vorderingsrecht van A ad € 5000 wordt voor het gehele bedrag geverifieerd. Komt het vóór 1 april 2004 tot een uitkering, dan ontvangt A een bepaald percentage van € 5000. Zou op 1 april 2004 blijken dat de voorwaarde in vervulling is gegaan, dan moet A het ontvangene restitueren. Gaat op 1 april 2004 de voorwaarde in vervulling en is het in het faillissement nog niet tot een uitdeling gekomen, dan kan A de auto opvorderen op grond van art. 3:84 lid 4 BW.

Een vordering onder opschortende voorwaarde kan op tweeërlei wijze worden toegelaten: hetzij onvoorwaardelijk voor de – geschatte – waarde die de vordering op het moment van faillietverklaring heeft, hetzij voorwaardelijk voor het volle bedrag (art. 130 Fw).

Een voorbeeld: A verkoopt en levert aan B op 1 mei 2003 een partij insecticide. Afgesproken wordt dat A aan B maximaal € 2000 schadevergoeding zal betalen wanneer B's gewassen schade van de insecticide zouden ondervinden. Op 1 juni 2003 gaat A failliet. Op dat moment is van schade nog niets gebleken, maar het is niet uitgesloten dat er nog schade zal intreden. Er bestaat dan ook onzekerheid over de vraag of B een vordering op A zal krijgen. Zou men nu deze – eventuele – vordering voorwaardelijk verifiëren voor het volle bedrag van € 2000, dan zou de curator pas tot uitkering in het faillissement kunnen overgaan op het moment waarop duidelijk wordt of B een vordering heeft, of de curator zou tot uitkering kunnen overgaan met reservering van het bedrag waarop B eventueel aanspraak zal kunnen maken. Uit praktische overwegingen bepaalt de wet daarom dat het ook mogelijk is de voorwaardelijke vordering van B in een onvoorwaardelijke om te zetten. De hoogte van de vordering moet dan worden geschat; daartoe berekent men de kans dat de voorwaarde in vervulling zal gaan. Het bedrag dat aldus wordt gevonden, noemt men de contante waarde. Het zal duidelijk zijn dat ook deze wijze van verificatie niet altijd probleemloos is.

Een uitzondering op art. 130 Fw (en ook op art. 131 Fw) vindt men in art. 35b Fw. Dit artikel bepaalt dat de schuldeiser aan wie de failliet een gift heeft gedaan onder een opschortende voorwaarde of onder een opschortende tijdsbepaling, generlei recht tegen de boedel heeft, wanneer de voorwaarde of de tijdsbepaling op de dag van de faillietverklaring nog niet is vervuld resp. verschenen. Heeft A bijvoorbeeld aan B een auto beloofd onder de opschortende voorwaarde dat B zijn rijbewijs behaalt, en is dit laatste nog niet gebeurd op de dag waarop A failliet gaat, dan staat B, mocht de voorwaarde daarna in vervulling gaan, met lege handen.

Vorderingen met tijdsbepaling kunnen tot de verificatie worden toegelaten; de wijze van berekenen van het bedrag waarvoor deze vorderingen kunnen worden geverifieerd, loopt uiteen al naar gelang het gaat om een vordering waarvan het tijdstip van opeisbaarheid onzeker is, een vordering die recht geeft op een periodieke uitkering, een vordering die vervalt binnen één jaar na de dag waarop het faillissement is aangevangen, of een vordering die meer dan één jaar na de aanvang van het faillissement vervalt (art. 131 Fw).

Art. 131 Fw houdt een regeling in voor niet-opeisbare vorderingen; ook bij de vorderingen van art. 130 Fw is sprake van niet-opeisbaarheid. Het gaat echter om verschillende gevallen: bij de vorderingen van art. 131 Fw is zeker dat ze ooit opeisbaar worden, er bestaat slechts onzekerheid over het moment waarop. Bij art. 130 Fw daarentegen is überhaupt niet zeker of de vordering ooit opeisbaar zal zijn.

Art. 131 Fw is een uitwerking van art. 6:40 sub a BW, dat bepaalt dat de schuldenaar zich niet meer op een te zijnen gunste bestaande tijdsbepaling kan beroepen wanneer hij failliet wordt verklaard. Anders uitgedrukt: door het faillissement wordt een niet-opeisbare vordering opeisbaar. Voor welk bedrag dat dan geschiedt, komt in het onderstaande aan de orde. Art. 131 Fw is niet van toepassing wanneer de schuldeiser bedongen heeft dat de vordering door het faillissement van de schuldenaar opeisbaar wordt. Een dergelijk beding komt bij de meeste hypothecaire geldleningen voor; in dat geval is van een berekening van de waarde geen sprake.

Dan nu een bespreking van de vier hierboven vermelde categorieën van vorderingen:
- vorderingen waarvan het tijdstip van opeisbaarheid onzeker is, worden geverifieerd voor hun contante waarde. Dat wil zeggen dat bepaald wordt wat de waarde van de vordering is op de dag van de faillietverklaring. Door middel van kansberekening wordt vastgesteld wanneer betaling zou hebben plaatsgevonden; na aftrek van de samengestelde interest heeft men dan het te verifiëren bedrag. Een voorbeeld van de hierbedoelde vorderingen is de vordering die voortvloeit uit een overeenkomst van levensverzekering;
- vorderingen die recht geven op een periodieke uitkering, zoals pensioen- en lijfrentevorderingen. Ook hiervan wordt de contante waarde berekend.

Art. 131 Fw is niet van toepassing op een vordering die iemand jegens de failliet heeft uit hoofde van een wettelijke onderhoudsplicht, een alimentatievordering. Dit houdt verband met het onzekere karakter van een dergelijke vordering: de vordering hangt af van de behoefte van de één en van de draagkracht van de ander; voorts bestaat de mogelijkheid dat de rechter in verband met gewijzigde omstandigheden de uitkering wijzigt of intrekt etc. Een en ander maakt kapitalisatie van een alimentatievordering tot een welhaast ondoenlijke zaak. De vorderingen tot levensonderhoud kunnen dan ook in het faillissement slechts worden ingediend voor zover ze op de dag van de faillietverklaring verschuldigd zijn. In de praktijk ligt hier een groot probleem wanneer de man aan zijn ex-echtgenote alimentatie verschuldigd is; gaat de man failliet, dan neemt de betaling van de alimentatie onmiddellijk een einde. Aangezien dit voor de alimentatiegerechtigde zeer onbevredigend is, bepaalt de rechter-commissaris soms dat de failliet de alimentatie moet betalen uit de inkomsten die buiten het faillissement blijven (vgl. art. 21 Fw). Is zo'n voorziening niet getroffen, dan kan de alimentatiegerechtigde trachten zich te verhalen op het buiten het faillissement vallend vermogen; daartoe kan beslag worden gelegd (vgl. HR 24 januari 1969, *NJ* 1969/339);
- vorderingen die binnen één jaar na de aanvang van het faillissement vervallen, worden behandeld alsof zij ten tijde van de faillietverklaring opeisbaar waren. Zij worden geverifieerd voor het volle bedrag, zodat de desbetreffende schuldeisers enigszins worden bevoordeeld. Deze oplossing berust op overwegingen van praktische aard: het schatten van de waarde van deze vorderingen zou veel tijd en moeite kosten, terwijl daar voor de boedel slechts een gering rendement tegenover zou staan;
- vorderingen die meer dan een jaar na de aanvang van het faillissement vervallen, worden geverifieerd voor de waarde die zij één jaar na de faillietverklaring hebben. Ook hier heeft de wetgever voor een praktische berekeningswijze gekozen.

Art. 131 Fw geeft voor alle vier hierboven genoemde gevallen een limitatieve opsomming van de factoren waarmee bij het vaststellen van het bedrag rekening moet worden gehouden; deze factoren zijn: het tijdstip en de wijze van aflossing, het kansgenot en de bedongen rentevoet.

Schuldeisers die een vorderingsrecht hebben waaraan een recht van pand, hypotheek of retentie dan wel een bijzonder voorrecht verbonden is, maar die kunnen aantonen dat een deel van hun vordering vermoedelijk niet batig gerangschikt zal kunnen worden op de opbrengst van de verbonden goederen, kunnen verlangen dat hen voor dat deel de rechten van concurrente schuldeisers worden toegekend, met behoud van hun recht van voorrang (art. 132 Fw).

Bij de rechten van de concurrente schuldeisers waarop deze preferente schuldeisers aanspraak zullen willen maken, is vooral het recht om mee te stemmen over een akkoord van belang.

In beginsel mogen schuldeisers met een voorrangspositie niet meestemmen over een akkoord, omdat een akkoord hen niet raakt; zij kunnen zich immers verhalen op de opbrengst van het goed waaraan hun voorrang verbonden is. In feite gaat deze regel alleen op wanneer de opbrengst van het goed voldoende is om de vordering van de schuldeiser te kunnen dekken. Verwacht de schuldeiser een uitermate lage opbrengst, dan kan hij er de voorkeur aan geven om als concurrent schuldeiser te worden aangemerkt om zodoende te kunnen meestemmen over een akkoord. Daarin voorziet art. 143 Fw; consequentie van deze keuze is dat de schuldeiser zijn voorrang verliest. Het onderhavige art. 132 Fw gaat iets minder ver: de voorrang blijft gedeeltelijk behouden. Art. 132 Fw leent zich voor toepassing in die gevallen waarin de opbrengst van het goed weliswaar onvoldoende is om de vordering te dekken, maar anderzijds niet zo gering dat de schuldeiser zonder meer afstand van zijn voorrang zal willen doen.

Het recht van art. 132 Fw is onderhevig aan twee beperkingen:
a) het kan slechts worden ingeroepen op de verificatievergadering;
b) er kan slechts gebruik van worden gemaakt indien het goed waar de voorrang betrekking op heeft ten tijde van de verificatievergadering nog niet is uitgewonnen.

Vorderingen waarvan het bedrag onbepaald of onzeker is, en vorderingen die niet in geld zijn uitgedrukt, worden op waarde geschat. Vorderingen die in buitenlands geld zijn uitgedrukt, worden in Nederlands geld omgezet (art. 133 Fw).

Van een vordering waarvan het bedrag onbepaald of onzeker is, is onder meer sprake wanneer iemand een vordering heeft op de failliet uit hoofde van een vóór de faillietverklaring gepleegde onrechtmatige daad, maar de omvang van de vordering nog niet nauwkeurig is vastgesteld (vgl. art. 612 Rv).

Een voorbeeld van een vordering die niet in geld is uitgedrukt, ziet men wanneer A een auto verkoopt aan B met de afspraak dat de auto over twee maanden zal worden geleverd. Gaat A binnen die twee maanden failliet, dan resteert voor B een concurrente vordering die geverifieerd kan worden voor het conform art. 133 Fw geschatte bedrag.

Vorderingen die in buitenlands geld zijn uitgedrukt, moeten worden omgezet in vorderingen in Nederlands geld en wel naar de koers die geldt op de dag van de faillietverklaring (HR 4 februari 1977, *NJ* 1978/66).

Bij de verificatie van vorderingen waarvoor twee of meer schuldenaren hoofdelijk verbonden zijn, kan men twee vragen onderscheiden:

a) op welke wijze kan de schuldeiser zijn vordering ter verificatie indienen in geval van faillissement van één of meer van zijn hoofdelijk verbonden schuldenaren?
b) welke regels gelden voor de verificatie van de vordering die de schuldenaar heeft (of krijgt) jegens zijn gefailleerde hoofdelijk medeschuldenaar? (vgl. art. 136 Fw)

De eerste vraag wordt beantwoord door art. 136 lid 1 Fw. De regeling komt erop neer dat de schuldeiser die een vordering heeft op twee of meer (in het vervolg ga ik uit van twee) hoofdelijk verbonden schuldenaren bij faillissement van een van hen of van beiden, een sterke positie inneemt. Art. 136 lid 1 Fw bepaalt dat de schuldeiser in ieder faillissement – of wanneer één hoofdelijk schuldenaar failliet is verklaard in het faillissement van die schuldenaar – kan opkomen voor en betaling kan ontvangen over het gehele bedrag dat hem ten tijde der faillietverklaring nog verschuldigd is, totdat zijn vordering ten volle zal zijn gekweten.

Uit de woorden 'ten tijde der faillietverklaring nog verschuldigd' volgt, dat hetgeen de schuldeiser vóór de faillietverklaring heeft ontvangen, in mindering moet worden gebracht op zijn vordering. Met hetgeen hij na de faillietverklaring ontvangt, behoeft geen rekening te worden gehouden. Daarbij maakt het niet uit of de schuldeiser een uitkering heeft gekregen uit het faillissement van een der medeschuldenaren, of dat hij gedeeltelijke betaling heeft ontvangen van een solvente medeschuldenaar. Een voorbeeld: stel dat A en B die jegens C hoofdelijk verbonden zijn tot betaling van € 1000, op dezelfde dag – A en B zijn bijvoorbeeld vennoten – failliet worden verklaard. In beide faillissementen kan C dan zijn vordering van € 1000 indienen. Komt het in het faillissement van A tot een uitkering van 10% – waarna

C in feite nog € 900 te vorderen heeft –, dan krijgt C niettemin in het faillissement van B procenten van het volle bedrag van € 1000. Hetzelfde geldt wanneer slechts B failliet is verklaard en A tijdens het faillissement van B € 100 aan C betaalt.

Art. 136 lid 1 Fw houdt een uitzondering in op hetgeen buiten faillissement geldt, te weten dat nakoming door de ene schuldenaar de andere schuldenaar – tot op de hoogte van de betaling – jegens de schuldeiser bevrijdt (vgl. art. 6:7 lid 2 BW).

De werking van art. 136 lid 2 Fw wordt gedemonstreerd aan de hand van het volgende voorbeeld: stel dat A en B € 1000 lenen van C en dat zij zich hoofdelijk verbinden voor de terugbetaling van dat bedrag. Stel voorts dat aan A € 750 ten goede komt en aan B € 250. Voordat het tot enige terugbetaling is gekomen, gaat A failliet. C dient zijn vordering ad € 1000 ter verificatie in. Tijdens het faillissement van A betaalt B € 500 aan C. Voor C's vorderingsrecht jegens de failliet heeft dit geen consequenties – dit werd hierboven reeds besproken. De vraag rijst thans of B die een regresrecht krijgt jegens A ad € 250, deze vordering ter verificatie kan indienen. In beginsel luidt het antwoord ontkennend; zou dit recht wel aan B toekomen, dan zou de boedel van A tweemaal voor dezelfde schuld worden aangesproken. Wanneer kan B wel een vordering indienen jegens zijn hoofdelijk medeschuldenaar A?

Art. 136 lid 2 Fw noemt drie gevallen:
a) wanneer de schuldeiser niet opkomt, of wanneer het een vordering betreft waarvoor de schuldeiser niet kan opkomen. Het eerste geval spreekt voor zich: het bezwaar dat de boedel tweemaal voor dezelfde schuld zou worden aangesproken, is hier niet aan de orde. Een voorbeeld van het tweede geval: de schuldeiser heeft jegens A afstand van zijn vorderingsrecht gedaan; dit staat niet in de weg aan een regresrecht ten behoeve van B (vgl. art. 6:14 BW). Uiteraard kan B ook opkomen voor het gedeelte van de vordering dat hij vóór het faillissement van A aan C heeft betaald; C kan voor dat bedrag niet opkomen;
b) wanneer de schuldeiser gedurende het faillissement voor het gehele bedrag waarvoor hij is opgekomen, wordt voldaan. Betaalt B € 1000 aan C, dan vervalt C's vordering; B krijgt een regresrecht op A van € 750;
c) wanneer de toelating van B geen nadelige invloed heeft op de positie van de concurrente schuldeisers. Hierbij kan men denken aan het geval dat B met zijn hoofdelijk medeschuldenaar A heeft afgesproken dat een eventuele regresvordering van B post-concurrent zal zijn.

Na afloop van de verificatie brengt de curator verslag uit over de stand van de boedel en geeft hij daaromtrent alle door de schuldeisers verlangde inlichtingen. Het verslag wordt, met het proces-verbaal der verificatievergadering, na afloop van die vergadering ter griffie gedeponeerd waar iedereen het kosteloos kan inzien (art. 137 lid 1 Fw). Wanneer uit de stukken blijkt dat er een vergissing in het proces-verbaal is geslopen, kunnen zowel de curator als de schuldeisers en de gefailleerde verbetering van het proces-verbaal verzoeken.

Art. 137 lid 2 Fw ziet op het herstel van kennelijke fouten in het proces-verbaal van de verificatievergadering en is niet bedoeld om alsnog vorderingen te verifiëren die ter vergadering niet zijn geverifieerd. Een vordering die niet ter verificatievergadering aan de orde is geweest en evenmin op de lijst van (voorlopig) erkende of betwiste vorderingen is vermeld, kan door de overige schuldeisers niet worden betwist. Bovendien heeft de benadeelde schuldeiser andere mogelijkheden om zijn vordering alsnog geverifieerd te zien. Dat kan tijdens een zogenoemde bezemvergadering (art. 178 Fw) of door verzet tegen de uitdelingslijst (art. 186 Fw). De overige schuldeisers hebben dan wel de mogelijkheid van betwisting (HR 19 november 2010, ECLI:NL:HR:2011:BN8529 (*Vivendi/Schimmelpenninck q.q.*)).

HOOFDSTUK IX

Einde van het faillissement na een akkoord of na vereffening

In het voorgaande werden reeds drie manieren vermeld waarop aan het faillissement een einde kan komen: de vernietiging van de faillietverklaring (art. 15 Fw), de opheffing van het faillissement (art. 16 Fw) en de vereenvoudigde afwikkeling (art. 137a e.v. Fw). In dit hoofdstuk wordt aandacht besteed aan twee andere wegen waarlangs het faillissement een einde kan nemen, het akkoord en de vereffening.

1 Het akkoord

Het akkoord kan men omschrijven als de overeenkomst tussen de failliet en zijn schuldeisers waarbij wordt afgesproken op welke wijze de schuldeisers voldoening van hun vorderingen zullen verkrijgen.

De Faillissementswet spreekt weliswaar in art. 138 van de 'gezamenlijke schuldeisers', maar daarmee worden uitsluitend de concurrente schuldeisers bedoeld. De preferente schuldeisers worden niet geraakt door het akkoord (art. 157 jo. art. 163 Fw) en mogen daarover dan ook niet meestemmen. De wettelijke regeling van het akkoord is tamelijk uitgebreid (art. 138-172 Fw), maar nergens staat welke inhoud het akkoord moet hebben. Partijen zijn vrij bij het vaststellen van de inhoud. De wet geeft wel voorbeelden van de wijze waarop het akkoord kan worden ingevuld. Zo kan blijkens art. 171 lid 1 Fw zijn toegezegd dat een bepaald percentage van de vorderingen zal worden voldaan. Ook noemt de wet het liquidatie-akkoord (art. 162 lid 2 en art. 50 Fw). Kenmerkend voor een akkoord is dat de gerechtelijke vereffening van de boedel achterwege blijft.

> Bij het liquidatie-akkoord vindt wel vereffening plaats, maar niet de gerechtelijke vereffening van art. 173 e.v. Fw. Het liquidatie-akkoord voorziet in een contractuele vereffening: de boedel wordt te gelde gemaakt en de opbrengst wordt onder de schuldeisers verdeeld volgens de in het akkoord neergelegde afspraken; met deze vereffening behoeft niet de curator te worden belast, de vereffening kan aan iedereen worden opgedragen. Bij de andere vormen van akkoord blijft de vereffening in het geheel achterwege, hetgeen voor de failliet het voordeel heeft dat de boedel intact blijft. Zoals gezegd, kan het akkoord erin bestaan dat de failliet aan zijn schuldeisers een bepaald percentage van hun vorderingen aanbiedt; ook is het mogelijk dat de failliet aanbiedt de vorderingen die beneden een bepaald bedrag liggen, geheel te voldoen en de boven dat bedrag liggende vorderingen voor een gedeelte.
>
> Meestal houdt het akkoord in: gedeeltelijke betaling van de schulden en kwijtschelding voor het overige. Voor de failliet betekent een dergelijk akkoord dat hij na het einde van het faillissement niet meer kan worden aangesproken voor het nog niet voldane gedeelte van de vorderingen: op de ex-failliet rust ter zake van de nakoming daarvan – anders dan bij beëindiging van het faillissement na vereffening – slechts een natuurlijke verbintenis. Hoewel een natuurlijke verbintenis het element van de opeisbaarheid ontbeert, kan zij onder bijzondere omstandigheden met een opeisbare tegenvordering worden verrekend.

Een dergelijke bijzondere omstandigheid doet zich in elk geval voor wanneer de opeisbare tegenvordering en de tot natuurlijke verbintenis geworden vordering voortvloeien uit dezelfde contractuele verhouding (HR 31 januari 1992, *NJ* 1992/686).

Bij de vraag wat de schuldeisers ertoe beweegt om met zo'n regeling genoegen te nemen, kan op twee punten worden gewezen: in de eerste plaats verloopt de afwikkeling van het faillissement op deze wijze soms sneller dan wanneer de weg van de gerechtelijke vereffening gevolgd wordt. In de tweede plaats bestaat de mogelijkheid dat de schuldeisers krachtens het akkoord méér uitgekeerd krijgen dan bij de gerechtelijke vereffening; hierbij moet men bedenken dat de failliet vaak in staat is een groter bedrag aan te bieden, omdat familieleden en/of vrienden hem te hulp komen.

Het praktisch belang van het akkoord is zeer beperkt; minder dan 2% van de faillissementen wordt op deze wijze beëindigd.

De gang van zaken bij het totstandkomen van een akkoord
De failliet – of een door hem gemachtigde – biedt het akkoord aan de schuldeisers aan. Is het akkoord tijdig aangeboden, dan wordt op de verificatievergadering over het akkoord beraadslaagd en gestemd (art. 139 Fw). De gefailleerde kan het aangeboden akkoord tijdens de verificatievergadering toelichten of verdedigen; ook kan hij wijzigingen voorstellen (art. 144 Fw). Bij niet-tijdige aanbieding kan de behandeling worden uitgesteld, indien de meerderheid van de verschenen schuldeisers zich daar vóór verklaart (art. 141 aanhef en sub 2 Fw).

> Onder 'tijdige' aanbieding verstaat de wet minstens acht dagen vóór de verificatievergadering. Het ontwerp-akkoord moet ter griffie van de in art. 97 Fw aangewezen rechtbank worden gedeponeerd; voorts moet een afschrift worden toegezonden aan de curator en aan ieder van de leden van de voorlopige commissie uit de schuldeisers (art. 139 lid 2 Fw). Niet-tijdige aanbieding wil zeggen dat het ontwerp-akkoord binnen acht dagen vóór de verificatievergadering wordt gedeponeerd; het is zelfs mogelijk nog tijdens de verificatievergadering een akkoord aan te bieden. Bij een niet-tijdige aanbieding kunnen de schuldeisers door het akkoord worden overvallen. Daarom bepaalt art. 141 Fw dat zij uitstel van behandeling kunnen vragen. Bovendien kan, zowel bij tijdige als bij niet-tijdige aanbieding, uitstel worden gevraagd wanneer tijdens de verificatievergadering een definitieve commissie uit de schuldeisers wordt benoemd die niet uit dezelfde personen bestaat als de voorlopige commissie, en de meerderheid van de verschenen schuldeisers de definitieve commissie om schriftelijk advies over het aangeboden akkoord verzoekt (art. 141 aanhef en sub 1 Fw).

Stemrecht komt alleen toe aan de concurrente schuldeisers van wie de vorderingen zijn erkend of voorwaardelijk toegelaten (art. 145 Fw). Latere veranderingen in het aantal schuldeisers of het bedrag van hun vorderingen hebben geen invloed op het resultaat van de stemming (art. 147 Fw).

Preferente schuldeisers zijn van de stemming over het akkoord uitgesloten, tenzij zij vóór de aanvang van de stemming afstand doen van hun voorrang. Deze afstand maakt hen tot concurrente schuldeisers, ook voor het geval het akkoord niet wordt aangenomen (vgl. art. 143 Fw).

> Concurrente schuldeisers van wie de vorderingen worden betwist, kunnen niet over het akkoord meestemmen. Dit kan onrechtvaardig zijn wanneer later blijkt dat de betwisting

Het akkoord | **1**

ten onrechte is gedaan; vóór het wettelijk stelsel pleit echter dat het ondoenlijk zou zijn de beslissing over het akkoord op te schorten totdat alle renvooiprocedures beëindigd zijn.

Onder de schuldeisers die zich op een recht van voorrang kunnen beroepen, vallen de pand- en hypotheekhouder, de bevoorrechte schuldeiser, de retentor en de beperkt gerechtigde van art. 3:282 BW. Dat deze schuldeisers niet mogen meestemmen, wordt verklaard door het feit dat het akkoord hen niet raakt. Zij kunnen zich immers op het goed waaraan hun voorrang verbonden is, verhalen; hierbij moet men in het oog houden dat van een werkelijk bevoorrechte positie slechts sprake is wanneer het verbonden goed voldoende opbrengt om de vordering van de schuldeiser te kunnen dekken. Is dat niet het geval dan krijgen deze schuldeisers de rechten van concurrent schuldeiser voor dat deel van hun vordering dat vermoedelijk niet batig gerangschikt zal kunnen worden op de opbrengst van hun onderpand (vgl. art. 132 Fw; zie ook art. 163 Fw).

Voor het aannemen van het akkoord is een gewone meerderheid vereist van de ter vergadering verschenen erkende en voorwaardelijk toegelaten concurrente schuldeisers, die tezamen ten minste de helft van het bedrag van de door geen voorrang gedekte erkende en voorwaardelijk toegelaten schuldvorderingen vertegenwoordigen (art. 145 Fw). Dit impliceert dat een schuldeiser die niet is verschenen, geacht wordt te hebben tegengestemd. Wordt de wettelijk vereiste meerderheid niet gehaald, dan geldt het akkoord als verworpen.

Zoals in de schuldsaneringsregeling altijd al mogelijk was, kan sedert begin 2005 ook in faillissement een door de schuldeisers verworpen akkoord door de rechter-commissaris worden vastgesteld alsof het was aangenomen (art. 146 Fw). Er moet dan voldaan zijn aan twee voorwaarden:
- drievierde van de ter vergadering verschenen erkende en voorwaardelijk toegelaten (concurrente) schuldeisers moet vóór het akkoord hebben gestemd; en
- de verwerping van het akkoord moet het gevolg zijn van het tegenstemmen van één of meer schuldeisers die, alle omstandigheden in aanmerking genomen en in het bijzonder het percentage dat die schuldeisers, zou de boedel worden vereffend, naar verwachting aan betaling op hun vordering zullen ontvangen, in redelijkheid niet tot dit stemgedrag hebben kunnen komen.

Is het akkoord aangenomen of vastgesteld, dan moet het om verbindend te worden, door de rechter worden goedgekeurd, gehomologeerd (art. 150-153 Fw). De rechtbank kan de homologatie weigeren, wanneer haar dat goeddunkt. In de volgende gevallen móet de homologatie worden geweigerd:
1. indien de baten van de boedel de bij het akkoord bedongen som aanmerkelijk overtreffen;
2. indien de nakoming van het akkoord niet voldoende is gewaarborgd;
3. indien het akkoord door bedrog, door begunstiging van één of meer schuldeisers, of met behulp van andere oneerlijke middelen tot stand is gekomen, onverschillig of de failliet dan wel een ander daartoe heeft meegewerkt. Deze 'sluipakkoorden' kunnen ook aanleiding geven tot strafrechtelijke sancties (art. 345 Sr);

De rechtbank kan ook op andere gronden of zelfs ambtshalve de homologatie weigeren, bijvoorbeeld als het akkoord dat is aangenomen terwijl – doorslaggevende – stemmen zijn uitgebracht door niet-stemgerechtigden of het akkoord is aangenomen bij een ten onrechte toegelaten tweede stemming.

Tegen de beschikking van de rechtbank – zowel wanneer de homologatie is geweigerd als wanneer het akkoord is gehomologeerd – staat hoger beroep open bij het hof. Tegen de beschikking van het hof kan cassatie worden aangetekend bij de Hoge Raad (art. 154-156 Fw).

> Krachtens art. 152 lid 1 Fw dient de behandeling van de homologatie van het akkoord plaats te hebben ter openbare terechtzitting. Hetzelfde geldt ingevolge art. 155 lid 2 Fw voor de behandeling van het hoger beroep door het hof, wanneer de rechtbank de homologatie heeft geweigerd. Niet-inachtneming van dit voorschrift heeft nietigheid van de uitspraak tot gevolg (HR 2 december 1988, NJ 1989/301).

Rechtsgevolgen van het akkoord
Is de homologatie in kracht van gewijsde gegaan, dan is het akkoord verbindend voor alle concurrente schuldeisers, ook wanneer zij niet in het faillissement zijn opgekomen of wanneer zij tegen het akkoord hebben gestemd (art. 157 Fw). Stemt de door art. 145 Fw geëiste meerderheid van de schuldeisers vóór het akkoord, dan worden ook de andere schuldeisers gebonden; men spreekt daarom van een dwangakkoord.

> Reeds werd vermeld dat het akkoord niet van invloed is op de positie van de preferente schuldeisers. Bestaat de voorrang in een recht van pand of hypotheek of retentie, dan kan de schuldeiser zijn recht uitoefenen alsof er geen faillissement was. Bestaat de voorrang in een privilege, dan kan de schuldeiser echter niet 'eigenmachtig' optreden; daarvoor geeft art. 163 Fw een regeling.

Door het in kracht van gewijsde gaan van de homologatie eindigt het faillissement (art. 161 Fw). De failliet krijgt het beheer en de beschikking over de boedel terug, behalve wanneer een liquidatieakkoord tot stand was gekomen. De schuldeisers die aan het akkoord zijn gebonden, hebben nu recht op uitkering van hetgeen hen conform de in het akkoord neergelegde afspraken toekomt. De voldoening moet geschieden door de ex-failliet; met het einde van het faillissement is ook aan de taak van de curator (en van de rechter-commissaris) een einde gekomen. Niettemin draagt de wet in art. 163 en 164 Fw nog een gedeelte van de afwikkeling van het faillissement aan de curator op; volgens art. 163 Fw moeten het bedrag waarop de bevoorrechte schuldeisers aanspraak kunnen maken en het bedrag dat nodig is voor betaling van de faillissementskosten, in handen van de curator worden gestort, tenzij de schuldenaar zekerheid stelt. Worden de zojuist genoemde vorderingen niet voldaan of wordt daarvoor geen zekerheid gesteld, dan moet de curator alle goederen en gelden die tot de boedel behoren, onder zich houden. Heeft een maand na het in kracht van gewijsde gaan van de homologatie nog geen voldoening of zekerheidstelling plaatsgevonden, dan gaat de curator de vorderingen uit de baten van de boedel betalen. Dit betekent dat de curator vermogensbestanddelen te gelde zal moeten maken, wanneer in de boedel geen contant geld aanwezig is. Voor vorderingen waarvan het voorrecht voorwaardelijk is toegelaten, bepaalt art. 164 Fw dat zekerheidstelling door de failliet of reservering van gelden door de curator voldoende is. Dit spreekt voor zich: uitkering behoeft pas plaats te vinden als het voorrecht in de renvooiprocedure wordt erkend.

Het vonnis tot homologatie dat in kracht van gewijsde is gegaan, levert samen met het proces-verbaal van de verificatievergadering een executoriale titel op voor de erkende schuldeisers, behalve wanneer de schuldenaar zich tijdens de verificatievergadering tegen de erkenning heeft verzet (art. 159 Fw).

Zoals hiervoor reeds aan de orde kwam, heeft verzet (= betwisting) door de schuldenaar gedurende het faillissement geen enkel rechtsgevolg, maar wel daarna. De schuldeisers van wie de vorderingen door de schuldenaar gemotiveerd zijn betwist (zie art. 126 Fw), moeten dan ook wanneer zij willen optreden tegen de schuldenaar die het akkoord niet nakomt, alsnog een executoriale titel trachten te verwerven. Daarnaast kan bij niet-nakoming ontbinding van het akkoord worden gevorderd (art. 165 Fw).

Het akkoord vermindert meestal wel de schuld die de failliet heeft, maar heeft geen invloed op de hoogte van de schuld waarvoor de borg of de hoofdelijk verbonden medeschuldenaar kan worden aangesproken. Ook kunnen de schuldeisers hun rechten doen gelden op goederen van derden – denk aan derde-pand en aan derde-hypotheek – als ware er geen akkoord tot stand gekomen (vgl. art. 160 Fw). Een andere opvatting zou tekort doen aan het zekerheidskarakter dat deze rechten hebben.

Ontbinding van het akkoord
Wanneer de schuldenaar de in het akkoord neergelegde afspraken niet nakomt, kan iedere schuldeiser jegens wie de schuldenaar in gebreke blijft, ontbinding van het akkoord vorderen. De ontbindingsvordering wordt op dezelfde wijze aanhangig gemaakt en behandeld als het verzoek tot faillietverklaring (art. 166 jo. art. 4, 6-9 en 12 Fw). Wordt de ontbinding uitgesproken, dan geldt deze niet alleen jegens de schuldeiser die de vordering aanhangig heeft gemaakt, maar jegens iedereen, ook jegens de schuldeisers die gehele of gedeeltelijke voldoening van hun akkoordpercentage hebben gekregen.

> De ontbinding van het akkoord raakt uitsluitend de personen jegens wie het akkoord werkte. De ontbinding is daarom niet van invloed op de positie van – bijvoorbeeld – de separatisten. Tot de personen jegens wie het akkoord verbindend is, behoren ook de concurrente schuldeisers die niet in het faillissement zijn opgekomen (art. 157 Fw). Ook zij kunnen dus het initiatief tot de ontbinding nemen.
> Het akkoord werd hiervóór omschreven als een overeenkomst tussen de schuldenaar en de schuldeisers. Het is dan ook niet vreemd dat niet-nakoming van het akkoord een ontbindingsvordering kan rechtvaardigen. Opvallend is dat de bij de ontbinding van het akkoord in acht te nemen voorschriften voorzien in een snelle procedure (vgl. art. 166 Fw).

Ontbinding van het akkoord heeft tot gevolg dat het faillissement wordt heropend. De gang van zaken bij een heropend faillissement stemt grotendeels overeen met die bij ieder ander faillissement. Bij de heropening van het faillissement worden een rechter-commissaris en een curator benoemd, alsmede – eventueel (art. 167 Fw) – een commissie uit de schuldeisers. Bij voorkeur worden dezelfde personen benoemd die de functies reeds in het oorspronkelijke faillissement vervulden. Ook wordt in het heropende faillissement een verificatievergadering gehouden; de vorderingen die reeds geverifieerd waren, worden op die vergadering niet behandeld, wel de vorderingen die zijn ontstaan nadat het vonnis van homologatie in kracht van gewijsde is gegaan, en de vorderingen die in het oorspronkelijke faillissement niet waren ingediend (art. 168 lid 2 Fw).

De WMF voorziet erin dat vorderingen die niet binnen de termijn van art. 127 (nieuw) zijn ingediend ter verificatie niet langer afdwingbaar zijn (art. 161a). Art. 168 Fw wordt daarom zodanig aangepast dat wanneer een faillissement wordt heropend, de afdwingbaarheid van de desbetreffende vorderingen herleeft en zij ter verificatie kunnen worden ingediend.

In het heropende faillissement gaat de curator onverwijld tot vereffening over (art. 170 lid 2 Fw); het aanbieden van een tweede akkoord is uitgesloten (art. 170 lid 1 Fw; zie ook art. 158 Fw). De uitdeling in het heropende faillissement kan problemen oproepen. Voor uitdeling komen zowel schuldeisers in aanmerking van wie de vorderingen behoren tot een van de twee zojuist genoemde categorieën als schuldeisers van wie de vorderingen in het oorspronkelijke faillissement zijn erkend. Bij de vraag hoe in het heropende faillissement de uitdeling moet geschieden, moet men onderscheid maken tussen de situatie dat aan de schuldeisers die recht hadden op een akkoordpercentage, nog niets is uitgekeerd, en de situatie dat aan sommige schuldeisers die recht hadden op een akkoordpercentage, wel is betaald. De schuldeiser mag in elk geval datgene wat hij krachtens het akkoord heeft ontvangen, behouden (art. 171 Fw).

In het eerste geval wordt het beschikbare vermogen als volgt verdeeld: eerst worden de vorderingen voldaan van de preferente schuldeisers van wie de vorderingen op de 'tweede' verificatievergadering zijn erkend. Het restant wordt verdeeld onder de 'oude' en de 'nieuwe' schuldeisers, naar evenredigheid van hun vorderingen. De vorderingen die tussen het oorspronkelijke en het heropende faillissement zijn ontstaan, zijn rechtsgeldig: de schuldenaar had gedurende die periode het beheer en de beschikking over zijn vermogen (art. 169 Fw). Een uitzondering op de rechtsgeldigheid bestaat, wanneer de schuldenaar paulianeuze handelingen heeft verricht.

In het tweede geval komen eerst de nieuwe preferente schuldeisers aan de beurt. Vervolgens wordt aan de nieuwe schuldeisers en aan diegenen onder de oude schuldeisers aan wie nog niets was uitbetaald, het akkoordpercentage voldaan; de oude schuldeisers die een gedeelte van het akkoordpercentage hadden ontvangen, krijgen hetgeen daaraan ontbrak uitgekeerd. Een eventueel restant wordt evenals in het eerste geval onder de oude en de nieuwe schuldeisers verdeeld naar evenredigheid van hun vorderingen.

Als er voldoende middelen aanwezig zijn om de – gehele of gedeeltelijke – betaling van de akkoordpercentages te verrichten, werkt het systeem bevredigend. Zijn de baten ontoereikend, dan schuilt in het systeem de onrechtvaardigheid dat degenen die reeds betaling hadden ontvangen, bevoordeeld worden boven de anderen. Van een stelsel waarbij het ontvangene moet worden teruggegeven, heeft de wetgever niet willen weten: de ontbinding heeft geen terugwerkende kracht.

2   Vereffening, verdeling en rangorde

Vereffening
Indien tijdens de verificatievergadering geen akkoord is aangeboden, een aangeboden akkoord is verworpen of de homologatie van het akkoord definitief is geweigerd, verkeert de boedel van rechtswege in staat van insolventie (art. 173 Fw). Daarmee begint de executoriale fase van de faillissementsprocedure ofwel de vereffening. De Faillissementswet geeft daarvan in art. 173-194 een gedetailleerde regeling. Onder verwijzing naar deze bepalingen wordt hieronder in grote lijnen aangegeven hoe de vereffening geschiedt.

Het bedrijf van de failliet kan door de curator worden voortgezet vóór het intreden van de staat van insolventie met machtiging van de rechter-commissaris (art. 98 Fw), daarna op voorstel van de curator of een schuldeiser. Dat voorstel moet worden gedaan tijdens de verificatievergadering en er wordt meteen over gestemd (art. 173a-b Fw). Op verzoek van een schuldeiser of de curator kan de rechter-commissaris gelasten dat de voortzetting van het bedrijf wordt gestaakt (art. 174 Fw). Wordt het bedrijf niet voortgezet of wordt de voortzetting gestaakt, dan gaat de curator onmiddellijk over tot vereffening (art. 175 Fw).

Onder vereffening wordt verstaan dat de curator de baten van de boedel te gelde maakt om uit de opbrengst daarvan de schuldeisers te kunnen voldoen. Zoals in hoofdstuk I reeds werd aangegeven, wordt in de praktijk vaak afgeweken van het wettelijk systeem dat verificatie voorschrijft voordat er vereffend wordt. Ingevolge art. 101 Fw is de curator bevoegd goederen te vervreemden, indien en voor zover dat noodzakelijk is ter bestrijding van de kosten van het faillissement of de goederen niet dan met nadeel voor de boedel bewaard kunnen blijven.

De WMF heft de in art. 101 Fw gestelde beperkingen op en verleent de curator een onbeperkte bevoegdheid om goederen te vervreemden.

De wijze waarop vereffend wordt, komt in grote lijnen wel overeen met wat de wetgever in art. 173 e.v. Fw voor ogen stond.

> Bij de vraag welke goederen voor vereffening in aanmerking komen, moet men art. 21 Fw als uitgangspunt nemen. Naast de in dat artikel genoemde goederen kan de rechter-commissaris nog enkele vermogensbestanddelen buiten de vereffening houden, zoals het aan de failliet toebehorende huisraad (art. 175 lid 2 Fw).

De curator kan bij de vereffening gebruik maken van de diensten van de gefailleerde; de rechter-commissaris bepaalt dan welke vergoeding hiervoor aan de gefailleerde zal worden uitgekeerd (art. 177 Fw). Het einddoel van de vereffening is de verdeling van de opbrengst.

Er hoeft niet steeds gewacht te worden tot alle baten van de boedel te gelde zijn gemaakt. Steeds wanneer er voldoende gelden aanwezig zijn, kan de rechter-commissaris bevelen dat uitdeling aan de geverifieerde schuldeisers moet plaatsvinden (179 Fw). Dit gebeurt aan de hand van een uitdelingslijst, die door de rechter-commissaris moet worden goedgekeurd (art. 180 Fw). De laatste lijst die wordt opgemaakt, noemt men de slotuitdelingslijst. In de meeste faillissementen wordt slechts één uitdelingslijst opgemaakt, die dan tevens slotuitdelingslijst is.

De door de rechter-commissaris goedgekeurde uitdelingslijst ligt gedurende tien dagen ter inzage van de schuldeisers. Met uitzondering van de boedelschuldeisers kan iedere schuldeiser in verzet komen tegen de uitdelingslijst, zelfs wanneer zijn vordering niet of voor een te laag bedrag is geverifieerd (vgl. art. 186 Fw). Met dat verzet kan niet worden opgekomen tegen een tijdens de verificatievergadering door de rechter-commissaris genomen beslissing om een vordering op de lijst van erkende schuldeisers te plaatsen. Dat is een beschikking als bedoeld in art. 67 lid 1 Fw en als een schuldeiser het daar niet mee eens is, moet hij hoger beroep instellen (HR 3 november 2017, ECLI:NL:HR:2017:2808). De bedoeling van het verzet is om alsnog (voor het juiste bedrag) te worden geverifieerd. De rechter-commissaris bepaalt na afloop van de inzagetermijn de dag waarop het verzet ter openbare terechtzitting zal worden behandeld. Tegen de beschikking van de rechtbank staat geen hoger beroep, wel cassatie open (art. 183-185 en art. 187 Fw).

Is de termijn gedurende welke verzet tegen de uitdelingslijst kan worden gedaan, ongebruikt voorbijgegaan of is verzet aangetekend, maar is de beschikking van de rechtbank daarop in kracht van gewijsde gegaan, dan is de uitdelingslijst verbindend geworden (art. 187 lid 4 Fw). De curator gaat onmiddellijk over tot uitkering aan de schuldeisers (art. 192 Fw); de bedragen die zijn uitgetrokken voor voorwaardelijk toegelaten schuldeisers worden echter pas uitgekeerd wanneer over het lot van de voorwaardelijk toegelaten vordering is beslist (art. 189 Fw).

Zodra de slotuitdelingslijst verbindend is geworden, eindigt het faillissement. Ook kan het faillissement een einde nemen, zodra aan de geverifieerde schuldeisers het volle bedrag van hun vorderingen is uitgekeerd (art. 193 Fw). Dit laatste doet zich vrijwel nooit voor.

Zodra de WMF in werking treedt, vervalt de mogelijkheid van verzet tegen de uitdelingslijst voor (nog) niet geverifieerde schuldeisers. Art. 127 WMF introduceert een fatale termijn voor de indiening van vorderingen ter verificatie en art. 186 Fw gaat vervallen.

Het is mogelijk dat na het faillissement nog vermogensbestanddelen boven water komen waarvan de curator ten tijde van de vereffening geen weet had. Ook is denkbaar dat de op grond van art. 189 Fw gereserveerde bedragen aan de boedel terugvallen. In beide situaties gaat de curator die baten vereffenen en verdelen op basis van de vroegere uitdelingslijst(en); zie art. 194 Fw. Zoals in hoofdstuk II, § 5, reeds werd vermeld, is art. 194 Fw niet van toepassing wanneer na opheffing van het faillissement (art. 16 Fw) nog baten aanwezig blijken te zijn die eerder niet bekend waren.

Eindigt het faillissement door het verbindend worden van de slotuitdelingslijst, dan kunnen de schuldeisers – anders dan bij een akkoord – zich, wanneer de ex-failliet weer vermogen verwerft, daarop verhalen wanneer hun vorderingen niet volledig zijn voldaan. Het proces-verbaal van de verificatievergadering dient dan voor de schuldeisers als executoriale titel (art. 196 Fw), behalve wanneer art. 126 Fw van toepassing is. Zoals al eerder opgemerkt, geldt dit alleen in het faillissement van een natuurlijk persoon en is het belang van deze bepaling na inwerkingtreding van de schuldsaneringsregeling aanzienlijk verminderd.

Evenals een vonnis verjaart het proces-verbaal van een verificatievergadering na verloop van twintig jaar (art. 3:324 BW en HR 29 april 2016, ECLI:NL:HR:2016:759).

Verdeling
Voordat de curator tot uitkering aan de geverifieerde schuldeisers kan overgaan, moeten eerst alle met de afwikkeling van het faillissement verband houdende kosten worden voldaan. Deze kosten worden immers ten behoeve van de gezamenlijke (faillissements)schuldeisers gemaakt. Evenals buiten faillissement hebben schuldeisers het recht om na voldoening van de kosten van executie zich op de netto-opbrengst van de goederen van hun schuldenaar te verhalen (art. 3:277 BW). In faillissement worden de kosten gevormd door alle boedelschulden (zie hoofdstuk VI, § 2).

> Bijzondere faillissementskosten zijn de kosten die gemaakt worden om één enkel goed te gelde te maken en komen ten laste van de opbrengst van dat bepaalde goed. Als zich in de boedel bijvoorbeeld een onroerende zaak bevindt die door de curator moet worden verkocht, zal een taxatie noodzakelijk zijn en moeten er kosten worden gemaakt voor een veiling. De taxatie- en veilingkosten worden op de opbrengst in mindering gebracht, waarna de netto-opbrengst voor verdeling beschikbaar is. Alle andere kosten zijn algemene faillissementskosten (HR 30 juni 1995, *NJ* 1996/554 (*Mentink q.q./Mees Pierson*)).

Volgens art. 182 Fw worden de algemene faillissementskosten omgeslagen over ieder deel van de boedel. Zonodig wordt daarvoor het omslagpercentage berekend. Dat moet alleen

Vereffening, verdeling en rangorde 2

gebeuren als er bijzondere voorrechten in het spel zijn of een vordering waaraan voorrang ten aanzien van één of meer bepaalde goederen is verbonden. Is dat niet het geval, dan hoeft geen percentage te worden berekend maar kan worden volstaan met de aftrek van het totaal aan faillissementskosten van de totale opbrengst van de gehele boedel.

> Aan de hand van een voorbeeld wordt dit systeem duidelijk. De opbrengst van een boedel bedraagt 1000. Er zijn geen bijzondere faillissementskosten. De algemene faillissementskosten bedragen in totaal 250. Als onderdeel van de boedel werd een machine verkocht. Schuldeiser X heeft een bevoorrechte vordering op die machine van 80. De machine werd verkocht en bracht 100 op. Voordat X iets krijgt, dienen over de opbrengst nog de algemene faillissementskosten te worden omgeslagen. Het omslagpercentage wordt berekend door de waarde van de machine als percentage van de waarde van de gehele boedel te berekenen. Hier dus: 100 = 10% van 1000. Omgeslagen wordt dan 10% van de algemene kosten, ofwel 10% van 250 = 25. De netto-opbrengst van de machine is dus 100 – 25 = 75. Die 75 zijn voor X en voor het niet batig gerangschikte deel van zijn vordering, ofwel 5, wordt hij concurrent schuldeiser.

In een faillissement is het niet uitzonderlijk dat de boedel ontoereikend blijkt om zelfs de boedelschulden te voldoen. Er wordt dan gesproken van een 'negatieve boedel'. In dat geval kan natuurlijk geen uitkering aan de faillissementsschuldeisers plaatsvinden. Hetgeen in de boedel zit dient te worden verdeeld over de boedelschuldeisers. Bij een negatieve boedel is er echter niet voldoende voor alle boedelschuldeisers. In dat geval moeten die schulden in beginsel naar evenredigheid van de omvang van elke schuld worden voldaan, behoudens de door de wet erkende redenen van voorrang. Ook tussen de boedelschuldeisers onderling zal dan een rangorde (zie hierna) moeten worden opgesteld. Bovendien geldt ook bij een negatieve boedel de regel dat de schuldeisers uit de nettoopbrengst, dus na aftrek van de kosten van executie, worden voldaan. Tot de executiekosten rekent de Hoge Raad in elk geval het salaris en de verschotten van de curator (HR 28 september 1990, *NJ* 1991/305 (*De Ranitz q.q./Ontvanger*) (zie hoofdstuk VI, § 2)).

> Wanneer het boedelactief mede bestaat in de opbrengst van verpande vorderingen die door de curator onrechtmatig zijn geïncasseerd, maar ontoereikend is om alle boedelschulden te voldoen, moet dus ook voor de boedelschuldeisers een rangorde worden opgesteld. Het salaris van de curator is dan hoger gerangschikt dan de vordering van de pandhouder. Weliswaar kan dit tot het onwenselijke resultaat leiden dat de curator de door hem gemaakte kosten van executie en vereffening – waaronder zijn salaris – kan verhalen ten koste van de pandhouder wiens rechten en verhaalsmogelijkheden hij heeft gefrustreerd en die zonder die handelwijze van de curator niet ten laste van de pandhouder zouden zijn gekomen, maar dat is naar het oordeel van de Hoge Raad geen reden om het wettelijk preferentiestelsel opzij te zetten (HR 5 februari 2016, ECLI:NL:HR:2016:199 (*Rabobank/Verdonk q.q.*)).

Volgens de hiervoor omschreven regeling is een na faillissement onverschuldigd aan de gefailleerde gedane betaling te beschouwen als een concurrente boedelschuld. Voor deze betalingen heeft de Hoge Raad echter een uitzondering gemaakt wanneer tussen de gefailleerde en degene die aan hem betaalde geen rechtsverhouding bestaat of heeft bestaan die tot de betaling aanleiding gaf en de betaling het gevolg is van een onmiskenbare vergissing. Volgens de Hoge Raad handelt een curator maatschappelijk betamelijk als hij een dergelijke vergissing dadelijk ongedaan maakt, zonder de afwikkeling van de boedel af te wachten en met voorbijgaan aan de aanspraken van andere boedelschuldeisers (HR 5 september 1997, *NJ* 1998/437 (*Hamm q.q./Ontvanger*)).

In een latere zaak probeerde een curator onder deze terugbetalingsverplichting uit te komen door onder meer te argumenteren dat er geen sprake was van een onmiskenbare vergissing, omdat hij behoorlijk wat onderzoek had moeten doen en overleg had moeten plegen, alvorens hij had kunnen vaststellen dat het om een onverschuldigde betaling ging. De Hoge Raad liet daarop weten niet terug te komen op zijn eerdere jurisprudentie en dat er zeer wel sprake kan zijn van een onmiskenbare vergissing ook al moet de curator – met toepassing van de Maclou-norm – zich enige moeite getroosten om te komen tot de vaststelling dat het inderdaad gaat om een onverschuldigde betaling (HR 8 juni 2007, ECLI:NL:HR:2007:AZ4569 (*Van der Werff q.q./BLG*)).

Rangorde
Pas wanneer alle faillissementskosten zijn voldaan, kan een curator overgaan tot verdeling van de resterende opbrengst over de faillissementsschuldeisers. Deze schuldeisers krijgen niet noodzakelijkerwijs een evenredig deel van die opbrengst, maar worden voldaan overeenkomstig de wettelijke redenen van de aan hun vordering verbonden voorrang. Strikt genomen is dit geen vraag van faillissementsrecht en dit wordt ook niet in de Faillissementswet geregeld, maar hoofdzakelijk in het BW. De rangorde wordt echter wel vaak als onderdeel van het faillissementsrecht beschouwd. De rangorde is namelijk van belang zodra er te weinig geld is om alle schuldeisers te voldoen en dat is in faillissement bijna altijd het geval. Helaas heeft de wetgever niet voorzien in een lijst die eenvoudig van boven naar beneden kan worden afgelopen. Pogingen om dergelijke lijsten op te stellen gaan al snel ten onder aan de vele uitzonderingen. De rangorde hangt sterk af van welke vorderingen in een concreet geval tegenover elkaar staan. Hier worden daarom slechts de hoofdregels besproken.

In beginsel zijn alle schuldeisers gelijk in rang; zij hebben een gelijk recht om uit de netto-opbrengst te worden voldaan naar evenredigheid van hun vordering (art. 3:277 lid 1 BW). Dit wordt ook wel de paritas creditorum genoemd, die echter alleen geldt voor de concurrente schuldeisers. De wetgever zelf doorbreekt dit beginsel door de toevoeging aan art. 3:277 lid 1 dat de gelijkheid van schuldeisers slechts geldt 'behoudens de door de wet erkende redenen van voorrang'. Van die redenen kent de wet er drie: pand en hypotheek, voorrecht en andere in de wet aangegeven gronden (art. 3:278 BW).
- Pand en hypotheek gaan voor voorrechten, tenzij de wet anders bepaalt (art. 3:279 BW).
- Bijzondere voorrechten gaan voor algemene voorrechten, tenzij de wet anders bepaalt (art. 3:280).
- Wanneer bijzondere voorrechten op hetzelfde goed rusten, zijn zij gelijk in rang, tenzij de wet anders bepaalt (art. 3:281 lid 1 BW).
- De rangorde tussen de algemene voorrechten, die dus rusten op alle goederen, wordt bepaald door de volgorde waarin de wet ze noemt (art. 3:281 lid 2 jo. art. 3:288 BW).

Deze hoofdregels gelden niet voor voorrang die voortvloeit uit 'andere in de wet aangegeven gronden'. De precieze positie ten opzichte van andere schuldeisers met voorrang wordt door de wet bij elke afzonderlijke reden van voorrang aangegeven. Het retentierecht is hiervan een goed voorbeeld. De voorrang van het retentierecht volgt uit art. 3:292 BW. De retentor kan zijn vordering op de zaak verhalen met voorrang boven allen tegen wie het retentierecht kan worden ingeroepen, dat wil zeggen tegen alle andere schuldeisers, inclusief de fiscus, en tegen hen met een ouder of jonger recht op de zaak (waaronder ook pand- en hypotheekhouders) onder de voorwaarden gesteld in art. 3:291 BW.

Vereffening, verdeling en rangorde

De beschrijving van de positie van de schuldeisers in hoofdstuk VI en de hiervoor gegeven hoofdregels van de rangorde leveren het volgende schema op voor de verdeling van de boedel. De separatisten (linkerkolom) en de feitelijk preferente schuldeisers (rechterkolom) zijn voor het verhaal van hun vordering niet of slechts zeer ten dele afhankelijk van de curator. Staat er na uitoefening van hun recht nog een deel van hun vordering open, dan kunnen zij daarvoor in beginsel opkomen als concurrent schuldeiser. Alle schuldeisers die in de middelste kolom voorkomen, zijn voor het verhaal van hun vordering afhankelijk van de curator. De boedelschuldeisers hebben weliswaar een rechtstreekse aanspraak op de boedel, maar uiteindelijk zullen zij hun betaling moeten ontvangen van de curator en zolang niet duidelijk is of er voldoende geld in de boedel is om de betreffende boedelschuld te betalen, zal het voor een boedelschuldeiser moeilijk zijn om zijn vordering daadwerkelijk te incasseren. De schuldeisers in de middenkolom zijn ook degenen die te maken hebben met de omslag van de faillissementskosten. Feitelijk wordt het faillissement op hun kosten afgewikkeld en hoe lager een schuldeiser gerangschikt staat in de middenkolom, hoe geringer de kans dat hij een uitkering van de curator tegemoet kan zien. De gemiddelde 'recovery-rate" van de concurrente schuldeisers ligt onder de 4%.

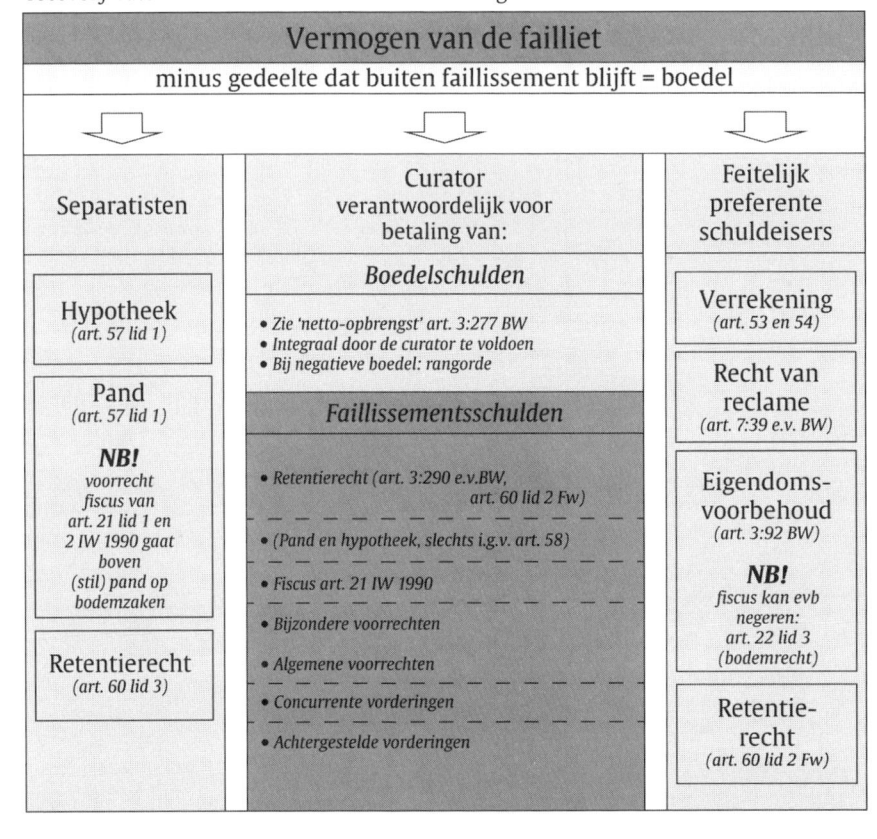

Vermogen van de failliet
minus gedeelte dat buiten faillissement blijft = boedel

Separatisten	Curator verantwoordelijk voor betaling van:	Feitelijk preferente schuldeisers
Hypotheek (art. 57 lid 1)	***Boedelschulden*** • Zie 'netto-opbrengst' art. 3:277 BW • Integraal door de curator te voldoen • Bij negatieve boedel: rangorde	**Verrekening** (art. 53 en 54)
Pand (art. 57 lid 1)	***Faillissementsschulden***	**Recht van reclame** (art. 7:39 e.v. BW)
NB! voorrecht fiscus van art. 21 lid 1 en 2 IW 1990 gaat boven (stil) pand op bodemzaken	• Retentierecht (art. 3:290 e.v.BW, art. 60 lid 2 Fw) • (Pand en hypotheek, slechts i.g.v. art. 58) • Fiscus art. 21 IW 1990 • Bijzondere voorrechten • Algemene voorrechten • Concurrente vorderingen • Achtergestelde vorderingen	**Eigendomsvoorbehoud** (art. 3:92 BW) **NB!** fiscus kan evb negeren: art. 22 lid 3 (bodemrecht)
Retentierecht (art. 60 lid 3)		**Retentierecht** (art. 60 lid 2 Fw)

123

HOOFDSTUK X
Internationale aspecten

1   Algemeen

In toenemende mate komt het voor dat een (rechts)persoon die failliet is verklaard, niet slechts vermogensbestanddelen en schuldeisers heeft in het land waar zijn faillietverklaring is uitgesproken, maar ook in één of meer andere landen. Dat roept allerlei vragen op: wordt een in het ene land uitgesproken faillissement in een ander land erkend, kan een curator optreden buiten het land waar hij is benoemd, wat is de status van de vermogensbestanddelen die zich bevinden in een ander land dan waar het faillissement is uitgesproken?

Bij de beantwoording van deze en aanverwante vragen zijn twee beginselen van belang: het universaliteitsbeginsel en het territorialiteitsbeginsel. De aanhangers van het eerstgenoemde beginsel zijn van mening dat het faillissement het gehele vermogen van de schuldenaar dient te omvatten en moet leiden tot verdeling van de opbrengst van dat vermogen onder alle schuldeisers, ongeacht waar dat vermogen en die schuldeisers zich bevinden. De verdedigers van het territorialiteitsbeginsel gaan ervan uit, dat het faillissement slechts effect kan hebben in het land waar het is uitgesproken.

> Voor het universaliteitsbeginsel pleit dat het het meest beantwoordt aan de doelstelling van het faillissement als algemeen beslag op het vermogen van de schuldenaar ten behoeve van alle schuldeisers. Deze doelstelling wordt niet alleen in de Nederlandse Faillissementswet geformuleerd – zie art. 20 Fw –, maar ook in de meeste buitenlandse wetten. Dat desalniettemin in de meeste landen het territorialiteitsbeginsel wordt aangehangen, vindt zijn oorsprong in het feit dat ieder land zijn soevereiniteit hoog in het vaandel voert. Uit een oogpunt van soevereiniteit is het ongerijmd, dat een rechter of wetgever in het ene land zou kunnen bepalen welke invloed zijn beslissing resp. regeling in een ander land heeft. Voor Nederland komt die soevereiniteitsgedachte bijvoorbeeld tot uitdrukking in art. 431 Rv, dat inhoudt dat – behoudens uitzonderingen – een in het buitenland gewezen vonnis niet zonder meer in Nederland kan worden geëxecuteerd.

Aan het vrijwel overal gehuldigde territorialiteitsbeginsel kleeft het bezwaar dat het de mogelijkheid openlaat dat iemand in verschillende landen tegelijkertijd failliet wordt verklaard. Bovendien bestaat de kans dat individuele schuldeisers zich gaan verhalen op vermogensbestanddelen van hun schuldenaar die zich bevinden buiten het land waar het faillissement is uitgesproken. Wat Nederland betreft wordt dit laatste probleem ondervangen door art. 203-205 Fw, de enige materieelrechtelijke artikelen die onze Faillissementswet bevat op het punt van de internationale aspecten van het faillissement. Deze artikelen houden een regeling in voor het geval dat schuldeisers die betrokken zijn bij een in Nederland uitgesproken faillissement, zich hebben verhaald op vermogensbestanddelen van hun schuldenaar die zich in het buitenland bevinden. De regeling komt erop neer dat die schuldeisers het aldus verhaalde aan de boedel moeten vergoeden (art. 203 Fw). Art.

204 en 205 Fw beogen te voorkomen dat deze vergoedingsplicht al te gemakkelijk omzeild kan worden door cessie (al dan niet in combinatie met verrekening). Doel is om op deze manier de paritas creditorum zoveel mogelijk te handhaven in een in Nederland geopende insolventieprocedure, waarin de schuldenaar vermogen heeft in het buitenland. Met art. 105 lid 2 Fw is de wetgever de curator in dit opzicht te hulp gekomen door de gefailleerde die vermogensbestanddelen in het buitenland heeft te verplichten de curator daarover in te lichten en hem alle medewerking te verlenen, waaronder zonodig de verschaffing van een volmacht, om hem de beschikking te geven over die buitenlandse vermogensbestanddelen.

Wil men aan een faillissement externe (of extraterritoriale) werking toekennen, dan kunnen slechts verdragen uitkomst bieden. Zolang niet door middel van een verdrag een regeling is getroffen, geldt naar Nederlands recht als uitgangspunt dat een faillissement territoriale werking heeft. Daarbij moet onderscheid gemaakt worden tussen het geval dat in het buitenland een faillissement is uitgesproken en de vraag rijst welk effect dit in Nederland heeft, en anderzijds het geval dat een faillissement in Nederland is uitgesproken en men gesteld wordt voor de vraag wat de werking daarvan is in het buitenland.

> De vraag welk effect een in het buitenland uitgesproken faillissement heeft in Nederland, is aan de orde geweest in het arrest van de Hoge Raad van 31 mei 1996, *NJ* 1998/108 (*De Vleeschmeesters*). De casus kwam op het volgende neer. C, Nederlander, had zich in 1982 in Frankrijk gevestigd om zich daar met de veehouderij bezig te houden. In 1985 had hij een mestovereenkomst gesloten met de in Nederland gevestigde vennootschap De Vleeschmeesters. Deze vennootschap had, naar zij stelde, op grond van deze overeenkomst op zeker moment een vordering op C van ruim 1 miljoen Franse francs. C werd in 1989 in Frankrijk failliet verklaard en in 1992 werd het faillissement opgeheven wegens de toestand van de boedel. De vordering van De Vleeschmeesters, die zij in het faillissement had ingediend, was niet voldaan. C was inmiddels weer in Nederland gaan wonen. In augustus 1992 legde de vennootschap in verband met haar vordering loonbeslag ten laste van C onder een bedrijf in Nederland waar C werkte. C stelde zich op het standpunt dat dit niet kon, omdat de vordering van De Vleeschmeesters naar Frans faillissementsrecht door de opheffing van het faillissement was tenietgegaan. De Hoge Raad was het daar niet mee eens. Volgens de Hoge Raad stond de door C bedoelde Franse wetsbepaling er niet aan in de weg dat De Vleeschmeesters verhaal konden zoeken op vermogensbestanddelen van C die zich in Nederland bevonden. De Hoge Raad overwoog: 'Voor zover niet bij een Nederland bindend verdrag anders is bepaald, heeft een in een ander land uitgesproken faillissement territoriale werking, niet alleen in die zin dat het daar op het vermogen van de gefailleerde rustende faillissementsbeslag niet mede omvat zijn in Nederland aanwezige baten (HR 2 juni 1967, *NJ* 1968/16), maar ook in dier voege dat de rechtsgevolgen die door het faillissementsrecht van dat andere land aan een faillissement worden verbonden, in Nederland niet kunnen worden ingeroepen voor zover zij ertoe zouden leiden dat onvoldane crediteuren zich niet meer kunnen verhalen op – tijdens of na afloop van het faillissement – in Nederland aanwezige vermogensbestanddelen van de (voormalige) gefailleerde.'

In dit verband is ook van belang het arrest van de Hoge Raad van 24 oktober 1997, *NJ* 1999/316 (*Gustafsen q.q./Mosk*), waaruit blijkt dat het territorialiteitsbeginsel niet tot het uiterste wordt doorgevoerd. In dit arrest overwoog de Hoge Raad dat de vordering van een Duitse curator tot terugbetaling van een paulianeus aan de Nederlander Mosk betaald bedrag niet reeds op grond van de territoriale werking van het Duitse faillissementsrecht diende af te stuiten. De Hoge Raad stelde voorop dat het op het faillissement toepasselijke buitenlandse recht het bestaan en de inhoud van de bevoegdheden van de buitenlandse curator in Nederland bepaalt en overwoog vervolgens dat de bevoegd ingestelde Pauliana moet worden getoetst aan het recht van zowel het land waar het faillissement is uitgesproken

Algemeen

als het land waar de aangevochten rechtshandeling is verricht. De Hoge Raad voegde hieraan toe dat deze opvatting steun vindt in de internationale rechtsontwikkeling zoals deze in het bijzonder blijkt uit het in 1995 tot stand gekomen Europees Insolventieverdrag, dat intussen is omgezet in de Europese Insolventieverordening, waarover hierna meer.

Dat de Hoge Raad er nog altijd zo over denkt blijkt uit HR 19 december 2008, ECLI:NL:HR:2008:BG3573 en HR 13 september 2013, ECLI:NL:HR:2013:BZ5668 (*Yukos Finance BV/Rebgun*), waarin hij overweegt: '\'Naar Nederlands internationaal privaatrecht is de vraag naar het bestaan en de inhoud van de bevoegdheden van een faillissementscurator een vraag van faillissementsrecht die wordt beheerst door het recht dat op het desbetreffende faillissement van toepassing is. Voor zover niet bij een Nederland bindende regeling anders is bepaald, heeft een in een ander land uitgesproken faillissement territoriale werking, niet alleen in die zin dat het daar op het vermogen van de gefailleerde rustende faillissementsbeslag niet mede omvat zijn in Nederland aanwezige baten, maar ook in dier voege dat de rechtsgevolgen die door het faillissementsrecht van dat andere land aan dat faillissement worden verbonden in Nederland niet kunnen worden ingeroepen voor zover zij ertoe zouden leiden dat onvoldane crediteuren zich niet meer kunnen verhalen op in Nederland aanwezige vermogensbestanddelen van de (voormalige) gefailleerde. Aan de werking in Nederland van andere gevolgen van een in het buitenland uitgesproken faillissement staat dit territorialiteitsbeginsel niet in de weg.'

Een curator in een buitenlands faillissement kan dus in beginsel ook met betrekking tot in Nederland aanwezig vermogen dat tot de failliete boedel behoort, maar waarop het faillissementsbeslag niet rust, beheers- en beschikkingshandelingen verrichten, mits de curator daartoe volgens het recht van het land waar de procedure is geopend (de lex concursus) bevoegd is en zolang er vermogen van de gefailleerde in Nederland aanwezig is waarop onvoldane schuldeisers zich kunnen blijven verhalen. Zo kan een buitenlandse curator in Nederland een actio Pauliana instellen en de zich in Nederland bevindende vermogensbestanddelen vervreemden en de opbrengst daarvan in de buitenlandse faillissementsboedel laten vloeien. Gelegde beslagen zullen echter wel moeten worden gerespecteerd, aangezien de beslagen vermogensbestanddelen niet onder het vreemde faillissementsbeslag vallen.

Wel is vereist dat het vonnis waarbij het faillissement is uitgesproken en de wijze waarop het tot stand is gekomen niet in strijd zijn met de Nederlandse openbare orde.

Voor de werking van een in Nederland uitgesproken faillissement in het buitenland is nog steeds richtinggevend het arrest van de Hoge Raad van 15 april 1955, *NJ* 1955/542 (*Kallir/Comfin*). Uitgangspunt is dat een in Nederland geopende procedure universele werking heeft.

> De Hoge Raad overwoog: 'dat, al moge de Nederlandse Overheid, die slechts binnen eigen gebied soeverein is, niet bij machte zijn aan de in Nederland uitgesproken faillietverklaring ten aanzien van het buiten de Nederlandse grenzen gelegen vermogen van de gefailleerde werking te verzekeren en al kan alleen de buitenlandse Overheid over deze werking binnen zijn rechtsgebied beslissen, de Fw generlei bepaling inhoudt, welke zou verbieden, dat de curator in een Nederlands faillissement vermogensbestanddelen van de gefailleerde, welke

zich in het buitenland bevinden, in de boedel van het Nederlandse faillissement betrekt, indien en voor zover hem dit mogelijk is.'

In Nederland is bevoegd een insolventieprocedure te openen (art. 2 Fw):
- De rechter van de woonplaats van de schuldenaar.
- Als de schuldenaar zich buiten het Rijk in Europa heeft begeven, de rechter van zijn laatste woonplaats.
- Bij een vennootschap onder firma is de rechtbank binnen welker rechtsgebied het kantoor van de vennootschap is gevestigd mede bevoegd.
- Als de schuldenaar geen woonplaats in Nederland heeft maar hier wel een beroep of bedrijf uitoefent, is de rechter bevoegd binnen wiens rechtsgebied de schuldenaar een kantoor heeft.

Daarnaast is de Nederlandse rechter internationaal bevoegd in geschillen die gedurende en in verband met de insolventieprocedure (kunnen) rijzen.
- Art. 6 aanhef en sub i Rv: De Nederlandse rechter heeft tevens rechtsmacht in zaken betreffende: faillissement, surseance van betaling of de toepassing van de schuldsanering natuurlijke personen indien het faillissement, de surseance van betaling of de toepassing van de schuldsaneringsregeling in Nederland is uitgesproken of verleend.
- Art. 122 Fw. De renvooiprocedure vestigt ook internationale, hoewel geen exclusieve bevoegdheid. De curator blijft gebonden aan een door de schuldenaar vóór de insolventieprocedure rechtsgeldig overeengekomen forumkeuze.

Ten aanzien van het toepasselijk recht bestaat weinig duidelijkheid en/of consensus. In zijn algemeenheid geldt als hoofdregel dat het recht van het land waar de procedure is geopend alle gevolgen van een insolventieprocedure beheerst. Uitzonderingen: een bepaalde rechtsverhouding is te nauw met de rechtsorde van een ander land verbonden om een vreemd insolventierecht toepasbaar te laten zijn, zoals bijvoorbeeld het huur- en arbeidsovereenkomstenrecht. In de rechtspraak wordt in toenemende mate aansluiting gezocht bij de regeling van de hierna te bespreken Europese Insolventieverordening.

2 De Europese Insolventieverordening

Gezien de voortschrijdende Europese integratie is het niet verwonderlijk dat door de Europese instellingen ook activiteiten zijn ontplooid op het terrein van het grensoverschrijdende insolventierecht. Voor een goede werking van de interne markt is het immers noodzakelijk om ook op dat terrein regelingen te treffen. Aanvankelijk is geprobeerd om dat op intergouvernementeel vlak te realiseren door middel van een verdrag, maar verschillende politieke problemen verhinderden dat. Met name het Verenigd Koninkrijk heeft nogal wat roet in het eten gegooid, eerst in verband met een geschil over de eigendom van Gibraltar, later als een soort vergeldingsactie voor het door 'Brussel' uitgevaardigde vleesexportverbod vanwege de gekkekoeienziekte. Uiteindelijk werd van het ontwerp-verdrag een ontwerp-verordening gemaakt, die zonder veel nadere discussie leidde tot Verordening 1346/2000.

Deze verordening (IVO) is in werking getreden op 31 mei 2002 en bracht als een van de belangrijkste gevolgen met zich dat insolventieprocedures die werden geopend in een lidstaat waar het centrum van de voornaamste belangen van de schuldenaar was gelegen van rechtswege werden erkend in andere lidstaten. Verder bevat de Verordening bepalingen over de internationaal bevoegde rechter, over de vraag welk recht toepasselijk is, de mogelijkheid om een secundaire procedure te openen in de lidstaat waar de schuldenaar een nevenvestiging heeft en de coördinatie tussen de verschillende procedures.

De Europese Commissie werd opgedragen om uiterlijk op 1 juli 2012 verslag uit te brengen over de toepassing van de Verordening en daarbij eventueel wijzigingsvoorstellen te doen. Dat heeft geleid tot de herziene Verordening (H-IVO, 2015/848) die op 26 juni 2017 in werking is getreden. De herziene Verordening is van toepassing op insolventieprocedures die na die datum worden geopend (art. 84 H-IVO). Op voordien geopende procedures blijft de oorpronkelijke Verordening (1346/2000) van toepassing en op rechtshandelingen van de schuldenaar van vóór die datum blijft het recht van toepassing dat gold op het moment dat zij werden verricht.

Van alle lidstaten heeft alleen Denemarken besloten gebruik te maken van de 'opt-out'-regeling.

In de herziene Verordening zijn de beginselen van de oorspronkelijke Verordening verder uitgewerkt. Er is nu een definitie opgenomen van het centrum van de voornaamste belangen, die in de IVO ontbrak. De regeling van de secundaire procedure is uitgebreid. Onder de verordening vallen nu ook procedures waarbij de schuldenaar zelf de boedel beheert en procedures waarin slechts een risico op insolventie bestaat. Ook zijn er voor het eerst bepalingen opgenomen met betrekking tot de insolventie van groepen van ondernemingen en de koppeling van de nationale insolventieregisters.

De Verordening is ingevolge art. 1 lid 1 van toepassing op openbare collectieve procedures die zijn gebaseerd op het recht inzake insolventie en waarin, ten behoeve van herstel, schuldaanpassing, reorganisatie of liquidatie:
a) een schuldenaar het beheer en de beschikking over zijn goederen geheel of gedeeltelijk verliest en een insolventiefunctionaris wordt aangewezen;
b) de goederen en de onderneming van een schuldenaar onder controle of toezicht van een rechter staan; of
c) een tijdelijke schorsing van een afzonderlijke executieprocedure wordt verleend of van rechtswege plaatsvindt, ten behoeve van onderhandelingen tussen de schuldenaar en diens schuldeisers, voor zover de procedure waarin de schorsing wordt verleend in passende maatregelen ter bescherming van de gezamenlijke schuldeisers voorziet en, indien er geen overeenstemming wordt bereikt, voorafgaat aan de onder a of b bedoelde procedure.

Indien de in dit lid bedoelde procedures kunnen worden ingeleid in omstandigheden waarin er slechts een risico op insolventie bestaat, hebben zij tot doel de insolventie van de schuldenaar of het staken van diens bedrijfsactiviteiten te voorkomen.

De nationale procedures waarop de Verordening van toepassing is, worden limitatief opgesomd in Bijlage A. Voor Nederland zijn dat het faillissement, de surseance van betaling en de schuldsaneringsregeling natuurlijke personen.

In de H-IVO wordt niet meer gesproken van curatoren, bewindvoerders, e.d., maar van insolventiefunctionarissen. Volgens art. 2 lid 5 H-IVO kan als insolventiefunctionaris

worden aangemerkt elke persoon of instantie waarvan de taak, ook op tussentijdse basis, erin bestaat:
- de in het kader van een insolventieprocedure ingediende vorderingen te verifiëren en te aanvaarden;
- het collectieve belang van de schuldeisers te behartigen;
- het geheel of een deel van de goederen waarover de schuldenaar het beheer en de beschikking heeft verloren, te beheren;
- die goederen te liquideren;
- toe te zien op het beheer van de onderneming van de schuldenaar.

De insolventiefunctionarissen worden opgesomd in Bijlage B. Voor Nederland zijn dat de curator en de bewindvoerder in surseance of schuldsanering.

> De Verordening is niet van toepassing op insolventieprocedures betreffende kredietinstellingen, verzekeraars, beleggingsondernemingen en instellingen voor collectieve belegging (art. 1 lid 2 IVO). Op grond van andere Europese wetgeving is alleen de rechter van de lidstaat, die aan de kredietinstelling of verzekeraar vergunning heeft verleend, bevoegd om die kredietinstelling of verzekeraar aan een insolventieprocedure te onderwerpen. Bovendien staan deze instellingen onder toezicht in die lidstaat en dat toezicht verdraagt zich niet met toepassing van de Verordening.

De Verordening combineert universaliteit met territorialiteit. Enerzijds kent de Verordening de hoofdprocedure, die in beginsel universele werking verkrijgt in alle lidstaten. Anderzijds biedt de Verordening de mogelijkheid om naast de hoofdprocedure ook territoriale of secundaire procedures te openen die slechts werking hebben binnen de lidstaat waar zij worden geopend. Van al deze procedures regelt de Verordening de volgende drie aspecten:
1. de internationale bevoegdheid om een dergelijke procedure te openen;
2. de erkenning van een in de ene lidstaat uitgesproken insolventieprocedure en daarmee verband houdende vervolgbeslissingen in de andere lidstaten; en
3. het toepasselijk recht.

Internationale bevoegdheid
Uitsluitend de rechters van de lidstaat waar zich het 'centrum van de voornaamste belangen' van de schuldenaar bevindt, zijn bevoegd een hoofdprocedure te openen (art. 3 lid 1 H-IVO). Uit de Considerans bij de Verordening sub 13 blijkt dat met het centrum van de voornaamste belangen wordt bedoeld 'de plaats waar de schuldenaar gewoonlijk het beheer over zijn belangen voert en die als zodanig voor derden herkenbaar is'. Voor potentiële schuldeisers is het van belang te weten waar dit centrum gesitueerd is om een juiste inschatting te kunnen maken van de insolventie-risico's.

Bij vennootschappen en rechtspersonen wordt de statutaire zetel vermoed het centrum van de voornaamste belangen te zijn. Ten aanzien van een natuurlijk persoon die als zelfstandige een beroep of bedrijf uitoefent wordt het centrum vermoed de plaats van diens hoofdvestiging te zijn. Ten aanzien van andere natuurlijke personen wordt het centrum vermoed hun gebruikelijke verblijfplaats te zijn. Dat vermoeden kan worden weerlegd indien aan de hand van objectieve, voor derden verifieerbare factoren kan worden aangetoond dat het centrum in werkelijkheid ergens anders is gelegen (HvJ EG 2 mei 2006, nr. C-341/04 (*Eurofood*)), later nader uitgewerkt in het *Interedil*-arrest.

> Het centrum van de voornaamste belangen van een vennootschap moet worden vastgesteld door voorrang te geven aan de plaats van het hoofdbestuur van deze vennootschap zoals die aan de hand van objectieve en voor derden verifieerbare gegevens kan worden bepaald. Indien de bestuurs- en toezichtsorganen van een vennootschap zich op de plaats van haar statutaire zetel bevinden en de bestuursbesluiten van deze vennootschap op voor derden verifieerbare wijze op die plaats worden genomen, kan het vermoeden van art. 3 lid 1 Insolventieverordening niet worden weerlegd. Indien de plaats van het hoofdbestuur van een vennootschap zich niet op de plaats van haar statutaire zetel bevindt, kunnen de aanwezigheid van vermogensbestanddelen van de vennootschap in een andere lidstaat dan die van de statutaire zetel en het aldaar bestaan van overeenkomsten met betrekking tot de financiële exploitatie van die vermogensbestanddelen slechts volstaan voor de weerlegging van dat vermoeden, wanneer uit een integrale beoordeling van alle relevante factoren op een voor derden verifieerbare wijze blijkt dat het werkelijke centrum van bestuur en toezicht van deze vennootschap en van het beheer over haar belangen zich in die andere lidstaat bevindt (HvJ EU 20 oktober 2011, C-369/09 (*Interedil*)).

Een dochtermaatschappij wordt verondersteld het centrum van haar voornaamste belangen te hebben in de lidstaat waar haar statutaire zetel is gevestigd, en niet waar haar moedermaatschappij is gevestigd, tenzij ook nu aan de hand van objectieve, voor derden verifieerbare factoren kan worden aangetoond dat de feitelijke situatie een andere is (HvJ EG 2 mei 2006, C-341/04 (*Eurofood*)).

Het vermoeden van art. 3 lid 1 H-IVO kan meestal op vrij eenvoudige wijze worden weerlegd. Bij vennootschappen kan dit bijvoorbeeld het geval zijn als het gaat om een zogenoemde brievenbusmaatschappij die geen enkele activiteit heeft in de lidstaat van haar statutaire zetel. Bij een natuurlijk persoon (zonder eenmanszaak) kunnen diens goederen zich grotendeels bevinden buiten de lidstaat waar deze zijn gebruikelijke verblijfplaats heeft of de schuldenaar is verhuisd naar een andere lidstaat om daar gebruik te maken van een soepelere schuldsaneringsprocedure.

> Een schuldenaar die het Rijk in Europa had verlaten werd failliet verklaard en tekende daartegen verzet aan met het argument dat de Nederlandse rechter niet bevoegd was, omdat zijn buiten het Rijk in Europa gelegen gewone verblijfplaats had te gelden als het centrum van zijn voornaamste belangen. In feitelijke instanties was echter vastgesteld, dat de schuldenaar aanzienlijke belangen had in een groot aantal in Nederland gevestigde vennootschappen en dat zijn bank zakelijke correspondentie altijd had gestuurd naar zijn adres in Nederland, waarop door de schuldenaar ook altijd was gereageerd. Volgens de Hoge Raad was daarom terecht aangenomen dat de Nederlandse rechter rechtsmacht toekwam, nu de schuldenaar ook na zijn vertrek uit Nederland het beheer van zijn zakelijke belangen in Nederland was blijven voeren (zie HR 9 januari 2004, ECLI:NL:HR:2004:AN7896).
>
> De vennoten van een v.o.f. verhuizen hun bedrijfsactiviteiten naar Polen en zetten daar een nieuwe onderneming op. Terwijl de vereffening van de v.o.f. nog niet is voltooid, wordt het faillissement van de v.o.f. aangevraagd. Dat kan alleen door een Nederlandse rechter worden uitgesproken als het centrum van de voornaamste belangen van de v.o.f. zich in Nederland bevindt. In de visie van de Hoge Raad betekent het enkele feit van de verhuizing van de bedrijfsactiviteiten naar een andere lidstaat van de Europese Unie nog niet dat het centrum van de voornaamste belangen van de vennootschap niet langer in haar vestigingsplaats Honselersdijk gelegen zou zijn (HR 22 december 2009, ECLI:NL:HR:2009:BK3574 (*Van Kester v.o.f./FFP*)).

Om zoveel mogelijk te voorkomen dat schuldenaren gaan forumshoppen, gelden deze bewijsvermoedens niet indien de vennootschap haar statutaire zetel of de natuurlijke persoon met een eenmanszaak zijn hoofdvestiging in de drie maanden voor het aanvragen van de insolventieprocedure naar een andere lidstaat heeft verplaatst. Voor andere natuurlijke personen geldt een periode van zes maanden. De datum waarop een verzoek tot opening van een insolventieprocedure is ingediend, is bepalend voor de plaats waar het centrum van de voornaamste belangen van de schuldenaar zich bevindt (HvJ EU 17 januari 2006, C1/04 (*Staubitz-Schreiber*)) ook al verplaatst de schuldenaar zijn centrum daarna naar een andere lidstaat.

Bevoegdheid inzake gerelateerde vorderingen
Art. 6 lid 1 H-IVO bepaalt dat de rechter van de lidstaat waar een insolventieprocedure is geopend tevens bevoegd is om van alle vorderingen die rechtstreeks uit de insolventieprocedure voortvloeien en er nauw verband mee houden kennis te nemen. Indien een dergelijke vordering samenhangt met een vordering in een burgerlijke of handelszaak tegen dezelfde verweerder, kan de insolventiefunctionaris beide vorderingen instellen bij de rechter van de lidstaat op het grondgebied waarvan de verweerder zijn woonplaats heeft (HvJ EU 9 november 2017, C-641/16 (*Tünkers*)). Het gaat dan niet om de procedurele context waarin de vordering is ingesteld, maar om de rechtsgrondslag van de vordering. Wanneer de vordering nauw samenhangt met een niet-insolventierechtelijke vordering, bijvoorbeeld een gewone vordering uit onrechtmatige daad, kan de insolventiefunctionaris de insolventierechtelijke vordering ook bij de rechter van de woonplaats van gedaagde (forum rei) instellen, indien deze bevoegd is op grond van de Brussel I(bis)-Verordening. Dit heeft geen gevolgen voor het toepasselijke (insolventie)recht.

Territoriale of secundaire procedure
Zodra in een lidstaat een hoofdprocedure is geopend, kan in een andere lidstaat uitsluitend nog een secundaire insolventieprocedure worden geopend (art. 3 lid 3 jo. art. 34 H-IVO) en dat alleen als de schuldenaar daar een vestiging heeft (art. 3 lid 2 H-IVO). Dit kan elk type insolventieprocedure zijn, genoemd in Bijlage A. Onder vestiging moet verstaan worden 'elke plaats van handeling waar de schuldenaar met behulp van mensen en goederen een economische activiteit uitoefent die niet van tijdelijke aard is' (zie art. 2 sub 10 IVO).

> In de bewoordingen van het Europese Hof: 'Om van een vestiging te kunnen spreken is nodig dat er sprake is van een structuur met een minimum aan organisatie en een zekere stabiliteit voor de uitoefening van een economische activiteit. De loutere aanwezigheid van individuele vermogensbestanddelen of bankrekeningen beantwoordt in beginsel niet aan die definitie.' (HvJ EU 20 oktober 2011, C-396/09 (Interedil)).

Als de staat van insolventie een vereiste was voor het openen van de hoofdprocedure, mag de rechter aan wie het verzoek tot opening van een secundaire procedure wordt voorgelegd, niet opnieuw de staat van insolventie toetsen (art. 34 H-IVO).

Deze secundaire procedure heeft alleen betrekking op de goederen van de schuldenaar die zich op het grondgebied van die lidstaat bevinden (art. 3 lid 2 H-IVO). Dit moet weer bepaald worden aan de hand van art. 2 lid 9 H-IVO. Secundaire procedures hebben dus slechts territoriale werking en worden logischerwijze beheerst door het recht van de lidstaat op het grondgebied waarvan de secundaire insolventieprocedure is geopend (art. 35 H-IVO). Door de opening van een secundaire procedure is de insolventiefunctionaris in de hoofdprocedure niet langer bevoegd om zelfstandig op te treden in de lidstaat van de secundaire procedure.

> Een secundaire procedure kan aangevraagd worden door de insolventiefunctionaris van de hoofdprocedure en door iedereen die volgens het recht van de betreffende lidstaat gerechtigd is een dergelijke aanvraag te doen (art. 37 H-IVO). Voor een insolventiefunctionaris kan die mogelijkheid van belang zijn als hij bijvoorbeeld een als zelfstandige territoriale procedure gestarte reorganisatie omgezet wil zien in een liquidatieprocedure. Voor een schuldeiser kan er aanleiding zijn voor het aanvragen van een secundaire procedure als dat een versterking betekent van zijn positie; in de secundaire procedure zou een schuldeiser bijvoorbeeld een bevoorrechte positie kunnen innemen, terwijl hij in de hoofdprocedure slechts concurrent schuldeiser zou zijn.

Ondanks het feit dat er (nog) geen hoofdprocedure loopt in de lidstaat van het centrum van de voornaamste belangen, kan er een zelfstandige territoriale procedure geopend worden in de lidstaat waarin de schuldenaar een vestiging heeft, wanneer de wetgeving van eerstbedoelde lidstaat opening van een hoofdprocedure niet mogelijk maakt of de opening van de territoriale procedure wordt aangevraagd door een schuldeiser die een overheidsinstantie is (belastingautoriteit, sociale verzekeringsinstantie, e.d.) of wiens vordering verband houdt met de vestiging van de schuldenaar (art. 3 lid 4 IVO). Ook in dit geval moet het land van het centrum van de voornaamste belangen van de schuldenaar een lidstaat van de Europese Unie zijn, omdat anders de Verordening immers niet van toepassing is.

> In België kan een natuurlijk persoon alleen failliet worden verklaard als hij koopman is. Als het centrum van de voornaamste belangen van een natuurlijk persoon-niet-koopman in België is gelegen en die persoon een vestiging heeft in Nederland, kan in Nederland wel het faillissement worden aangevraagd in een zelfstandige territoriale procedure.
> Een zelfstandige territoriale procedure kan zowel een liquidatie- als een reorganisatieprocedure zijn (zie Bijlage A bij de Verordening).

Zodra er een hoofdinsolventieprocedure wordt geopend, wordt de territoriale insolventieprocedure een secundaire insolventieprocedure.

Erkenning algemeen
Het universele karakter van een hoofdprocedure volgt uit de volgende drie artikelen:

Art. 19 H-IVO: Elke beslissing tot opening van een insolventieprocedure, genomen door een krachtens art. 3 bevoegde rechter van een lidstaat, wordt (van rechtswege) erkend in alle andere lidstaten zodra de beslissing rechtsgevolgen heeft in de lidstaat waar de procedure is geopend. De 'erkennende' rechter mag de bevoegdheid van de rechter die de procedure opent niet toetsen. Overigens bepaalt art. 19 lid 2 H-IVO uitdrukkelijk dat de opening van een hoofdprocedure niet in de weg staat aan de mogelijkheid om in een andere lidstaat een secundaire procedure te openen. Ingevolge lid 1 worden ook die beslissingen in alle andere lidstaten zonder meer erkend.

Art. 20 H-IVO: door de erkenning heeft de hoofdprocedure in de andere lidstaten de gevolgen die zij heeft volgens het recht van de lidstaat waar zij geopend is, tenzij de

Verordening anders bepaalt (zie art. 8-18 H-IVO) en mits er in een andere lidstaat geen secundaire procedure is geopend.

Art. 21 H-IVO: de bevoegdheden die de curator heeft volgens het recht van de lidstaat waar de hoofdprocedure is geopend, kunnen in alle andere lidstaten worden uitgeoefend, tenzij in die andere lidstaat een secundaire procedure is geopend of het gaat om dwangmiddelen of het uitspraak doen in geschillen.

Erkenning van uit een insolventieprocedure voortvloeiende beslissingen (art. 32 H-IVO)
Art. 19 H-IVO betreft slechts de erkenning en extraterritoriale werking van een beslissing tot opening van een insolventieprocedure. Erkenning en tenuitvoerlegging van andere beslissingen worden geregeld door art. 32 van de Verordening. Het gaat dan voornamelijk om beslissingen met betrekking tot het verloop en de beëindiging van een insolventieprocedure, beslissingen die rechtstreeks voortvloeien uit een insolventieprocedure en daar nauw op aansluiten (actio Pauliana, bestuurdersaansprakelijkheid, e.d.) en voorlopige maatregelen genomen na opening van de procedure.

Tenuitvoerlegging van deze beslissingen vindt plaats overeenkomstig at. 39 tot 44 en 47-57 Brussel I(bis)-Verordening. Feitelijke tenuitvoerlegging geschiedt volgens het nationale recht van de lidstaat waar de executie moet plaatsvinden. De bevoegde autoriteiten van de aangezochte lidstaat zijn verplicht zodanige medewerking te verlenen dat daadwerkelijke executie kan plaatsvinden.

> De County Court van Huddersfield (te Engeland) heeft op verzoek van de curatoren van J. tegen Handelsveem een bevel uitgevaardigd tot overhandiging van een gedetailleerde lijst van alle bij haar aanwezige voorraad die gedurende een bepaalde periode voor de failliet werd bewaard. Op verzoek van de curatoren heeft de voorzieningenrechter met toepassing van art. 25 Insolventieverordening (thans art. 32 H-IVO) verlof tot tenuitvoerlegging van het bevel in Nederland verleend, maar niet dan nadat de rechtbank had onderzocht of het bevel naar Engels recht – de lidstaat waar de insolventieprocedure was geopend – is te beschouwen als een beslissing (op een rechtsvordering) die haar oorsprong vindt in (en niet alleen maar beïnvloed wordt door) het insolventierecht en die uitsluitend tijdens de insolventieprocedure of in direct verband daarmee ingesteld kan worden. Dat is volgens de Hoge Raad de juiste maatstaf ter beantwoording van de vraag of een beslissing rechtstreeks uit de insolventieprocedure voortvloeit en nauw daarop aansluit als bedoeld in de tweede alinea van art. 25 lid 1 (HR 18 maart 2011, ECLI:NL:HR:2011:BP1404 (*Handelsveem/Hill, Hutting & Flint q.q.*)).

Alle overige beslissingen zijn voor zowel erkenning als tenuitvoerlegging onderworpen aan de Brussel I(bis)-Verordening, indien deze van toepassing is (art. 32 lid 2 H-IVO).

> De rechterlijke beslissing op de vordering van de verkoper tot afgifte van onder eigendomsvoorbehoud geleverde goederen, gericht tegen de (curator van) de failliet verklaarde koper, valt binnen de materiële reikwijdte van de EEX-verordening (thans Brussel I(bis), ongeacht waar de goederen zich ten tijde van de faillietverklaring bevinden (HvJ EG 10 september 2009, C-292/08 (*German Graphics/Van der Schee q.q.*)).

Toepasselijk recht
De universele werking van de hoofdprocedure is het gevolg van de regels omtrent erkenning en tenuitvoerlegging. Wat deze werking precies is en aan de hand van welk recht dat bepaald dient te worden, zijn echter vragen van toepasselijk recht. De hoofdregel luidt

dat het recht van de lidstaat waar de procedure is geopend, de lex concursus, alle vragen van insolventierecht (procedure en gevolgen) beheerst, tenzij de Verordening iets anders bepaalt (art. 7 H-IVO). Art. 7 lid 2 H-IVO geeft een niet limitatieve opsomming van welke vragen dit zo al kunnen zijn. Het bepaalt met name:

a) welke schuldenaren op grond van hun hoedanigheid aan een insolventieprocedure kunnen woren onderworpen;
b) welk deel van de goederen van de schuldenaar tot de insolvente boedel behoort en of de na de opening van de insolventieprocedure verkregen goederen tot deze boedel behoren;
c) welke de respectieve bevoegdheden van de schuldenaar en de insolventiefunctionaris zijn;
d) onder welke voorwaarden een verrekening kan worden tegengeworpen;
e) de gevolgen van de insolventieprocedure voor lopende overeenkomsten waarbij de schuldenaar partij is;
f) de gevolgen van de insolventieprocedure voor individuele vervolgingen, met uitzondering van lopende procedures;
g) welke vorderingen te verhalen zijn op de insolvente boedel van de schuldenaar en wat de gevolgen zijn ten aanzien van vorderingen die zijn ontstaan na de opening van de insolventieprocedure;
h) de regels betreffende indiening, verificatie en toelating van vorderingen;
i) de regels betreffende de opbrengst van de te gelde gemaakte goederen, de rangindeling van de vorderingen, en de rechten van schuldeisers die krachtens een zakelijk recht of ingevolge verrekening gedeeltelijk zijn voldaan;
j) de voorwaarden en de gevolgen van de beëindiging van de insolventieprocedure, met name door een akkoord;
k) de rechten van de schuldeisers nadat de insolventieprocedure is beëindigd;
l) voor wiens rekening de kosten en de uitgaven in het kader van de insolventieprocedure zijn;
m) de regels betreffende nietigheid, vernietigbaarheid of niet-tegenwerpbaarheid van de voor de gezamenlijke schuldeisers nadelige rechtshandelingen.

Art. 7 H-IVO wijst als zodanig geen toepasselijk recht aan. Het bepaalt slechts dat de opening van een procedure rechten van derden op goederen in een andere lidstaat onverlet laat. Een insolventieprocedure heeft ten aanzien van de rechten geen extraterritoriale werking. Een in Nederland afgekondigde afkoelingsperiode raakt dus niet een pand- of hypotheekrecht op in een andere lidstaat gelegen goederen. Een insolventiefunctionaris kan deze derden alleen bereiken door opening van een secundaire procedure in de lidstaat waar het goed waar het zekerheidsrecht op rust zich bevindt.

De lex concursus bepaalt dus onder meer hoe de vernietiging van paulianeuze handelingen in zijn werk gaat (art. 7 lid 2 onder m H-IVO). Daaruit volgt dat de rechterlijke instanties van de lidstaat waar de insolventieprocedure is geopend bevoegd zijn om uitspraak te doen over een faillissementspauliana, die gericht is tegen een verweerder die zijn statutaire zetel in een andere lidstaat heeft (HvJ EU 12 februari 2009, C-339/07 (*Deko Marty*)). Dat vonnis moet in andere lidstaten worden erkend (art. 32 H-IVO).

Ter bescherming van de rechtszekerheid en het gewettigd vertrouwen ten aanzien van rechtshandelingen in andere lidstaten zijn in art. 8-18 van de Verordening een aantal

uitzonderingen op de hoofdregel vervat. Het gaat daarbij om twee categorieën van uitzonderingen:
Voor bepaalde onderwerpen wordt de lex concursus buiten toepassing gelaten:
- art. 8: opening van een insolventieprocedure raakt niet de zakelijke rechten van schuldeisers/derden (pandrecht, hypotheekrecht, recht van vruchttrekking) op goederen van de schuldenaar, die zich op het tijdstip waarop de procedure wordt geopend op het grondgebied van een andere lidstaat bevinden;
- art. 9: of en onder welke voorwaarden een schuldeiser bevoegd is tot verrekening wordt in de eerste plaats aan de hand van het insolventierecht van de lidstaat waar de procedure is geopend (lex fori concursus) bepaald (art. 7 lid 2 sub h H-IVO); wanneer dat recht geen verrekening toestaat, kan de schuldeiser toch tot verrekening overgaan als dat is toegestaan volgens het recht dat van toepassing is op de vordering die de failliet op hem heeft;
- art. 10: de op een eigendomsvoorbehoud berustende rechten van een verkoper worden niet aangetast door de opening van een insolventieprocedure tegen de koper, wanneer de goederen waarop het eigendomsvoorbehoud rust zich op het moment van opening van de procedure in een andere lidstaat bevinden.

Voor bepaalde onderwerpen wordt een ander recht dan de lex fori concursus aangewezen als toepasselijk recht:
- art. 11: overeenkomsten betreffende een onroerend goed: het recht van de lidstaat waar het onroerend goed gelegen is;
- art. 12: betalingssystemen en financiële markten: het recht van de lidstaat dat op dat systeem of die markt van toepassing is;
- art. 13: arbeidsovereenkomsten: het recht van de lidstaat dat op de arbeidsovereenkomst van toepassing is;
- art. 14: gevolgen voor aan registratie onderworpen rechten: het recht van de lidstaat onder het gezag waarvan het register wordt gehouden;
- art. 15: Europese octrooien, Gemeenschapsmerken of soortgelijke bij het Unierecht in het leven geroepen rechten kunnen alleen in een hoofdprocedure worden ingebracht;
- art. 16: art. 7 lid 2 sub m is niet van toepassing als de nadelige rechtshandeling beheerst wordt door een ander recht dan het recht van de lidstaat waar de procedure is geopend en dat recht, ook het niet-insolventierecht en de algemene beginselen van dat recht, in geen enkele mogelijkheid voorziet die rechtshandeling in het gegeven geval te bestrijden; het is aan de partij die voordeel heeft gehad bij de nadelige rechtshandeling om dit te bewijzen (HvJ EU, C-310/14 (*Nike/Sportland Oy*)).
- art. 17: ter bescherming van de derde-verkrijger die na faillietverklaring van de schuldenaar anders dan om niet een onroerend goed, een registratieplichtig schip of luchtvaartuig of zekerheden, waarvan het bestaan inschijving in een wettelijk voorgeschreven register vereist, verkrijgt: het recht van de lidstaat waar het onroerend goed zich bevindt of onder het gezag waarvan het register wordt gehouden;
- art. 18: gevolgen voor lopende procedures: uitsluitend het recht van de lidstaat waar de procedure aanhangig is.

Ook voor de secundaire procedure geldt dat de procedure zelf en de gevolgen daarvan worden beheerst door het recht van de lidstaat op het grondgebied waarvan de procedure wordt geopend (art. 35 H-IVO), met dien verstande dat de rechter niet meer mag oordelen over de insolventie van de schuldenaar. Dat is reeds gebeurd in de hoofdprocedure (art. 34 H-IVO).

Plaats waar goederen gelegen zijn (art. 2 lid 9 H-IVO)
Omdat territoriale procedures alleen betrekking kunnen hebben op goederen die zich bevinden op het grondgebied van de lidstaat waar de procedure wordt geopend en

hoofdprocedures bepaalde rechten op zich in een lidstaat bevindende goederen onverlet laten, is het van belang te kunnen bepalen waar een goed zich bevindt:
- voor het toepasselijk recht:
- voor elke vraag die geheel (art. 7 H-IVO) of deels (art. 9 en 16 H-IVO) door het recht van de lidstaat waar de procedure is geopend, wordt beheerst, is het toepasselijke recht afhankelijk van de vraag in welke procedure deze thuishoort;
- voor zekerheidsrechten in de zin van art. 8 H-IVO, die immers niet door een insolventieprocedure worden geraakt, indien zij in een andere lidstaat zijn gelegen dan die waar de procedure wordt geopend;
- voor de bevoegde insolventiefunctionaris: ten aanzien van goederen die zijn gelegen in de lidstaat waar de territoriale procedure wordt geopend, is niet de curator van de hoofdprocedure, maar die van de secundaire procedure exclusief bevoegd.

Toegepaste criteria:
- Zaken of rechten die de eigenaar of rechthebbende in een openbaar register moet laten inschrijven, bevinden zich in de lidstaat onder de autoriteit waarvan het register wordt gehouden.
- Andere zaken bevinden zich in de lidstaat op het grondgebied waarvan de zaak zich bevindt.
- Banktegoeden bevinden zich in beginsel in de in het IBAN-nummer aangegeven lidstaat.
- Vorderingen jegens derden bevinden zich in de lidstaat op het grondgebied waarvan het centrum van de voornaamste belangen van de derde-schuldenaar is gelegen. Dat centrum wordt bepaald naar dezelfde maatstaven als in art. 3 lid 1 H-IVO toegepast. Het recht dat van toepassing is op die vordering is irrelevant voor de ligging.

Over de vraag waar wederkerige overeenkomsten thuishoren, bestaat geen duidelijkheid. Toch is dat van belang voor het toepasselijk recht (wanneer is bijvoorbeeld de doorleveringsverplichting van art. 37b Fw van toepassing) of voor het antwoord op de vraag welke insolventiefunctionaris bevoegd is om bijvoorbeeld huur- of arbeidsovereenkomsten op te zeggen.

Samenwerking van insolventiefunctionarissen
Het doel van al deze bepalingen is om de afwikkeling van insolventieprocedures met internationale aspecten doelmatiger te laten verlopen en daardoor de werking van de interne markt te verbeteren. Een uniform Europees insolventierecht behoort (nog) niet tot de mogelijkheden, maar de Verordening vormt in elk geval een begin van grensoverschrijdende faillissementsafwikkeling, die tot de inwerkingtreding van de Europese Insolventieverordening alleen gerealiseerd kon worden door middel van verdragen. De Verordening is in de plaats getreden van de diverse tussen lidstaten gesloten verdragen.

Enkele concrete uitwerkingen van de bedoelingen van de Europese wetgever ten aanzien van de voornaamste actoren in een insolventieprocedure zijn te vinden in art. 41-43 van de Verordening.

De insolventiefunctionaris in de hoofdprocedure heeft de mogelijkheid de opening van een secundaire procedure:
- te vermijden door een toezegging te doen dat het lokale vermogen volgens lokaal recht zal worden verdeeld, zodat schuldeisers geen belang meer hebben bij opening van een secundaire procedure (art. 36 jo. art. 38 H-IV);
- voor maximaal drie maanden te schorsen door indiening van een daartoe strekkend verzoek ten behoeve van lopende onderhandelingen met schuldeisers (art. 38 lid 3 H-IVO);
- de aard van de procedure te beïnvloeden door een ander type procedure te verzoeken dan oorspronkelijk aangevraagd (art. 38 lid 4 H-IVO); wanneer bijvoorbeeld in Nederland een secundair faillissement zou worden aangevraagd, kan de rechter op verzoek een surseance van betaling uitspreken, mits aan de in de bepaling gestelde voorwaarden is voldaan.

Ook heeft de insolventiefunctionaris van de hoofdprocedure enige invloed op het verloop en einde van de secundaire procedure. Op zijn verzoek schorst de rechter van de secundaire procedure de afwikkeling van de boedel geheel of ten dele voor een maximale maar vernieuwbare termijn van drie maanden (art. 46 H-IVO). Hij kan een akkoord of herstructureringsplan voorstellen, indien het recht van de lidstaat waar de secundaire procedure is geopend voorziet in de mogelijkheid de insolventieprocedure met een dergelijke maatregel te beëindigen (art. 47 H-IVO). Ook kan hij in een later stadium een verzoek doen om de secundaire procedure om te zetten in een ander type procedure, waarin het recht van de lidstaat waar de secundaire procedure is geopend, voorziet. Die andere procedure moet dan wel voorkomen op Bijlage A (art. 51 H-IVO).

De Verordening voorziet verder in algemene samenwerkings- en communicatieplichten voor alle betrokken insolventiefunctionarissen en rechters gedurende de procedures en biedt daar ook middelen voor.
- Art 41 H-IVO betreft de onderlinge communicatie en samenwerking van de insolventiefunctionarissen van de verschillende procedures met betrekking tot dezelfde schuldenaar.
- Art. 42 H-IVO betreft de onderlinge samenwerking en communicatie van de bij de verschillende procedures betrokken rechters.
- Art. 43 H-IVO gaat over de samenwerking en communicatie van de bij de verschillende procedures betrokken rechters met de bij de verschillende procedures betrokken functionarissen.

Rechten van schuldeisers
Zodra in een lidstaat een insolventieprocedure wordt geopend (ongeacht of dit een hoofd- of secundaire procedure is) stelt de rechter of de insolventiefunctionaris alle bekende, in andere lidstaten gevestigde schuldeisers daarvan in kennis (art. 54 H-IVO). De kennisgeving moet voldoen aan de minimumeisen van art. 54 lid 2 H-IVO en geschiedt door middel van een door de Europese Commissie opgesteld standaardformulier, dat beschikbaar is via het Europees e-justitieportaal, in de/een officiële taal van de lidstaat waar de procedure is geopend (art. 54 lid 3 H-IVO).

Elke schuldeiser heeft op grond van art. 45 lid 1 H-IVO het recht zijn vorderingen schriftelijk in te dienen. Hij kan daarbij gebruik maken van een standaardformulier of een ander communicatiemiddel dat door het recht van de lidstaat waar de procedure is geopend, wordt aanvaard (art. 53 H-IVO). In elk geval moet de schuldeiser de informatie, genoemd in art. 55 lid 2 H-IVO, vermelden. Kopieën van bewijsstukken dienen te worden meegestuurd. Indiening mag in iedere officiële taal van de instellingen van de EU. Een vertaling kan worden verlangd (art. 55 lid 5 H-IVO).

Wanneer er verschillende procedures aanhangig zijn, kan een schuldeiser zijn vordering indienen in de insolventieprocedure van zijn keuze, in meer procedures of in alle procedures (art. 45 lid 1 H-IVO). Dit wordt ook wel cross-filing genoemd. Daarmee wordt bereikt dat verhaal mogelijk is op het hele vermogen van de gefailleerde in alle lidstaten. Bovendien kan dezelfde vordering een verschillende rang hebben in de verschillende procedures. Elke procedure wordt immers beheerst door het eigen nationale recht. Ter vereenvoudiging voorziet art. 45 lid 2 H-IVO in cross-filing van vorderingen door de insolventiefunctionarissen. De insolventiefunctionarissen van de hoofdprocedure en van een secundaire procedure zijn gehouden de vorderingen die in hun procedures zijn ingediend, in elke andere procedure in te dienen.

De termijn voor indiening wordt bepaald aan de hand van het recht van de lidstaat waar de procedure is geopend, maar mag niet korter zijn dan dertig dagen na publicatie/kennisgeving van de opening van de insolventieprocedure (art. 55 lid 6 H-IVO).

Om gelijke behandeling van de schuldeisers te waarborgen, kan een schuldeiser die in een procedure reeds een uitkering heeft ontvangen, pas aan uitdeling in een andere procedure deelnemen, als de schuldeisers van gelijke rang in die andere procedure een gelijkwaardige uitkering hebben ontvangen (art. 23 lid 2 H-IVO).

De Verordening verplicht de lidstaten een insolventieregister aan te leggen en bij te houden (art. 24 H-IVO) om de informatievoorziening over de insolventieprocedure(s) te vergemakkelijken. De nationale registers zullen bovendien worden gekoppeld (art. 25-27 H-IVO).

Insolventieprocedures ten aanzien van groepen van ondernemingen
Een groep ondernemingen in de Verordening bestaat uit een moederonderneming en dochterondernemingen, waarbij de moeder al dan niet rechtstreeks zeggenschap heeft over één of meer dochterondernemingen (art. 2 lid 13 en 14 H-IVO). Deze ondernemingen (rechtspersonen) zijn in beginsel afzonderlijke debiteuren ten aanzien waarvan ook afzonderlijke hoofd- en secundaire insolventieprocedures kunnen worden geopend. Een doelmatige afwikkeling, in het bijzonder met het oog op reorganisatiemogelijkheden, vereist echter een zekere mate van coördinatie.

De algemene samenwerkings- en coördinatieplichten van art. 41-43 H-IVO zien op de insolventiefunctionarissen en rechters die bij verschillende insolventieprocedures ten aanzien van een en dezelfde schuldenaar zijn betrokken. Art. 56-58 H-IVO voorzien in vergelijkbare plichten tussen de insolventiefunctionarissen en rechters die betrokken zijn bij verschillende procedures met betrekking tot verschillende leden die tot dezelfde groep van ondernemingen behoren. Daarnaast kent art. 60 H-IVO een insolventiefunctionaris

in een insolventieprocedure ten aanzien van een lid van de groep beperkte middelen tot coördinatie toe:
- het recht om gehoord te worden in elke procedure die met betrekking tot een ander lid van dezelfde groep is geopend;
- het recht om schorsing te verzoeken van afwikkeling van de boedel in een procedure die met betrekking tot een ander lid van de groep is geopend;
- het recht om een groepscoördinatieprocedure van art. 61 H-IVO aan te vragen.

In dat laatste geval wordt een coördinator voor alle verschillende procedures aangesteld. Als tweederde van alle functionarissen daarvoor kiest, kan de procedure worden aangevraagd bij een rechter die bevoegd is voor de insolventieprocedure van een lid van de groep of een andere rechter van een lidstaat. Deelname aan de groepscoördinatie is niet verplicht. Een insolventiefunctionaris in een procedure ten aanzien van een lid van de groep kan bezwaar maken, zodat 'zijn' procedure buiten de groepscoördinatieprocedure blijft (art. 65 H-IVO). De door de rechter aangestelde coördinator doet aanbevelingen voor een gecoördineerde afwikkeling van de verschillende insolventieprocedures, stelt een groepscoördinatieplan op, bijvoorbeeld met het oog op reorganisatie, en bemiddelt binnen de groep (art. 72 H-IVO).

In het verloop van hun procedures nemen de insolventiefunctionarissen de aanbevelingen van de coördinator en de inhoud van het groepscoördinatieplan in overweging. Zij zijn niet verplicht de aanbevelingen of het plan te volgen (art. 70 H-IVO).

Tussen de coördinator en de insolventiefunctionarissen bestaat de bijzondere samenwerkings- en coördinatieplicht van art. 74 H-IVO.

Ten slotte
Volgens art. 90 van de Verordening moet de Europese Commissie uiterlijk op 27 juni 2027 en daarna om de vijf jaar verslag uitbrengen over de toepassing van de Verordening aan met name het Europees Parlement en de Raad. Tegelijk met het verslag kan de Commissie wijzigingsvoorstellen doen. In de EU gaan elk jaar ongeveer 200.000 ondernemingen failliet, dagelijks ongeveer 600. Een kwart van al deze faillissementen heeft een grensoverschrijdend aspect. De nieuwe voorschriften moeten de grensoverschrijdende insolventieprocedures efficiënter en doeltreffender maken en een eerste stap zijn naar een EU-cultuur van 'redding en herstel' in gevallen waarin ondernemingen en individuen meer in het algemeen financiële problemen hebben. De Commissie ziet het als een uitdaging om de financiële problemen van de schuldenaar aan te pakken en tegelijk de belangen van de schuldeiser te beschermen. Het ondernemerschap mag niet eindigen met 'levenslang' wanneer de onderneming failliet gaat.

HOOFDSTUK XI
Surseance van betaling

1 Inleiding

Terwijl faillissement kan worden omschreven als een algemeen beslag op nagenoeg het gehele vermogen van de schuldenaar ten behoeve van alle schuldeisers, kan surseance worden gekarakteriseerd als een algemeen uitstel van betaling, door de schuldeisers aan de schuldenaar verleend. Faillissement en surseance verschillen aanmerkelijk in doelstelling: faillissement is gericht op liquidatie van het vermogen van de schuldenaar, surseance is bedoeld om de schuldenaar enige tijd te gunnen om orde op zaken te stellen en eventueel tot sanering van zijn bedrijf te komen.

> Vaak is surseance zowel in het belang van de schuldenaar als in dat van de schuldeisers. De schuldeisers zijn wellicht meer gebaat bij gezondmaking van het bedrijf dan bij volledige liquidatie ervan. Surseance wordt wel gezien als een middel om faillissement te voorkomen. Toch blijkt surseance in de praktijk vaak een voorportaal van het faillissement te zijn.
> Dat surseance kan worden gezien als een middel om faillissement te voorkomen kan men ook in een andere zin dan zojuist aangegeven, opvatten. Men zie art. 218 lid 6 Fw: wanneer gelijktijdig een verzoek tot faillietverklaring en een verzoek tot surseanceverlening aanhangig zijn, wordt het surseanceverzoek het eerst in behandeling genomen en omdat een gevraagde surseance dadelijk voorlopig wordt verleend (art. 215 lid 2 Fw) bieden deze bepalingen de schuldenaar dus de mogelijkheid om, wanneer zijn faillissement is aangevraagd, het uitspreken hiervan voorlopig af te wenden. Is het vonnis van faillietverklaring eenmaal uitgesproken, dan kan de schuldenaar niet meer met succes een verzoek om surseance indienen (HR 21 maart 1986, *NJ* 1986/573, en HR 31 augustus 1995, *NJ* 1996/18).

Surseance gaat minder ver dan faillissement. Dit komt onder meer tot uiting in het feit dat de schuldenaar bij surseance niet, zoals bij faillissement, het beheer en de beschikking over zijn vermogen verliest. Hij verliest 'slechts' het vrije beheer en de vrije beschikking: hij heeft voor zijn handelingen de medewerking van de bewindvoerder nodig. Omgekeerd is ook de bewindvoerder bij het verrichten van zijn taak aangewezen op de medewerking van de schuldenaar.

> Dit laatste wordt wel gezien als de zwakke stee in de regeling van de surseance. Het is immers niet ondenkbaar dat de schuldenaar zijn medewerking zal weigeren. Als ultimum remedium kan de bewindvoerder de rechtbank dan voorstellen de surseance in te trekken. In het algemeen leidt dit tot het uitspreken van het faillissement van de schuldenaar, waarbij de bewindvoerder volgens vast gebruik tot curator wordt benoemd en dus zelfstandig kan optreden (zie art. 242 Fw).

Naast aanmerkelijke verschillen bestaan tussen faillissement en surseance ook veel punten van overeenkomst; de wettelijke regeling van de surseance, te vinden in art. 214-283 Fw, loopt dan ook vaak parallel aan die van het faillissement.

2 Procedurevoorschriften met betrekking tot het verlenen van surseance van betaling

Surseance kan worden aangevraagd door de schuldenaar die voorziet dat hij niet kan voortgaan met het betalen van zijn opeisbare schulden (art. 214 lid 1 Fw). Betreft het een kredietinstelling, dan kan ook De Nederlandsche Bank de surseance aanvragen (zie art. 250a Fw). Na de inwerkingtreding van de Wsnp kan aan natuurlijke personen alleen nog surseance van betaling worden verleend wanneer zij een zelfstandig beroep of bedrijf uitoefenen (art. 214 lid 4 Fw).

De aanvraag van de schuldenaar geschiedt bij verzoekschrift, ondertekend door de schuldenaar en door zijn advocaat. Het verzoekschrift moet worden ingediend bij de rechtbank die bevoegd is krachtens art. 2 Fw. De schuldenaar moet daarbij een staat van baten en schulden overleggen (art. 214 lid 2 jo. art. 96 Fw). Het verzoekschrift met bijbehorende stukken wordt ter griffie van de rechtbank neergelegd, waar iedereen ze kosteloos kan inzien (art. 215 lid 1 Fw). De rechtbank spreekt altijd onmiddellijk na het indienen van het verzoekschrift de surseance voorlopig uit (art. 215 lid 2), behalve wanneer niet aan de formaliteiten, zoals het ondertekenen van het verzoekschrift, is voldaan. De rechtbank onderzoekt dus niet of de schuldenaar 'in staat is met het betalen van zijn opeisbare schulden voort te gaan'.

> Oorspronkelijk, bij het tot stand komen van de Faillissementswet (rond 1895), werd surseance gezien als uitstel in zijn meest zuivere vorm; de schuldenaar bleef volledig gehouden zijn verplichtingen na te komen, zij het dat hem een terme de grâce werd verleend. Bestond niet het vooruitzicht dat de schuldenaar tot betaling van zijn schulden in staat zou zijn, dan werd de surseance geweigerd. Later, in 1925, heeft de wetgever het karakter van de surseance enigszins gewijzigd. Surseance kan nu ook worden verleend wanneer het vooruitzicht bestaat dat de schuldenaar zijn schuldeisers tevreden zal kunnen stellen. Dit kan eventueel ook door het aanbieden van een akkoord.

Tegelijk met het verlenen van de voorlopige surseance benoemt de rechtbank één of meer bewindvoerders – in het hierna volgende wordt uitgegaan van één bewindvoerder – die samen met de schuldenaar zoals art. 215 Fw het formuleert, 'het beheer' over de boedel moeten voeren (vgl. echter art. 228 jo. art. 217 Fw). Tevens kan een rechter-commissaris worden benoemd, maar dat hoeft niet; een dergelijke benoeming kan eventueel ook worden gedaan bij een latere beschikking. De taak van de rechter-commissaris is bij surseance aanmerkelijk beperkter dan bij faillissement. De rechter-commissaris kan de bewindvoerder op diens verzoek van advies dienen; voorts kan hij, eveneens op verzoek van de bewindvoerder, getuigen horen of een deskundigenonderzoek gelasten (zie art. 223a en 223b Fw).

De rechtbank kan bij het verlenen van de voorlopige surseance deskundigen benoemen; hun taak bestaat voornamelijk uit het onderzoeken van de toestand van de boedel; bij het verslag dat de deskundigen naar aanleiding van hun onderzoek overleggen, moet ook worden ingegaan op de betrouwbaarheid van de door de schuldenaar ingediende staat van baten en schulden en op de vraag of er vooruitzicht bestaat dat de schuldenaar zijn schuldeisers na verloop van tijd zal kunnen voldoen (art. 226 lid 2 Fw).

Bij het verlenen van de voorlopige surseance beveelt de rechtbank dat de bekende schuldeisers en de schuldenaar bij brief moeten worden opgeroepen om op een door de rechtbank bepaalde dag over het verzoekschrift te worden gehoord. Daarnaast moet van de voorlopig verleende surseance aankondiging worden gedaan in de *Staatscourant*. Deze taken zijn aan de griffier opgedragen (art. 216 Fw).

> Volgens de wet (art. 215 lid 2 Fw) moeten de schuldeisers tegen een op korte termijn bepaalde dag worden opgeroepen. In de praktijk echter wordt de crediteurenvergadering waarop beraadslaagd moet worden over het al dan niet definitief verlenen van de surseance geagendeerd op een termijn van twee tot vier maanden. Dit biedt de bewindvoerder de gelegenheid om na te gaan of een dergelijke crediteurenvergadering wel moet plaatsvinden. In veel surseances is het namelijk al snel duidelijk dat een faillissement onafwendbaar is; het houden van een crediteurenvergadering heeft in die gevallen weinig zin. In de praktijk roept de griffier de schuldeisers niet terstond bij het verlenen van de voorlopige surseance op, maar – wanneer een crediteurenvergadering nodig blijkt – drie tot vier weken voor de vastgestelde datum (vgl. art. 215 Fw).

Op de door de rechtbank bepaalde dag worden de schuldeisers, de schuldenaar, de bewindvoerder en eventueel de rechter-commissaris gehoord (art. 218 Fw). Er vindt een stemming plaats waaraan uitsluitend de concurrente schuldeisers mogen deelnemen. Vervolgens beslist de rechtbank over het definitief verlenen van de surseance. In beginsel is de rechtbank vrij in haar beslissing. In de volgende gevallen is zij echter verplicht de definitieve verlening te weigeren:
1. indien houders van meer dan een vierde van het bedrag van de ter vergadering vertegenwoordigde concurrente vorderingen (meer exact: de in art. 233 Fw bedoelde vorderingen) zich tegen de definitieve surseance verzetten, dan wel een derde van de houders van het aantal concurrente vorderingen.

> Stemrecht komt toe aan de schuldeisers die de gevolgen van de surseance ondervinden. Daartoe behoren bijvoorbeeld niet de schuldeisers die een recht van pand of hypotheek hebben (vgl. art. 232 Fw). Overigens kan ook met betrekking tot een niet in art. 232 Fw genoemde schuldeiser ter vergadering de vraag rijzen of hij inderdaad stemgerechtigd is. Aangezien er geen verificatie van de vorderingsrechten heeft plaatsgehad, is het niet uitgesloten dat zich personen aanmelden die geen vordering hebben of die een vordering hebben die kleiner is dan zij beweren. Indien problemen van deze aard rijzen, beslist de rechtbank over de toelating tot de stemming zonder dat daartegen een hogere voorziening openstaat (art. 218 lid 3 jo. art. 282 Fw).

2. indien er gegronde vrees bestaat dat de schuldenaar zal trachten de schuldeisers tijdens de surseance te benadelen.
3. indien niet het vooruitzicht bestaat dat de schuldenaar na verloop van tijd zijn schuldeisers zal kunnen bevredigen.

Dat het vooruitzicht moet bestaan dat de schuldenaar zijn schuldeisers zal kunnen bevredigen, wil niet zeggen dat de schuldenaar al zijn schuldeisers moet kunnen voldoen. Het is ook mogelijk dat de schuldenaar weet te bereiken dat de schuldeisers bij wege van een akkoord genoegen nemen met de voldoening van een gedeelte van hun vorderingen.

Wordt de definitieve surseance geweigerd, dan kan de rechtbank ambtshalve het faillissement van de schuldenaar uitspreken. Gebeurt dit niet, dan loopt de voorlopige surseance door totdat de beschikking van de rechtbank in kracht van gewijsde is gegaan (art. 218 lid 5 Fw). Tegen de weigering van de definitieve surseance – al dan niet met gelijktijdige faillietverklaring – kan de schuldenaar de rechtsmiddelen van hoger beroep en cassatie aanwenden (art. 219 Fw).

Wordt de surseance definitief verleend, dan staat daartegen hoger beroep en cassatie open van de kant van de schuldeisers. Niettemin is de beschikking waarbij de surseance definitief wordt verleend, uitvoerbaar bij voorraad (art. 222 lid 1 Fw). Bij het uitspreken van de definitieve surseance kan de rechtbank de duur ervan bepalen op hoogstens anderhalf jaar (art. 223 Fw). De surseance wordt geacht te zijn ingegaan op de dag waarop zij voorlopig is verleend (art. 217 Fw). Op verzoek van de schuldenaar kan de surseance meermalen worden verlengd, steeds voor een termijn van hoogstens anderhalf jaar (art. 223 lid 2 Fw).

> Wanneer de schuldenaar verlenging van de surseance verzoekt, terwijl de bewindvoerder intrekking verzoekt met omzetting in faillissement, staat het de rechter vrij de geschilpunten die hem worden voorgelegd te behandelen in de volgorde die hem het meest aangewezen lijkt. Bovendien is het criterium aan de hand waarvan wordt onderzocht of het intrekkingsverzoek moet worden toegewezen – de staat van de boedel is zodanig dat het vooruitzicht dat de sursiet zijn schuldeisers na verloop van tijd zal kunnen bevredigen niet langer bestaat – in wezen gelijk aan een van de gronden voor afwijzing van een verlengingsverzoek (HR 19 december 2008, ECLI:NL:HR:2008:BG1682).

Ook van de definitieve surseanceverlening moet aankondiging worden gedaan. Deze geschiedt op dezelfde wijze als de publicatie van de voorlopige surseanceverlening (art. 222 Fw). Daarnaast houdt de griffier evenals van de uitgesproken faillissementen een register bij van alle surseances, welke in zijn arrondissement zijn verleend (art. 222a Fw). De daarin opgenomen gegevens verstrekt de griffier ook aan de Raad voor de Rechtspraak, die sinds 1 december 2005 verantwoordelijk is voor het bijhouden van het Centraal Insolventieregister (CIR) (art. 222b Fw). Inzage in beide registers is kosteloos. Een uittreksel kan tegen betaling worden verkregen. Ook deze registers kunnen worden geraadpleegd via www.centraalinsolventieregister.nl.

Waarom de WMF niet zoals in faillissement (art. 19 lid 1 WMF) voorziet in afschaffing van de plaatselijke registers van art. 222a Fw is onduidelijk.

3 Rechtsgevolgen van de surseance

Zoals gezegd, verliest de schuldenaar ten gevolge van de surseance het vrije beheer en de vrije beschikking over zijn vermogen en is hij bij zijn handelingen aangewezen op de medewerking van de bewindvoerder. Wordt gehandeld in samenwerking met de bewindvoerder, dan heeft de wederpartij een sterke positie: hij is boedelschuldeiser, maar dan moet over die samenwerking natuurlijk wel duidelijkheid bestaan.

> TenneT is beheerder van het landelijke hoogspanningsnet en belast met het transport en de toelevering van elektriciteit. EnergyXS is afnemer van TenneT en levert aan eindverbruikers. Deze taakverdeling berust op de Elektriciteitswet 1998. Toelevering en afname moeten op elkaar zijn afgestemd. Daarom moet een 'programmaverantwoordelijke', in casu EnergyXS,

prognoses verstrekken van het te verwachten verbruik. Er is bijna altijd een verschil tussen de prognose en het feitelijk verbruik: de onbalans. De onbalans wordt door TenneT bij de programmaverantwoordelijke in rekening gebracht. Op 15 augustus 2003 is aan EnergyXS voorlopig surseance van betaling verleend. Drie dagen later wordt het faillissement uitgesproken. Gedurende deze drie dagen zijn met de bewindvoerder de mogelijkheden onderzocht om het bedrijf voort te zetten, maar het is niet tot een doorstart gekomen. Dan trekt TenneT op 18 augustus 2003 de erkenning van EnergyXS als programmaverantwoordelijke in en stuurt de rekening voor de onbalans, die is ontstaan gedurende de surseance: € 900.000. De curatoren van EnergyXS weigeren deze vordering te erkennen als boedelvordering, omdat die na de surseance is ontstaan zonder medewerking, machtiging of bijstand van de bewindvoerder. Daarover wordt geprocedeerd tot aan de Hoge Raad, die overweegt dat aan het enkele feit van voortzetting van de bedrijfsactiviteiten na verlening van surseance in het algemeen niet de gevolgtrekking kan worden verbonden dat de bewindvoerder ook toestemming verleent voor het laten ontstaan van alle daarmee samenhangende verbintenissen. De medewerking, machtiging of bijstand van de bewindvoerder voor het laten ontstaan van een bepaalde verbintenis kán echter ook besloten liggen in een stilzwijgende toestemming. Daarbij zal met name van belang zijn in hoeverre het gaat om verplichtingen en schulden die van wezenlijke betekenis zijn voor het openhouden van de mogelijkheid van voortzetting of overname van de bedrijfsactiviteiten. Van dat laatste was in dit geval sprake, zodat de door TenneT in rekening gebrachte onbalans een boedelschuld opleverde (HR 22 oktober 2010, ECLI:NL:HR:2010:BN6123 (*Curatoren InfraXS Energy/TenneT*)).

Wat zijn echter de consequenties van een eigenmachtig optreden van de schuldenaar? In de eerste plaats dezelfde als bij een door de failliet in strijd met art. 24 Fw verrichte handeling: de handeling is nietig, tenzij de boedel is gebaat (vgl. art. 228 lid 2 en art. 24 Fw).

> Evenals bij faillissement is hier sprake van relatieve nietigheid: op de nietigheid kan slechts een beroep worden gedaan door – in casu – de bewindvoerder. De schuldenaar en diens wederpartij zijn door de handeling gebonden; de schuldenaar kan dan ook na het einde van de surseance tot nakoming worden aangesproken.
>
> Het bewijs dat de boedel is gebaat, rust op de wederpartij. Slaagt de wederpartij in dit bewijs, dan levert de schuld een boedelschuld op.

Andere aan het eigenmachtig optreden van de schuldenaar verbonden sancties zijn:
1. intrekking van de surseance (art. 242 Fw);
2. zelfstandige bevoegdheid van de bewindvoerder om alles te doen wat nodig is om de boedel schadeloos te houden (art. 228 Fw; dit is derhalve een uitzondering op de regel dat de bewindvoerder de medewerking van de schuldenaar behoeft);
3. de strafrechtelijke sanctie van art. 442 Sr.

Ten aanzien van de omvang van de boedel bestaat een verschil tussen de situatie bij faillissement en die bij surseance. Bij faillissement wordt een aantal vermogensbestanddelen, opgesomd in art. 21 Fw, buiten de failliete boedel gehouden. Bij surseance bestaat zo'n uitzonderingsbepaling niet; surseance betreft het gehele vermogen.

> Is de schuldenaar in gemeenschap van goederen gehuwd, dan worden – analoog aan het bij faillissement in art. 63 lid 1 Fw bepaalde – de baten van de gemeenschap onder de boedel begrepen (art. 229 Fw). Blijkens de memorie van toelichting bij art. 229 Fw is ook de echtgenoot van de schuldenaar voor het verrichten van handelingen op de medewerking van de bewindvoerder aangewezen.

De schuldenaar kan gedurende de surseance niet gedwongen worden tot het betalen van zijn concurrente schuldeisers (art. 230 lid 1 Fw). Hieruit volgt dat de surseance niet werkt ten aanzien van preferente vorderingen, behalve voor zover die vorderingen niet verhaald kunnen worden op de goederen waarop de preferentie rust (art. 232 sub 1 jo. art. 230 lid 3 Fw). Ook moeten alimentatievorderingen betaald worden, niet alleen die vanaf de datum van de surseance, maar ook de achterstallige, van voor de surseance; dit laatste tenzij de rechtbank anders bepaalt (art. 232 sub 2 Fw).

In art. 232 sub 3 Fw worden de huurkooptermijnen genoemd. Ook deze kunnen derhalve worden voldaan. Deze uitzondering houdt verband met de sterke positie die de huurverkoper heeft zolang de huurkoper niet alle termijnen heeft betaald. De huurverkoper kan dan namelijk de betreffende zaak als zijn eigendom opvorderen.

Wat de boedelschuldeisers betreft geldt bij surseance – mutatis mutandis – hetzelfde als bij faillissement, zodat hier volstaan kan worden met een verwijzing naar hoofdstuk VI, § 2.

Hoewel de schuldenaar, behalve in de zojuist genoemde gevallen, niet tot betaling kan worden gedwongen, is hij daartoe wel bevoegd. Hierbij gelden twee restricties. In de eerste plaats zal de betaling moeten geschieden met medewerking van de bewindvoerder. In de tweede plaats moet betaling worden gedaan naar evenredigheid van de vorderingen. Een en ander wordt tot uiting gebracht in art. 230 en 233 Fw. Aan de regel dat naar evenredigheid moet worden betaald, ligt de gedachte van de paritas creditorum ten grondslag.

Aan de strekking van art. 230 en 233 Fw heeft de Hoge Raad aandacht besteed in de uitspraak van 23 oktober 1981, *NJ* 1982/173. De casus was als volgt: de gemeente Heiloo stelde zich in 1968 borg voor nakoming van de verplichtingen die voor een te Amsterdam gevestigde stichting voortvloeien uit een door die stichting gesloten geldlening. De gemeente Heiloo bedong daarbij dat de stichting 'op eerste verlangen' aan haar een recht van eerste hypotheek zou verlenen op een te Heiloo gelegen onroerende zaak. In mei 1980 werd aan de stichting surseance van betaling verleend. Daarop vorderde de gemeente in augustus 1980 nakoming van de verplichting tot hypotheekverlening. De stichting en de bewindvoerders weigerden aan deze verplichting te voldoen. In de hierop volgende procedure stelde de gemeente onder meer:
1. art. 230 lid 1 Fw verzet zich er weliswaar tegen dat de schuldenaar gedurende de surseance zijn schulden betaalt, maar dit artikel ziet alleen op de betaling van geldschulden en niet op de nakoming van andere verbintenissen;
2. art. 230 lid 1 Fw heeft slechts betrekking op schulden die zijn ontstaan vóór de surseanceverlening. Nu de gemeente pas tijdens de surseance nakoming vorderde van de in 1968 gemaakte afspraak, is, aldus de gemeente, de gehoudenheid van de stichting tot nakoming pas na de surseance ontstaan. Met andere woorden: het betreft een schuld van na de surseance, zodat art. 230 en 233 Fw niet van toepassing zijn.

Naar aanleiding van de eerste stelling overwoog de Hoge Raad dat betaling in de zin van art. 230 lid 1 Fw ziet op nakoming van alle schulden die uit de boedel moeten worden voldaan; de beperkte betekenis die de gemeente aan het woord 'betaling' toekende, was volgens de Hoge Raad niet in overeenstemming met de betekenis die naar gangbaar juridisch spraakgebruik aan de term wordt gehecht. Ook het tweede standpunt van de gemeente werd verworpen en wel met de volgende motivering:

"De strekking van de art. 230 en 233 Fw, die ten doel hebben de concurrente schuldeisers gedurende de opschorting der betalingen als gevolg van de surseance zoveel mogelijk gelijk te behandelen brengt mee dat in een zodanig geval voor de toepassing van die artikelen het recht op nakoming van de overeenkomst geacht moet worden vóór de surseance te zijn ontstaan, ongeacht of men de woorden 'op eerste verlangen' opvat als een nadere bepaling van een reeds aanstonds ontstane verbintenis, dan wel dit ontstaan bindt aan het uiten van het verlangen dat de overeenkomst zal worden nagekomen."

Door deze redenering heeft de Hoge Raad voor surseance eenzelfde resultaat weten te bereiken als voor faillissement voortvloeit uit art. 35 Fw.

Het wezen van de surseance, uitstel van betaling, brengt met zich dat reeds aangevangen executies moeten worden geschorst en dat reeds gelegde beslagen vervallen. Beslag – uitlopend op executie – is een dwangmiddel tot betaling en is uit dien hoofde niet te rijmen met het karakter van de surseance (vgl. art. 230 en art. 33 Fw).

> Met schorsing van de executie wordt bedoeld dat de executie kan worden hervat in de stand waarin zij zich ten tijde van het ingaan van de surseance bevond. Hetgeen reeds is geschied, bijvoorbeeld de betekening van het vonnis aan de schuldenaar, behoeft niet te worden herhaald. Men kan zich afvragen of de schuldeiser er in de praktijk veel baat bij heeft dat hij na het einde van de surseance de executie kan voortzetten.
>
> Was reeds beslag gelegd, dan vervalt dit pas wanneer de definitieve surseance in kracht van gewijsde is gegaan. Aangezien hiermee enige tijd gemoeid is, kan de bewindvoerder geconfronteerd worden met het probleem dat hij goederen die tot de boedel behoren, zou willen verkopen, maar hiertoe niet in staat is omdat het beslag de schuldenaar, die immers medewerking moet verlenen, beschikkingsonbevoegd maakt. Om uit deze impasse te geraken kent de wet de bewindvoerder de bevoegdheid toe opheffing van het beslag te verzoeken.
>
> Hetgeen hier omtrent beslag en executie is opgemerkt, is niet van toepassing wanneer deze maatregelen getroffen zijn door de schuldeisers van art. 232 lid 1 Fw, althans voor zover het beslag en de executie de goederen betreft waarop de voorrang rust.

Zijn ten tijde van de surseance procedures aanhangig, dan worden deze niet geschorst; ook staat de surseance niet in de weg aan het aanhangig maken van procedures. De schuldenaar kan echter niet procederen zonder medewerking van de bewindvoerder, tenzij het rechtsvorderingen betreft van zuiver persoonlijke aard (art. 231 Fw).

> Terwijl volgens art. 228 Fw de schuldenaar beheer kan voeren met 'medewerking, machtiging of bijstand' van de bewindvoerder, is voor het voeren van procedures volgens art. 231 Fw medewerking van de bewindvoerder vereist. Uit de jurisprudentie blijkt dat aan dit verschil in terminologie geen betekenis moet worden gehecht. Zo kan bij het voeren van procedures met machtiging van de bewindvoerder worden volstaan.
>
> De vraag rijst welke rechtsgevolgen zijn verbonden aan eigenmachtig procesrechtelijk handelen van de schuldenaar. Onderscheid moet worden gemaakt al naar gelang de schuldenaar als eiser of als verweerder optreedt. Is de schuldenaar eiser, dan kan de wederpartij de niet-ontvankelijkheid inroepen. Treedt de schuldenaar als verweerder op, dan kan de schuldenaar de niet-ontvankelijkheid inroepen. Laat hij dit na en roept de wederpartij de bewindvoerder niet op, dan heeft een eventueel veroordelend vonnis geen rechtskracht tegen de boedel. Roept de wederpartij de bewindvoerder wel op, dan zal de uitspraak de boedel binden.
>
> In één geval kan de rechter het uitspreken van het vonnis opschorten tot na het einde van de surseance, namelijk wanneer het geding betrekking heeft op de betaling van een schuld welke door de schuldenaar is erkend, en het voor de wederpartij niet nodig is om een vonnis te verkrijgen in verband met door hem tegen derden uit te oefenen rechten. Het vonnis kan dan worden opgeschort, omdat tenuitvoerlegging van het vonnis toch pas mogelijk is na het einde van de surseance.

In art. 234-241 Fw komen vragen aan de orde als: is tijdens surseance verrekening mogelijk, welke is de positie van partijen bij een huurovereenkomst, bij huurkoop, bij een arbeidsovereenkomst, wat is het lot van andere wederkerige overeenkomsten? Deze vragen worden opgelost op overeenkomstige wijze als bij faillissement. Kortheidshalve wordt daarom verwezen naar hoofdstuk IV.

> Een belangrijke uitzondering op het voorgaande is dat voor de opzegging van een arbeidsovereenkomst nu wel een ontslagvergunning is vereist. Dit volgt uit art. 7:671a lid 1 BW.

Deze bepaling is er de oorzaak van dat wanneer sanering van een onderneming inkrimping van het personeelsbestand noodzakelijk maakt, veelal de voorkeur wordt gegeven aan een – al dan niet voorbereide – doorstart via faillissement.

Art. 241a-c Fw voorziet voor surseance in een soortgelijke 'afkoelingsperiode' als voor faillissement in art. 63a-c Fw is neergelegd (zie hoofdstuk VI, § 8).

4 Het akkoord

De schuldenaar kan niet alleen bij faillissement, maar ook in het kader van de surseance zijn schuldeisers een akkoord aanbieden. Sinds 1935 bevat de wet in art. 252 e.v. Fw een regeling van het dwangakkoord, het akkoord waarbij een meerderheid van de schuldeisers de minderheid bindt. Om de belangen van de schuldeisers bij een dergelijk akkoord te waarborgen stelt de wet het vereiste van de rechterlijke goedkeuring, de homologatie. Men spreekt daarom behalve van een dwangakkoord ook van een gerechtelijk akkoord.

> Ook vóór 1935 kon de schuldenaar zijn schuldeisers een akkoord aanbieden, maar hij moest dan zijn toevlucht nemen tot een onderhands akkoord. Aan zo'n akkoord kleeft het bezwaar dat toestemming van alle schuldeisers noodzakelijk is.

Bij de regeling van het surseanceakkoord hebben de bepalingen van het faillissementsakkoord de wetgever tot voorbeeld gediend.

Niettemin zijn er wel enkele verschillen. Een aantal daarvan komt in het hiernavolgende aan de orde.

Het surseanceakkoord komt pas voor behandeling in aanmerking nadat de surseance definitief is verleend.

Van deze regel kan worden afgeweken wanneer de schuldenaar tegelijk met het aanvragen van de surseance een ontwerp-akkoord indient. In dat geval kan de rechtbank gelasten dat eerst wordt beraadslaagd over het akkoord alvorens definitief op het surseanceverzoek wordt beslist. In de praktijk maakt de rechtbank altijd gebruik van deze bevoegdheid.

> Men kan zich afvragen waarom de wetgever het noodzakelijk heeft gevonden het akkoord te regelen in aansluiting aan de surseance. Waarom zou het een schuldenaar niet mogelijk gemaakt moeten worden zijn schuldeisers een akkoord aan te bieden zonder dat hij daarbij tegelijkertijd surseance van betaling aanvraagt? De wetgever heeft, naar uit de memorie van toelichting blijkt, om de volgende redenen gekozen voor de aansluiting aan surseance: in de eerste plaats moet het vermogen van de schuldenaar worden beheerd terwijl het akkoord in behandeling is. De surseancebewindvoerder kan hier goede diensten bewijzen. In de tweede plaats kan de taak van de rechter die over de homologatie van het akkoord moet beslissen, worden verlicht wanneer hij kan terugvallen op de voorlichting van een ter zake kundig iemand als de bewindvoerder. Wat dit tweede aspect betreft valt voorts te wijzen op het feit dat bij de surseance ook deskundigen, zoals accountants, kunnen worden benoemd.

Het akkoord is slechts verbindend voor de schuldeisers jegens wie de surseance werkt (art. 273 Fw) en dat zijn uitsluitend de concurrente schuldeisers (art. 232 Fw). Alleen deze schuldeisers kunnen over het aannemen van het akkoord stemmen. Om tot de stemming toegelaten te kunnen worden, zullen zij hun vorderingen bij de bewindvoerder moeten indienen (art. 257 Fw).

Hieruit blijkt dat het indienen van vorderingen bij surseance een geheel ander doel heeft dan bij faillissement. Bij faillissement moet het bestaan en de omvang van de vordering duidelijk worden, ongeacht of het faillissement uitloopt op vereffening dan wel eindigt na akkoord. Bij surseance is indiening, zoals gezegd, noodzakelijk om tot de stemming te worden toegelaten.

Schuldeisers die zich op een recht van voorrang kunnen beroepen, zoals het recht van pand of van hypotheek of een hen door de wet toegekend voorrecht, verliezen deze voorrang wanneer zij hun vordering ter verificatie indienen. Zij kunnen dit voorkomen door hun vordering vóór de stemming terug te nemen (art. 257 lid 2 Fw).

Onbekendheid met de wet kan hier derhalve desastreuze gevolgen hebben. De wetgever heeft getracht de schade te beperken door het opnemen van art. 256 lid 2 Fw. Daar wordt aan de bewindvoerder opgedragen de schuldeisers die bij brief op de hoogte worden gesteld van het feit dat een akkoord in behandeling zal worden genomen, te wijzen op art. 257 Fw. De Hoge Raad heeft aan deze waarschuwingsplicht van de bewindvoerder nadere eisen gesteld (zie HR 16 februari 1996, *NJ* 1997/607).

De vorderingen die zijn ingediend, worden, analoog aan de regeling bij faillissement, op een lijst geplaatst. Hetzelfde geldt voor de waardebepaling van de vorderingen. De door de bewindvoerder opgestelde lijsten dienen als uitgangspunt op de vergadering, waar de vorderingen erkend of betwist worden.

Betwisting is mogelijk door de bewindvoerder, door een schuldeiser en door de schuldenaar. De bewindvoerder kan – evenals de curator bij faillissement – op een eerder gedane erkenning of betwisting terugkomen. Op twee punten bestaat verschil met de situatie bij faillissement:
1. wanneer tijdens de vergadering onenigheid blijft bestaan over toelating van de vordering, wordt ter plaatse een beslissing genomen door de rechtbank of door de rechter-commissaris; van een renvooiprocedure is hier geen sprake;
2. de schuldenaar kan betwisten zonder hiervoor een grond aan te voeren; bij faillissement dient de betwisting gemotiveerd te zijn.

Het aantal stemmen dat nodig is, wil het akkoord zijn aangenomen, wordt op dezelfde wijze berekend als bij faillissement (vgl. art. 268 en art. 145 Fw). Ook in de surseance kan een akkoord worden vastgesteld als ware het aangenomen (art. 268a Fw). Wordt het akkoord niet aangenomen, dan kan de rechtbank de schuldenaar failliet verklaren (zie art. 277 Fw).

Wordt het akkoord aangenomen, dan moet het nog door de rechter worden goedgekeurd. De regels voor de homologatie bij surseance zijn vrijwel gelijkluidend aan die bij faillissement. Meestal is de rechter vrij in zijn beslissing om het akkoord al dan niet goed te keuren. Slechts in een paar gevallen is de rechter verplicht de homologatie te weigeren. Die gevallen worden voor faillissement genoemd in art. 153 Fw, voor surseance in art. 272 Fw. Bij surseance bestaat één weigeringsgrond meer dan bij faillissement: homologatie moet worden geweigerd, wanneer het loon en de verschotten van de deskundigen en van de bewindvoerder niet in handen van de bewindvoerder zijn gestort c.q. wanneer daarvoor geen zekerheid is gesteld.

Wordt de homologatie geweigerd, dan kan de schuldenaar door de rechtbank failliet worden verklaard (art. 272 lid 4 Fw).

Vindt homologatie wel plaats, dan betekent dit – wanneer het vonnis in kracht van gewijsde is gegaan – het einde van de surseance.

Evenals bij faillissement zijn alle (concurrente) schuldeisers door het gehomologeerde akkoord gebonden, ongeacht of zij voor of tegen hebben gestemd, en ongeacht of zij zijn verschenen. Het homologatievonnis levert, eveneens analoog aan de situatie bij faillissement, voor iedere schuldeiser een executoriale titel op, tenzij het een vordering betreft die door de schuldenaar is betwist.

De schuldenaar moet nu het akkoord nakomen. Blijft hij ten opzichte van één of meer schuldeisers in gebreke, dan kan ontbinding van het akkoord worden gevraagd. Spreekt de rechter de ontbinding uit, dan moet de schuldenaar tegelijkertijd failliet worden verklaard (art. 280 Fw). In een faillissement dat volgt op de verwerping (art. 272 Fw), de weigering van homologatie (art. 277 Fw) of ontbinding van een akkoord (art. 280 Fw) kan geen akkoord meer worden aangeboden (art. 281 lid 1 Fw).

5 Enkele bijzondere bepalingen

Volledigheidshalve wordt hier gewezen op art. 281a e.v. Fw. Deze artikelen geven een regeling voor het geval dat surseance wordt aangevraagd door een schuldenaar die meer dan 5000 of zelfs meer dan 10.000 schuldeisers heeft. Omdat het in dergelijke situaties ondoenlijk is de voor de surseanceverlening geschreven regels onverkort toe te passen, houden art. 281a e.v. enkele vereenvoudigingen in.

6 Het einde van de surseance

Behalve door verloop van de termijn (art. 223 lid 1 Fw) kan de surseance ook eindigen door intrekking. Daarbij moet onderscheid worden gemaakt tussen de intrekking die wordt uitgesproken op verzoek van de bewindvoerder, de rechter-commissaris of één of meer schuldeisers enerzijds en de intrekking op verzoek van de schuldenaar anderzijds. De eerste categorie wordt behandeld in art. 242 Fw, de tweede in art. 247 Fw. De rechtbank kan de intrekking ook ambtshalve uitspreken.

Art. 242 Fw geeft een limitatieve opsomming van de gronden waarop de intrekking van de surseance kan worden verzocht. Het artikel spreekt van
– kwade trouw van de schuldenaar bij het beheer van de boedel;
– poging van de schuldenaar om zijn schuldeisers te benadelen;
– de schuldenaar verricht eigenmachtig beheers- of beschikkingsdaden met betrekking tot de boedel (art. 22 Fw);
– de schuldenaar doet niet wat hem door de rechtbank of de bewindvoerder is opgedragen;
– de staat van de boedel blijkt zodanig te zijn dat handhaving van de surseance niet langer wenselijk is of als er geen vooruitzicht blijkt te bestaan dat de schuldeisers na verloop van tijd kunnen worden voldaan.

Of in dergelijke gevallen intrekking van de surseance zal plaatsvinden, is overgelaten aan de rechtbank, die op dit punt een discretionaire bevoegdheid heeft. Wordt de surseance ingetrokken, dan kan bij dezelfde beschikking de faillietverklaring van de schuldenaar worden uitgesproken.

Tegen de intrekking van de surseance alsook tegen de weigering van de intrekking is hoger beroep (art. 243 Fw) en beroep in cassatie (art. 244 Fw) mogelijk.

Art. 249 Fw bevat een regeling voor gevallen waarin een nauwe samenhang bestaat tussen faillietverklaring en surseance. Die samenhang doet zich niet alleen voor bij de faillietverklaring van art. 242 Fw, maar ook bij art. 218 lid 5, art. 272, art. 277 en art. 280 lid 2 Fw. Voor al die situaties wil de wetgever de surseance en het faillissement als één geheel behandelen. Zo worden de termijnen die krachtens art. 43 Fw gelden met betrekking tot de Pauliana gerekend vanaf de aanvang van de surseance. Voorts worden boedelschulden die in het kader van de surseance zijn ontstaan, ook in het faillissement als boedelschulden behandeld (zie HR 27 mei 1988, *NJ* 1988/964 (*Amro/NAPM*)).

Dat ook buiten de in art. 249 Fw genoemde gevallen dient te worden uitgegaan van de eenheid van surseance en faillissement, heeft de Hoge Raad aangegeven in een uitspraak van 10 januari 1975, *NJ* 1976/249 (*Giro/Standaard-films*).

De schuldenaar kan de intrekking van de surseance verzoeken als hij in staat is de betaling van zijn schulden te hervatten. Wordt de intrekking geweigerd, dan staat hiertegen geen hoger beroep open (vgl. art. 247 en art. 282 Fw).

Behalve in een faillissement kan de surseance van een natuurlijk persoon, die dan dus een zelfstandig beroep of bedrijf moet uitoefenen, ook worden omgezet in een schuldsanering. De schuldenaar kan daartoe een verzoek doen tot zeven dagen voordat over de definitieve surseanceverlening zal worden beslist, maar in ieder geval niet later dan twee maanden nadat de surseance voorlopig is verleend (art. 247a Fw).

> In een zaak waarin de Hoge Raad te oordelen kreeg over het verzoek van een natuurlijk persoon van wie de definitief verleende surseance was ingetrokken en die vervolgens verzocht om toelating tot de schuldsaneringsregeling, werd als volgt overwogen. Art. 247a F. biedt een schuldenaar na de voorlopige verlening van de surseance slechts gedurende een betrekkelijk korte periode de mogelijkheid om intrekking daarvan onder het gelijktijdig uitspreken van de schuldsaneringsregeling te verzoeken. Blijkbaar achtte de wetgever het onwenselijk dat de schuldenaar die gekozen heeft voor surseance, na afloop van die betrekkelijk korte periode (van maximaal twee maanden) alsnog zou kunnen opteren voor de toepassing van de schuldsaneringsregeling; zie de memorie van toelichting (*Kamerstukken II* 1992-1993, 22969, nr. 3, p. 33): 'Aangenomen mag worden dat die termijn voldoende tijd biedt aan de schuldenaar en de bewindvoerder in de surseance om te bezien of tot het doen van een verzoek tot omzetting in de toepassing van de schuldsaneringsregeling zal worden overgegaan. Overigens zijn onder de toepassing van de schuldsaneringsregeling bepalingen van toepassing die afwijken van de regelingen van de surseance van betaling, in verband waarmee een omzetting binnen betrekkelijk korte tijd gewenst is. Het moet ook niet zo zijn, dat een schuldenaar eerst gedurende lange(re) tijd onder de surseance zou vallen – daaronder geldt bijvoorbeeld niet het uitgangspunt dat goederen geliquideerd moeten worden –, om vervolgens op enig tijdstip dat de schuldenaar goeddunkt alsnog omzetting van surseance in de toepassing van de schuldsaneringsregeling te laten plaatsvinden. Ten slotte is het ook in het belang van wederpartijen van de schuldenaar op korte termijn duidelijkheid te verkrijgen of de schuldenaar onder de surseanceregeling blijft of dat ten aanzien van hem alsnog de toepassing van de schuldsaneringsregeling zal gaan gelden.' (HR 14 oktober 2005, ECLI:NL:HR:2005:AT6856).

Zolang op een omzettingsverzoek niet definitief is beslist, kan geen definitieve surseance van betaling worden verleend en kan geen raadpleging over een akkoord plaatshebben (art. 247b lid 5 Fw).

Tegen een vonnis waarbij de voorlopig verleende surseance wordt ingetrokken en de toepassing van de schuldsaneringsregeling wordt uitgesproken, staat voor niemand hoger beroep open (art. 247b lid 1 Fw). Wordt het verzoek om toelating tot de schuldsaneringsregeling niet gehonoreerd, dan heeft de schuldenaar de mogelijkheid van hoger beroep en cassatie.

Na omzetting gaan de curator in het faillissement en de bewindvoerder in de schuldsanering in beginsel gewoon verder waar de bewindvoerder in de surseance van betaling was opgehouden (art. 249 Fw resp. art. 247c Fw).

HOOFDSTUK XII
De Wet schuldsanering natuurlijke personen

1 Inleiding

Mede onder invloed van de in Amerika ontwikkelde 'fresh start'-doctrine begon ook in Nederland tijdens de laatste decennia van de vorige eeuw steeds meer de overtuiging post te vatten dat natuurlijke personen die buiten hun schuld in een uitzichtloze schuldenpositie terecht waren gekomen in financieel opzicht niet levenslang aan hun schuldeisers gebonden mogen blijven. Langzamerhand begon men dat onaanvaardbaar te vinden, hetgeen ook verband hield met de gewijzigde maatschappelijke opvattingen over betalingsonmacht en de daaraan te verbinden gevolgen.

> Concrete voorstellen voor een oplossing van dit probleem zijn te vinden in het rapport van de Commissie Mijnssen van oktober 1989. De taak van deze commissie was te adviseren over een eventuele herziening van de Faillissementswet. Het rapport heeft geleid tot indiening van wetsvoorstel 22969 en uiteindelijk – op 1 december 1998 – tot invoering van de Wet schuldsanering natuurlijke personen (verder ook: Wsnp) als nieuwe titel 3 van de Faillissementswet.
>
> Voor de uitvoering van de Wsnp zijn verder nog van belang het Procesreglement verzoekschriftprocedures insolventiezaken rechtbanken (de procedure tot en met het van toepassing verklaren van de schuldsaneringsregeling), hoofdstuk 3 van het Procesreglement verzoekschriftprocedures handels- en insolventiezaken gerechtshoven en de Recofa Richtlijnen voor schuldsaneringen.

In zijn oorspronkelijke opzet diende de wet een drieledig doel. Allereerst moest natuurlijke personen de mogelijkheid worden geboden om uit een uitzichtloze schuldenpositie te geraken en weer met een 'schone lei' te beginnen.

> Hiermee wordt de aloude regel dat een schuldenaar moet instaan voor de betaling van zijn schulden doorbroken. Dat de schuldeisers daarvan nadeel zullen ondervinden behoeft geen betoog. Daarom wordt van de schuldenaar (in de nieuw ontstane terminologie ook de 'saniet' genoemd) een zo groot mogelijke inspanning verwacht om zoveel mogelijk activa in de boedel te brengen; zijn besteedbare inkomen wordt tot een minimum beperkt en zijn vermogen wordt geliquideerd.

De tweede doelstelling was om faillissementen van natuurlijke personen zoveel mogelijk terug te dringen.

> In het algemeen brengt het faillissement van een natuurlijk persoon voor niemand een oplossing. Immers, tenzij het faillissement eindigt in een akkoord, zijn de na opheffing of beëindiging van het faillissement resterende schulden weer invorderbaar (art. 195 Fw) totdat

eventueel verjaring is ingetreden. Het vermogen van de schuldenaar is geliquideerd, zodat de verhaalsmogelijkheden voor de schuldeisers minimaal zijn.

Overigens verdwijnt een rechtspersoon na beëindiging van het faillissement volledig van het toneel (art. 19 lid 1 aanhef en sub c BW) en de schuldeisers hebben het nakijken. Alleen als de bestuurders aansprakelijk gesteld kunnen worden, is er nog enige kans op verhaal. Een natuurlijk persoon daarentegen krijgt als het ware levenslang. Dat kan in 1893 misschien de bedoeling zijn geweest, maar dit onderscheid past niet meer in de huidige tijd.

Ten slotte moest de wet de totstandkoming van minnelijke regelingen bevorderen, zodat geen beroep hoeft te worden gedaan op de rechter.

Behalve de separatisten weten de schuldeisers, ook de preferente, dat de schuldsaneringsregeling van toepassing kan worden verklaard, of zij het daar nu mee eens zijn of niet. De daaraan verbonden kosten, waaronder het salaris van de bewindvoerder en de kosten van de diverse publicaties, komen in mindering op het onder de schuldeisers te verdelen actief, waardoor de uitkering beduidend lager kan worden dan in het minnelijk traject. Een akkoordpercentage kan bovendien sneller worden uitgekeerd, omdat niet op de afwikkeling van de schuldsaneringsregeling hoeft te worden gewacht. De verwachting was daarom dat een minnelijk of buitengerechtelijk akkoord voor de schuldeisers zoveel aantrekkelijker zou zijn dan het schuldsaneringstraject, dat een door de schuldenaar aangeboden akkoord niet snel zou worden afgewezen. Het feit dat bij de onderhandelingen over een akkoord altijd de dreiging aanwezig is van de voor de schuldeisers nadelige toelating van de schuldenaar tot de schuldsaneringsregeling wordt ook wel het 'stok achter de deur'-effect van de regeling genoemd. Ook voor de schuldenaar vormt de wettelijke schuldsaneringsregeling een stimulans om zich tot het uiterste in te spannen om met zijn schuldeisers tot een minnelijke regeling te komen. Slaagt hij daarin, dan hoeft hij zich niet te onderwerpen aan het regime van de schuldsaneringsregeling.

Uit de evaluatie van de Wsnp, welke plaatsvond in 2000, kwamen enkele opvallende conclusies naar voren. Er werden weliswaar minder faillissementen van natuurlijke personen uitgesproken, maar op het bereiken van minnelijke regelingen bleek de wet een funeste uitwerking te hebben gehad. In enkele jaren was het aantal problematische schuldensituaties waarin een oplossing werd bereikt door de totstandkoming van een minnelijke regeling meer dan gehalveerd en die dalende lijn zette zich voort.

Veel schuldeisers weigerden mee te werken aan de totstandkoming van een akkoord, omdat zij meenden dat het wettelijk traject hen meer zou opleveren. Bovendien is er in het wettelijk traject rechterlijk toezicht, hetgeen meer vertrouwen geeft dat de regeling correct verloopt.

Een andere belangrijke oorzaak van de daling van het aantal minnelijke regelingen was het feit, dat veel gemeenten hun bijzondere bijstandskranen hadden dichtgedraaid. Tot de inwerkingtreding van de Wsnp beschikte elke gemeente wel over fondsen om in noodgevallen de helpende hand te kunnen toesteken. Na 1 december 1998 zijn die fondsen opgeheven en werden mensen in financiële nood doorverwezen naar het wettelijk traject.

Tevens bleek de uitvoering van de wet gecompliceerder en daardoor tijdrovender dan voorzien voor zowel de bewindvoerders als de rechterlijke macht. De sedert 11 september 2001 verslechterende economische situatie zorgde er bovendien voor dat in een snel toenemend aantal gevallen een beroep op de Wsnp werd gedaan, terwijl het aantal bewindvoerders niet met de vraag meegroeide. De rechterlijke macht kreeg het gevoel overbelast te raken door de grote aantallen zaken – in 2003 werd in meer dan 10 750 gevallen toepassing van de schuldsaneringsregeling uitgesproken – hetgeen ertoe leidde dat via Recofa en de Raad voor Rechtsbijstand werd aangedrongen op actie. Daarop heeft

Inleiding 1

de Minister van Justitie in mei 2003 aan de Commissie Insolventierecht (de Commissie Kortmann) gevraagd te adviseren over de meest urgente aanpassingen van de Wsnp. Omdat niet gewacht kon worden tot deze commissie klaar zou zijn met haar eigenlijke werkzaamheden – adviseren met betrekking tot een eventuele algehele herziening van de Faillissementswet – werd een subcommissie benoemd, de Commissie Schone Lei II (de eerste had geadviseerd tijdens de parlementaire behandeling van de Wsnp), naar haar voorzitter ook wel de Commissie Huls genoemd.

Laatstbedoelde commissie had twee hoofdvragen te beantwoorden: hoe kan de toepassing van de Wsnp substantieel worden beperkt door selectiever op te treden bij de toegang en hoe kan de toepassing van de Wsnp tegelijkertijd worden vereenvoudigd. De werkzaamheden van de Commissie Schone Lei II hebben geleid tot wetsvoorstel 29942, dat bij de Tweede Kamer werd ingediend in december 2004. De parlementaire behandeling resulteerde in de Wet van 24 mei 2007 tot wijziging van de Faillissementswet in verband met herziening van de schuldsaneringsregeling natuurlijke personen (*Stb.* 2007, 192). Deze wet is op 1 januari 2008 in werking getreden. In het hiernavolgende wordt de aldus vernieuwde Wsnp besproken en slechts waar dat relevant wordt geacht voor een goed begrip, zal de oude wet in de bespreking worden betrokken.

De regeling is bestemd voor alle natuurlijke personen die voldoen aan de toelatingseisen van art. 288 lid 1 Fw en op wie geen van de weigeringsgronden van art. 288 lid 2 Fw van toepassing is (zie hierover nader XII, § 2). Ondernemers zijn niet van de regeling uitgezonderd. De wetgever wilde de natuurlijke personen niet verdelen in ondernemers en niet-ondernemers, al was het alleen maar omdat de kwalificatie van schulden als zuivere privé- of als zuivere zaakschulden tot onovereenkomelijke problemen zou leiden. De consequentie van toelating van een ondernemer tot de regeling is dan natuurlijk wel dat zijn onderneming wordt geliquideerd. Wil hij dat voorkomen, dan moet hij (tijdig) surseance van betaling aanvragen. Voor alle andere natuurlijke personen is die mogelijkheid voortaan uitgesloten (art. 214 lid 4 Fw).

Met verwijzing naar de hoofdstukken II-IV en VI-X, waarin het faillissement is behandeld, zal in het vervolg van dit hoofdstuk in grote lijnen dezelfde opzet worden gevolgd. Eerst zal worden nagegaan hoe de toelating tot de schuldsaneringsregeling nu precies is geregeld en welke criteria daarbij worden gehanteerd (§ 2), wat de omvang van de boedel bepaalt (§ 3) en wat de gevolgen zijn van de schuldsaneringsregeling voor de rechtspositie van de schuldenaar (§ 4). Daarna wordt aandacht besteed aan de positie van de schuldeisers (§ 5) en worden de organen die een rol spelen bij het bestuur over de boedel besproken (§ 6). Ook de verificatie van de vorderingsrechten (§ 7) en de totstandkoming van een akkoord (§ 8) komen aan de orde. Aan de internationale aspecten van de schuldsaneringsregeling wordt enige aandacht besteed (§ 9), waarna de duur (§ 10) en de verschillende manieren waarop een schuldsaneringsregeling kan eindigen de revue zullen passeren (§ 11). Tot slot worden nog kort de vereffening, verdeling en rangorde in de schuldsaneringsregeling besproken (§ 12).

Het is goed om zich daarbij te realiseren dat in titel 3 van de Faillissementswet een groot aantal artikelen uit titel 1 van overeenkomstige toepassing is verklaard. Voor een goed begrip van de schuldsaneringsregeling is kennis van het faillissement daarom onontbeerlijk.

2 Toelating tot de schuldsaneringsregeling

Algemeen
Een natuurlijk persoon kan verzoeken te worden toegelaten tot de schuldsaneringsregeling als redelijkerwijs is te voorzien dat hij niet zal kunnen voortgaan met het betalen van zijn schulden of als hij in de toestand verkeert dat hij heeft opgehouden te betalen (art. 284 lid 1 Fw). Het 'verkeren in de toestand van te hebben opgehouden te betalen' leidt normaal gesproken tot faillissement (art. 1 Fw). Door dit criterium ook te gebruiken bij toelating tot de schuldsaneringsregeling kan voorkomen worden dat natuurlijke personen failliet worden verklaard, waarmee een van de doelstellingen van de Wsnp wordt gerealiseerd. Het ligt voor de hand dat dit criterium in de schuldsaneringsregeling op dezelfde manier zal worden toegepast als in faillissement. In elk individueel geval zal de rechter dus moeten beoordelen of de feiten die hem worden voorgelegd inderdaad de vereiste toestand opleveren, met dien verstande echter dat voor toelating tot de schuldsaneringsregeling niet het vereiste van pluraliteit van schuldeisers geldt. Een praktijkvoorbeeld illustreert de ratio daarvan.

> Een echtpaar koopt voor € 140.000 een appartement. Beiden hebben vast werk en het inkomen is toereikend voor de maandelijkse aflossing van de afgesloten hypothecaire geldlening. Verder zijn er geen schulden. Dan wordt de vrouw arbeidsongeschikt en haar WAO-uitkering wordt vastgesteld op slechts 25%. Vervolgens wordt de man onvrijwillig werkloos, waardoor het gezinsinkomen nog eens drastisch vermindert. Weldra zijn er onvoldoende middelen voor de aflossing van de hypotheek en de bank gaat over tot executoriale verkoop. Tot overmaat van ramp wordt vlak voor de veiling betonrot geconstateerd in het complex waarvan het appartement deel uitmaakt. De veiling brengt daardoor slechts € 40.000 op, hetgeen een executieverlies van maar liefst € 100.000 betekent. Als bij een wettelijke rente van bijvoorbeeld 6% maandelijks dan ook nog eens € 500 rente moet worden betaald, is duidelijk dat het echtpaar in een volkomen uitzichtloze financiële positie terecht is gekomen, zonder dat de man of de vrouw daar enig verwijt van kan worden gemaakt. Dit is nu een typisch geval waarvoor de Wsnp is bedoeld, maar als hier de pluraliteitseis wordt gesteld, zou het echtpaar niet kunnen 'profiteren' van de schuldsaneringsregeling (zie ook HR 13 juni 2003, ECLI:NL:HR:2003:AF7006).

Het andere toelatingscriterium is overgenomen uit de regeling van de surseance van betaling, maar is losgemaakt van de persoonlijke opvatting van de schuldenaar over zijn mogelijkheden om wel of niet te kunnen voortgaan met het betalen van zijn schulden. In de surseanceregeling gaat het erom of de schuldenaar zelf dat 'voorziet', terwijl voor de schuldsaneringsregeling relevant is of dat 'redelijkerwijs is te voorzien'. Men spreekt in dat verband wel van een geobjectiveerd criterium. Voor toelating tot de schuldsaneringsregeling is het dus ook niet noodzakelijk dat er ten minste één opeisbare schuld is, zoals voor faillietverklaring.

Toelatingsverzoek
Toelating tot de regeling wordt verzocht door indiening van een daartoe strekkend verzoekschrift bij de rechtbank van de woonplaats van de schuldenaar (art. 284 lid 2 jo. art. 2 Fw).

> Om de toegankelijkheid van de schuldsaneringsregeling te bevorderen bepaalt art. 4 lid 2 onder i Wgbz dat voor indiening van een dergelijk verzoek geen griffierecht wordt geheven. Omdat het hierbij meestal gaat om personen die – gelet op hun schuldenlast – minder financiële draagkracht hebben, heeft de Hoge Raad bepaald dat de vrijstelling van griffierecht geldt in alle gevallen dat een verzoekschrift is gericht op toepassing van de schuldsaneringsregeling

Toelating tot de schuldsaneringsregeling

(zie HR 8 juli 2011, ECLI:NL:HR:2011:BQ3883, en 11 november 2011, ECLI:NL:HR:2011:BU4020). Deze uitleg strookt ook met het in art. 6 EVRM gewaarborgde recht op toegang tot de rechter. Ofschoon de Hoge Raad zich daarover nog niet heeft uitgelaten, moet aangenomen worden dat het voorgaande ook geldt wanneer een saniet na afloop van de regeling geen schone lei heeft verkregen.

Bij gemeenschap van goederen is medewerking van de echtgenoot of geregistreerd partner noodzakelijk (art. 284 lid 3 Fw; zie ook art. 4 lid 2 Fw). Behalve in het geval van art. 284 lid 2 Fw moet het verzoek door de schuldenaar zelf worden gedaan.

Als iemand die meerderjarig is lichamelijk of geestelijk niet meer zelf zijn financiële zaken kan regelen, kan de kantonrechter hem onder bewind stellen (art. 1:431 lid 1 BW). De laatste jaren heeft dit beschermingsbewind een hoge vlucht genomen en veel schuldenaren die een beroep doen op de schuldsaneringsregeling staan onder beschermingsbewind. Indiening van een verzoek om toelating tot de schuldsaneringsregeling kan echter niet worden beschouwd als een daad van beheer over de onder bewind staande goederen, waartoe de beschermingsbewindvoerder ingevolge art. 1:438 lid 2 BW bij uitsluiting bevoegd is. Het is ook geen daad van beschikking over de onder bewind staande goederen, die de schuldenaar ingevolge art. 1:438 lid 2 BW slechts met zijn medewerking zou kunnen verrichten. Indiening van een toelatingsverzoek behoort dan ook niet tot de taak van de beschermingsbewindvoerder. Evenmin is het zo dat de schuldenaar alleen samen met de beschermingsbewindvoerder een dergelijk verzoek zou kunnen doen of op zou kunnen komen tegen een latere rechterlijke beslissing, zoals bijvoorbeeld een tussentijdse beëindiging op grond van art. 350 lid 3 Fw of een reguliere beëindiging zonder schone lei. Wel zijn het bewind en de houding van de beschermingsbewindvoerder relevante omstandigheden die de rechter in aanmerking dient te nemen bij zijn beslissing. Alleen als het standpunt van de beschermingsbewindvoerder onvoldoende bekend is, moet hij daarom door de rechter worden opgeroepen om te worden gehoord (zie HR 25 mei 2012, ECLI:NL:HR:2012:BV4010 en 4021).

Om de rechter in staat te stellen te beoordelen of de schuldenaar voldoet aan de toelatingscriteria schrijft art. 285 lid 1 Fw voor dat in het verzoekschrift of in een bijlage moet worden opgenomen: een staat van baten en schulden (zie art. 96 Fw), een gespecificeerde opgave van alle inkomsten die de schuldenaar verwerft of kan verwerven en een gespecificeerde opgave van zijn vaste lasten.

Ingevolge art. 3.1.2.6 Procesreglement verzoekschriftprocedures insolventiezaken rechtbanken moeten bovendien de volgende stukken en uittreksels (niet ouder dan één maand) worden overgelegd:
- kopie van een geldig legitimatiebewijs van verzoeker en bij gemeenschap van goederen of geregistreerd partnerschap van diens partner;
- als het verzoek is ondertekend door een gevolmachtigde die niet als advocaat is ingeschreven, een geschrift waaruit de volmacht blijkt;
- origineel uittreksel uit de basisadministratie van de verzoeker met vermelding van zijn burgerlijke staat;
- een recente loonstrook of uitkeringsspecificatie;
- als er huwelijksvoorwaarden zijn gemaakt, een kopie van de akte;
- specificatie(s) van schulden aan (een) uitkeringsinstantie(s) of aan de Belastingdienst en – indien aanwezig – een terug- c.q. invorderingsbesluit;
- de jaarstukken van de laatste drie jaar (indien opgemaakt), als verzoeker een bedrijf heeft of heeft gehad en een origineel uittreksel uit het Handelsregister;
- een specificatie van eventuele schulden bij het CJIB; deze kan ambtshalve door de rechter worden opgevraagd bij het CJIB (HR 9 december 2016, ECLI:NL:HR:2016:2837); op grond van de proportionaliteitseis van art. 8 lid 2 EVRM dient daarvoor een voldoende zwaarwegende grond te bestaan; de rechter kan deze bevoegdheid dan ook slechts

gebruiken indien in de omstandigheden van het geval zodanige grond bestaat; hij moet die grond dan vermelden in zijn uitspraak;
- specificatie van eventuele schulden uit een strafrechtelijke veroordeling met kopie van het vonnis;
- bij schulden als gevolg van een verslaving of psychische problemen, een recente verklaring van de daarop betrekking hebbende hulpverlening over het verloop van de behandeling.

Als de schuldenaar is gehuwd of een geregistreerd partnerschap is aangegaan, moeten ook de inkomsten en vaste lasten van de echtgenoot of geregistreerd partner worden opgegeven. Dit is nodig in verband met de vaststelling van een eventueel hoger vrij te laten inkomensbedrag dan dat van de beslagvrije voet (zie art. 295 lid 3 jo. lid 2 Fw en § 3 hierna).

Overigens heeft de Hoge Raad al in 2004 uitgemaakt dat wanneer beide echtelieden verzoeken om toelating tot de schuldsaneringsregeling ten aanzien van ieder van hen individueel dient te worden bezien of daartoe voldoende aanleiding bestaat (HR 12 november 2004, ECLI:NL:HR:2004:AR1243).

Verder is vereist: een met redenen omklede verklaring dat er geen reële mogelijkheden zijn om tot een buitengerechtelijke schuldsanering te komen met een opgave van de aflossingsmogelijkheden waarover de schuldenaar beschikt (art. 285 lid 1 sub e Fw). Niet duidelijk is waarom dat laatste niet zou zijn af te leiden uit de eerder genoemde gegevens. De parlementaire stukken zeggen daar verder niets over.

Op basis van de wettekst kan deze '285-verklaring' alleen worden afgegeven door het college van burgemeester en wethouders van de woonplaats van de schuldenaar. De bevoegdheid daartoe, die ingevolge art. 285 lid 2 Fw in feite een verplichting is, kan gemandateerd worden aan op het gebied van de schuldhulpverlening erkende instellingen. In veruit de meeste gemeenten is dat inderdaad gebeurd en wordt afgifte van de verklaring verzorgd door de Gemeentelijke Kredietbanken. Daarbij wordt gebruik gemaakt van een standaardformulier, waarin alle vereiste gegevens opgenomen kunnen worden. Dit formulier is te downloaden van de webpagina van Bureau Wsnp. Onvolledigheid van gegevens kan niet-ontvankelijkheid van het toelatingsverzoek tot gevolg hebben (art. 287 lid 2 Fw).

In 2010 heeft de Hoge Raad geoordeeld dat een redelijke uitleg van de wet meebrengt dat de 285-verklaring ook kan worden afgegeven door de personen, bedoeld in art. 48 lid 1 onder c WCK. Tot dat moment had zich een systeem ontwikkeld waarin die personen wel uit hoofde van hun beroep of aanstelling bevoegd zijn zich op professionele wijze bezig te houden met schuldbemiddeling, en daartoe dus bekwaam worden geacht, maar niet bevoegd zijn een 285-verklaring af te geven. De Hoge Raad oordeelde dat voor dat onderscheid geen goede grond bestond en sindsdien kan een 285-verklaring ook worden afgegeven door advocaten, deurwaarders, accountants en andere onder art. 48 lid 1 onder c WCK vallende personen (HR 5 november 2010, ECLI:NL:HR:2010:BN8056). Met name voor (ex-)ondernemers die een beroep willen doen op de wettelijke schuldsaneringsregeling lijkt dit belangrijk, omdat de gemeentelijke kredietbanken vaak grote moeite hebben om voor hen een 285-verklaring op te stellen. Zij kunnen zich nu wenden tot hun advocaat of accountant, die vaak al langer optreedt als hun adviseur en daarom beter in staat zal zijn om een 285-verklaring op te stellen.

Als een buitengerechtelijk akkoord is aangeboden, dat door de schuldeisers niet is aanvaard, moet aan de rechtbank worden meegedeeld wat dat aanbod inhield, waarom het niet is aanvaard en hoe de schuldeisers bij aanvaarding van het aangeboden akkoord zouden zijn voldaan (art. 285 lid 1 sub h). Tot slot moet de schuldenaar opgave doen van andere gegevens die van belang zijn om een zo getrouw mogelijk beeld te geven van zijn vermogens- en inkomenspositie en van zijn mogelijkheden om het schuldsaneringstraject met succes te doorlopen.

De in art. 285 lid 1 Fw bedoelde gegevens moeten tegelijk met het verzoekschrift worden verstrekt. Bij ontbreken van gegevens kan de rechtbank de schuldenaar een termijn van ten hoogste een maand gunnen om de ontbrekende gegevens alsnog te verstrekken. Als na die termijn nog altijd gegevens ontbreken, wordt de schuldenaar niet-ontvankelijk verklaard (art. 287 lid 2 Fw). De Hoge Raad beschouwt een dergelijke niet-ontvankelijkverklaring als een afwijzing van het toelatingsverzoek, zodat hoger beroep en cassatie mogelijk zijn (HR 29 januari 2010, ECLI:NL:HR:2010:BK4947).

> Het verzoekschrift met alle daarbij behorende stukken wordt ter griffie van de rechtbank neergelegd. Vanaf de dag van de uitspraak tot toepassing van de schuldsaneringsregeling kan iedereen die stukken kosteloos inzien (art. 286 Fw). Blijkbaar bestaat er vanaf dat moment geen behoefte meer aan bescherming van de privacy van de schuldenaar. De inzage had beperkt kunnen worden tot de schuldeisers, zoals is gebeurd met de verslagen van de bewindvoerder (art. 318 lid 1 Fw), of op basis van het bepaalde in art. 29 Rv had een geheimhoudingsplicht gekoppeld kunnen worden aan inzage. Bij rechtspersonen lijkt onbeperkte inzage (art. 73a Fw) geen probleem, omdat die gegevens veel minder privacygevoelig zijn.

Ingevolge art. 285 lid 1 Fw zal de rechtbank met de meeste spoed uitspraak doen op het verzoekschrift. De wet schrijft niet voor dat daaraan een mondelinge behandeling vooraf moet gaan. Art. 3.1.3.1 Procesreglement verzoekschriftprocedures insolventiezaken rechtbanken luidt letterlijk: 'De rechtbank kan zonder dat hiertoe een zitting wordt bepaald op het verzoek beslissen'. Sommige rechtbanken maken inderdaad gebruik van die mogelijkheid, maar er bestaat discussie over de vraag of dat wel een juiste gang van zaken is. Beoordeling van het verzoek vindt plaats aan de hand van de Landelijk uniforme beoordelingscriteria voor toelating tot de schuldsaneringsregeling (art. 3.1.3.5 en Bijlage IV bij het Procesreglement).

Voorlopige voorzieningen
Waar tot 1 januari 2008 alleen de voorzieningenrechter kon worden geadieerd voor het verkrijgen van voorlopige voorzieningen om in afwachting van toelating tot de schuldsaneringsregeling bijvoorbeeld een woningontruiming of afsluiting van gas, water of elektriciteit te voorkomen, kan een dergelijke kwestie sindsdien ook aan de insolventierechter worden voorgelegd. Aanvankelijk kende het wetsvoorstel alleen de mogelijkheid van art. 287 lid 4 Fw, maar door een amendement kort voor de afronding van de behandeling in de Tweede Kamer is daar de mogelijkheid van art. 287b Fw bijgekomen. Ofschoon het betreffende amendement door de Minister van Justitie dringend werd ontraden, heeft de Tweede Kamer het aanvaard. Bij de behandeling in de Eerste Kamer moest de Minister daarom uitleggen wat het verschil was tussen beide mogelijkheden. Hij deed daartoe als gevolg van de gang van zaken in de Tweede Kamer een geforceerde en daarom niet erg overtuigende poging (*Kamerstukken I* 2006-2007, 29942, C, p. 4-5).

Art. 287b heeft betrekking op voorzieningen die verzocht kunnen worden ter afwending van een voor de schuldenaar *bedreigende situatie*. Als bedreigend beschouwt de wetgever een gedwongen woningontruiming, beëindiging van de levering van gas, water of elektriciteit en opzegging of ontbinding van de zorgverzekering. De enig mogelijke voorlopige voorzieningen zijn dan resp. vantoepassingverklaring van art. 305 Fw (verbod om tot ontruiming over te gaan), vantoepassingverklaring van art. 304 Fw (verbod om tot afsluiting over te gaan) of een verbod om de verzekeringsovereenkomst op te zeggen of te ontbinden (over opschorting van de dekking zegt de wet niets). Daardoor krijgt de schuldenaar een adempauze van maximaal zes maanden (art. 287b lid 5 Fw), die hem in staat moet stellen het minnelijk traject voort te zetten om met zijn schuldeisers een regeling te treffen of af te ronden zonder dreiging van uithuiszetting, e.d. Aan het eind van dit 'moratorium' moet degene die zich namens de schuldenaar bezig heeft gehouden met de minnelijke schuldregeling verslag uitbrengen aan de rechtbank. Op basis van dat verslag zou de rechtbank beter kunnen beslissen over een eventuele gedwongen schuldregeling of over toelating tot de schuldsaneringsregeling; dat laatste omdat de schuldenaar tijdens het moratorium heeft kunnen laten blijken klaar te zijn voor toelating tot de regeling. Voor de schuldeisers zou het moratorium een extra stimulans betekenen om een buitengerechtelijk akkoord te aanvaarden, maar ook los daarvan wordt de toestroom tot de schuldsaneringsregeling hierdoor – in de visie van de indieners van vorenbedoeld amendement – drastisch beperkt. De eerste tekenen wezen inderdaad in die richting, maar als gevolg van de economische crisis is een enigszins vertekend beeld ontstaan en vertoont de toestroom weer een stijgende lijn. Zo werden in het topjaar 2007 in totaal 15 138 schuldsaneringsregelingen uitgesproken. Direct na de wetswijziging in 2008 verminderde dat aantal tot minder dan 9000 in 2009. Als gevolg van de economische crisis steeg het aantal toelatingen weer tot bijna het niveau van vóór de wetswijziging, maar nu het economisch weer beter gaat, is er een sterke daling te zien – in 2017 nog geen 8500 toelatingen – ofschoon daaraan niet alleen economische oorzaken ten grondslag lijken te liggen. Dit is echter niet de juiste plaats om daar nader op in te gaan.

> Een verzoek als bedoeld in art. 287b Fw kan alleen gedaan worden tegelijk met een (subsidiair) verzoek tot toepassing van de schuldsaneringsregeling (art. 284 Fw). Als dan de bedoeling van art. 287b is om de schuldenaar een adempauze te gunnen om het minnelijk traject te kunnen voortzetten, kan hij onmogelijk voldoen aan het bepaalde in art. 285 lid 1 sub f (geen reële mogelijkheden voor een buitengerechtelijke schuldregeling) en h (gegevens met betrekking tot de aangeboden buitengerechtelijke schuldregeling). Het verzoek voldoet dan niet aan de sinds 1 januari 2008 geldende eis van volledigheid en de schuldenaar zou in beide verzoeken niet-ontvankelijk moeten worden verklaard. In de per 1 januari 2008 in werking getreden (vernieuwde) Recofa Richtlijn 3.2.4.5 is daarom opgenomen dat het verzoek ex art. 284 Fw weliswaar volledig moet zijn, maar in bedreigende situaties wordt een uitzondering gemaakt voor de in art. 285 lid 1 sub f Fw bedoelde gegevens. Het gaat daarbij om de zogenoemde 285-verklaring. Wel moeten bij het verzoek schriftelijke bewijsstukken worden gevoegd die de noodzaak van het moratorium aantonenen, bijvoorbeeld een ontruimingsvonnis. Voorheen volgde uit de Richtlijnen dat een moratorium slechts gold indien en zolang aan de lopende verplichtingen uit de rechtsverhouding waar het moratorium betrekking op had, werd voldaan en dat het moratorium verviel wanneer het verzoek tot toepassing van de schuldsaneringsregeling werd ingetrokken. De per 1 januari 2018 in werking getreden versie van de Richtlijnen zegt daar niets over. Niet duidelijk is, wat daarvan de reden is.

Art. 287 lid 4 heeft betrekking op *spoedeisende situaties*, zoals in een 'gewoon' kort geding. Alles wat daarin kan worden gevorderd, kan ook hier worden gevorderd en het staat de rechter vrij die maatregelen te treffen die hij geraden acht – inclusief de maatregelen van art. 287b Fw – voor de duur die hij geraden acht. In zijn uitleg van het verschil met art. 287b Fw verklaart de Minister dat het in art. 287 lid 4 Fw gaat om maatregelen ter overbrugging van de periode tussen de indiening van en de beslissing op het verzoek om

Toelating tot de schuldsaneringsregeling

toelating tot de schuldsaneringsregeling. Deze beperkte uitleg is een gevolg van het feit, dat art. 287b in de wet is opgenomen. Die bepaling lijkt volkomen overbodig, omdat het toepassingsbereik van art. 287 lid 4 Fw veel ruimer is dan dat van art. 287b Fw. Bovendien opent dit artikellid de mogelijkheid van hoger beroep, terwijl tegen beslissingen op grond van art. 287b Fw geen hogere voorziening openstaat (art. 360 Fw). Wellicht zou de praktijk daarom art. 287b Fw een rustige dood moeten laten sterven.

> In tegenstelling tot de gang van zaken bij art. 287b Fw kan een verzoek op basis van art. 287 lid 4 Fw zowel tegelijk met, als na indiening van een toelatingsverzoek worden gedaan. Art. 256, 257 en 258 Rv zijn van overeenkomstige toepassing in eerste aanleg; in hoger beroep art. 358-362 Rv.

Bij gelegenheid van de behandeling van wetsvoorstel 29942 in de Eerste Kamer heeft de Minister van Justitie verklaard dat de rechter een verzoek om een voorlopige voorziening ex art. 287b mag toetsen aan de toelatingsvereisten van art. 288 Fw (*Kamerstukken I* 22 mei 2007, 30-959). Als op voorhand vaststaat dat de schuldenaar niet zal worden toegelaten tot de schuldsaneringsregeling (zie bijvoorbeeld art. 288 lid 2 sub d), mist de voorlopige voorziening zijn doel en zal het verzoek worden afgewezen. Hetzelfde is mogelijk wanneer wordt geconstateerd dat de schuldenaar niet te goeder trouw is geweest bij het ontstaan of onbetaald laten van zijn schulden (zie art. 288 lid 1 sub b Fw). Niet valt in te zien waarom een en ander niet ook van toepassing zou zijn op verzoeken op basis van art. 287 lid 4 Fw. Daarover heeft de wetgever zich echter niet uitgelaten.

> Overigens blijft een gewoon kort geding altijd mogelijk. Wanneer een volledig verzoekschrift niet op korte termijn kan worden opgesteld, lijkt dit zelfs het enig mogelijke alternatief voor de schuldenaar. De voorzieningenrechter beschikt echter zelden over een volledig dossier, hetgeen de beoordeling van de zaak bemoeilijkt. De insolventierechter heeft wel een volledig dossier en zal zich in een later stadium waarschijnlijk opnieuw over de zaak moeten buigen. Het lijkt daarom efficiënt de insolventierechter te belasten met de behandeling van deze verzoeken.

Breed moratorium
Niet zelden dreigt het minnelijk traject te mislukken, omdat schuldeisers hun mogelijkheden om executiemaatregelen te nemen dan nog ten volle kunnen benutten. Vanuit de praktijk van de schuldhulpverlening werd er daarom op aangedrongen om een afkoelingsperiode in te voeren in dit voortraject van de wettelijke schuldsaneringsregeling. Art. 5 Wet op de Gemeentelijke Schuldhulpverlening (WGS) opent daartoe de mogelijkheid, mits dat noodzakelijk is in het kader van de schuldhulpverlening en is voldaan aan bij algemene maatregel van bestuur (AMvB) gestelde nadere voorwaarden. Die AMvB is in werking getreden op 1 april 2017 (*Stb.* 2017, 83). Zodra iemand is toegelaten tot de gemeentelijke schuldhulpverlening (zie art. 3 WGS), kan de schuldhulpverlener – een ambtenaar van de gemeente – verzoeken om afkondiging van een afkoelingsperiode. De maximale duur daarvan bedraagt zes maanden (art. 5 WGS) en als er op dat moment tevens een verzoek tot faillietverklaring aanhangig is, wordt eerst het verzoek tot afkondiging van een afkoelingsperiode behandeld (art. 5 AMvB).

Bij het verzoek worden in ieder geval overgelegd (AMvB art. 3 lid 3):
– een staat van baten en schulden (als in de wettelijke regeling);

- een overzicht van de in het beslagregister van de Koninklijke Beroepsorganisatie van Gerechtsdeurwaarders ingeschreven beslagen;
- een met redenen omklede verklaring van de gemeente dat een afkoelingsperiode noodzakelijk is in het kader van de schuldhulpverlening;
- een plan van aanpak en een machtiging tot beheer;
- een ingevuld modelformulier waarin de schuldenaar verklaart mee te werken aan de schuldhulpverlening en dat hij zich zal houden aan de bijbehorende verplichtingen.

Het verzoek wordt toegewezen als voldoende aannemelijk is:
- dat de schuldenaar de verplichtingen naar behoren zal nakomen;
- dat de afkoelingsperiode noodzakelijk is in het kader van de schuldhulpverlening en in het belang is van de gezamenlijke schuldeisers.

Het verzoek wordt afgewezen:
- als in de voorgaande tien jaar al een afkoelingsperiode is afgekondigd;
- als na indiening van het verzoek blijkt dat de schuldenaar de rechtbank heeft verzocht om toepassing van de wettelijke schuldsaneringsregeling.

Verplichtingen die de schuldenaar tijdens een afkoelingsperiode in ieder geval dient na te komen:
- informatieverplichting, inspanningsverplichting en de verplichting om geen nieuwe schulden te maken (als in de wettelijke regeling, zie nr. 98);
- medewerking verlenen aan de schuldhulpverlening;
- vaste lasten betalen (gas/water/elektriciteit, premie zorgverzekering, opstalverzekering, wa-verzekering, motorrijtuigenbelasting, huur of hypotheek).

De gemeente móét tussentijdse beëindiging van de afkoelingsperiode vragen indien:
- de schuldenaar onjuiste informatie heeft verstrekt en het verzoek op basis van correcte informatie niet zou zijn gedaan/toegewezen;
- de machtiging tot beheer van de boedel is ingetrokken;
- de schuldenaar handelingen verricht waardoor één of meer schuldeisers worden benadeeld;
- de schuldenaar wordt geacht weer aan zijn betalingsverplichtingen te kunnen voldoen;
- het met de afkoelingsperiode samenhangende schuldhulpverleningstraject is of wordt beëindigd;
- de schuldenaar in ernstige mate of herhaaldelijk tekortschiet in de nakoming van zijn verplichtingen;
- ten aanzien van een van de genoemde vaste lasten een betalingsachterstand van één of meer maanden is ontstaan.

Tijdens een afkoelingsperiode geldt het volgende:
- De bevoegdheid van derden om zich op tot de boedel behorende goederen te verhalen wordt opgeschort.
- De bevoegdheid van derden om goederen op te eisen die zich in de macht van de schuldenaar bevinden wordt opgeschort.

Toelating tot de schuldsaneringsregeling **2**

- De schuldenaar kan niet tot betaling van zijn schulden, ontstaan vóór afkondiging van de afkoelingsperiode, worden genoodzaakt.
- Alle tot verhaal van de schulden van de schuldenaar strekkende executies worden opgeschort.

In theorie kan het breed moratorium een aanzienlijke versterking van het minnelijk traject betekenen. In de praktijk echter lijken de ambtenaren die zich met de gemeentelijke schuldhulpverlening bezighouden nog onvoldoende op de hoogte te zijn van de 'ins en outs' van het breed moratorium en de daarmee rechtstreeks verband houdende wettelijke schuldsaneringsregeling om met kans op succes een verzoek tot afkondiging van een afkoelingsperiode te kunnen doen. De eerste verzoeken zijn door de rechterlijke macht van tafel geveegd, omdat zij niet voldeden aan de wettelijke vereisten. De Hoge Raad heeft zich met deze problematiek nog niet bezig hoeven houden.

Gedwongen schuldregeling
In het streven naar verlichting van de werklast van de rechterlijke macht heeft de wetgever een regeling ontworpen die is bedoeld om op eenvoudige wijze een succesvolle afronding van het minnelijk traject te bewerkstelligen door die schuldeisers die niet op goede gronden weigeren mee te werken aan een minnelijke regeling, daartoe te dwingen. Met een dergelijke 'gedwongen schuldregeling' wordt meteen ook het minnelijk traject ondersteund, omdat schuldeisers – naar verwachting – eerder hun bezwaren tegen een aangeboden regeling zullen laten varen. Het enige criterium dat de wetgever daarbij aanlegt is dat de schuldeisers bij een gedwongen schuldregeling minimaal een hogere of snellere aflossing moeten krijgen dan wanneer de schuldenaar zou worden toegelaten tot de schuldsaneringsregeling (*Kamerstukken II* 2006-2007, 29942, nr. 3. p. 18).

Vanaf 1 januari 2008 kan de schuldenaar daarom in het verzoek om toelating tot de schuldsaneringsregeling of na indiening daarvan bij apart verzoekschrift de rechtbank tevens verzoeken één of meer schuldeisers die weigert of weigeren mee te werken aan een vóór indiening van het verzoekschrift aangeboden schuldregeling te bevelen daarmee in te stemmen (art. 287a lid 1 Fw). Dat verzoek wordt toegewezen wanneer de schuldeiser in redelijkheid niet tot weigering van instemming heeft kunnen komen, in aanmerking genomen de onevenredigheid tussen het belang dat hij heeft bij uitoefening van de bevoegdheid tot weigering en de belangen van de schuldenaar of van de overige schuldeisers die door de weigering worden geschaad (art. 287a lid 5 Fw). Voor verdere omstandigheden die een rol kunnen spelen bij de belangenafweging van lid 5 zie onder andere A-G Timmerman in zijn conclusie van 19 oktober 2012, ECLI:NL:PHR:2012:BY0969.

Ruim voordat wetsvoorstel 29942 tot wet werd, heeft de Hoge Raad het *Payroll* arrest gewezen (HR 12 augustus 2005, ECLI:NL:HR:2005:AT7799). Daarin maakt de Hoge Raad duidelijk dat bij de totstandkoming van een akkoord de contractsvrijheid nog altijd voorop staat en dat daarom bij de toewijzing van een vordering tot medewerking aan een buitengerechtelijk akkoord terughoudendheid geboden is. Slechts onder zeer bijzondere omstandigheden kan er plaats zijn voor een bevel aan een schuldeiser om aan de uitvoering van een hem aangeboden akkoord mee te werken. Het ligt in beginsel op de weg van de schuldenaar die zodanige medewerking in rechte wenst af te dwingen de specifieke feiten en omstandigheden te stellen en, zo nodig, te bewijzen, waaruit kan worden afgeleid dat de schuldeiser in redelijkheid niet tot weigering van instemming met het akkoord heeft kunnen komen. De wetgever heeft in dit arrest geen aanleiding gezien art. 287a aan te scherpen in die zin dat de rechterlijke macht concrete aanknopingspunten heeft voor de noodzakelijke belangenafweging. Het is aan de rechter overgelaten om te oordelen in welke concrete omstandigheden sprake is van een onredelijke weigering.

De omstandigheid dat het UWV in art. 36 lid 2 en 3 WW en art. 33 ZW wordt verplicht tot terugvordering van onverschuldigd betaalde uitkeringen en niet mag meewerken aan een buitengerechtelijk akkoord, neemt niet weg dat de rechter onder de in art. 287a Fw vermelde voorwaarden bevoegd is het UWV te bevelen in te stemmen met een schuldregeling (HR 9 juli 2010, ECLI:NL:HR:2010:BM3975).

Uit de parlementaire stukken zou men de indruk kunnen krijgen dat een verzoek tot het opleggen van een gedwongen schuldregeling geen kans van slagen heeft wanneer toelating tot de schuldsaneringsregeling niet mogelijk is, bijvoorbeeld omdat er nog geen tien jaar verstreken zijn sinds die regeling op de schuldenaar van toepassing was. In zijn arrest van 14 december 2012, ECLI:NL:HR:2012:BY0966, heeft de Hoge Raad echter duidelijk gemaakt, dat er geen koppeling bestaat tussen de twee verzoeken. De toewijsbaarheid van een (primair) verzoek op de voet van art. 287a lid 1 Fw om een bevel tot instemming met een schuldregeling is niet afhankelijk van de toewijsbaarheid van een (subsidiair) verzoek op de voet van art. 284 lid 1 Fw tot toepassing van de schuldsaneringsregeling. Weliswaar schrijft art. 287a lid 1 Fw voor dat het verzoek om een bevel tot instemming met een schuldregeling wordt gedaan in het in art. 284 lid 1 Fw bedoelde verzoekschrift waarbij de schuldenaar verzoekt om toepassing van de schuldsaneringsregeling, maar dit voorschrift bevat voor het overige geen verwijzing naar de vereisten die worden gesteld in het kader van de schuldsaneringsregeling. Blijkens de wetsgeschiedenis is het voorschrift van art. 287a lid 1 Fw erop gericht een efficiënte procesgang te bevorderen en te bewerkstelligen dat de rechter ten behoeve van zijn oordeelsvorming met betrekking tot beide verzoeken over een compleet dossier beschikt (*Kamerstukken II* 2005-2006, 29942, nr. 7, p. 87, en *Kamerstukken I* 2006-2007, 29 942, C, p. 6-7).

De maatstaf aan de hand waarvan de rechter dient te bepalen of het verzoek om een bevel tot instemming met een schuldregeling toewijsbaar is, is neergelegd in art. 287a lid 5 Fw. Dit voorschrift verwijst niet naar de in art. 288 Fw vervatte gronden aan de hand waarvan het verzoek tot toepassing van de schuldsaneringsregeling moet worden beoordeeld. Dit wijst volgens de Hoge Raad evenmin op een koppeling van beide verzoeken.

Art. 287a lid 7 Fw bepaalt dat de rechter eerst beslist op het verzoek om een bevel tot instemming met een schuldregeling, en dat hij pas na afwijzing van dit verzoek een beslissing neemt op het verzoek tot toepassing van de schuldsaneringsregeling, indien de schuldenaar dat handhaaft. Ook dit wijst er volgens de Hoge Raad op dat de beslissing over het opleggen van een gedwongen schuldregeling niet (mede) wordt bepaald door de beslissing over de toelating tot de schuldsaneringsregeling.

In de praktijk levert deze loskoppeling problemen op. Wanneer immers eerst wordt beslist op het verzoek ex art. 287a Fw en pas later op het verzoek ex art. 284 Fw lopen de termijnen voor het aanwenden van rechtsmiddelen niet meer gelijk en ontstaan er ontvankelijkheidsproblemen, die – zolang de wetgever niets onderneemt – met kunstgrepen van de rechterlijke macht moeten worden opgelost, bijvoorbeeld door duidelijke termijnoverschrijding toch verschoonbaar te achten.

Wanneer de rechtbank het verzoek toewijst is art. 3:300 lid 1 BW van toepassing en komt de uitspraak van de rechter in de plaats van de vrijwillige instemming van de schuldeiser. De weigerachtige schuldeiser wordt bovendien veroordeeld in de kosten (art. 287a lid 6 Fw).

Ook dat zou een extra stimulans moeten zijn voor de schuldeisers om toch vooral in het minnelijk traject tot een regeling te komen.

> De schuldeiser tegen wie een verzoek ex art. 287a Fw is gericht, kan bij toewijzing daartegen gedurende acht dagen hoger beroep instellen (art. 292 lid 1 Fw). De schuldenaar kan dat alleen tegelijk met afwijzing van het toelatingsverzoek (art. 292 lid 3 Fw).

Wordt het verzoek afgewezen, dan volgt behandeling van het verzoek om toelating tot de schuldsaneringsregeling, mits dat verzoek door de schuldenaar wordt gehandhaafd (art. 287a lid 7 Fw).

Toelatingsvoorwaarden: art. 288 lid 1 Fw
Vóór 1 januari 2008 moest de rechter aan de hand van drie imperatieve en twee facultatieve weigeringsgronden beoordelen of een schuldenaar kon worden toegelaten tot de schuldsaneringsregeling. Sindsdien moet de schuldenaar in het verzoek om te worden toegelaten tot de schuldsaneringsregeling en tijdens de mondelinge behandeling daarvan voldoende aannemelijk maken dat hij voldoet aan alle drie de toelatingsvoorwaarden van art. 288 lid 1 Fw. Bovendien moet blijken dat geen van de vier weigeringsgronden van art. 288 lid 2 van toepassing is. Daardoor wordt de regeling beperkt tot diegenen voor wie zij bedoeld is: die schuldenaren die 'er klaar voor zijn' of – zoals ook wel wordt gezegd – de schuldenaren die 'saneringsrijp' zijn. De onder het 'oude recht ontwikkelde jurisprudentie over toelating tot de schuldsaneringsregeling heeft haar relevantie grotendeels behouden.

Sub a: de schuldenaar moet aannemelijk maken dat hij niet zal kunnen voortgaan met het betalen van zijn schulden.

> In dit verband zal de schuldenaar in het algemeen kunnen verwijzen naar de financiële gegevens welke hij bij het verzoek om toelating tot de schuldsaneringsregeling heeft moeten voegen: de staat van baten en schulden (art. 285 lid 1 sub a Fw jo. art. 96 Fw), de gespecificeerde opgave van zijn inkomsten (art. 285 lid 1 sub b Fw) en de gespecificeerde opgave van zijn vaste lasten (art. 285 lid 1 sub c Fw). Blijkt uit het onderzoek ter terechtzitting dat de schuldenaar niet verkeert in de toestand van te hebben opgehouden te betalen of dat redelijkerwijs niet is te voorzien dat hij niet zal kunnen voortgaan met het betalen van zijn schulden, dan moet hij in staat geacht worden dat wel te kunnen en wordt hij niet toegelaten tot de regeling.

Sub b: de schuldenaar moet aannemelijk maken dat hij ten aanzien van het ontstaan of onbetaald laten van zijn schulden in de vijf jaar voorafgaand aan de dag waarop het verzoekschrift is ingediend, te goeder trouw is geweest.

> In de visie van de Commissie Mijnssen zou de rechter bij de toepassing van de schuldsaneringsregeling geen acht moeten slaan op de goede trouw van de schuldenaar, omdat het niet mogelijk zou zijn daarvoor duidelijke criteria te formuleren. Daarnaast is het zo, dat de Faillissementswet al meer dan honderd jaar amoreel was. Als de rechter moet beslissen op een faillissementsaanvraag of een surseanceverzoek, gebeurt dat niet op basis van een waardeoordeel, maar enkel op basis van de feiten. De oorzaak van de betalingsmoeilijkheden is niet relevant en de schuldvraag wordt niet gesteld.
> Toch heeft de wetgever in de Wsnp een viertal mogelijkheden opgenomen om de goede trouw van de schuldenaar te kunnen toetsen. Bij het ontbreken van goede trouw kan toelating tot de schuldsaneringsregeling geweigerd worden (art. 288 lid 1 sub b Fw; onder de oude

wet vormde dit een facultatieve weigeringsgrond) of de regeling kan tussentijds worden beëindigd (art. 350 Fw), dan uiteraard zonder schone lei. Vlak voordat de regeling regulier wordt beëindigd bestaat nog een toetsingsmogelijkheid, die tot gevolg kan hebben dat de schone lei uiteindelijk toch niet wordt verleend (art. 358 Fw). Als na afloop van de regeling zou worden geconstateerd dat de schuldenaar tijdens de looptijd daarvan niet te goeder trouw is geweest, kan de schone lei hem zelfs weer worden ontnomen (art. 358a Fw). De wetgever meende dat misbruik van de regeling hiermee zou worden voorkomen en dat tegelijkertijd de rechten van de schuldeisers zoveel mogelijk zouden zijn gewaarborgd. Bij toepassing van de Wsnp wordt er van de rechter dus wel degelijk een waardeoordeel gevraagd.

Bij goede trouw in de schuldsaneringsregeling gaat het niet om goede trouw in de zin van art. 3:11 BW of om de redelijkheid en billijkheid van art. 6:2 of 6:248 BW, maar om een gedragsmaatstaf: te goeder trouw handelen (zie bijvoorbeeld ook art. 54 Fw). Uit de wetsgeschiedenis blijkt dat de rechter in een concreet geval met alle omstandigheden rekening kan houden. De MvT geeft als voorbeelden: de omvang van de schulden en de mate waarin de schuldenaar er een verwijt van kan worden gemaakt dat die zijn ontstaan en geheel of gedeeltelijk onbetaald zijn gebleven, de situatie dat de schuldenaar verhaalsacties van de schuldeisers heeft gefrustreerd of geprobeerd heeft dat te doen, het tijdstip waarop en de frequentie waarin de schulden zijn gemaakt, het betalingsgedrag van de schuldenaar en eventuele pogingen om zijn schulden te doen verminderen. Ook de Hoge Raad heeft al een aantal malen benadrukt dat het gaat om een gedragsmaatstaf. De rechter heeft daarom een zekere beoordelingsvrijheid en mag inderdaad rekening houden met alle omstandigheden van het geval.

Met de zogenoemde Landelijk uniforme beoordelingscriteria toelating schuldsaneringsregeling (Bijlage IV bij het Procesreglement verzoekschriftprocedures insolventiezaken rechtbanken) heeft de rechter een aantal aanknopingspunten om de goede trouw van een schuldenaar in de periode van vijf jaar voorafgaand aan het toelatingsverzoek te toetsen. Zo zal de rechter nagaan of:
– schulden zijn aangegaan terwijl, gelet op het inkomen en/of vermogen van de verzoeker, redelijkerwijs geen uitzicht bestond op aflossing daarvan;
– recent nieuwe schulden van substantiële aard zijn aangegaan;
– schulden zijn aangegaan die voortvloeien uit een verslaving aan bijvoorbeeld gokken, alcohol en/of drugs;
– de verzoeker een eigen onderneming heeft gevoerd (eenmanszaak) en (nagenoeg) geen boekhouding is bijgehouden en beschikbaar is;
– de verzoeker schulden heeft aan het UWV of de Belastingdienst die betrekking hebben op een opgelegde boete, het niet nakomen van aangifteverplichtingen of het niet nakomen van verplichtingen tot afdracht van (omzet)belasting;
– door de verzoeker genoten uitkeringen wegens fraude zijn teruggevorderd;
– schulden zijn ontstaan uit misdrijf of overtreding;
– (substantiële) geldboetes zijn opgelegd ter zake van verkeersovertredingen (Wet Mulder-feiten).

In het geval van een echtpaar dat een schuld had aan een gemeente wegens uitkeringsfraude oordeelden rechtbank en Hof dat het echtpaar niet te goeder trouw was geweest ten aanzien van het ontstaan van deze schuld en weigerden toelating tot de schuldsaneringsregeling. Ten tijde van het verzoek om toelating was de uitkeringsfraude echter al zes jaar geleden.

De man had al die tijd werk gehad en er lag beslag op zijn loon. Bovendien was gebleken dat het echtpaar lering had getrokken uit het verleden. Het hof was aan deze argumenten voorbijgegaan zonder enige motivering, hetgeen de Hoge Raad onaanvaardbaar achtte. De beslissing van het hof werd vernietigd en de zaak werd verwezen naar een ander Hof voor verdere beslissing (HR 12 mei 2000, ECLI:NL:HR:2000:AA5776).

Een ander voorbeeld is dat van een Irakese vluchteling, die in vier jaar tijd een schuld van ruim € 30.000 had weten op te bouwen. Zonder werk en dus zonder aflossingscapaciteit had hij bij de Postbank een lening van € 9000 weten los te peuteren. Verder had hij een schuld aan de gemeente Enschede wegens ten onrechte door hem ontvangen uitkeringen. Toelating tot de schuldsaneringsregeling werd geweigerd omdat hij niet te goeder trouw was geweest bij het ontstaan en onbetaald laten van de schulden. De lening van de Postbank bleek echter te zijn aangegaan om in Turkije vrouw en kind te kunnen gaan ophalen. Dit voornemen had de man niet kunnen uitvoeren, omdat hij vanwege zijn Koerdische afkomst onmiddellijk na aankomst in Turkije werd gearresteerd en acht maanden gevangen werd gehouden. Na terugkeer in Nederland (zonder echtgenote; het kind was inmiddels overleden) had hij via een uitzendbureau werk gevonden en was begonnen met het aflossen van zijn schulden. Opnieuw oordeelde de Hoge Raad dat de beslissing van het hof onvoldoende was gemotiveerd, omdat door de schuldenaar aangevoerde relevante omstandigheden onbesproken waren gelaten. Ook nu volgde vernietiging en verwijzing (HR 26 januari 2001, ECLI:NL:HR:2001:AA9668).

Dat het bij het aanleggen van de gedragsmaatstaf niet uitsluitend gaat om gedragingen in de financiële sfeer blijkt uit de zaak waarin een dorpswinkelier strafrechtelijk werd veroordeeld wegens het plegen van ontucht. Vervolgens bleven zijn klanten weg, waardoor hij uiteindelijk zijn schulden niet meer kon betalen. Toelating tot de schuldsaneringsregeling werd geweigerd wegens het ontbreken van goede trouw; volgens de winkelier ten onrechte omdat het ontstaan en onbetaald laten van zijn schulden slechts een zijdelings gevolg was geweest van niet in de financiële sfeer liggend gedrag. De Hoge Raad oordeelt echter dat de rechter alle relevante omstandigheden die verband houden met het gedrag van de schuldenaar in zijn oordeel mag betrekken; hij hoeft zich daarbij niet te beperken tot gedragingen in de financiële sfeer (HR 10 januari 2003, ECLI:NL:HR:2003:AF0749).

Ook de verhouding tussen de totale schuldenlast en de omvang van de niet te goeder trouw ontstane schulden is van belang. Het oordeel van Hof Amsterdam dat een schuldenaar, met een totale schuldenlast van ruim € 300.000 niet te goeder trouw was geweest, werd door de Hoge Raad als onbegrijpelijk bestempeld nu de schuld aan het CJIB (€ 1454,89) maar een heel klein deel van de totale schuldenlast betrof en het hof bovendien slechts ten aanzien van een deel daarvan van oordeel was dat verzoeker niet te goeder trouw was geweest (HR 20 april 2007, ECLI:NL:HR:2007:BA0903).

Schulden die niet te goeder trouw zijn ontstaan, maar die op de dag van indiening van het toelatingsverzoek ouder zijn dan vijf jaar vormen in beginsel geen beletsel voor toelating. Of dat wel of niet het geval is, zal afhangen van het oordeel van de rechter. Deze termijn is opgenomen, omdat die ook geldt voor schulden als gevolg van strafrechtelijke veroordelingen (art. 288 lid 2 sub c Fw). Bovendien wordt zo volgens de MvT recht gedaan aan het beginsel dat een schuldenaar niet tot 'levenslang' veroordeeld dient te worden door hem de toegang tot de schuldsaneringsregeling blijvend te ontzeggen.

Sub c: de schuldenaar moet aannemelijk maken dat hij de uit de schuldsaneringsregeling voortvloeiende verplichtingen naar behoren zal nakomen en zich zal inspannen zoveel mogelijk baten voor de boedel te verwerven.

Het gaat hier met name om de verplichtingen die, bij niet-naleving, aanleiding kunnen vormen om de schuldsaneringsregeling tussentijds te beëindigen (zie § 11). In feite wordt hier de toekomstige goede trouw van de schuldenaar getoetst.

Onder de oude wet werd een toelatingsverzoek afgewezen (imperatief) wanneer er gegronde vrees bestond dat de schuldenaar zijn uit de schuldsaneringsregeling voortvloeiende verplichtingen niet naar behoren zou nakomen. Vóór 1 januari 2008 was afwijzing dan slechts mogelijk wanneer de rechter concrete aanwijzingen had dat de schuldenaar zich ten opzichte van zijn schuldeisers niet behoorlijk zou gedragen. Uit het stelsel van de wet volgde bovendien dat een Wsnp-verzoek niet kon worden afgewezen op grond van de verwachting dat de schuldenaar zou tekortschieten in de nakoming van zijn verplichtingen als gevolg van omstandigheden die hem niet konden worden toegerekend (HR 13 april 2007, ECLI:NL:HR:2007:AZ8147). Aannemelijk is dat deze uitspraak haar gelding heeft behouden voor het huidige artikel 288 lid 1 onder c Fw.

De enkele omstandigheid dat een schuldenaar (nog) niet in staat is om te werken betekent niet dat hij zich niet kan inspannen om te voldoen aan de verplichtingen als bedoeld in deze wettelijke bepaling. De inspanningsverplichting kán erin bestaan dat de schuldenaar zich dient in te spannen om (weer) arbeidsgeschikt te worden (zie HR 27 mei 2011, ECLI:NL:HR:2011:BP8708).

Van een situatie als bedoeld in art. 288 lid 1 aanhef en onder c Fw is in beginsel geen sprake, indien de verzoeker geen verblijfsvergunning of geen bron van inkomsten heeft (art. 5.4.5 Landelijk Uniforme Beoordelingscriteria Toelating schuldsaneringsregeling).

Weigeringsgronden: art. 288 lid 2 Fw
De wetgever heeft er bewust voor gekozen om in de vernieuwde schuldsaneringsregeling een drietal imperatieve weigeringsgronden op te nemen: art. 288 lid 2 onder a, b en d. Voordeel van imperatieve boven facultatieve weigeringsgronden is dat de eerste geen afweging vergen en daardoor minder motivering behoeven, waardoor de rechterlijke macht wordt ontlast.

Sub a: de schuldsanering is reeds op de schuldenaar van toepassing.

> Deze weigeringsgrond houdt volgens de MvT verband met het feit dat de schuldenaar zelfstandig bevoegd blijft om rechtshandelingen te verrichten. Hij kan en mag derhalve ook schulden aangaan. Dergelijke schulden gaan de boedel in beginsel niet aan, maar moeten door de schuldenaar uit eigen, buiten de boedel vallende middelen worden voldaan. Voor die tijdens de toepassing van de schuldsaneringsregeling ontstane schulden moet echter niet een tweede schuldsaneringsregeling van toepassing verklaard kunnen worden, aldus de wetgever, ofschoon dat theoretisch mogelijk is.

Sub b: de poging tot een buitengerechtelijke schuldregeling is niet uitgevoerd door een persoon of instelling als bedoeld in art. 48 lid 1 Wet op het ConsumentenKrediet (WCK).

> Deze weigeringsgrond is in 2008 in de wet opgenomen. Een poging om met de schuldeisers tot een minnelijke regeling te komen, móet ondernomen zijn en wel onder begeleiding van een natuurlijk of rechtspersoon die is uitgezonderd van het verbod van schuldbemiddeling van art. 47 lid 1 WCK. Evenals met art. 287b lid 6 Fw wordt met deze bepaling beoogd malafide schuldhulpverleners zoveel mogelijk de wind uit de zeilen te nemen. Deze weigeringsgrond kwam niet voor in het oorspronkelijke wetsvoorstel 29942, maar is een gevolg van amendering door de Tweede Kamer, mede naar aanleiding van publicaties over misstanden in de schuldhulpverlening. Keerzijde van de medaille is dat in het kader van de toelating tot de schuldsaneringsregeling de schuldenaar zelf niet meer mag proberen een minnelijke regeling met zijn schuldeisers te treffen, maar ook zijn buurman, een familielid, een kerkelijke instelling of werkgever niet. Vaak zijn die daartoe zeer wel in staat, waardoor deze bepaling tot gevolg heeft dat uiterst nuttige vormen van maatschappelijk verantwoordelijkheidsbesef hun waarde verliezen.
>
> Een Schuldhulpverlening BV, die niet is een persoon of instelling als bedoeld in art. 48 lid 1 WCK, maar wel beschikt over een zogenoemd NEN-8048 certificaat, dat haar is verstrekt

ter bevestiging dat zij voldoet aan bepaalde kwaliteitseisen op het gebied van de schuldhulpverlening en schuldbemiddeling, kan dus een schuldenaar niet door een minnelijk traject loodsen op een manier die voldoet aan de eisen van art. 288 lid 2 onder b Fw. Aanwijzing van de in art. 48 lid 1 onder d WCK bedoelde (rechts)personen geschiedt slechts bij AMvB; daartoe is de rechter niet bevoegd. (HR 6 januari 2012, ECLI:NL:HR:2012:BU6758).

Sub c: de schuldenaar heeft schulden welke voortvloeien uit een onherroepelijke veroordeling als bedoeld in art. 358 lid 4 Fw ter zake van één of meer misdrijven, welke veroordeling onherroepelijk is geworden binnen vijf jaar vóór de dag van indiening van het verzoekschrift, tenzij de rechter aanleiding ziet een langere termijn in acht te nemen.

Ook deze weigeringsgrond is nieuw en is een gevolg van de uitsluiting van dit soort schulden van de schone lei, waarover nader in § 11. Vanwege het bijna per definitie niet te goeder trouw ontstaan van deze schulden zou deze weigeringsgrond net zo goed onder de toelatingsvoorwaarde van art. 288 lid 1 sub b Fw te brengen zijn geweest. Toch heeft de wetgever er – mede op aandringen van de rechterlijke macht – een aparte weigeringsgrond van gemaakt om iedere twijfel op dit punt weg te nemen.

Aanleiding voor het in acht nemen van een langere termijn dan vijf jaar kan bijvoorbeeld zijn gelegen in de ernst van het gepleegde misdrijf of in het feit dat een boete is opgelegd of schadevergoeding is toegekend in verband met een zedenmisdrijf.

Hier is *geen* sprake van een *imperatieve weigeringsgrond*, omdat art. 288 lid 3 Fw toelating tot de schuldsaneringsregeling mogelijk maakt, ondanks het bestaan van in art. 358 lid 4 Fw bedoelde schulden die jonger zijn dan vijf jaar.

Sub d: de schuldsaneringsregeling is minder dan tien jaar voorafgaand aan de dag waarop het toelatingsverzoek is ingediend ten aanzien van de schuldenaar van toepassing geweest.

Deze *imperatieve weigeringsgrond* past binnen het sinds 1 januari 2008 geldende strengere toelatingsbeleid. Toch wordt er een drietal uitzonderingen gemaakt, namelijk wanneer de eerdere schuldsaneringsregeling tussentijds is beëindigd omdat alle vorderingen waren betaald (art. 350 lid sub a Fw), omdat de schuldenaar zijn betalingen kon hervatten (art. 350 lid 3 sub b Fw) of omdat tijdens de eerdere schuldsanering bovenmatige nieuwe schulden zijn ontstaan om redenen die niet aan de schuldenaar konden worden toegerekend. Dat laatste kan bijvoorbeeld het geval zijn wanneer een schuldenaar bij toelating tot de regeling een dure woning huurt, maar voor hem op dat moment op de woningmarkt geen goedkoper alternatief beschikbaar is. Daardoor kunnen nieuwe huurschulden ontstaan en die kunnen weer leiden tot tussentijdse beëindiging van de schuldsaneringsregeling. Wanneer deze schuldenaar binnen tien jaar opnieuw een toelatingsverzoek doet, nadat hij is verhuisd naar een goedkopere woning, kan hij worden toegelaten, mits de toepassing van art. 288 lid 1 en 2 Fw daaraan niet in de weg staat.

In enkele uitspraken van lagere rechters is voorbijgegaan aan de tienjaarstermijn, maar afgezien van de genoemde drie uitzonderingen houdt de Hoge Raad strikt de hand aan de termijn van tien jaren. Voor het eerst deed hij dat in HR 12 juni 2009, ECLI:NL:HR:2009:BH7357, met het argument dat de wetgever onder ogen heeft gezien dat deze imperatieve afwijzingsgrond ook zou gelden voor gevallen, waarin de schuldenaar die binnen de tienjaarstermijn opnieuw verzoekt om toepassing van de schuldsaneringsregeling, te goeder trouw is geweest bij het ontstaan of onbetaald laten van de nieuwe schulden. Er is in de ogen van de Hoge Raad geen ruimte voor aanvaarding van een uitzondering, die het imperatieve karakter aan de afwijzingsgrond weer zou ontnemen en daarmee afbreuk zou doen aan een van de hoofddoelstellingen van de (in 2008) vernieuwde regeling, te weten beheersing – van strenge toelatingscondities – van het toenemende beroep op de schuldsaneringsregeling en de daarmee gepaard gaande toenemende werklast voor rechter en bewindvoerder. Inmiddels is het vaste rechtspraak dat aan de tienjaarstermijn niet valt te tornen. Alle pogingen om de Hoge Raad op andere gedachten te brengen zijn mislukt, ook toen door de A-G een overzicht werd gegeven van de tot dan gegeven afwijkende beslissingen (zie HR 1 februari 2013, ECLI:NL:HR:2013:BY0964). Slechts de wetgever kan hierin verandering brengen, maar van die zijde valt voorlopig weinig te verwachten. De schuldsaneringsregeling vormt geen onderdeel van het herijkingsprogramma.

Lange tijd was onduidelijk wanneer de tienjaarstermijn begint te lopen: bij het materiële of het formele einde van de schuldsaneringsregeling, d.w.z. bij het verstrijken van de termijn van art. 349a Fw of bij het verbindend worden van de slotuitdelingslijst (art. 356 lid 2 Fw). Omdat de verplichtingen van de schuldenaar eindigen met het verstrijken van de termijn van art. 349a Fw en omdat een schuldenaar geen enkele invloed heeft op de verdere afwikkeling van de schuldsanering, heeft de Hoge Raad beslist dat de termijn begint te lopen zodra de regeling materieel – eventueel na verlenging – is geëindigd (HR 31 maart 2017, ECLI:NL:HR:2017:572).

Hardheidsclausule
Tijdens de behandeling van wetsvoorstel 29942 in de Tweede Kamer werd de positie van schuldenaren met psychosociale en verslavingsproblemen aan de orde gesteld.

> Iemand maakt schulden om zijn drugsverslaving te kunnen bekostigen. Die schulden kunnen niet worden gekwalificeerd als te goeder trouw ontstaan. Vervolgens laat de schuldenaar zich opnemen in een ontwenningskliniek, waaruit hij na een jaar – volkomen clean – wordt ontslagen. Na verloop van tijd trouwt hij, wordt vader, vindt een baan en neemt contact op met zijn schuldeisers om betalingsregelingen te treffen. Toelating tot de schuldsaneringsregeling moet dan in de visie van de wetgever mogelijk zijn.

Een voorstel om in de wet op te nemen dat dergelijke schuldenaren onder omstandigheden kunnen worden toegelaten tot de schuldsaneringsregeling werd in de Tweede Kamer breed gesteund en leidde ertoe dat art. 288 lid 3 Fw – de zogenoemde hardheidsclausule – in het wetsvoorstel werd opgenomen. Op grond daarvan kan iemand die als gevolg van psychosociale problemen of een verslaving (drugs, alcohol, gokken, shopping, mobiele telefoon) ondanks het ontbreken van goede trouw bij het ontstaan van de schulden of ondanks het bestaan van strafrechtelijke boetes verband houdende met die problemen of verslaving, die 'jonger' zijn dan vijf jaar, tot de schuldsaneringsregeling worden toegelaten, indien voldoende aannemelijk is dat de schuldenaar de omstandigheden die bepalend zijn geweest voor het ontstaan of onbetaald laten van zijn schulden onder controle heeft gekregen.

> Dat deze benadering de rechterlijke macht niet vreemd was, blijkt onder meer uit HR 16 februari 2007, ECLI:NL:HR:2007:AZ6535. De Hoge Raad laat de beslissing van Hof Amsterdam in stand waarin de volgende overweging valt te lezen: 'dat de schuldenares niet aannemelijk heeft gemaakt dat haar leven (thans reeds) een zodanige keer ten goede heeft genomen dat desondanks toelating tot de schuldsaneringsregeling wordt gerechtvaardigd'. Voorheen werd aan deze problematiek aandacht besteed in de Recofa Richtlijnen. Sinds 2009 valt hierover te lezen in art. 5.4.2 en 5.4.3 Landelijk uniforme beoordelingscriteria toelating schuldsaneringsregeling (Bijlage IV bij het Procesreglement verzoekschriftprocedures insolventiezaken rechtbanken). Een verslaving moet al enige tijd onder controle zijn, waarbij als uitgangspunt een periode van een jaar wordt genomen. Psychosociale problemen moeten al enige tijd beheersbaar zijn in die zin dat de schuldenaar zich in maatschappelijk opzicht staande weet te houden en er voldoende hulp/vangnet aanwezig is. In beide gevallen wordt een bevestiging verlangd van een hulpverlener of een hulpverlenende instantie.

Het is aan de rechter om zich hierover een oordeel te vormen. Vaak zal dat gebaseerd zijn op de verklaring van onafhankelijke deskundigen. Noodzakelijk is dat echter niet.

> Wanneer een schuldenaar stellingen inneemt welke kunnen meebrengen dat hij ondanks het ontbreken van goede trouw ten aanzien van (een deel) van zijn schulden tot de schuldsaneringsregeling wordt toegelaten, moet niet-toepassing van de hardheidsclausule voldoende worden gemotiveerd. Zie onder andere HR 22 april 2011, ECLI:NL:HR:2011:BP4673, en HR 20 november 2015, ECLI:NL:HR:2015:3338.

De afwijzing van een verzoek om toelating tot de schuldsaneringsregeling kan worden gebaseerd op één of meer van de toelatingsvoorwaarden en/of weigeringsgronden; elke combinatie is mogelijk. Dat een rechter zijn beslissing baseert op verschillende gronden, zou verband kunnen houden met de strenge motiveringseisen die de Hoge Raad stelt aan een afwijzende beslissing. Hoe uitgebreider de motivering, hoe groter de kans dat de beslissing in stand blijft. De rechter hoeft in zijn beslissing overigens niet aan te geven welke afwijzingsgronden hij exact op het oog heeft gehad, zolang uit de motivering maar blijkt dat alle concrete feiten en omstandigheden in de oordeelsvorming betrokken zijn geweest (zie HR 25 januari 2002, ECLI:NL:HR:2002:AD6633). Een brief aan de rechtbank van een schuldeiser die bezwaar heeft tegen toelating van zijn schuldenaar tot de schuldsaneringsregeling kan daarvan niet worden uitgesloten ook al voorziet de Wsnp niet in een dergelijke inbreng (zie HR 25 februari 2000, ECLI:NL:HR:2000:AA4938).

Om te voorkomen dat schuldeisers na indiening van een verzoek tot van toepassingverklaring van de schuldsaneringsregeling nog snel proberen hun rechten geldend te maken bepaalt art. 287 lid 1 Fw dat de rechtbank met de meeste spoed uitspraak doet. Ondanks het feit dat het gaat om een verzoekschriftprocedure wordt ook hier uitspraak gedaan in de vorm van een vonnis (vgl. art. 4 Fw). Als het verzoek van de schuldenaar wordt toegewezen, wordt de toepassing van de schuldsaneringsregeling evenals de faillietverklaring geacht te zijn ingegaan om 00.00 uur van de dag waarop de toepassing is uitgesproken. De FZO – in faillissement reden voor afwijking van de 0.00-uurregeling – zal in schuldsaneringen nauwelijks een rol spelen.

Het vonnis waarbij het verzoek van de schuldenaar wordt gehonoreerd houdt tevens de benoeming in van een rechter-commissaris en een bewindvoerder. Bovendien wordt daarin last gegeven aan de bewindvoerder om in elk geval gedurende dertien maanden de post van de schuldenaar te openen (art. 287 lid 5). Gedurende die periode heeft de bewindvoerder ten minste één keer alle financiële gegevens (week-, maand-, jaaroverzichten) gezien. Daarna krijgt hij langs deze weg nog nauwelijks nieuwe informatie, terwijl de werklast, verband houdende met de postblokkade, aanzienlijk is. Bovendien is een nadeel van de postblokkade dat belangrijke post over bijvoorbeeld sollicitaties of nieuwe schulden de schuldenaar te laat bereikt. Eerdere beëindiging, maar ook verlenging van de postblokkade zijn mogelijk op verzoek van de bewindvoerder. Overigens geldt ook hier, evenals in faillissement, dat naarmate het postbedrijf verder wordt geliberaliseerd de postblokkade in effectiviteit zal afnemen, tenzij de wetgever daar tijdig een oplossing voor weet te vinden. Daarnaast kunnen in het vonnis voorzieningen worden getroffen die de rechter ter beveiliging van de belangen van de schuldeisers nodig oordeelt (art. 290 lid 1 Fw).

Rechtsmiddelen
Tegen het vonnis waarbij de schuldsaneringsregeling van toepassing wordt verklaard staat geen enkel rechtsmiddel open, noch voor de schuldenaar, noch voor de schuldeisers, noch ook voor enige andere belanghebbende, waaronder bijvoorbeeld werknemers of

de echtgenoot of geregistreerd partner van de schuldenaar (art. 292 lid 2 Fw). Wordt het verzoek afgewezen dan kan de schuldenaar daartegen binnen acht dagen hoger beroep aantekenen tegelijk met een eventueel beroep tegen een afwijzende beslissing op een verzoek tot het treffen van een gedwongen schuldregeling (art. 292 lid 3 Fw). De Hoge Raad beschouwt bovendien een niet-ontvankelijkverklaring als een afwijzing, zodat ook daarvan hoger beroep en cassatie mogelijk zijn (HR 29 januari 2010, ECLI:NL:HR:2010:BK4947). Hoger beroep wordt ingesteld door indiening van een verzoekschrift bij het bevoegde Gerechtshof, dat de zaak binnen twintig dagen daarna moet behandelen. Binnen acht dagen na de behandeling ter zitting moet het hof beslissen; dit overigens zonder enige sanctie. Van het arrest van het hof is binnen dezelfde termijn en op dezelfde wijze cassatie mogelijk (art. 292 lid 2-5 Fw). De Hoge Raad is bij de behandeling en beslissing van de zaak niet aan enige termijn gebonden.

- Ook in het schuldsaneringsrecht geldt dat de termijnen voor het aanwenden van een rechtsmiddel 'ijzeren' termijnen zijn. De Hoge Raad wil dan ook dat daar strikt de hand aan wordt gehouden. Een uitzondering is slechts gerechtvaardigd indien degene die een rechtsmiddel instelt, ten gevolge van een door (de griffie van) een gerecht begane fout of verzuim niet tijdig wist en redelijkerwijs ook niet kon weten dat de rechter uitspraak heeft gedaan en de uitspraak hem als gevolg van een niet aan hem toe te rekenen fout of verzuim pas na afloop van de termijn voor het instellen van een rechtsmiddel is toegezonden of verstrekt (HR 11 juli 2014, ECLI:NL:HR:2014:1682).
- Ingevolge art. 3.1.4.1 Procesreglement verzoekschriftprocedures insolventiezaken rechtbanken moet de precieze dag van de uitspraak aan de schuldenaar zijn meegedeeld. Bovendien moet hij erop zijn gewezen dat vanaf dat moment telefonisch naar de uitspraak kan worden geïnformeerd. Bij gebreke hiervan hoeft betrokkene redelijkerwijs niet te weten op welke dag uitspraak is gedaan en is termijnoverschrijding dus verschoonbaar (HR 30 januari 2015, ECLI:NL:HR:2015:189).
- De termijn is acht dagen te rekenen vanaf de dag volgend op die van de uitspraak. Een cassatieverzoek dat te laat is ingediend, wordt niet-ontvankelijk verklaard. Niet van belang is het moment waarop de schuldenaar kennis neemt van de uitspraak of de inhoud daarvan, zelfs niet als de beslissing de schuldenaar pas na het verstrijken van de termijn bereikt (zie HR 7 mei 1999, ECLI:NL:HR:1999:ZC2900). In dergelijke gevallen kan worden volstaan met het pro forma instellen van een rechtsmiddel. Zodra dan het ontbrekende stuk is ontvangen dienen met bekwame spoed de gronden te worden overgelegd. Zie over deze problematiek ook hoofdstuk II, § 3, en HR 8 juli 1987, NJ 1988/105.

Bij afwijzing van het verzoek door het hof of de Hoge Raad kan de schuldenaar niet ambtshalve in staat van faillissement worden verklaard (art. 228 lid 5 Fw), zoals dat wel mogelijk is in de surseance van betaling (zie art. 242 lid 4 Fw).

Samenloop met faillissementsaanvraag
Wanneer het faillissement van een natuurlijk persoon is aangevraagd, moet de griffier hem schriftelijk laten weten dat hij veertien dagen de tijd heeft om toelating tot de schuldsaneringsregeling te verzoeken (art. 3 lid 1 Fw). Het verzoek tot faillietverklaring wordt dan niet behandeld tot die termijn is verstreken (art. 3 lid 2 Fw). Dat het hier echter niet gaat om een fatale termijn blijkt uit HR 29 januari 2010, ECLI:NL:HR:2010:BK4947.

Er kunnen zich situaties voordoen – en dat zal voornamelijk het geval zijn als het om (ex-)ondernemers gaat – dat een schuldenaar eerst verweer wil voeren tegen de aanvraag van zijn faillissement en pas als in rechte blijkt dat is voldaan aan de voorwaarden voor faillietverklaring het verzoek doet om te worden toegelaten tot de schuldsaneringsregeling. Dat verzoek zou dan subsidiair of voorwaardelijk gedaan moeten kunnen worden. In zijn conclusie van 28 februari 2014, ECLI:NL:PHR:2014:106, ziet A-G Wuisman daar inderdaad ruimte voor, maar de Hoge Raad heeft zich daar nog niet over uitgelaten.

Wel heeft de Hoge Raad het mogelijk geacht om – zolang maar geen faillietverklaring heeft plaatsgevonden – een tweede verzoek tot toepassing van de schuldsaneringsregeling in te dienen dat dan evenals het eerste verzoek de behandeling van een faillissementsaanvraag schorst (HR 9 juni 2017, ECLI:NL:HR:2017:1064). De rechter kan/mag echter afzien van schorsing:
- als de schuldenaar misbruik maakt van bevoegdheid (vertragingstactiek);
- als de schuldenaar geen nieuwe omstandigheden aanvoert of dat al eerder had kunnen doen;
- als de reden voor afwijzing van het eerste verzoek daartoe aanleiding geeft;
- als de duur van de (lopende) schorsing daartoe aanleiding geeft;
- als de schuldenaar talmt met verschaffen van relevante informatie bij de behandeling van het tweede verzoek.

Na het verstrijken van de termijn van art. 3 lid 1 Fw zal de rechtbank een (nieuwe) datum moeten bepalen voor de behandeling van het verzoek tot faillietverklaring en zolang die behandeling niet heeft plaatsgevonden kan alsnog een verzoek worden gedaan om te worden toegelaten tot de schuldsaneringsregeling. Zelfs wanneer de rechtbank het verzoek afwijst en de aanvrager van het faillissement in hoger beroep gaat, kan tot de behandeling van de zaak door het hof nog toelating tot de schuldsaneringsregeling worden verzocht. Zolang daarop niet onherroepelijk is beslist, blijft het verzoek tot faillietverklaring buiten behandeling. Het verzoek tot faillietverklaring vervalt van rechtswege zodra de schuldsaneringsregeling bij in kracht van gewijsde gegaan vonnis van toepassing is verklaard (art. 3a Fw). Wordt het schuldsaneringsverzoek afgewezen, dan zal het verzoek tot faillietverklaring alsnog behandeld moeten worden en kan dus faillietverklaring volgen.

> Een schuldenaar die wil voorkomen dat zijn faillissement wordt uitgesproken door toelating tot de schuldsaneringsregeling te verzoeken, dient ervoor te zorgen dat zijn verzoek gelijktijdig met het faillissementsrekest aanhangig is. Indiening van een dergelijk verzoek tijdens de appelprocedure over de faillietverklaring wordt door de Hoge Raad niet als gelijktijdig beschouwd (zie HR 18 februari 2000, ECLI:NL:HR:2000:AA4878).

Een dergelijke situatie kan zich niet voordoen wanneer een schuldenaar aangifte doet van zijn eigen faillissement. In dat geval zal de griffier hem ter plekke wijzen op de mogelijkheid om toelating te verzoeken tot de schuldsaneringsregeling nog voordat de akte van aangifte wordt opgemaakt.

Omzetting van faillissement of surseance van betaling in schuldsanering
Een schuldenaar die op eigen aangifte failliet is verklaard, maar zich bedenkt en toch de voorkeur geeft aan de schuldsaneringsregeling, kan omzetting verzoeken, mits er nog geen verificatievergadering is gehouden of een beschikking ex art. 137a Fw is gegeven, waarmee een vereenvoudigde afwikkeling in gang is gezet.

Omdat het voor (ex-)ondernemers vanwege alle eisen waaraan voldaan moet zijn extra moeilijk is om toegelaten te worden tot de schuldsaneringsregeling, ontwikkelde zich de praktijk om langs de weg van faillietverklaring op eigen aangifte gevolgd door een omzettingsverzoek de gebruikelijke toelatingsperikelen te vermijden. In dit kader echter spreekt A.G. Wuisman in een conclusie van 25 mei 2013 (ECLI:NL:PHR:2013:BZ9955) van misbruik van bevoegdheid. Dat ook ons hoogste rechtscollege er zo over denkt, blijkt uit HR 28 juni 2013, ECLI:NL:HR:2013:48.

Ook een schuldenaar die op verzoek van een schuldeiser failliet is verklaard kan een dergelijke omzetting verzoeken, mits hem niet te verwijten valt dat hij heeft verzuimd om binnen de termijn van art. 3 lid 1 Fw, dat wil zeggen binnen veertien dagen nadat hij door de griffier per brief op die mogelijkheid is geattendeerd, alsnog een verzoek om toelating tot de schuldsaneringsregeling in te dienen (zie art. 15b lid 1 Fw).

Een van de weinige aanvaardbare redenen waarom dit verzuim niet aan de schuldenaar is toe te rekenen, is een fout van de griffier: de brief van art. 3 Fw is niet of naar een onjuist adres gestuurd, terwijl het juiste adres op de griffie bekend was. De schuldenaar treft natuurlijk wel een verwijt als hij verzuimt om de aangetekende brief van de griffier in ontvangst te nemen of af te halen op het postkantoor, ook al is dat een gevolg van de deplorabele psychische en/of lichamelijke toestand waarin hij op dat moment verkeert. Ook het ten onrechte afgaan op een onjuist advies van een ondeskundig adviseur is voor risico van de schuldenaar. Wanneer de griffier om welke reden dan ook de brief van art. 3 Fw helemaal niet heeft verstuurd, maakt de schuldenaar een goede kans met een omzettingsverzoek.

Ook voor een omzettingsverzoek geldt het vereiste dat de schuldenaar met professionele schuldhulpverlening heeft geprobeerd een buitengerechtelijke schuldregeling te treffen. De gefailleerde schuldenaar die een omzettingsverzoek wil doen, is echter zelf als gevolg van het faillissement niet meer in staat dat te doen. Een redelijke wetstoepassing brengt dan mee dat bij een omzettingsverzoek een schriftelijke verklaring van de curator kan worden gevoegd, waarin is vermeld dat de curator heeft onderzocht of de gefailleerde aan zijn gezamenlijke schuldeisers een akkoord in de zin van art. 138 Fw kan aanbieden (HR 14 april 2017, ECLI:NL:HR:2017:696).

De verklaring dat er geen reële mogelijkheden zijn om tot een buitengerechtelijke schuldregeling te komen, die nog wel vereist werd in HR 13 maart 2015, ECLI:NL:HR:2015:589, is niet (meer) nodig. Bij een omzettingsverzoek wordt het voor schuldeisers openbare verslag van de curator overgelegd, aangevuld met zijn schriftelijk advies over de omzetting (art. 3.2.1.2 Procesreglement verzoekschriftprocedures insolventiezaken rechtbanken). De in art. 285 Fw genoemde stukken zijn dus niet nodig.

Wordt een omzettingsverzoek gehonoreerd, dan geldt het volgende (art. 15d Fw):
– handelingen die door de curator tijdens het faillissement zijn verricht, blijven geldend en verbindend in de schuldsanering;
– boedelschulden die gedurende het faillissement zijn ontstaan, worden ook in de schuldsanering als boedelschulden aangemerkt;
– de vorderingen die in het faillissement reeds zijn ingediend, gelden ook als ingediend in de schuldsanering;
– tijdens het faillissement vervallen, maar niet geverifieerde rente (art. 128 Fw) moet ter verificatie worden ingediend in de schuldsaneringsregeling.

Toelating tot de schuldsaneringsregeling **2**

Op grond van art. 15b lid 3 Fw geldt voor beide schuldenaren dat het faillissement niet mag zijn uitgesproken tijdens de looptijd van een schuldsaneringsregeling. Evenmin mag het faillissement het gevolg zijn van beëindiging van de schuldsaneringsregeling of van de ontbinding van een schuldsaneringsregelingsakkoord (art. 340 lid 4 Fw). De rechtsmiddelen tegen een afwijzende beslissing op een omzettingsverzoek en de rechtsgevolgen van een omzetting zijn geregeld in art. 15c resp. art. 15d Fw.

> Uit HR 13 februari 2004, ECLI:NL:PHR:2004:AO1334, blijkt dat bij de behandeling van omzettingsverzoeken dezelfde criteria worden aangelegd als wanneer het gaat om een rechtstreeks verzoek tot toelating. Iemand met een schuld van bijna ƒ 1.150.000 aan de fiscus en ruim ƒ 80.000 aan het Centraal Justitieel Incassobureau was failliet verklaard en deed een verzoek ex art. 15b lid 1 Fw. De man was opgetreden als 'katvanger'. Tegen vergoeding van ƒ 25 per auto had hij honderden kentekens op zijn naam laten zetten, waardoor de feitelijke bezitters van die auto's zowel motorrijtuigenbelasting als boetes konden ontduiken. De rechtbank wees het verzoek af wegens het ontbreken van goede trouw ten aanzien van het ontstaan van de schulden. In appel betoogde de man dat hij toch diende te worden toegelaten, omdat hij nooit katvanger was geweest uit winstbejag, maar uit een vorm van overdreven hulpvaardigheid; hij had zijn katvangerschap inmiddels beëindigd en had afstand gedaan van de kentekens. Bovendien kreeg hij budgetbegeleiding, liet zijn gezondheid te wensen over, was hij al bijna twee jaar gedetineerd geweest in verband met de onbetaalde boetes en liep hij het risico opnieuw te moeten gaan zitten, omdat hij de boetes ook nu niet kon betalen. Dit alles werd 'ondersteund' door een brief van het city-pastoraat, waarin de schrijver verklaart dat zijn katvanger een goed en betrouwbaar mens is en nog nooit het vertrouwen van de schrijver heeft beschaamd; dat hij zich niet meer schuldig maakt aan strafbare feiten en de schrijver heeft verzekerd dat ook niet meer te zullen doen. Kan het hof nu nog met droge ogen tot een afwijzende beslissing komen? Gelukkig wel, en omdat het hof al hetgeen door de katvanger is aangevoerd in de motivering van de beslissing bespreekt, is de Hoge Raad snel klaar met het ingestelde cassatieberoep. Alle omstandigheden van het geval zijn in de oordeelsvorming betrokken en de Hoge Raad laat de beslissing van het hof in stand zonder nadere motivering.

Een surseance van betaling van een natuurlijk persoon kan eveneens worden omgezet in een schuldsanering. Omzetting moet dan verzocht worden uiterlijk op de achtste dag voordat over de definitieve verlening van de gevraagde surseance wordt beslist, maar nooit later dan twee maanden nadat de surseance voorlopig is verleend (zie art. 247a Fw). Aannemelijk is dat de toelatingscriteria van art. 288 Fw ook dan op dezelfde wijze als bij een rechtstreeks verzoek tot toelating zullen worden toegepast. De rechtsmiddelen tegen een afwijzende beslissing op een omzettingsverzoek en de rechtsgevolgen van een omzetting zijn geregeld in art. 247b resp. 247c Fw.

Toelating tot de schuldsaneringsregeling kan niet worden geweigerd om de enkele reden dat er geen of onvoldoende uitzicht bestaat dat de schuldeisers gehele of gedeeltelijke betaling op hun vorderingen zullen ontvangen (art. 288 lid 4 Fw).

> Zou dit wel een weigeringsgrond zijn, dan kan in veel gevallen de schone-leidoelstelling van de Wsnp niet worden gerealiseerd en zou een schuldenaar toch tot in lengte van jaren door zijn schuldeisers kunnen worden achtervolgd. Om diezelfde reden voorziet de schuldsaneringsregeling niet in de mogelijkheid van beëindiging wegens gebrek aan voldoende baten (vgl. art. 16 Fw).

Wel kan toelating tot de schuldsaneringsregeling worden geweigerd wanneer een schuldenaar zelf de Nederlandse taal niet of niet voldoende beheerst om de verplichtingen van de regeling te kunnen naleven. Toelating is dan slechts mogelijk als de schuldenaar zich heeft voorzien van hulp bij de vertaling van correspondentie (art. 5.4.1 Landelijk uniforme beoordelingscriteria toelating schuldsaneringsregeling, bijlage IV bij het Procesreglement verzoekschriftprocedures insolventiezaken rechtbanken).

Publicatie en registers
In faillissement zorgt de curator voor de voorgeschreven publicaties. In de schuldsaneringsregeling is dat de taak van de griffier, die ervoor zorgt dat onverwijld in de *Staatscourant* wordt aangekondigd de uitspraak tot toepassing van de schuldsaneringsregeling; naam, woonplaats en beroep van de schuldenaar; de naam van de rechter-commissaris en de naam en woonplaats of het kantoor van de bewindvoerder (art. 293 lid 1 Fw).

Daarnaast houdt de griffier van elke rechtbank een register bij waarin hij voor iedere schuldsanering afzonderlijk met vermelding van data inschrijft (art. 294 lid 1 Fw):
- een uittreksel van de rechterlijke uitspraken tot toepassing van de schuldsaneringsregeling en tot beëindiging daarvan;
- de beëindiging en de herleving van de toepassing van de schuldsaneringsregeling bedoeld in art. 312 Fw (faillietverklaring tijdens toepassing van de schuldsaneringsregeling en herleving van die regeling na vernietiging van het faillissement in verzet, hoger beroep of cassatie);
- de summiere inhoud en de homologatie van een akkoord;
- de ontbinding van een akkoord;
- het bedrag van de uitdelingen;
- de summiere inhoud van de uitspraak bedoeld in art. 354 Fw (reguliere beëindiging) en art. 354a Fw (versnelde afwikkeling);
- de datum waarop de schuldsaneringsregeling ingevolge art. 356 lid 2 Fw (verbindend worden van de slotuitdelingslijst) is geëindigd.

De griffier verstrekt deze gegevens ook aan de Raad voor de Rechtspraak, die sedert 1 december 2005 verantwoordelijk is voor het bijhouden van het Centraal Insolventieregister (CIR) (*Stb.* 2016/312), welke taak is gedelegeerd aan de Raad voor Rechtsbijstand te 's-Hertogenbosch. Inzage in beide registers is kosteloos, terwijl een uittreksel tegen betaling kan worden verkregen.

De WMF schaft de rechtbankregisters af (art. 19 WMF). Waarom dat voor de schuldsaneringsregeling niet ook geldt, is onduidelijk.

Werking van de schuldsaneringsregeling
Als een schuldenaar eenmaal is toegelaten, werkt de regeling voor alle in art. 299 lid 1 Fw genoemde schulden, te weten:
a) schulden die ten tijde van de uitspraak op het verzoek om toelating tot de regeling bestaan;
b) schulden die na de uitspraak ontstaan als gevolg van ontbinding of vernietiging van een vóór die uitspraak met de schuldenaar gesloten overeenkomst (zie art. 37a Fw); Een na toelating van de schuldenaar tot de schuldsaneringsregeling genomen besluit

De omvang van de boedel

tot intrekking van vóór die toelating ten onrechte genoten participatiewetuitkering dient daarmee, wat betreft de daaruit voortvloeiende verplichting tot terugbetaling, op één lijn te worden gesteld (HR 19 juni 2015, ECLI:NL:HR:2015:1693).
c) vorderingen die strekken tot schadevergoeding ter zake van tekortschieten na de uitspraak tot de toepassing van de schuldsaneringsregeling in de nakoming van een vóór die uitspraak op de schuldenaar verkregen verbintenis;
d) schulden die na de uitspraak ontstaan door de vervulling van een vóór de uitspraak overeengekomen ontbindende voorwaarde;
e) schulden die ontstaan krachtens art. 6:10 BW (hoofdelijke verbondenheid) uit hoofde van een ten tijde van de uitspraak reeds bestaande rechtsbetrekking.

Evenals in faillissement kunnen separatisten hun rechten uitoefenen alsof de schuldsaneringsregeling niet van toepassing is (zie art. 299 lid 3 Fw dat art. 57-59a Fw van overeenkomstige toepassing verklaart). Per 1 januari 2008 zijn met betrekking tot deze materie art. 303 lid 3 Fw (betaling van hypotheekrente tijdens de duur van de schuldsaneringsregeling met toestemming van de rechtbank/rechter-commissaris) en art. 358 lid 5 Fw (de hypotheekschuld waarop tijdens de duur van de schuldsaneringsregeling rente is betaald valt niet onder de schone lei) in werking getreden (zie hierover nader § 11, Schone lei).

Ook voor studieschulden geldt een apart regime, waarover meer in § 5.

3   De omvang van de boedel

Krachtens de algemeen geldende vermogensrechtelijke regel van art. 3:276 BW dient het hele vermogen van degene die is toegelaten tot de schuldsaneringsregeling ertoe om de schuldeisers tevreden te stellen. De boedel omvat echter niet alleen de goederen die de schuldenaar bezit op het moment van de uitspraak op zijn verzoekschrift om te worden toegelaten tot de regeling, maar ook hetgeen hij gedurende de toepassing van de regeling verkrijgt (art. 295 lid 1 Fw). In zoverre is er geen verschil met de faillissementssituatie (art. 20 Fw).

> Een enigszins schrijnend voorbeeld in dit verband is het feit dat zodra een letselschade is geconcretiseerd in een vaststellingsovereenkomst of daarover een procedure is gestart door het slachtoffer, het bedrag dat wordt uitgekeerd in de boedel valt en dus ten goede komt aan de schuldeisers (HR 24 november 2006, ECLI:NL:HR:2006:AZ1111).

Waar de failliet voor zijn inkomen echter altijd afhankelijk is van de rechter-commissaris, heeft de saniet van rechtswege aanspraak op een vrij te laten bedrag (VTLB) dat gelijk is aan de beslagvrije voet bedoeld in art. 475d Rv. Het gaat dan in beginsel om 90% van de participatiewetnorm (art. 295 lid 2 Fw). Recofa-richtlijn 3.7 bepaalt dat het vrij te laten bedrag (VTLB) met behulp van een zogenoemde VTLB-calculator wordt berekend aan de hand van de meest recente versie van het rapport van de werkgroep rekenmethode VTLB van Recofa, te vinden op www.bureauwsnp.nl. Die berekening wordt gemaakt door de bewindvoerder, die de schuldenaar daarvan en van alle wijzigingen op de hoogte stelt. Het VTLB wordt telkens bij beschikking vastgesteld door de rechter-commissaris.

Art. 317 Fw stelt de schuldenaar in staat om de rechter-commissaris te verzoeken op basis van art. 295 lid 2 Fw de beslagvrije voet – en dus niet het VTLB – te verhogen. Een dergelijke beslissing is vatbaar voor hoger beroep (zie HR 30 oktober 2009, ECLI:NL:HR:2009:BJ7537).

Wil de saniet aanspraak maken op een hoger VTLB, dan is daarvoor een beslissing nodig van de rechter-commissaris (art. 295 lid 3 Fw), waartegen ingevolge art. 315 lid 2 Fw geen hoger beroep mogelijk is. Een verhoging kan nodig zijn wegens hoge woonkosten, terwijl de verhuis- en herinrichtingskosten niet opwegen tegen het voordeel van lagere woonkosten. De kosten van woon-werkverkeer kunnen hoger zijn dan gebruikelijk of er is sprake van een handicap die extra kosten met zich brengt. Omdat er landelijk nogal afwijkende normen werden gehanteerd voor die verhoging, is overleg gevoerd door Recofa, hetgeen heeft geleid tot de aanbeveling om ongeveer 95% van de participatiewetnorm vrij te laten en zelfs 100% als de saniet inkomen uit arbeid heeft. Recofa hanteert dezelfde uitgangspunten als bij de methode die is ontwikkeld door de Nederlandse Vereniging van Kredietbanken (NVVK), zodat er thans sprake is van enige uniformiteit op dit punt. De rechter-commissaris kan aan zijn beslissing om een hoger bedrag vrij te laten voorwaarden verbinden. In het licht van de Recofa-aanbevelingen zou een voor de hand liggende voorwaarde kunnen zijn dat een verhoging tot 100% slechts van kracht is zolang de saniet inderdaad inkomen uit arbeid verwerft.

Wanneer een alimentatieplichtige schuldenaar wordt toegelaten tot de schuldsaneringsregeling, is er in beginsel geen draagkracht meer (HR 14 november 2008, ECLI:NL:HR:2008:BD7589, en HR 18 december 2015, ECLI:NL:HR:2015:3631) en ligt nihilstelling voor de hand, tenzij de rechter-commissaris het VTLB op basis van art. 295 lid 3 Fw op een hoger bedrag heeft bepaald. Het betreft hier een discretionaire bevoegdheid van de rechter-commissaris en de alimentatierechter mag niet vooruitlopen op de VTLB-beslissing van de rechter-commissaris (HR 21 september 2012, ECLI:NL:HR:2012:BW9247). Voor de hand ligt dat de saniet de alimentatierechter laat weten of de rechter-commissaris het VTLB op een hoger bedrag heeft bepaald, althans of hij daartoe een verzoek heeft gedaan en dat in de alimentatieprocedure pas wordt beslist als die informatie is verstrekt.

Behalve vorenbedoeld inkomen vallen ook de in art. 295 lid 4 Fw genoemde goederen buiten de boedel. Het belangrijkste daarvan is de inboedel (sub b), althans voor zover die niet bovenmatig wordt geoordeeld. Voor vaststelling wat als bovenmatig beschouwd moet worden, wordt rekening gehouden met de omstandigheden van het geval, zoals gezinssamenstelling en werksituatie. Goederen die de saniet uit een tijdens de schuldsanering gesloten overeenkomst verkrijgt, mag hij eveneens behouden, mits zijn tegenprestatie niet ten laste van de boedel komt (sub a) en de waarde van dat goed de waarde van de met de verkrijging samenhangende prestatie niet aanmerkelijk overtreft (art. 295 lid 5 Fw).

> Een voormalig antiquair is toegelaten tot de schuldsaneringsregeling en weet op een rommelmarkt voor een habbekrats een antiek kastje op de kop te tikken, dat hij betaalt van het VTLB. Zijn bewindvoerder, die ook verstand heeft van antiek, komt op huisbezoek en ziet het kastje, dat hij te gelde denkt te kunnen maken voor € 2500. Nu de waarde van het kastje de aanschafprijs aanmerkelijk overtreft vloeit de opbrengst in de boedel. De saniet krijgt zijn habbekrats terug.

Zou de schuldenaar na het begin van de schuldsaneringsregeling een arbeidsovereenkomst sluiten en uit hoofde daarvan loon ontvangen, dan komt zijn tegenprestatie – de door hem te verrichten arbeid – wel degelijk ten laste van de boedel. Het loon valt daarom in de boedel voor zover het de beslagvrije voet te boven gaat.

In art. 295 lid 4 sub c en d en in lid 5 worden nog enkele goederen genoemd die buiten de boedel blijven, maar het gaat daarbij om zodanig uitzonderlijke situaties, dat die hier verder buiten bespreking blijven.

De omvang van de boedel

In hoofdstuk III, § 2, is een aantal voorbeelden gegeven van gevallen waarin twijfel kan bestaan over de vraag of een bepaald vermogensbestanddeel wel of niet in de boedel valt. Exact dezelfde vragen kunnen zich voordoen in een schuldsaneringsregeling, zodat naar de eerder gegeven voorbeelden wordt verwezen.

In dezelfde paragraaf is besproken wat het feit dat de schuldenaar gehuwd is betekent voor de omvang van de boedel. Met name voor de schuldsaneringsregeling is dat van belang, omdat het daarbij altijd om natuurlijke personen gaat. De reeds eerder gememoreerde schakelbepaling, art. 313 Fw, verklaart art. 61 en 63 Fw van overeenkomstige toepassing op de schuldsaneringsregeling. Faillissement is echter niet gericht op verkrijging van een schone lei door de schuldenaar. Zijn echtelieden gezamenlijk aansprakelijk voor een schuld, dan zullen zij beiden toelating tot de schuldsaneringsregeling moeten verzoeken om met betrekking tot die schuld werkelijk een schone lei te krijgen. Het verzoek van elk van beiden wordt apart beoordeeld (HR 12 november 2004, ECLI:NL:HR:2004:AR1243). Voor het overige geldt het bepaalde in art. 61 en 63 Fw inderdaad ook in de schuldsaneringsregeling.

> De regel van art. 63 Fw dat het faillissement van iemand die in gemeenschap van goederen is gehuwd wel het faillissement van de gemeenschap met zich brengt, maar niet ook van rechtswege het faillissement van de andere echtgenoot, is via art. 313 Fw ook van toepassing in de schuldsaneringsregeling (zie HR 13 juli 2001, ECLI:NL:HR:2001:ZC3648). Als de ene echtgenoot is toegelaten tot de schuldsaneringsregeling, betekent dat weliswaar dat de goederen van de gemeenschap daardoor worden getroffen, maar niet dat de andere echtgenoot van rechtswege ook als saniet is te beschouwen.
>
> Omgekeerd geldt dat, als een in gemeenschap van goederen gehuwd echtpaar is toegelaten tot de schuldsaneringsregeling, maar ten aanzien van een van hen de regeling wordt beëindigd op grond van art. 350 lid 3 sub c-g, hetgeen het faillissement van die echtgenoot kan betekenen, de andere echtgenoot in de schuldsaneringsregeling kan blijven (zie HR 12 juli 2002, ECLI:NL:HR:2001:AE4547). Het kan voor de ene echtgenoot wel degelijk interessant zijn om via een schuldsanering een schone lei te verkrijgen, terwijl de andere echtgenoot daar geen recht op heeft en de gemeenschap dus aansprakelijk blijft voor de schulden daarvan. Als bijvoorbeeld na de schuldsanering privévermogen wordt opgebouwd in de zin van art. 1:94 lid 1 en 3 BW kunnen de schuldeisers daarop geen verhaal nemen. Ook bij echtscheiding kan het wel of niet verworven hebben van een schone lei een rol spelen in verband met de eventuele regresvordering van de andere echtgenoot die geen schone lei heeft en gemeenschapsschulden is blijven betalen (zie art. 299 lid 1 sub e jo. art. 6:10 BW).

Omdat de situatie van man en vrouw apart wordt beoordeeld, kan het gebeuren dat de ene echtgenoot in staat van faillissement verkeert, terwijl de andere echtgenoot is toegelaten tot de schuldsaneringsregeling. Wanneer dan gemeenschap van goederen bestaat, leidt deze samenloop tot de moeilijkheid dat zowel het faillissement (art. 63 Fw) als de schuldsaneringsregeling (art. 313 in verbinding met art. 63 Fw), mede die gemeenschap omvat. In de visie van de Hoge Raad kunnen beide insolventieregimes naast elkaar bestaan en worden afgewikkeld. Ten aanzien van de vereffening van de gemeenschappelijke boedel heeft in de visie van de Hoge Raad de afwikkeling van het faillissement dan voorrang, omdat dit is uitgesproken ten behoeve van de gezamenlijke schuldeisers van de gefailleerde, terwijl de schuldsanering met name het belang dient van degene wiens schulden worden gesaneerd. In de schuldsanering kan dan pas tot vereffening van de gemeenschappelijke boedel worden overgegaan nadat het faillissement van de andere echtgenoot is beëindigd, hetgeen in de praktijk vrijwel altijd zal betekenen dat op die gemeenschappelijke boedel in de schuldsanering geen verhaal kan worden genomen. Dit vormt echter geen beletsel om tot schuldsanering te besluiten of de afwikkeling daarvan voort te zetten voor zover dat laatste, gelet op het faillissement van de andere echtgenoot, mogelijk is (HR 4 juni 2004, ECLI:NL:HR:2004:AO6933).

Over de vraag hoe een curator en een bewindvoerder dezelfde boedel moeten beheren en liquideren en vervolgens uitkeringen moeten doen aan schuldeisers die in faillissement een andere rang hebben dan in de schuldsaneringsregeling heeft de Hoge Raad zich nog niet hoeven uitlaten.

4 Invloed van de schuldsaneringsregeling op de rechtspositie van de schuldenaar

Inbreuken op de persoonlijke vrijheid van de saniet
Evenals de failliet is de saniet verplicht inlichtingen te verstrekken aan de rechter-commissaris of aan de bewindvoerder, telkens als hij daarom wordt gevraagd (art. 327 jo. 105 Fw). Daarnaast is de saniet verplicht de bewindvoerder alle medewerking te verlenen aan het beheer en de vereffening van de boedel (art. 105a lid 1 Fw). Deze verplichting houdt in elk geval in dat de saniet terstond de administratie en de daartoe behorende boeken, bescheiden en andere gegevensdragers volledig en ongeschonden aan de bewindvoerder moet overdragen (art. 105a lid 2 Fw). Dezelfde verplichtingen gelden voor zijn echtgenote of geregistreerd partner, zodra er sprake is van gemeenschap van goederen. De saniet zelf heeft bovendien nog de verplichting om aanwezig te zijn bij de verificatievergadering en ook daar alle gewenste inlichten te verschaffen (art. 328 lid 1 jo. art. 116).

Omdat art. 80a WMF de rechter-commissaris de mogelijkheid geeft om te bepalen of een vergadering van de schuldeisers fysiek dan wel schriftelijk of met gebruikmaking van een elektronisch communicatiemiddel plaatsvindt, komt art. 116 Fw te luiden: De gefailleerde (dus ook de saniet) neemt op een door de rechter-commissaris te bepalen wijze deel aan de verificatievergadering.

Als een saniet in gebreke blijft om inlichtingen te verstrekken over zijn huidige inkomsten en maandelijkse vaste lasten door – onder meer – pas na veel aanmanen zijn salarisspecificaties over te leggen aan de bewindvoerder en hem geen exemplaar van de huurovereenkomst ter beschikking te stellen, voldoet de saniet niet aan zijn inlichtingenplicht en kan tussentijdse beëindiging van de schuldsaneringregeling plaatsvinden op basis van art. 350 lid 3 sub c (HR 19 januari 2001, ECLI:NL:HR:2001:AA9561).
Volgens de Hoge Raad bestaat er in de schuldsaneringsregeling naast de inlichtingenplicht van art. 105 Fw ook een meer algemene, spontane inlichtingenplicht op basis waarvan de schuldenaar aan de bewindvoerder die inlichtingen dient te verschaffen waarvan hij weet of behoort te begrijpen dat zij van belang zijn voor een doeltreffende uitvoering van de regeling. Een saniet had verzuimd de bewindvoerder op de hoogte te stellen van het feit dat hij onbetaalde arbeid verrichtte en daarvoor een onkostenvergoeding ontving. Ook de echtgenote van de saniet had daarvan geen melding gemaakt. Voor rechtbank en Hof vormde dit enkele feit aanleiding om de schuldsaneringsregeling te beëindigen. De man was echter ziek en uit een doktersverklaring bleek dat hij geen betaald productiewerk kon doen. Wel had hij met een taxibedrijf een halfjaarcontract kunnen afsluiten. Bovendien liep de schuldsaneringsregeling al meer dan twee jaar. Met die omstandigheden was door het hof in het geheel geen rekening gehouden. De Hoge Raad is van mening dat het niet verstrekken van bedoelde inlichtingen inderdaad aanleiding kan zijn voor tussentijdse beëindiging van de schuldsaneringsregeling, maar dit moet beoordeeld worden in samenhang met alle overige

omstandigheden van het geval. Nu dat niet is gebeurd, volgt vernietiging en verwijzing (zie HR 15 februari 2002, ECLI:NL:HR:2002:AD9144).

Gijzeling, zoals in faillissement (art. 87 Fw), is niet mogelijk in de schuldsaneringsregeling.
Omdat art. 327 Fw mede art. 99 Fw van overeenkomstige toepassing verklaart, is er ook in de schuldsaneringsregeling sprake van een postblokkade. Hoe belangrijk die blokkade ook kan zijn voor de boedel, de bewindvoerders zijn er in het algemeen niet overgelukkig mee, omdat zij alleen met de verwerking van de voor de saniet bestemde post veelal het maandelijkse bewindvoerderssalaris al hebben opgesoupeerd.

De invloed van de schuldsaneringsregeling op de beschikkingsbevoegdheid van de schuldenaar en op de mogelijkheid om de boedel te binden

Door toelating tot de schuldsaneringsregeling verliest de schuldenaar met ingang van de dag waarop dat gebeurt van rechtswege de bevoegdheid om over de tot de boedel behorende goederen te beschikken of ten aanzien van die goederen feitelijke handelingen te verrichten of toe te laten (art. 296 Fw). Dit gaat iets minder ver als in faillissement, omdat de saniet gedurende de looptijd van de schuldsanering wel een aanvaardbare gezins-, leef- en werksituatie moet kunnen handhaven. Het beheer over bepaalde tot de boedel behorende goederen wordt hem daarom gelaten, bijvoorbeeld over een auto als de saniet die nodig heeft voor zijn woon-werkverkeer. De rechter-commissaris beslist daarover (art. 296 lid 3 Fw). Evenals in faillissement moet de boedel intact blijven ten behoeve van de schuldeisers en mag de schuldenaar daar niets meer aan onttrekken. Voor het overige is uitsluitend de bewindvoerder bevoegd ten aanzien van de boedel.

Wel blijft de schuldenaar zelfstandig bevoegd om rechtshandelingen te verrichten (art. 297 lid 1 Fw), zij het dat daarop enige beperkingen zijn aangebracht.

Om te voorkomen dat de schuldenaar gedurende de looptijd van de schuldsaneringsregeling onverantwoorde financiële verplichtingen op zich neemt of uitgaven doet waardoor de goede afloop van de regeling in gevaar zou kunnen komen, heeft hij toestemming van de bewindvoerder nodig om een krediettransactie aan te gaan als bedoeld in art. 1 WCK of om zich als borg of anderszins voor de schuld van een derde te verbinden. Ook voor giften heeft de schuldenaar die toestemming nodig, tenzij het gaat om gebruikelijke en niet bovenmatige giften (art. 297 lid 2). Heeft de schuldenaar een dergelijke rechtshandeling verricht zonder de vereiste toestemming, dan kan daarvan – uitsluitend door de bewindvoerder – de nietigheid worden ingeroepen (art. 297 lid 3).

Door uit middelen die niet in de boedel vallen betalingen te doen aan schuldeisers ten aanzien van wier vordering de schuldsaneringsregeling werkt zou de schuldenaar op onaanvaardbare wijze de paritas creditorum kunnen doorbreken. Art. 306 Fw bepaalt daarom dat dergelijke betalingen nietig zijn en niet in mindering worden gebracht op die vorderingen. Het gaat daarbij uitsluitend om betalingen van de saniet. Evenals in faillissement blijft betaling door een derde mogelijk.

Ook is het mogelijk dat de saniet een schuld heeft die onder de werking van de schuldsaneringsregeling valt en dat hij na het begin van de regeling een nieuwe schuld krijgt jegens dezelfde wederpartij. Die laatste schuld moet de saniet betalen uit middelen die niet tot de boedel behoren. Art. 308 Fw voorkomt nu dat de schuldeiser die betaling zou mogen toerekenen op zijn vordering die onder de werking van de schuldsaneringsregeling valt. Ook dat zou een doorbreking van de paritas creditorum opleveren, terwijl de saniet alsnog de niet onder de werking van de regeling vallende schuld zou moeten betalen.

Wanneer de schuldenaar niet in staat blijkt zijn buiten de boedel vallende inkomen zelf te beheren, kan de rechter-commissaris op verzoek van de schuldenaar, de bewindvoerder of zelfs ambtshalve bepalen dat dat inkomen wordt beheerd door de bewindvoerder. Hetgeen de bewindvoerder ingevolge een dergelijke beschikking ontvangt valt niet in de boedel en de bewindvoerder houdt daarvan een aparte administratie bij; hij betaalt met dit geld de door de rechter-commissaris aangewezen, buiten de schuldsaneringsregeling vallende vorderingen (art. 310 Fw). Blijkbaar acht de wetgever het welslagen van de schuldsaneringsregeling zo belangrijk dat hij deze maatregel gerechtvaardigd vond, maar de bewindvoerder krijgt hier een taak toebedeeld die eigenlijk niet tot zijn takenpakket zou mogen behoren. Het gaat om een aspect van integrale schuldhulpverlening dat niet bij de bewindvoerder thuishoort. In de praktijk sluit de schuldenaar dan ook meestal een overeenkomst met een budgetbeheerder of verzoekt hij de kantonrechter om een beschermingsbewindvoerder te benoemen (art. 1:431 e.v. BW), die voor de schuldenaar het beheer voert over het buiten de boedel vallende inkomen. Daarmee kan bijvoorbeeld worden voorkomen dat nieuwe huurschulden of achterstanden in de betaling van energieleveringen ontstaan. Zonder deze maatregelen zou de kans groot zijn dat nieuwe schulden ontstaan in verband waarmee de schuldsaneringsregeling tussentijds beëindigd kan worden.

Door de schakelbepaling van art. 313 Fw is ook art. 24 van overeenkomstige toepassing in de schuldsaneringsregeling, waardoor voor verbintenissen door de schuldenaar aangegaan na het begin van de schuldsaneringsregeling de boedel niet aansprakelijk is, tenzij die daardoor is gebaat. Zie over deze problematiek ook hoofdstuk IV, § 3.

> Om lopende overeenkomsten te kunnen afwikkelen en daarmee eventuele schadeclaims jegens de boedel te voorkomen of met het oog op een verkoop van het bedrijf van de schuldenaar kan de rechter-commissaris bepalen dat de schuldenaar bevoegd is om ten behoeve van de boedel de uitoefening van zijn zelfstandig beroep of bedrijf voort te zetten (art. 311 lid 1 Fw). In tegenstelling tot faillissement, waarin de curator het bedrijf voortzet (zie art. 173a Fw) is het in de schuldsaneringsregeling de schuldenaar zelf die voortzet, niet de bewindvoerder. De schuldenaar mag dan alle handelingen verrichten, waarvoor de bewindvoerder toestemming heeft gegeven en die nodig zijn voor de normale uitoefening van het beroep of bedrijf (art. 311 lid 2 Fw). Hetgeen door de voortzetting wordt verkregen valt in de boedel. Daar staat tegenover dat vorderingen die met de voortzetting verband houden boedelschulden zijn. Voortzetting wordt daarom alleen toegestaan als dat per saldo voordelig is voor de boedel (art. 311 lid 3 Fw).

Wanneer de schuldenaar tijdens de schuldsaneringsregeling nieuwe schulden onbetaald laat, vallen die schulden niet onder de werking van de regeling. Ter zake van die nieuwe schulden kan de schuldenaar failliet worden verklaard, mits aan de daarvoor geldende voorwaarden is voldaan (art. 312 lid 1 Fw). Aan die mogelijkheid bestaat behoefte, omdat 'nieuwe' schuldeisers niet kunnen verzoeken om de schuldsaneringsregeling van hun schuldenaar tussentijds te beëindigen (zie § 11). Bovendien moet, ook als er geen sprake is van bovenmatige nieuwe schulden, het faillissement van de schuldenaar kunnen worden uitgesproken. Wordt de schuldenaar inderdaad failliet verklaard, dan eindigt de schuldsaneringsregeling van rechtswege (art. 312 lid 2 Fw). Om te voorkomen dat de schuldenaar na eventuele vernietiging van het faillissement in verzet of hoger beroep opnieuw om toelating tot de schuldsaneringsregeling zou moeten verzoeken, bepaalt art. 312 lid 3 Fw dat de regeling in dat geval van rechtswege herleeft.

De invloed van de schuldsaneringsregeling op gerechtelijke procedures
Evenals in faillissement blijft ook in de schuldsaneringsregeling de procesbevoegdheid van de schuldenaar onaangetast, mits de boedel niet door de procedure wordt geraakt. Er is geen reden waarom dit onderwerp in faillissement en schuldsanering anders zou

zijn geregeld. Art. 313 Fw verklaart daarom art. 25 en 27-31 Fw van overeenkomstige toepassing op de schuldsaneringsregeling. Het ontbrekende art. 26 heeft een equivalent in art. 299 lid 2 Fw (rechtsvorderingen die voldoening van een verbintenis uit de boedel ten doel hebben kunnen gedurende de toepassing van de schuldsaneringsregeling uitsluitend worden ingesteld door indiening ter verificatie), zodat de regeling in beide situaties identiek is (zie daarom ook hoofdstuk IV, § 4).

De invloed van de schuldsaneringsregeling op bestaande overeenkomsten
Ook hier geldt via art. 313 Fw hetzelfde in de schuldsaneringsregeling als in faillissement. Met name art. 35, 37, 37a en 40 zijn van overeenkomstige toepassing verklaard. Dat is echter niet gebeurd met art. 39 Fw, omdat voor huurovereenkomsten een aparte regeling is getroffen in art. 305 Fw.

> Slechts met machtiging van de bewindvoerder kan de schuldenaar de huur opzeggen. Zodra de schuldsaneringsregeling van toepassing is verklaard kan ook de bewindvoerder overgaan tot opzegging, bijvoorbeeld als er een goedkopere woning beschikbaar is en de verhuis- en herinrichtingskosten opwegen tegen het met de lagere huurprijs te behalen voordeel.
> Om te voorkomen dat schuldenaren die zijn toegelaten tot de schuldsaneringsregeling door hun verhuurder op straat worden gezet wegens wanbetaling, heeft de wetgever de opzegmogelijkheid voor de verhuurder beperkt tot de situatie waarin de schuldenaar na het begin van de schuldsaneringsregeling opnieuw een huurschuld laat ontstaan (art. 305 lid 3 Fw). In tegenstelling tot faillissement zijn die huurpenningen geen boedelschuld. De op het moment van toelating tot de schuldsaneringsregeling bestaande huurschuld valt onder de werking van de regeling. Daarna moet de schuldenaar zelf zorgen voor tijdige betaling van de verschuldigde huurpenningen uit het inkomen dat hem is gelaten.
> Is er vóór de toelating van de schuldenaar tot de regeling een ontruimingsvonnis uitgesproken, dan wordt de tenuitvoerlegging daarvan opgeschort voor de duur van de regeling, mits de lopende huurpenningen tijdig worden betaald. De huurovereenkomst wordt voor de duur van de schuldsaneringsregeling verlengd (art. 305 lid 2 Fw). Wanneer de schuldenaar eenmaal een schone lei heeft verkregen, bestaat er geen 'oude' huurschuld meer en zal een verhuurder niet meer met succes tot ontruiming kunnen overgaan.

Met betrekking tot dit onderwerp zij voor het overige verwezen naar hoofdstuk IV, § 5, dat mutatis mutandis ook in de schuldsaneringsregeling van toepassing is. Dat geldt met name voor de arbeidsovereenkomst, omdat (ex-)ondernemers ook tot de schuldsaneringsregeling kunnen worden toegelaten.

5 Positie van de schuldeisers

Inleiding
Evenals in faillissement geldt in de schuldsaneringsregeling dat op het vermogen van de schuldenaar een algemeen beslag komt te rusten ten behoeve van alle schuldeisers. Nadat de regeling van toepassing is verklaard, kunnen de schuldeisers individueel dan ook niets meer ondernemen ten aanzien van de in de boedel vallende goederen. Alle aangevangen executies worden geschorst (art. 301 lid 2 Fw) en gelegde beslagen vervallen (art. 301 lid 3 Fw). Enig verschil met de faillissementssituatie is dat de Ontvanger niet mag overgaan tot versnelde invordering (art. 19 IW 1990), waarmee ongerechtvaardigde bevoordeling van de fiscus wordt voorkomen. Wel kan de Ontvanger tijdens de schuldsaneringsregeling gebruik maken van het bodemrecht van art. 22 lid 3 IW 1990.

Schuldeisers die desondanks rechten tegen de boedel geldend zouden kunnen maken (bijvoorbeeld separatisten, leveranciers onder eigendomsvoorbehoud, schuldeisers die zich met succes beroepen op het recht van reclame) kunnen daar tijdelijk van worden afgehouden door afkondiging van een afkoelingsperiode als in faillissement (art. 313 lid 1 Fw jo. art. 63a Fw en hoofdstuk VI, § 8) of surseance van betaling (art. 241a Fw).

Uiteraard worden in een schuldsaneringsregeling dezelfde categorieën schuldeisers aangetroffen als in faillissement. Elke in hoofdstuk VI besproken categorie komt hierna kort aan de orde, zij het in een afwijkende volgorde.

Concurrente schuldeisers
De schuldsaneringsregeling werkt in beginsel ten aanzien van alle vorderingen op de schuldenaar die ten tijde van de uitspraak op het verzoekschrift bestaan (art. 299 lid 1 sub a). Echter, ook de vorderingen die pas na de uitspraak ontstaan maar voortvloeien uit een rechtsverhouding daterend van vóór de uitspraak, zoals vorderingen uit de ontbinding of vernietiging van een vóór de uitspraak met de schuldenaar gesloten overeenkomst of de vervulling van een vóór de uitspraak met de schuldenaar overeengekomen ontbindende voorwaarde, vallen onder het toepassingsbereik van de regeling (zie art. 299 lid sub b-e Fw). Al deze vorderingen kunnen tijdens de toepassing van de schuldsaneringsregeling uitsluitend geldend worden gemaakt door indiening ter verificatie (art. 299 lid 2 Fw).

> Voor studieschulden vallend onder de Wet Studiefinanciering 2000 heeft de wetgever de toepasselijkheid van de schuldsaneringsregeling uitdrukkelijk beperkt. Alleen de ten tijde van de uitspraak bestaande betalingsachterstand valt onder de regeling (art. 299a lid 1 Fw). De daarna verschuldigde aflossingen worden opgeschort, zonder dat gedurende de looptijd van de regeling over de resterende studieschuld rente verschuldigd is (art. 299a lid 2 Fw). Reden daarvoor is dat de betreffende wet een eigen regeling voor het totale terugbetalingstraject kent.

'Dwang'schuldeisers
Een bijzonder soort concurrente schuldeisers wordt ook wel aangeduid met de term 'dwangschuldeisers'. Een leverancier van gas, water of elektriciteit zou verdere leveringen kunnen stopzetten, als de saniet niet integraal voldoet aan zijn betalingsverplichting en dus ook onbetaalde rekeningen van vóór de van toepassingverklaring van de schuldsaneringsregeling betaalt. Om te voorkomen dat een saniet op die manier verstoken zou raken van energieleveringen heeft de wetgever bepaald dat de energieleverancier jegens de saniet niet bevoegd is om de leveringen op te schorten of de overeenkomst te ontbinden vanwege het onbetaald gebleven zijn van rekeningen van vóór het begin van de schuldsaneringsregeling. Veel overeenkomsten voor de levering van energie bevatten de clausule dat faillissement, surseance van betaling of toelating tot de schuldsaneringsregeling grond oplevert voor ontbinding van de overeenkomst of zelfs ontbinding van rechtswege tot gevolg heeft. In een schuldsaneringsregeling is een beroep op een dergelijk beding slechts toegelaten met goedvinden van de bewindvoerder, die daarmee enige controle houdt over de leefomstandigheden van de saniet (zie art. 304 Fw).

> Zoals al aangegeven in de vorige paragraaf zou een verhuurder de huurovereenkomst kunnen opzeggen als niet alle achterstallige huurpenningen worden voldaan en de lopende verplichtingen correct worden bijgehouden. Voor dat geval heeft de wetgever bepaald dat

Positie van de schuldeisers   **5**

een verhuurder alleen bevoegd is de huurovereenkomst op te zeggen wegens niet-nakoming van enige verplichting die is ontstaan na het begin van de schuldsanering (art. 305 lid 3).

Voor andere duurovereenkomsten (telefoon- of kabelaansluiting, verzekeringsovereenkomsten, enz.) is een dergelijke bepaling niet opgenomen, hetgeen betekent dat die schuldeisers wel van hun opschortings- of opzeggingbevoegdheid gebruik mogen maken.

Feitelijk preferente schuldeisers
Zoals aangegeven in hoofdstuk VI, § 6, gaat het hierbij om een voorrangspositie die niet als zodanig in de wet is geregeld, maar die wordt ontleend aan een bepaalde feitenconstellatie. Het recht van reclame (art. 7:39 e.v. BW) en het eigendomsvoorbehoud (art. 3:92 BW) hebben in een schuldsanering dezelfde werking als in een faillissement. Voor gedwongen schuldverrekening geldt hetzelfde (art. 313 jo. 56 Fw). Alleen bij de gewone verrekening wijkt de regeling van de schuldsanering enigszins af van die in faillissement.

In een schuldsanering is verrekening slechts mogelijk als zowel de schuld als de vordering ten aanzien waarvan de schuldsaneringsregeling werkt zijn ontstaan vóór de uitspraak tot toepassing van de regeling (art. 307 lid 1 Fw). Het voortvloeien van een vordering of een schuld uit handelingen vóór de faillietverklaring met de gefailleerde verricht (zie art. 53 lid 1 Fw), is niet overgenomen in de schuldsaneringsregeling. De uitgebreide jurisprudentie over de problematiek van dit 'voortvloeien uit' (zie hoofdstuk VI, § 6) speelt in de schuldsanering dan ook geen rol. Het criterium voor verrekening is duidelijk en simpel en voorkomt verstoring van de paritas creditorum. Immers, het zou onaanvaardbaar zijn dat een schuldeiser zijn onder de werking van de schuldsaneringsregeling vallende vordering zou mogen verrekenen met zijn na vantoepassingverklaring van de regeling ontstane schuld.

> In uitkeringsland heeft deze bepaling tot de nodige problemen geleid. Het recht op een uitkering – of het nu gaat om een werkloosheidsuitkering, een ziektewetuitkering, een arbeidsongeschiktheidsuitkering, een Wajonguitkering, een participatiewetuitkering, enz. – ontstaat van rechtswege, zodra is voldaan aan de daarvoor geldende wettelijke voorwaarden. De schuld van de uitkeringsinstantie ontstaat daarom steeds per uitkeringsperiode waarin aan bedoelde voorwaarden is voldaan. Een toekenningsbeslissing doet niet meer dan het recht op de betreffende uitkering formaliseren. Wanneer een uitkeringsinstantie dan tijdens een schuldsanering een besluit neemt waarbij de uitkering met terugwerkende kracht tot vóór toelating van de uitkeringsgerechtigde tot de schuldsaneringsregeling wordt ingetrokken, is er enerzijds sprake van een vordering van de uitkeringsinstantie die is ontstaan vóór het begin van de schuldsanering en die onder de werking van de schuldsaneringsregeling valt. Er heeft dan immers een onverschuldigde betaling plaatsgevonden en de vordering tot terugbetaling ontstaat op het moment dat de onverschuldigde betaling plaatsvond (HR 19 december 2014, ECLI:NL:HR:2014:3678). Anderzijds is er een na het begin van de schuldsanering ontstane schuld van de uitkeringsinstantie aan de uitkeringsgerechtigde tot betaling van de uitkering. Op grond van art. 307 Fw is verrekening dan uitgesloten (HR 17 juni 2011, ECLI:NL:HR:2011:BQ0709, en CRvB 31 mei 2017, ECLI:NL:CRVB:2017:2038).

Preferente schuldeisers
De wetgever heeft kennelijk geleerd van de ineffectiviteit van de surseance van betaling, die goeddeels wordt veroorzaakt door het feit dat bevoorrechte schuldeisers er niet door worden geraakt (art. 230 lid 3 Fw). Bevoorrechte vorderingen zijn daarom ook onder de werking van de schuldsaneringsregeling gebracht door noch in art. 299 lid 1 noch elders in de Faillissementswet een uitzondering te maken voor deze categorie vorderingen. Zelfs kwesties van rangorde onder de bevoorrechte schuldeisers spelen in

de schuldsaneringsregeling geen rol; zij zijn allen gelijk in rang, zoals onder meer blijkt uit art. 349 lid 2 Fw. Daarin is bepaald dat, telkens als er een uitdeling plaats vindt, de preferente schuldeisers tweemaal zoveel ontvangen als de concurrente schuldeisers. Dit is een tamelijk spectaculaire afwijking van de gewone rangorderegels, waaraan tijdens de parlementaire behandeling van de Wsnp nauwelijks enige bijzondere aandacht is besteed. Gevolg daarvan is in elk geval wel dat in de schuldsaneringsregeling ook de concurrente schuldeisers kunnen rekenen op enige uitkering en dat past weer in het systeem van de regeling. Het zou immers geen goede zaak zijn als van de schuldenaar drie jaar lang een maximale inspanning wordt gevergd om activa bij elkaar te brengen waarvan uiteindelijk alleen de preferente schuldeisers profiteren.

De positie van de fiscus
Omdat art. 299 Fw evenmin een uitzondering maakt voor belastingschulden, vallen ook die onder de werking van de schuldsaneringsregeling. Het is de Ontvanger zelfs verboden een vordering te doen als bedoeld in art. 19 IW 1990 (zie art. 301 lid 1 Fw en hoofdstuk VI, § 5).

> Ofschoon uit art. 21 IW 1990 blijkt dat het bodemvoorrecht ook in de schuldsaneringsregeling van toepassing is, valt niet in te zien hoe dat de fiscus tot voordeel zou kunnen strekken bij het ontbreken van een rangorde onder de preferente schuldeisers. De parlementaire geschiedenis geeft daarover geen duidelijkheid. Het op 1 januari 2013 in werking getreden art. 22bis IW 1990 brengt daarin geen verandering (zie over deze bepaling nader hoofdstuk VI, § 5).
> Het bodemrecht heeft alleen betrekking op goederen van derden en kan daarom tijdens de schuldsaneringsregeling op dezelfde wijze worden uitgeoefend als tijdens faillissement.

In een schuldsaneringsregeling is van de superpreferente positie van de fiscus in elk geval maar weinig over.

Separatisten
Art. 299 lid 3 Fw verklaart art. 57-59a Fw van overeenkomstige toepassing op de schuldsaneringsregeling. Daaruit volgt, dat die regeling niet werkt ten aanzien van pand- en hypotheekhouders, die daarom hun rechten kunnen uitoefenen alsof er geen schuldsanering loopt. Alleen door de afkondiging van een afkoelingsperiode (art. 313 Fw jo. 63a Fw) kunnen zij daarin beperkt worden.

Ook de retentor behoudt zijn recht tijdens de schuldsanering (art. 299b lid 1 Fw). De regeling verschilt van die in faillissement in die zin dat de bewindvoerder niet de mogelijkheid heeft om zonder meer de zaak waarop het retentierecht rust op te eisen en te verkopen (vgl. art. 60 lid 2 Fw).

> In faillissement kan dat wel. De retentor heeft dan voorrang op de opbrengst. In de schuldsaneringsregeling zou hij daardoor echter benadeeld worden, omdat alle bevoorrechte schuldeisers gelijk in rang zijn en een uitkering ontvangen naar evenredigheid van hun vordering. Daarom kan een bewindvoerder in een schuldsanering de zaak pas opeisen en verkopen, nadat de retentor heeft verzuimd zijn recht van parate executie uit te oefenen binnen een hem daarvoor door de bewindvoerder gestelde termijn (art. 299b lid 5). Ook dan behoudt de retentor zijn voorrang op de opbrengst, maar met het hiervoor omschreven gevolg.
> De bewindvoerder kan de zaak natuurlijk altijd terugbrengen in de boedel door de vordering van de retentor te voldoen (art. 299b lid 2 Fw). De retentor kan de bewindvoerder daartoe een redelijke termijn stellen en mag overgaan tot parate executie als de bewindvoerder de zaak binnen die termijn niet heeft teruggebracht in de boedel (art. 299b lid 3 Fw).

Boedelschuldeisers
In een schuldsanering ontstaan boedelvorderingen op dezelfde manier als in faillissement (zie hoofdstuk VI, § 2). Omdat deze vorderingen pas na de uitspraak tot de toepassing van de schuldsaneringsregeling kunnen ontstaan, vallen zij per definitie niet onder de werking daarvan. Deze vorderingen hoeven dus niet ter verificatie te worden aangemeld, maar geven een rechtstreekse aanspraak op de boedel. Zonodig kan voor het verhaal van dit soort vorderingen beslag worden gelegd op bestanddelen van de boedel. Het gaat immers niet om schulden van de saniet, maar van de bewindvoerder, in diens hoedanigheid aangegaan. Als de boedel niet toereikend is voor de betaling van alle boedelschulden, dan zal de bewindvoerder een rangorde moeten opstellen als in faillissement (zie HR 28 september 1990, *NJ* 1991/305 (*De Ranitz q.q./Ontvanger*)).

> Ook in de bepalingen over de schuldsaneringsregeling zoekt men tevergeefs naar een definitie van de boedelschuld. Art. 313 Fw verklaart onder meer art. 40 Fw van overeenkomstige toepassing in de schuldsaneringsregeling, zodat hetgeen geldt in faillissement (zie hoofdstuk IV, § 5) ook van toepassing is in de schuldsaneringsregeling.
> Verder noemt de Faillissementswet als boedelschulden met name de schulden die ontstaan uit de voortzetting van een zelfstandig beroep of bedrijf door de saniet, daaronder begrepen de met de voortzetting verband houdende huurpenningen (art. 311 Fw).
> Als een schuldenaar tijdens de toepassing van de schuldsaneringsregeling failliet wordt verklaard (zie art. 312 Fw), worden de boedelschulden uit de schuldsanering ook in het faillissement behandeld als boedelschulden (art. 359 lid 1 sub b Fw). Nieuwe schulden, gedurende de toepassing van de schuldsanering ontstaan, gelden als in het faillissement verifieerbare schulden (art. 359 lid 1 sub c Fw).

6 Het bestuur van de boedel

De bewindvoerder
Het vonnis waarbij de toepassing van de schuldsaneringsregeling wordt uitgesproken houdt tevens benoeming van een bewindvoerder in (art. 287 lid 3 Fw). Ook als de schuldsaneringsregeling pas in hoger beroep of cassatie van toepassing wordt verklaard, is het toch de rechtbank die de bewindvoerder benoemt (art. 292 lid 9). In tegenstelling tot een curator, die altijd advocaat is, is een bewindvoerder dat vaak niet, behalve als het gaat om de schuldsanering van een ondernemer of voormalig ondernemer. De rechtbanken geven dan in het algemeen de voorkeur aan benoeming van een advocaat, omdat die beter is toegerust voor de behandeling van de vraagstukken die zich kunnen voordoen bij de afhandeling van de schuldsanering van een (ex-)ondernemer. In beginsel kan iedereen deelnemen aan de door de Raad voor Rechtsbijstand te 's-Hertogenbosch georganiseerde opleiding tot bewindvoerder. Wie die opleiding met goed gevolg voltooit, kan zich laten registreren bij een rechtbank, waarna hij in aanmerking komt voor benoeming tot bewindvoerder. In de praktijk zijn het vooral gerechtsdeurwaarders, medewerkers van Buro's voor Rechtshulp of van particuliere schuldhulporganisaties die van deze mogelijkheid gebruik maken.

> Een particuliere schuldhulporganisatie kan vrijstelling krijgen van het verbod om zich tegen betaling bezig te houden met minnelijke schuldhulpverlening (zie art. 47 lid 1 WCK). Dit gebeurt door middel van certificering van de betreffende organisatie. Niet duidelijk is of medewerkers van niet gecertificeerde organisaties van de opleiding uitgesloten kunnen worden. Dat zij door een rechtbank zullen worden benoemd tot bewindvoerder ligt bepaald niet voor de hand.

Zoals blijkt uit art. 316 lid 1 Fw is de bewindvoerder in een schuldsanering in de eerste plaats belast met het toezicht op de naleving door de schuldenaar van diens verplichtingen die uit de schuldsanering voortvloeien(sub a). Pas daarna komt het beheer en de vereffening van de boedel (sub b), de enige taak van de curator in faillissement. De taak sub a heeft vooral de strekking te voorkomen dat de schuldsaneringsregeling mislukt. Door de wetgever wordt de bewindvoerder daarom verondersteld zich ook bezig te houden met begeleiding of budgetbeheer van de schuldenaar, waarbij het er niet toe doet of dat voor de boedel van belang is. De vraag is dan natuurlijk of een bewindvoerder op dat onderdeel van zijn taak is berekend en – als dat al zo is – of hij dan niet teveel bij de schuldenaar betrokken raakt, waardoor strijdigheid kan ontstaan met zijn taak als belangenbehartiger van de schuldeisers. Het is niet voor niets dat er al jarenlang voor wordt gepleit om een systeem van integrale schuldhulpverlening te ontwikkelen, waarin ieder zijn specifieke taak kan vervullen. De bewindvoerder kan zich dan volledig toeleggen op zijn eigenlijke taak: het beheer en de vereffening van de boedel ten behoeve van de gezamenlijke schuldeisers.

> Een saniet die betoogde dat een bewindvoerder op basis van art. 316 Fw verplicht is actief medewerking te verlenen aan het welslagen van de schuldsaneringsregeling, vond geen gehoor bij de Hoge Raad. De bewindvoerder is een toezichthouder, geen schuldhulpverlener, en de verantwoordelijkheid voor de nakoming van de uit de schuldsaneringsregeling voortvloeiende verplichtingen rust op de schuldenaar. Indien de schuldenaar hulp nodig heeft om zijn verplichtingen na te komen, dient hij deze zelf te zoeken. Personen die niet in staat zijn de uit de schuldsaneringsregeling voortvloeiende verplichtingen na te komen, worden immers niet tot de regeling toegelaten (art. 288 lid 1 onder c Fw) (HR 24 mei 2013, ECLI:NL:HR:2013:BZ7201).

Het salaris van de bewindvoerder wordt vastgesteld door de rechtbank volgens bij algemene maatregel van bestuur (het zogenoemde Salarisbesluit) te stellen regels (zie art. 320 Fw). Tegen een salarisbepaling is geen hoger beroep mogelijk (art. 321 jo. art. 85 Fw). Aanvankelijk was de beloning uiterst mager te noemen. De bewindvoerder moest het doen met nog geen € 25 per maand. Naderhand zijn de vergoedingen enigszins naar boven bijgesteld en wordt per zaak ook een bedrag aan subsidie uitgekeerd. De hoogte daarvan is afhankelijk van de ingewikkeldheid van de zaak: alleenstaande of echtpaar, alleenstaande ondernemer of gehuwde ondernemer.

Salaris is een boedelschuld en komt dus ten laste van de schuldenaar. Het wordt bij voorrang voldaan boven alle andere schulden (art. 320 lid 7 Fw). Daaraan valt niet te ontkomen door te stellen dat het vonnis waarbij het salaris wordt vastgesteld niet uitdrukkelijk vermeldt dat het een boedelschuld betreft (zie HR 26 september 2003, ECLI:NL:HR:2003:AI0364). Een overzicht van de salarissen en vergoedingen voor bewindvoerders is te vinden op www.bureauwsnp.nl.

Wat het beheer en de vereffening van de boedel betreft voert de bewindvoerder in de schuldsaneringsregeling zijn taak op nagenoeg dezelfde manier uit als de curator in faillissement. Ook de bewindvoerder maakt een boedelbeschrijving en een staat van baten en schulden; hij (re)construeert de boedel, zonodig met gebruikmaking van de actio Pauliana (zie art. 313 Fw) of door het instellen van een vordering uit onrechtmatige daad. Door middel van openbare verslagen maakt hij kenbaar hoe de schuldsanering verloopt (zie art. 318 Fw). Het vermogen van de schuldenaar wordt door hem geliquideerd en met machtiging van de rechter-commissaris doet hij de uitkeringen aan de schuldeisers (art. 349

jo. art. 316 lid 2 Fw). Bij de uitvoering van zijn werkzaamheden dient de bewindvoerder zich te houden aan de Recofa Richtlijnen voor schuldsaneringsregelingen, waarvan de meest recente versie in werking is getreden op 1 januari 2018.

De schuldenaar en de schuldeisers ten aanzien van wier vorderingen de schuldsaneringsregeling werkt kunnen invloed uitoefenen op het doen en (na)laten van de bewindvoerder op dezelfde wijze als in faillissement (art. 317 Fw; vgl. art. 69 Fw). Aannemelijk is, dat de jurisprudentie met betrekking tot art. 69 Fw ook in de schuldsaneringsregeling geldt (zie hoofdstuk VII, § 2). De Hoge Raad heeft zich hierover nog niet hoeven uitspreken.

Controle op de bewindvoerder kan op voordracht van de rechter-commissaris of op gemotiveerd verzoek van één of meer schuldeisers of de schuldenaar resulteren in zijn ontslag. De bewindvoerder kan ook zelf verzoeken om ontslagen te worden. Het ontslag wordt verleend door de rechtbank, die meteen een nieuwe bewindvoerder benoemt aan wie de ontslagen bewindvoerder rekening en verantwoording aflegt (art. 319 Fw).

De rechter-commissaris
Behalve de benoeming van een bewindvoerder houdt het vonnis waarbij de toepassing van de schuldsaneringsregeling wordt uitgesproken ook de benoeming van een rechter-commissaris in. Op basis van art. 292 lid 8 Fw is het altijd de rechtbank die de benoeming doet. Volgens de memorie van toelichting is een dergelijke benoeming noodzakelijk vanwege de gevolgen die de schuldsaneringsregeling kan hebben: een schone lei voor de schuldenaar ten koste van de schuldeisers. Mede uit een oogpunt van rechtszekerheid is rechterlijke bemoeienis daarom vereist. Bovendien is de schuldsaneringsregeling een liquidatieprocedure waarop rechterlijk toezicht moet worden uitgeoefend. Art. 314 lid 1 Fw omschrijft de taak van de rechter-commissaris dan ook als toezicht houden op de vervulling door de bewindvoerder van de door hem te verrichten taken, maar dat zal in de praktijk voornamelijk beperkt blijven tot toezicht op het beheer en de vereffening van de boedel. Alleen daarvoor heeft de wetgever een aantal instrumenten en mechanismen in het leven geroepen.

Het toezicht verloopt feitelijk via de verslagen van de bewindvoerder (art. 318 Fw) en eventuele informele contacten, maar ook door middel van de verplichting van de bewindvoerder om voor bepaalde handelingen eerst machtiging te vragen aan de rechter-commissaris (zie bijvoorbeeld art. 316 lid 2 Fw). Bovendien geeft de hierboven beschreven procedure van art. 317 Fw mogelijkheden voor toezicht.

Behalve de in art. 315 lid 2 Fw genoemde uitzonderingen, staat in beginsel steeds binnen vijf dagen hoger beroep open tegen beschikkingen van de rechter-commissaris. In dat opzicht is de regeling in de schuldsanering gelijk aan die in faillissement.

Deskundigen
De rechter die de toepassing van de schuldsaneringsregeling uitspreekt kan daarbij ook één of meer deskundigen benoemen om een onderzoek naar de staat van de boedel in te stellen (art. 291 lid 1 Fw). De deskundige(n) moet(en) daarover verslag uitbrengen en daarin een gemotiveerd oordeel geven over de betrouwbaarheid van de door de schuldenaar bij zijn verzoekschrift overgelegde staat en bescheiden (art. 291 lid 2 Fw).

7 De verificatie van de vorderingsrechten

Omdat het bij schuldsanering evenals bij faillissement gaat om liquidatie van het vermogen van de schuldenaar en verdeling van de opbrengst onder de schuldeisers, moeten ook in een schuldsaneringsprocedure de vorderingsrechten van de schuldeisers worden geverifieerd. Niet valt in te zien waarom dat in een schuldsanering op een andere manier zou moeten gebeuren dan in een faillissement en dus heeft de wetgever nagenoeg alle bepalingen met betrekking tot de verificatie van vorderingen uit titel 1 van overeenkomstige toepassing verklaard op de schuldsanering (zie art. 328 lid 1 Fw).

> Slechts voor art. 117 en 128 Fw is een uitzondering gemaakt.
> Art. 117 Fw regelt de verplichtingen van bestuurders van een rechtspersoon in verband met de verificatievergadering en heeft derhalve geen tegenhanger in de schuldsaneringsregeling.
> Art 128 Fw regelt dat na faillietverklaring alleen rente over door pand of hypotheek gedekte vorderingen in aanmerking komt voor verificatie (zie hoofdstuk VIII, § 4). Voor de schuldsaneringsregeling doet art. 328 lid 2 Fw exact hetzelfde. Rente over andere vorderingen loopt tijdens faillissement wel door, maar niet ten laste van de boedel en kan daarom niet worden geverifieerd. Tijdens de schuldsaneringsregeling is in beginsel noch wettelijke noch contractuele rente verschuldigd (zie art. 303 Fw). Dit laatste geldt uiteraard alleen voor vorderingen ten aanzien waarvan de schuldsaneringsregeling werkt (zie art. 299 Fw).

Het vonnis waarin toelating tot de schuldsaneringregeling wordt uitgesproken kan meteen ook vaststelling inhouden van datum, tijd en plaats voor de verificatievergadering (art. 289 lid 1 Fw). In de praktijk gebeurt dat zelden of nooit. Gewoonlijk wordt gewacht op een daartoe strekkend verzoek van de bewindvoerder, waarna vaststelling geschiedt door de rechter-commissaris (art. 289 lid 2 FW). Tegelijk met de bepaling van een datum voor de verificatievergadering wordt een datum bepaald waarop de vorderingen bij de bewindvoerder moeten zijn ingediend. Die twee data moeten minimaal veertien dagen uit elkaar liggen (art. 289 lid 3 en 4 Fw). Een verificatievergadering wordt niet eerder dan twee maanden na de uitspraak tot toepassing van de schuldsaneringsregeling gehouden (art. 289 lid 5 Fw).

De WMF introduceert in faillissement een fatale termijn voor de indiening van vorderingen ter verificatie (art. 127 WMF). De huidige mogelijkheden om te laat ingediende en nagekomen vorderingen alsnog geverifieerd te krijgen (de huidige art. 127 en 186 Fw) gaan daarom vervallen. Voor de schuldsaneringsregeling vindt de wetgever dat te ver gaan, zodat in titel 3 van de Fw (de Wsnp) het systeem, zoals dat nu nog geldt in titel 1 van de Fw tot de inwerkingtreding van de WMF niet meer via de schakelbepaling van art. 328 lid 1 Fw van overeenkomstige toepassing kan worden verklaard in de schuldsaneringsregeling. Bedoeld systeem moet daarom met zoveel woorden in titel 3 van de Fw worden opgenomen.
Na afloop van de door de rechter-commissaris vastgestelde termijn kunnen vorderingen nog tot uiterlijk twee dagen vóór de verificatievergadering worden ingediend. Tijdens de vergadering moeten de betreffende schuldeisers dan verzoeken om verificatie. De vordering wordt geverifieerd, tenzij de curator of een van de aanwezige schuldeisers daar bezwaar tegen

De verificatie van de vorderingsrechten

maakt (art. 328b lid 1 WMF). In dat geval beslist de rechter-commissaris na de vergadering te hebben geraadpleegd (art. 328b lid 4 WMF).

– *Vorderingen die later worden ingediend, worden niet meer tijdens de verificatievergadering geverifieerd (art. 328b lid 2 WMF), tenzij de schuldeiser buiten het Rijk in Europa woont en daardoor verhinderd was zich eerder aan te melden (art. 328b lid 3 WMF).*
– *Verificatie van de vordering is evenwel ook na dit moment nog mogelijk door verzet aan te tekenen tegen de uitdelingslijst (art. 349aa WMF; zie nr. 71).*
– *Vindt verificatie plaats nadat reeds uitdelingen zijn gedaan, dan heeft de schuldeiser recht op een bedrag, evenredig aan hetgeen door de overige erkende schuldeisers reeds is ontvangen (art. 328c WMF).*

Ook tijdens een vergadering die belegd wordt ingevolge art. 348 Fw kunnen nog vorderingen worden geverifieerd, voorzover dat niet reeds overeenkomstig art. 127 Fw is gebeurd.

Omdat er van de zijde van de schuldeisers weinig of geen belangstelling bleek te bestaan voor het bijwonen van een verificatievergadering heeft de wetgever het mogelijk gemaakt om de vorderingen van de schuldeisers te verifiëren zonder vergadering (art. 328a Fw). De gang van zaken is dan als volgt. De bewindvoerder laat de rechter-commissaris weten of hij een verificatievergadering wenst, dan wel dat deze pro forma kan worden gehouden. In het eerste geval handelt de rechter-commissaris zoals hierboven beschreven. In het andere geval kan de rechter-commissaris inderdaad bepalen dat de vergadering slechts pro forma wordt gehouden op een door hem te bepalen dag en plaats en dat de vorderingen als geverifieerd zullen gelden zoals door de bewindvoerder in overeenstemming met art. 112, 113 en 114 aangegeven, tenzij een schuldeiser binnen acht dagen nadat hij hierover door de bewindvoerder is geïnformeerd aan de rechtbank laat weten dat hij toch een verificatievergadering wenst. In dat geval wordt het systeem van titel 1 gevolgd. Meldt geen van de schuldeisers zich, dan gelden met ingang van de dag van de pro forma-zitting de vorderingen als geverifieerd conform de door de bewindvoerder opgemaakte lijsten.

> Tijdens een eindzitting (art. 352-354 Fw) betoogde de schuldenaar dat hij tijdig bezwaren tegen verschillende vorderingen aan de bewindvoerder kenbaar had gemaakt. Uit het proces-verbaal van de pro forma verificatievergadering bleek echter dat de bewindvoerder alle ingediende vorderingen had erkend, dat er geen betwiste vorderingen waren en dat de schuldenaar geen bezwaren kenbaar had gemaakt tegen de ingediende vorderingen. De schuldenaar meende daarom dat er alsnog een gewone verificatievergadering moest worden gehouden. Wanneer echter de vorderingen in het proces-verbaal van de pro forma verificatievergadering zijn erkend, heeft die erkenning op grond van art. 328 lid 1 Fw jo. art. 121 lid 4 Fw kracht van gewijsde in de schuldsanering. Laatstgenoemde bepaling laat alleen op grond van art. 137 lid 2 Fw verbetering van vergissingen in het proces-verbaal worden verzocht. Wanneer moet worden beslist over het al dan niet verlenen van een schone lei, kan niet (meer) worden opgekomen tegen beslissingen omtrent de verificatie van vorderingen of het plaatsvinden van een verificatievergadering (HR 17 oktober 2014, ECLI:NL:HR:2014:2999).

Door Recofa is bepaald dat indien het uit te delen actief na aftrek van de boedelkosten, waaronder het salaris van de bewindvoerder en de advertentiekosten, minder dan € 2000 bedraagt (Recofa Richtlijn voor Schuldsaneringen 4.3 sub a), wordt afgezien van het houden van een verificatievergadering. In dat geval wordt tot een informele uitdeling overgegaan op basis van een uitdelingslijst die voorafgaand aan de beëindigingszitting aan de schuldeisers wordt toegezonden.

In het proces-verbaal van de (pro forma) verificatievergadering als erkend opgenomen vorderingen hebben in de schuldsanering kracht van gewijsde (art. 328 lid 1 jo. 121 lid 4 Fw), zodat daarover verder geen discussie kan worden gevoerd. Laatstgenoemde bepaling laat alleen op grond van bedrog vernietiging van de erkenning toe. Voorts kan op de voet van art. 328 lid 1 Fw in verbinding met art. 137 lid 2 Fw verbetering van vergissingen in het proces-verbaal worden verzocht.

Anders echter dan in faillissement levert datzelfde proces-verbaal na beëindiging van de schuldsaneringsregeling zonder schone lei geen executoriale titel op voor de daarin als erkend vermelde vorderingen. Art. 196 en 197 Fw zijn immers niet van overeenkomstige toepassing verklaard in de schuldsaneringsregeling (HR 17 oktober 2014, ECLI:NL:HR:2014:2999). Voor dit verschil tussen faillissement en schuldsaneringsregeling valt geen steekhoudend argument te bedenken, zodat het er alle schijn van heeft dat hier sprake is van een simpele omissie van de wetgever.

8 Akkoord

Evenals in faillissement (zie hoofdstuk IX, § 2) en surseance van betaling (zie hoofdstuk XI, § 4) kan in een schuldsaneringsregeling een akkoord worden aangeboden. Het belang voor de schuldenaar is steeds gelijk. Door een akkoord eindigt de insolventieprocedure zonder dat liquidatie en vereffening van het vermogen van de schuldenaar hoeft plaats te vinden. Als het akkoord gedeeltelijke voldoening van de schuldeisers inhield, kan betaling van restantvorderingen niet meer worden afgedwongen. Slechts natuurlijke verbintenissen resteren.

Een ontwerp-akkoord kan op elk gewenst tijdstip worden aangeboden aan de schuldeisers van de vorderingen ten aanzien waarvan de schuldsaneringsregeling werkt (art. 329 lid 1 Fw). Anders dan in faillissement kan dat dus ook na de verificatievergadering.

> Terwijl de faillissementscurator geen bemoeienis heeft met het aanbieden van een akkoord, wordt van de bewindvoerder in een schuldsanering verwacht dat hij daarin een actieve rol vervult (zie ook Recofa Richtlijn voor Schuldsaneringen 5.1). Hij wordt verondersteld zo spoedig mogelijk, ambtshalve en in overleg met de schuldenaar, de mogelijkheden te onderzoeken om een akkoord aan te bieden. De bewindvoerder is de schuldenaar daarbij binnen redelijke grenzen behulpzaam. Biedt de schuldenaar zelf een akkoord aan dan is de bewindvoerder verplicht hem alle in zijn dossier beschikbare informatie die nodig is voor het aanbieden daarvan te verstrekken.

De schuldenaar is bevoegd om op elk gewenst tijdstip aan de schuldeisers van vorderingen ten aanzien waarvan de schuldsaneringsregeling werkt een akkoord aan te bieden (art. 329 lid 1 Fw). Anders dan in faillissement kan dat dus ook na de verificatievergadering.
- Evenals in faillissement wordt een ontwerpakkoord altijd ter griffie gedeponeerd waar iedereen het kosteloos kan inzien (art. 329 lid 2 Fw).
- Onmiddellijk daarna stelt de rechter-commissaris een datum vast voor een vergadering van de schuldeisers om over het aangeboden akkoord te beraadslagen en beslissen (art. 329 lid 4 Fw).

Akkoord **8**

- Is er op dat moment nog geen datum bepaald voor een verificatievergadering dan stelt de rechter-commissaris meteen ook daarvoor een datum vast. Dadelijk na de verificatie wordt over het akkoord beraadslaagd en beslist (art. 329 lid 5 Fw).
- De bewindvoerder stelt de bekende schuldeisers schriftelijk op de hoogte van het depot van het ontwerpakkoord en de datum van de vergadering (art. 329 lid 6 Fw). Steeds wordt aan de schuldeisers die het betreft kennis gegeven van de aanbieding van een akkoord, waarna zij dit kosteloos kunnen inzien ter griffie van de rechtbank (art. 329 lid 2 Fw).
- Bijzonder in de schuldsaneringsregeling is dat een akkoord ook mag worden aangeboden als eerder een akkoord is verworpen of de homologatie is geweigerd. Dit mag echter slechts één keer (art. 329 lid 3 Fw).

> Een gedaan aanbod vervalt wanneer de schuldenaar niet wordt toegelaten tot de schuldsaneringsregeling, wanneer de schuldsaneringsregeling wordt beëindigd voordat de homologatie van het akkoord in kracht van gewijsde is gegaan of wanneer de schuldenaar in staat van faillissement wordt verklaard (zie art. 330 Fw).

De Faillissementswet schrijft ook nu niet voor welke inhoud een akkoord moet hebben, zodat partijen in beginsel vrij zijn bij het vaststellen daarvan. Een belangrijk verschil met de regeling van het akkoord in faillissement is de positie van de preferente schuldeisers. Het akkoord wordt aangeboden aan alle schuldeisers ten aanzien van wie de schuldsanering werkt, dus ook aan de preferente. In faillissement hebben de preferente schuldeisers aanspraak op volledige betaling (art. 163 Fw).

> Omdat de schuldsaneringsregeling niet werkt ten aanzien van de pand- en hypotheekhouders en schuldeisers met een retentierecht, mogen deze schuldeisers slechts aan de stemming over het aangeboden akkoord deelnemen, als zij afstand doen van hun recht van parate executie, welk recht zij dan nooit meer terugkrijgen (art. 332 lid 2). Die regeling is bekend uit het faillissement (art. 143 Fw), waar zij van toepassing is op alle schuldeisers aan wier vordering voorrang is verbonden.

In afwijking van de gang van zaken bij faillissement en surseance van betaling kunnen aan de stemming in een schuldsaneringsprocedure zowel de ter vergadering verschenen preferente als concurrente schuldeisers, wier vordering is erkend of voorwaardelijk toegelaten, deelnemen. Beide groepen van schuldeisers stemmen afzonderlijk en de stemmen van de preferente schuldeisers zijn gelijk in gewicht; hun rang speelt dus geen rol. Voor het aannemen van een akkoord is dan vereist dat de gewone meerderheid van beide groepen, die bovendien tezamen ten minste de helft van het bedrag van de vorderingen van de groep vertegenwoordigen, vóór het akkoord stemmen (art. 332 lid 3).

Evenals in faillissement kan de rechter-commissaris een verworpen akkoord vaststellen alsof het was aangenomen, als drie vierde van beide stemgerechtigde groepen schuldeisers vóór het akkoord heeft gestemd en de tegenstemmer(s) – alle omstandigheden in aanmerking genomen – in redelijkheid niet tot hun stemgedrag hebben kunnen komen (art. 332 lid 4). Met name wordt daarbij gelet op het percentage dat die schuldeisers bij voortzetting van de schuldsaneringsregeling naar verwachting aan betaling op hun vorderingen zullen ontvangen.

Hoewel dit niet uitdrukkelijk is geregeld, moet aangenomen worden dat art. 147 Fw van overeenkomstige toepassing is in de schuldsaneringsregeling. Ook hier geldt dus dat latere wijzigingen in het aantal schuldeisers of het bedrag van de vorderingen geen invloed heeft op de geldigheid van de aanneming, vaststelling of verwerping van een akkoord.

Voor de homologatie van het akkoord gelden nagenoeg dezelfde regels als in faillissement. Art. 149-166 Fw zijn bijna integraal van overeenkomstige toepassing verklaard op de schuldsaneringsregeling of hebben een gelijkluidend equivalent in de schuldsaneringsregeling, met dien verstande dat de termen 'faillissement' en 'curator' – logischerwijze – zijn vervangen door 'schuldsaneringsregeling' en 'bewindvoerder'.

> In een akkoord moet aan de schuldeisers het maximaal haalbare worden aangeboden, anders wordt homologatie geweigerd (art. 153 lid 2 aanhef en sub 1 Fw). In een schuldsanering, waarin na anderhalf jaar een akkoord werd aangeboden, verzette een schuldeiser zich tegen homologatie met het argument dat het bij de 'baten des boedels' van laatstgenoemd artikel niet alleen gaat om hetgeen zich op het moment van het aanbieden van het akkoord in de boedel bevindt, maar ook om hetgeen tijdens de resterende looptijd van de regeling nog in de boedel zal vallen. De Hoge Raad kiest voor een ruime uitleg van het begrip 'baten'. In de eerste plaats bepaalt art. 295 Fw dat ook in de boedel valt al hetgeen de schuldenaar gedurende de looptijd van de regeling verwerft; in casu was dat dus nog ongeveer anderhalf jaar. Voorts beoogt art. 153 Fw te voorkomen dat schuldeisers worden benadeeld door akkoorden die hen niet het maximaal haalbare bieden. Na anderhalf jaar schuldsaneringsregeling betaling van tien procent aanbieden omdat er op dat moment nu eenmaal niet meer activa beschikbaar zijn, zou te gemakkelijk zijn voor een schuldenaar. In ruil voor een schone lei moet hij gedurende de hele schuldsaneringsregeling een maximale inspanning leveren om zoveel mogelijk baten in de boedel te brengen. Ten slotte valt volgens de Hoge Raad niet in te zien waarom voor de omvang van een schuldsaneringsboedel een andere maatstaf zou moeten gelden dan voor de omvang van een faillissementsboedel (zie HR 14 december 2001, ECLI:NL:HR:2001:AD5362).

Een gehomologeerd akkoord is verbindend voor alle schuldeisers ten aanzien van wier vorderingen de schuldsaneringsregeling werkt, onverschillig of zij al dan niet in de schuldsanering zijn opgekomen (art. 340 lid 2) en of zij vóór of tegen hebben gestemd. Het vonnis van homologatie levert tezamen met het proces-verbaal van de verificatievergadering voor de schuldeisers van de erkende vorderingen een executoriale titel op tegen de schuldenaar (art. 340 lid 3 jo. art. 159 Fw), mits de schuldenaar de vordering niet gemotiveerd heeft betwist (art. 126 Fw). Dit geldt ook als de verificatievergadering slechts pro forma is gehouden.

Wordt homologatie geweigerd of in hoger beroep of cassatie vernietigd, dan wordt de schuldsanering voortgezet, tenzij er gronden zijn voor tussentijdse beëindiging van de regeling als bedoeld in art. 350 Fw.

Zodra de homologatie in kracht van gewijsde is gegaan, eindigt de schuldsaneringsregeling (art. 340 lid 1 Fw), waarna de bewindvoerder rekening en verantwoording aflegt ten overstaan van de rechter-commissaris (art. 340 lid 3 jo. art. 162 Fw).

Wanneer de schuldenaar zijn verplichtingen uit het gehomologeerde akkoord niet nakomt, kan een schuldeiser die daarvan 'het slachtoffer' is, ontbinding van het akkoord vorderen (art. 340 lid 3 Fw jo. art. 165-166 Fw). Bij toewijzing van die vordering kán de schuldenaar tevens in staat van faillissement worden verklaard (art. 340 lid 4 Fw). Om onnodige werkzaamheden en kosten te voorkomen, zal dat alleen gebeuren als er baten beschikbaar zijn om daaruit vorderingen geheel of gedeeltelijk te voldoen (art. 340 lid 4 Fw). Volgt inderdaad een faillissement, dan kan de schuldenaar daarin geen akkoord meer aanbieden (art. 340 lid 5 Fw).

9 Internationale aspecten

In tegenstelling tot titel 1 van de Faillissementswet bevat titel 3 (de Wsnp) geen enkele bepaling van internationaal recht. Ook de parlementaire geschiedenis vermeldt niets op dit punt. Aannemelijk is echter, dat hetgeen in hoofdstuk X is gezegd over grensoverschrijdende faillissementen evenzeer van toepassing is op grensoverschrijdende schuldsaneringen. Dat daarover vragen rijzen is onvermijdelijk, ook al is de aanleiding voor die vragen niet altijd even voor de hand liggend.

> X dreef een eenmanszaak. Daarnaast was hij betrokken bij een hele serie ondernemingen, waaronder Green Apple B.V. i.o., Megafleur B.V., Cityfleur B.V. en X GmbH. Verder was hij oprichter en voorzitter van de Stichting Tomar, die weer eigenaar was van Fleureco B.V., Ned Fleur B.V. en X B.V. In mei 2003 werd het faillissement van X aangevraagd. Om aan behandeling van het faillissementsrekest te ontkomen vroeg X om toelating tot de schuldsaneringsregeling. De schuldenlast bedroeg bijna € 155.000, waaronder een schuld aan AOK Steinfurt (D) van ruim € 18.000 resulterend uit een strafrechtelijke veroordeling van maart 2001 wegens onder meer bedrog, schending van de boekhoudplicht en het niet afdragen van premies. De rechtbank wees het verzoek van X af, omdat hij niet te goeder trouw was geweest ten aanzien van het ontstaan van de schuld aan AOK Steinfurt. Het hof bekrachtigde het vonnis van de rechtbank, waarna X in cassatie betoogde dat bedoelde schuld – ontstaan wegens bedrijfsvoering in Duitsland – buiten beschouwing had moeten worden gelaten, omdat de Nederlandse wettelijke regeling inzake schuldsanering van natuurlijke personen territoriaal beperkt is. De Europese Insolventieverordening zou deze regeling niet kennen. Kennelijk was de Insolventieverordening voor X nog zo nieuw dat hij niet de gelegenheid had gehad om de inhoud daarvan te bestuderen. De Verordening heeft immers wel degelijk betrekking op de Nederlandse schuldsaneringsregeling natuurlijke personen, zoals onder meer blijkt uit art. 2 sub a jo. Bijlage A. De Hoge Raad verwierp het cassatieberoep dan ook zonder nadere motivering (zie HR 19 maart 2004, ECLI:NL:PHR:2004:AO1994).

Naast de Insolventieverordening voor schulden en schuldsaneringen binnen EU-verband behoudt de jurisprudentie van de Hoge Raad met betrekking tot EU-grensoverschrijdende kwesties haar relevantie.

10 Termijn van de schuldsaneringsregeling

Tot 1 januari 2008 werd de termijn van de schuldsaneringsregeling vastgesteld in een zogenoemd saneringsplan. Met de inwerkingtreding van de Wet van 24 mei 2007 (*Stb.* 2007, 192) is het saneringsplan komen te vervallen. In plaats daarvan bepaalt art. 349a de termijn op drie jaar. De rechter hoeft daarover niet meer te beslissen.

> Volgens de memorie van toelichting (MvT) is dit een termijn die enerzijds acceptabel is voor de schuldenaar en anderzijds de gelegenheid geeft een bedrag te vergaren waarmee de schuldeisers voor een deel van hun vordering alsnog genoegdoening krijgen. Een al te eenvoudig verkrijgbare schone lei zou, mede gezien de gemiddelde duur van een minnelijke regeling (zie de Gedragscode Schuldregeling van de Nederlandse Vereniging voor Volkskrediet), die eveneens drie jaar bedraagt, het ongewenste effect kunnen hebben dat de aanzuigende werking van de schuldsaneringsregeling wordt versterkt.

Als voor de gehele termijn van de schuldsaneringsregeling een hoger VTLB wordt vastgesteld dan dat bedoeld in art. 295 lid 3 Fw, kan de rechter de duur van de regeling op vijf jaar stellen.

Na de schuldenaar in de gelegenheid te hebben gesteld om te worden gehoord, kan de rechter-commissaris bij schriftelijke beschikking de termijn ambtshalve, op verzoek van de bewindvoerder, van de schuldenaar of van één of meer schuldeisers, wijzigen (art. 349a lid 2 Fw). Ook dan bedraagt de maximumtermijn vijf jaar.

Op dezelfde manier kan ook de rechtbank in het kader van toepassing van art. 350 Fw (tussentijdse beëindiging) of art. 352 Fw (reguliere beëindiging) de termijn wijzigen. Als de rechtbank dat doet, hebben de schuldeisers die om de wijziging hebben gevraagd en de schuldenaar de mogelijkheid van hoger beroep en cassatie (art. 349a lid 3 Fw).

Het zal zelden gaan om verkorting van de termijn, omdat in die gevallen beroep op de versnelde afwikkeling van art. 354a Fw meer voor de hand ligt. Toch kan de termijn onder andere worden verkort indien de schuldenaar in een aan de schuldsanering voorafgaand faillissement of surseance van betaling het meerdere boven het in de schuldsaneringsregeling geldende vrij te laten bedrag aan de boedel heeft afgedragen. Een langere tijd in het minnelijk traject, het sparen tijdens een moratorium of het aflossen van schulden voorafgaand aan de schuldsaneringsregeling is in beginsel geen reden voor verkorting van de wettelijke termijn (Recofa Richtlijn voor Schuldsaneringsregelingen 1.2b).

Verlenging van een oorspronkelijk op drie jaar bepaalde termijn is altijd mogelijk, bijvoorbeeld om de schuldenaar in de gelegenheid te stellen een niet geheel vlekkeloos verlopen schuldsanering alsnog tot een goed einde te brengen (HR 19 januari 2007, ECLI:NL:HR:2007:AZ2048).

In dat verband is van belang dat de Hoge Raad onderscheid maakt tussen het materiële en het formele einde van een schuldsanering. Het verstrijken van de termijn van art. 349a Fw betekent het materiële einde, het verbindend worden van de slotuitdelingslijst (art. 356 lid 2 Fw) het formele einde, en zolang een schuldsanering nog niet formeel is geëindigd, is verlenging mogelijk (HR 24 februari 2012, ECLI:NL:HR:2012:BV0890).

Het is uiteraard de bedoeling dat over een eventuele verlenging van de schuldsaneringsregeling wordt beslist voordat de termijn van art. 349a Fw is verstreken. Als dat echter om wat voor reden dan ook niet lukt en de verlengingsbeslissing valt ná het materiële einde, dan is de vraag welke verplichtingen voor de schuldenaar gelden na het einde van de termijn, maar voordat de verlengingsbeslissing valt. De Hoge Raad heeft uitgemaakt dat er tijdens dat 'vacuüm' geen verplichtingen gelden, maar dat de rechter bij het nemen van de verlengingsbeslissing dan wel rekening moet houden met alle relevante feiten en omstandigheden, waaronder de gedragingen van de schuldenaar tijdens bedoeld vacuüm (HR 10 oktober 2014, ECLI:NL:HR:2014:2935). Feitelijk zegt de Hoge Raad dus dat de verplichtingen gewoon doorlopen. Het is goed als de schuldenaar daarop uitdrukkelijk wordt gewezen door zijn bewindvoerder en/of advocaat.

> Een jonge vrouw wordt toegelaten tot de schuldsaneringsregeling. Van de rechter-commissaris krijgt zij toestemming om haar hbo-opleiding te voltooien. Daarnaast werkt zij twaalf uur per week en solliciteert zij naar werk voor acht uur aanvullend, omdat zij van de rechter-commissaris twintig uur per week moet werken. Dat verloopt allemaal volgens het boekje, maar aan het eind van de regeling verlengen rechtbank en Hof de regeling met twee jaar, omdat de vrouw niet voltijds beschikbaar was geweest voor haar schuldeisers. Het alsnog volledig voldoen aan de inspanningsverplichting werd daarom in het belang geacht van de schuldeisers.
> De Hoge Raad oordeelt echter dat wanneer gedurende de termijn van de schuldsanering correct is voldaan aan alle verplichtingen, een schone lei niet geweigerd kan worden.

Indien de schuldenaar toerekenbaar tekortschiet in de nakoming van één of meer uit de schuldsaneringsregeling voortvloeiende verplichtingen en geen toepassing wordt gegeven aan art. 354 lid 2 Fw, kan de rechter in plaats van het onthouden van een schone lei besluiten tot verlenging van de regeling (HR 10 oktober 2014, ECLI:NL:HR:2014:2935). Dat is echter niet mogelijk op andere dan de wettelijke gronden, d.w.z. het niet correct nakomen van de verplichtingen. Het belang van de schuldeisers kan daarvoor geen zelfstandige grond kan zijn (HR 30 juni 2017, ECLI:NL:HR:2017:1203).

11   Einde van de schuldsaneringsregeling

Verstrijken van de termijn
Het verstrijken van de ingevolge art. 349a Fw vastgestelde termijn betekent niet dat de regeling dan ook automatisch eindigt. Voordat het zover is moet de rechter nog beoordelen of de schuldenaar heeft voldaan aan zijn verplichtingen uit de schuldsaneringsregeling. Om dat te kunnen realiseren vóór het einde van de vastgestelde looptijd, doet de bewindvoerder uiterlijk drie maanden voordien verslag aan de rechter-commissaris over de wijze waarop de schuldenaar aan zijn verplichtingen heeft voldaan (art. 351a Fw). Vervolgens bepaalt de rechtbank uiterlijk één maand voor het einde van de termijn een zitting waarop de beëindiging wordt behandeld (art. 352 lid 1 Fw). De bewindvoerder kondigt dag, uur en plaats van die zitting onverwijld aan in de *Staatscourant* (art. 352 lid 3 Fw).

Er zijn dan twee mogelijkheden:
- uit het verslag van art. 351a Fw blijkt dat er geen twijfel bestaat of de schone lei kan worden verleend, hetgeen zowel positief als negatief kan zijn; in dat geval vindt er een pro forma eindzitting plaats, waarvoor de bewindvoerder en de schuldenaar kúnnen worden opgeroepen; wanneer een schuldeiser zich meldt voor de eindzitting, wordt het tweede scenario gevolgd;
- er bestaat twijfel of de schone lei kan worden verleend; de bewindvoerder en de schuldenaar wórden dan opgeroepen en nadat de bewindvoerder schriftelijk verslag heeft uitgebracht kan de rechtbank iedere verschenen schuldeiser gelegenheid geven om in persoon, bij schriftelijk gemachtigde of advocaat het woord te voeren.

Doel van deze zitting is om de rechter zo volledig mogelijk geïnformeerd te kunnen laten beslissen op de vraag of de schuldenaar heeft voldaan aan zijn uit de schuldsaneringsregeling voortvloeiende verplichtingen. Op de dag van de zitting of uiterlijk op de achtste dag daarna doet de rechtbank uitspraak (art. 354 lid 1 Fw). Stelt de rechter vast dat er sprake is van een tekortkoming in de nakoming van één of meer verplichtingen dan moet nog beoordeeld worden of die tekortkoming(en) aan de schuldenaar is/zijn toe te rekenen. Als dat namelijk niet het geval is, staat niets eraan in de weg dat de schuldenaar een schone lei verkrijgt. Is er wel sprake van een toerekenbare tekortkoming, dan kan de rechter die buiten beschouwing laten wegens de bijzondere aard of de geringe betekenis van de tekortkoming en ook dan verkrijgt de schuldenaar een schone lei (art. 354 lid 2 Fw). Besluit de rechter echter de tekortkoming niet buiten beschouwing te laten, dan eindigt de schuldsaneringsregeling voor de schuldenaar zonder schone lei.

Zodra het beëindigingsvonnis in kracht van gewijsde is gegaan maakt de bewindvoeder de slotuitdelingslijst klaar en legt die ter inzage. Pas door het verbindend worden van de slotuitdelingslijst eindigt de schuldsaneringsregeling en wel van rechtswege (zie art. 356 Fw). De beëindiging wordt op de gebruikelijke wijze gepubliceerd.

Voor jurisprudentie over de reguliere beëindiging van de schuldsaneringsregeling wordt verwezen naar de alinea's hierna over de tussentijdse beëindiging. De gehanteerde criteria zijn meestal in beide situaties bruikbaar en zullen niet wezenlijk verschillen van hetgeen zich onder de 'oude' wetgeving reeds aan jurisprudentie heeft ontwikkeld.

> Van het beëindigingsvonnis staat hoger beroep en beroep in cassatie open voor zowel de schuldenaar als de ter zitting verschenen schuldeisers. Als van die mogelijkheid gebruik wordt gemaakt moet de bewindvoerder wachten met het opmaken van de slotuitdelingslijst totdat het arrest van het hof of de Hoge Raad in kracht van gewijsde is gegaan. Van het Gerechtshof is op korte termijn een beslissing te verwachten (art. 351 lid 4 Fw), maar voor de Hoge Raad geldt geen beslissingstermijn. Als gevolg daarvan kan de schuldsaneringsregeling aanzienlijk langer blijven lopen dan oorspronkelijk bepaald. Wanneer dan vervolgens ook nog eens bezwaar wordt gemaakt tegen de slotuitdelingslijst (zie art. 349 lid 4 jo. art. 184-187 Fw), is de ellende voor de schuldenaar bijna niet meer te overzien, want al die tijd loopt de schuldsaneringsregeling door en moet hij het doen zonder de felbegeerde schone lei.
>
> In dat verband heeft de Hoge Raad bepaald dat de termijn van art. 354 lid 1 geen fatale termijn is. De rechtbank kan daarom het einde van de schuldsaneringsregeling vaststellen, maar de beslissing over de verlening van de schone lei aanhouden in afwachting van de resultaten van nader onderzoek door de rechter-commissaris (zie HR 12 juli 2002, ECLI:NL:HR:2002:AE4547).

Versnelde afwikkeling
Wanneer er minstens een jaar is verstreken sinds de uitspraak tot toepassing van de schuldsaneringsregeling en er nog geen datum voor de verificatievergadering is bepaald, kan de rechter een dag bepalen waarop de beëindiging van de toepassing van de regeling wordt behandeld (art. 354a lid 1 Fw). Het gaat dan om een zitting als bedoeld in art. 352 lid 1 Fw, die de mogelijkheid opent om de schuldenaar een schone lei toe te kennen (zie de reguliere beëindiging). De rechter zal die dag alleen bepalen als het verzoek daartoe vergezeld gaat van een beredeneerde verklaring van de bewindvoerder waaruit blijkt dat redelijkerwijs niet de verwachting bestaat dat de schuldenaar op zodanige wijze aan zijn verplichtingen kan voldoen dat voortzetting van de schuldsaneringsregeling gerechtvaardigd is. Komt de rechtbank tot de overtuiging dat dat juist is, dan wordt de schuldsaneringsregeling beëindigd met schone lei, tenzij blijkt van omstandigheden als bedoeld in art. 350 lid 3 onder c-g Fw. Er mag dus geen grond zijn voor tussentijdse beëindiging van de regeling. Is daar inderdaad geen sprake van, dan vindt beëindiging van de regeling plaats door middel van een vonnis, waarin het einde van de looptijd nader wordt vastgesteld (art. 354a lid 2 Fw). Zodra dat vonnis in kracht van gewijsde is gegaan eindigt de schuldsaneringsregeling.

> Komt de rechtbank tot het oordeel dat wel de verwachting bestaat dat de schuldenaar aan zijn verplichtingen kan voldoen, dan kan geen afwikkeling op de hier omschreven wijze meer volgen en zal dat op de reguliere wijze moeten gebeuren. Hoe de afwikkeling dan verder verloopt is beschreven in § 7.

Deze versnelde afwikkeling verschilt wezenlijk van de vereenvoudigde afwikkeling in faillissement (zie art. 137a e.v. Fw en hoofdstuk II, § 6), maar vertoont grote gelijkenis met de opheffing wegens gebrek aan voldoende baten (zie art. 16 Fw en hoofdstuk II, § 5).

Einde van de schuldsaneringsregeling

Tussentijdse beëindiging
Er kunnen redenen zijn om de regeling voortijdig te beëindigen. Dat kan op verzoek van de bewindvoerder, de schuldenaar of één of meer schuldeisers. Ook kan de rechter-commissaris daartoe een voordracht doen of kan de rechtbank daar ambtshalve toe besluiten (art. 350 lid 1 Fw). De schuldenaar wordt in elk geval opgeroepen om over de beëindiging te worden gehoord. De bewindvoerder en de schuldeisers kunnen daartoe worden opgeroepen, maar dat is niet dwingend voorgeschreven (art. 350 lid 2 Fw).

Art. 350 lid 3 geeft een limitatieve opsomming van de redenen waarom de schuldsaneringsregeling voortijdig beëindigd kan worden. Er kan dan geen sprake zijn van een schone lei. In de eerste twee gevallen gaat het om positieve beëindigingsgronden en is een schone lei ook niet nodig. Immers, als alle vorderingen ten aanzien waarvan de schuldsaneringsregeling werkt zijn voldaan (sub a) of de schuldenaar in staat is zijn betalingen te hervatten (sub b), is er geen behoefte aan een schone lei.

> Als een schuldenaar een grote erfenis ontvangt of een prijs wint in een loterij en hij kan daarmee al zijn schulden aflossen, hoeft de schuldsaneringsregeling niet voort te duren. In de praktijk zal het vaker voorkomen dat een derde de nodige gelden ter beschikking stelt, maar dan geldt hetzelfde. Ook als de schuldenaar zijn betalingen kan hervatten, bijvoorbeeld doordat hij aanvankelijk werkloos was, maar nadien een goed betaalde baan heeft gevonden en de totale schuldenlast te overzien is, kan er aanleiding zijn de schuldsaneringsregeling voortijdig te beëindigen.

In beide gevallen is een rechterlijk oordeel nodig om de eerder genomen rechterlijke beslissing over de duur van de regeling ongedaan te maken. Dat laatste geldt zeker voor de overige vijf redenen voor voortijdige beëindiging, waarbij het gaat om negatieve beëindigingsgronden.

Er zijn al talloze zaken, verband houdende met deze negatieve beëindigingsgronden, aan de Hoge Raad voorgelegd. De meerderheid daarvan wordt afgedaan op basis van art. 80a of 81 RO. Bij art. 80a RO gaat het om een heel summiere selectie aan de poort: als de cassatieklachten evident geen succes kunnen hebben of er duidelijk geen sprake is van enig belang volgt niet-ontvankelijkverklaring. Bij toepassing van art. 81 vindt er een gewone processuele ronde plaats, maar volgt verwerping, omdat de aangevoerde klachten niet nopen tot beantwoording van rechtsvragen in het belang van de rechtseenheid of de rechtsontwikkeling.

– sub c: de schuldenaar komt één of meer van zijn uit de schuldsaneringsregeling voortvloeiende verplichtingen niet naar behoren na of belemmert/frustreert door zijn doen of nalaten de uitvoering van de schuldsaneringsregeling anderszins. Als maatstaf voor de tussentijdse beëindiging van de schuldsaneringsregeling heeft volgens de Hoge Raad te gelden of, in het licht van de overige omstandigheden van het geval, de in art. 350 lid 3 aanhef en sub c Fw genoemde gedragingen een duidelijke aanwijzing vormen dat bij de schuldenaar de van hem te vergen medewerking aan een doeltreffende uitvoering van de schuldsaneringsregeling ontbreekt. Daarin ligt volgens de Hoge Raad besloten dat voor de toepassing van de bedoelde beëindigingsgronden vereist is dat de schuldenaar van zijn gedragingen een verwijt kan worden gemaakt (HR 12 juni 2009, ECLI:NL:HR:2009:BI0455 en HR 14 oktober 2016, ECLI:NL:HR:2016:2348).

Als door de rechter aan een bewindvoerder wordt opgedragen om het aanvragen van beschermingsbewind door de schuldenaar 'nauwgezet te monitoren', maar bij de behandeling van een verzoek tot tussentijdse beëindiging blijkt dat de bewindvoerder dat niet heeft gedaan, kan het niet aanvragen van beschermingsbewind geen reden zijn voor tussentijdse beëindiging, omdat de schuldenaar daarvan geen verwijt treft (HR 27 januari 2017, ECLI:NL:HR:2017:110).

Indien een schuldenaar aanvoert dat hem geen verwijt kan worden gemaakt van gedragingen die op zichzelf genomen grond opleveren voor tussentijdse beëindiging, omdat hij ziek is of lijdt aan een psychische aandoening, mag in beginsel van hem worden gevergd dat hij verklaart waarom zijn aandoening eraan in de weg stond – eventueel met hulp van derden – (alsnog) aan zijn verplichtingen te voldoen (vgl. HR 7 oktober 2016, ECLI:NL:HR:2016:2286, en HR 2 december 2016, ECLI:NL:HR:2016:2755).

Uit niets blijkt echter dat de Hoge Raad bedoeld zou hebben dat de in acht te nemen eis van verwijtbaarheid een opzetelement, dat wil zeggen een willens en wetens niet-nakomen van verplichtingen, zou inhouden (HR 5 oktober 2012, ECLI:NL:PHR:2012:BX5791).

In art. 350 lid 3 aanhef en sub c gaat het om vier kernverplichtingen, die afzonderlijk of in combinatie een rol kunnen spelen bij een tussentijdse beëindiging.
1. De inlichtingen- of informatieplicht. De schuldenaar moet uit eigen beweging alle informatie waarvan hij weet of moet vermoeden dat die van belang is voor een goede uitvoering van de schuldsaneringsregeling aan de bewindvoerder verstrekken (zie onder meer HR 19 januari 2001, ECLI:NL:PHR:2001:AA9561, en HR 15 februari 2002, ECLI:NL:HR:2002:AD9144).
Of het niet verstrekken van bepaalde inlichtingen moet leiden tot beëindiging van de toepassing van de schuldsaneringsregeling dient mede bepaald te worden aan de hand van het antwoord op de vraag in hoeverre dat een aanwijzing vormt voor het feit dat bij de schuldenaar de te vergen medewerking aan een doeltreffende uitvoering van de schuldsaneringsregeling ontbreekt.
2. De inspanningsplicht. In 'ruil' voor de schone lei moet de schuldenaar zich inspannen om zoveel mogelijk baten voor de boedel te verwerven ten behoeve van de schuldeisers. De inspanningsverplichting houdt volgens Recofa Richtlijn 3.5 in:
   - dat iemand die werk heeft zich tot het uiterste moet inspannen om dat werk te behouden;
   - dat de werkloze schuldenaar naar betaald werk voor 36 uur per week zal moeten zoeken – ook als de schuldenaar jonge kinderen heeft – door ten minste vier keer per maand te solliciteren op bestaande vacatures en zich in te schrijven als werkzoekende bij het UWV en ten minste vier uitzendbureaus;
   - dat kopieën van de sollicitaties met de reactie(s) van de werkgever(s) naar de bewindvoerder worden gestuurd.
   - Ontheffing van de sollicitatieplicht kan door de rechter-commissaris worden verleend, bijvoorbeeld om medische redenen.

De schuldenaar die verplicht is om werk te zoeken, maar in plaats daarvan aanloopt tegen een strafrechtelijke veroordeling wegens drugshandel en verboden wapenbezit, loopt het risico dat de schuldsaneringsregeling tussentijds wordt beëindigd. De veroordeling is echter nog niet onherroepelijk en de schuldenaar, die ontkent betrokken te zijn bij de handel in (hard) drugs, heeft hoger beroep ingesteld. Tevens is hij onmiddellijk na zijn ontslag uit voorlopige hechtenis inderdaad op zoek gegaan naar werk. Met die feiten en omstandigheden had rekening moeten worden gehouden. Nu dat niet is gebeurd, volgt vernietiging en verwijzing (HR 20 juni 2003, ECLI:NL:HR:2003:AF7682).

Een schuldenaar kan zich er niet op beroepen dat hem door de gemeentelijke sociale dienst ontheffing is verleend van de sollicitatieplicht, omdat de normen in de schuldsaneringsregeling nu eenmaal strenger zijn (HR 19 januari 2007, ECLI:NL:HR:2007:AZ2048) en gericht op een ander doel. In de schuldsaneringsregeling gaat het erom dat de schuldenaar zo veel mogelijk baten in de boedel brengt ten behoeve van zijn schuldeisers. In de Participatiewet wordt ernaar gestreefd uitkeringsgerechtigden weer aan het werk te krijgen.

Ook het feit dat de schuldenaar een opleiding volgt of deelneemt aan een reïntegratieproject laat onverlet dat hij zich zelfstandig – d.w.z. los van hetgeen in het kader van het reïntegratieproject reeds van hem wordt verlangd – dient in te spannen om betaald werk te vinden. De Hoge Raad laat een beslissing van het hof met deze strekking in stand (HR 13 april 2007, ECLI:NL:HR:2007:AZ8850).

Het niet of niet voldoende beheersen van de Nederlandse taal (in woord en/of geschrift), ontslaat de schuldenaar niet van de sollicitatieverplichting.

3. De verplichting om geen bovenmatige nieuwe schulden te laten ontstaan (zie ook sub d).

Tijdens de schuldsaneringsregeling laat een echtpaar nieuwe schulden ontstaan. Man en vrouw worden door de rechter-commissaris opgeroepen voor een verhoor daarover en krijgen een allerlaatste kans om de nieuwe schulden in te lopen. In plaats daarvan lopen de nieuwe schulden op tot het dubbele. Dat bedrag wordt bovenmatig geoordeeld en staat in de weg aan verlening van de schone lei (HR 12 oktober 2007, ECLI:NL:HR:2007:BB3774).

Het kan niet zo zijn dat iemand de schuldsanering beëindigt met aan de ene kant een schone lei en aan de andere kant een pakket nieuwe schulden. Dat zou in strijd zijn met het wezen van de regeling.

4. De verplichting om de schuldeisers niet te benadelen (zie ook sub e). Hieronder kan alles begrepen worden wat tot gevolg heeft dat er minder baten in de boedel vloeien dan zonder de benadelende handeling(en) het geval zou zijn geweest.

- sub d: de schuldenaar maakt bovenmatige nieuwe schulden

Het is onvermijdelijk dat de schuldenaar gedurende de toepassing van de schuldsaneringsregeling nieuwe schulden maakt ten behoeve van zijn levensonderhoud en dat van zijn gezin. Het VTLB is bedoeld om deze uitgaven te bestrijden. Wanneer de schuldenaar bovenmatige schulden maakt, d.w.z. die een met het VTLB overeenstemmend patroon te boven gaan, kan dit een aanwijzing zijn dat de schuldenaar niet beschikt over de juiste instelling voor het voldoen van zijn schuldeisers (HR 12 oktober 2007, ECLI:NL:HR:2007:BB3774).

Een schuldenaar die met een leefgeld van € 70 per week voor ruim € 900 abonnementen afsluit, wetend dat hij die niet zal kunnen betalen, verschillende verkeersboetes krijgt opgelegd, nieuwe schulden maakt bij Essent en de ANWB, hoge telefoonrekeningen heeft en zonder noodzaak auto blijft rijden en bovendien niet aan de bewindvoerder meedeelt in Turkije te zijn gehuwd, moet niet verbaasd zijn als de schuldsaneringsregeling tussentijds wordt beëindigd wegens – onder meer – bovenmatige nieuwe schulden (HR 14 mei 2004, ECLI:NL:HR:2004:AO7003).

- sub e: de schuldenaar tracht zijn schuldeisers te benadelen

> Tijdens de schuldsanering ontvangt een schuldenaar een aanzienlijke erfenis. In plaats van het bedrag te storten op de boedelrekening wordt het helemaal uitgegeven. Op het moment dat de bewindvoerder daarachter komt, bijvoorbeeld door de postblokkade, is tussentijdse beëindiging nog slechts een kwestie van tijd.
> Hetzelfde zal gebeuren wanneer wordt ontdekt dat een schuldenaar een aanzienlijke geldprijs heeft gewonnen, maar die uit het zicht van de bewindvoerder heeft gehouden.

- sub f: er worden feiten en omstandigheden bekend die bij de toelatingszitting al bestonden en die reden zouden zijn geweest om afwijzend op het toelatingsverzoek te beslissen

> Indien de schuldenaar, voordat hij wordt toegelaten tot de regeling, verzwijgt dat hij een fraudeschuld heeft of – in het kader van de aflossingscapaciteit – niet vermeldt dat hij een vordering heeft op een derde, kan het gebeuren dat hij ten onrechte wordt toegelaten tot de schuldsaneringsregeling. Bekendheid van dergelijke gegevens zou aanleiding geweest kunnen zijn om het toelatingsverzoek af te wijzen en heeft nu tussentijdse beëindiging tot gevolg.
> Een onder het 'oude' recht genomen beslissing past perfect onder deze weigeringsgrond. Twee dagen nadat de toepassing van de schuldsaneringsregeling was uitgesproken vroeg de bewindvoerder die te beëindigen op grond van art. 350 lid 3 sub c en e (oud). Hem was uit inmiddels verricht onderzoek gebleken, dat de schuldenaar – een horecaondernemer – nimmer loonbelasting en premies had afgedragen, dat er voortdurend sprake was geweest van – zelfs voor de horeca – onaanvaardbaar grote kasverschillen zonder dat de schuldenaar daarvoor een verklaring kon geven en dat hij met de fiscus getroffen betalingsregelingen nooit was nagekomen. Blijkbaar was een en ander niet meegedeeld bij de behandeling van het toelatingsverzoek, terwijl het op dat moment uiteraard wel bekend was. De rechtbank beëindigde de regeling echter niet, omdat deze gedragingen zich niet hadden voorgedaan gedurende de looptijd van de schuldsaneringsregeling. Het hof meent dat art. 350 lid 3 Fw daarmee te beperkt wordt geïnterpreteerd. Als het ontbreken van goede trouw ten aanzien van het ontstaan en onbetaald laten van schulden pas in een later stadium blijkt, heeft de rechter de vrijheid de regeling onmiddellijk te beëindigen. De Hoge Raad laat deze beslissing in stand (zie HR 12 juli 2002, ECLI:NL:HR:2002:AE2508).
> Na inwerkingtreding van art. 350 lid 3 aanhef en onder f in 2008 pleitte een schuldenaar dat op deze grond geen beëindiging kan plaatsvinden als het gaat om feiten en omstandigheden die niet bestonden op het moment van indiening van het toelatingsverzoek. In casu was daarna een fraudeschuld aan het UWV ontstaan. De Hoge Raad meent dat het moet gaan om feiten en omstandigheden die bestonden ten tijde van de toelatingsbeslissing. Een andere opvatting zou tot het ongerijmde resultaat leiden dat schulden die na indiening van een toelatingsverzoek niet te goeder trouw zijn aangegaan enerzijds niet tot beëindiging van de schuldsaneringsregeling op grond van art. 350 lid 3 Fw aanleiding zouden kunnen geven, maar anderzijds ingevolge art. 299 lid 1 aanhef en onder a Fw wel onder de werking van de schuldsaneringsregeling zouden vallen, omdat ze bestonden ten tijde van de uitspraak tot toepassing van de regeling. Een dergelijk resultaat kan met deze wettelijke regeling niet beoogd zijn (HR 17 juni 2011, ECLI:NL:HR:2011:BQ0709).

Van deze beëindigingsgrond wordt met enige regelmaat gebruikgemaakt door schuldeisers die het er niet mee eens zijn dat hun schuldenaar is toegelaten tot de schuldsaneringsregeling. Tegen de toelatingsbeslissing staat voor niemand hoger beroep open (art. 292 lid 2 Fw) dus zoeken schuldeisers naar andere wegen. Vaak wordt dan echter een herbeoordeling van de goede trouw van de schuldenaar bij het ontstaan en onbetaald laten van zijn schulden gevraagd, maar dat betekent een verkapt hoger beroep, waarop de rechter niet kan ingaan. Het moet daadwerkelijk gaan om feiten en omstandigheden die bij de toelating al bestonden en reden zouden zijn geweest om het toelatingsverzoek af te wijzen. Tussentijdse beëindiging is dus niet mogelijk op grond van feiten en omstandigheden die tijdens de toelatingszitting aan de rechter bekend waren. Die feiten en omstandigheden zijn immers bij die uitspraak reeds in aanmerking genomen en een tussentijdse beëindiging op grond van diezelfde feiten en omstandigheden zou neerkomen op een herbeoordeling van de in het kader van de eerdere uitspraak reeds verrichte beoordeling, hetgeen in strijd is met de in art. 292 Fw neergelegde uitsluiting van rechtsmiddelen tegen die uitspraak (HR 5 september 2008, ECLI:NL:HR:2008:BD3425).

> Een vrouw verzocht de schuldsaneringsregeling van haar ex-echtgenoot tussentijds te beëindigen, onder meer omdat hij haar bij de scheiding en deling van de huwelijksgemeenschap ernstig had benadeeld. De man stelde in cassatie dat alle relevante feiten en omstandigheden, alsmede de zienswijze van de vrouw en haar bezwaren, ten tijde van de toelating bekend waren en aan de rechtbank waren voorgelegd. In hoger beroep heeft het hof deze stelling verworpen, omdat er geen zitting had plaatsgevonden waarin de man had kunnen worden bevraagd, debat had kunnen plaatsvinden en de vrouw haar visie had kunnen inbrengen. De Hoge Raad oordeelt dat de feiten en omstandigheden op grond waarvan het hof tussentijdse beëindiging op grond van art. 350 lid 3 aanhef en onder f Fw aangewezen heeft geacht, reeds in de stukken aan de rechtbank waren voorgelegd toen zij de toepassing van de schuldsaneringsregeling uitsprak. Daarom moet ervan worden uitgegaan dat bedoelde feiten en omstandigheden in die uitspraak zijn verdisconteerd. Dit wordt niet anders door de omstandigheid dat de toelatingsbeslissing is gegeven zonder dat daaraan een behandeling ter zitting is voorafgegaan. De tussentijdse beëindiging wordt daarom door de Hoge Raad vernietigd (HR 27 januari 2017, ECLI:NL:HR:2017:111).

- sub g: de schuldenaar maakt aannemelijk dat hij niet in staat is aan zijn uit de schuldsaneringsregeling voortvloeiende verplichtingen te voldoen

> Dit wordt ook wel de spijtoptantenregeling genoemd. Schuldenaren die om welke reden dan ook achteraf spijt krijgen dat zij om toelating tot de schuldsaneringsregeling hebben verzocht, kunnen tussentijds uitstappen. Gevolg is dat zij geen schone lei krijgen en gedurende tien jaar niet opnieuw een beroep op de regeling kunnen doen.

Beëindiging om een van deze vijf redenen betekent dat de schuldenaar van rechtswege in staat van faillissement verkeert, mits er baten beschikbaar zijn om daaruit vorderingen geheel of gedeeltelijk te voldoen (art. 350 lid 5 Fw). Een schone lei 'verdient' de schuldenaar dan niet.

Juist vanwege de ernst van de voortijdige beëindiging in het geval dat van rechtswege faillissement volgt (art. 350 lid 5 Fw) moet daartegen opgekomen kunnen worden. Art. 351 Fw opent daartoe de mogelijkheid voor de schuldenaar als de rechtbank inderdaad de beëindiging uitspreekt. Als de beëindiging is geweigerd kan degene die het verzoek tot beëindiging heeft gedaan hoger beroep en eventueel beroep in cassatie instellen. De toepassing van de schuldsaneringsregeling vervalt pas met ingang van de dag waarop de uitspraak tot de beëindiging in kracht van gewijsde is gegaan (art. 350 lid 4) en de beëindiging wordt op de gebruikelijke wijze gepubliceerd (art. 350 lid 5).

Schone lei
Eindigt een schuldsaneringsregeling op grond van art. 356 lid 2 Fw dan is een vordering ten aanzien waarvan de schuldsaneringsregeling werkte – voor zover die vordering onvoldaan is gebleven – niet langer afdwingbaar. Van rechtswege resteren er nog slechts natuurlijke

verbintenissen (art. 6:3 BW). Het maakt daarbij geen verschil of de schuldeiser al dan niet in de schuldsaneringsregeling is opgekomen en of de vordering al dan niet is geverifieerd (art. 358 lid 1 Fw).

De schuldsaneringsregeling werkt ook ten aanzien van vorderingen, welke zijn verzekerd door het recht van hypotheek op het woonhuis van de schuldenaar. Om te voorkomen dat het restant van de hypotheekschuld ook onder de schone lei zou vallen, werden tot 1 januari 2008 de rechten van de hypotheekhouder vaak veiliggesteld door schuldvernieuwing. Daarmee had de hypotheekhouder ook na afloop van de schuldsaneringsregeling nog steeds een vordering op de schuldenaar en kon die zijn huis blijven bewonen. Na 1 januari 2008 kan de rechtbank of na het begin van de schuldsanering de rechter-commissaris in afwijking van art. 303 lid 1 Fw verklaren dat de rente die verschuldigd is over een hypothecaire lening die gevestigd is op het huis waarin de schuldenaar woont wél verschuldigd is.

Vanaf 1 januari 2008 kan de schuldenaar, wanneer dat in het belang van de boedel is, toestemming krijgen om de hypotheekrente te blijven betalen om zo zijn woning te behouden (art. 303 lid 3 Fw). De schone lei heeft dan geen betrekking op de vordering van de hypotheekhouder (art. 358 lid 5 Fw) en de lopende verplichtingen moeten voldaan worden uit het VTLB (HR 13 maart 2009, ECLI:NL:HR:2009:BG7996).

Is art. 303 lid 3 Fw niet van toepassing verklaard en de hypotheekhouder maakt geen gebruik van het recht van parate executie (art. 57 Fw), ook niet na termijnstelling door de bewindvoerder (art. 58 lid 1 Fw) en de bewindvoerder gaat daarna niet zelf over tot verkoop van de woning, dan wordt het restant van de hypotheekschuld aan het einde van de schuldsanering wel een natuurlijke verbintenis. Op dit systeem wordt door de Hoge Raad geen uitzondering toegestaan bij verkoop van de woning na afloop van de schuldsaneringsregeling, zodat een eventuele restschuld, die na verkoop tijdens de schuldsaneringsregeling ter verificatie had kunnen worden ingediend, nu niet onder de schone lei valt (HR 10 juni 2016, ECLI:NL:HR:2016:1135).

> De Hoge Raad is het niet eens met de benadering van de wetgever. In zijn arrest van 13 maart 2009 (ECLI:NL:HR:2009:BG7996) overweegt de Hoge Raad: '(...) hetgeen thans in art. 303 lid 3 en art. 358 lid 5 is bepaald, brengt geen wijziging in hetgeen zonder die bepalingen al zou gelden'. Ook zonder die bepalingen brengt de wettelijke regeling al mee dat een hypothecaire vordering niet onder de schuldsaneringsregeling valt, met als gevolg dat de schuldenaar tijdens de schuldsaneringsregeling de hypotheekrente verschuldigd blijft (en mag voldoen uit het VTLB) en dat de hypothecaire vordering bij beëindiging van de schuldsaneringsregeling niet onder de 'schone lei' valt. De Hoge Raad baseert zich hierbij op de totstandkomingsgeschiedenis van art. 299 lid 3 Fw, dat art. 57-59a Fw van overeenkomstige toepassing verklaart in de schuldsaneringsregeling. Om dezelfde reden zijn betalingen op een hypothecaire vordering niet nietig ingevolge art. 306 Fw.
> De casus welke tot laatstgenoemd arrest aanleiding heeft gegeven was als volgt. Een schuldenaar had in 1998 een hypothecaire lening van ƒ 95.000 afgesloten voor de aankoop van zijn woonhuis. In 2000 werd op hem de schuldsaneringsregeling van toepassing verklaard, resulterend in een schone lei in 2002. Het woonhuis werd tijdens de schuldsanering niet verkocht door de bewindvoerder en de bank maakte geen gebruik van het recht van parate executie. In 2003 sloot de schuldenaar een nieuwe hypothecaire lening van € 122.000 waarmee hij de restantschuld van de eerste lening ad – omgerekend – ruim € 46.500 geheel afloste. In 2004 dagvaardt de schuldenaar de bank en vordert terugbetaling van € 46.500; hem was in 2002 een schone lei verleend, zodat die betaling onverschuldigd was verricht. Bovendien vordert de schuldenaar terugbetaling van alle tijdens de loop van de schuldsaneringsregeling door hem gedane rentebetalingen, omdat die ingevolge art. 306 Fw nietig waren. Ook zonder art. 303 lid 3 en art. 358 lid 5 Fw betreft het in de ogen van de Hoge Raad een kansloze

vordering. Uit de wetsgeschiedenis blijkt dat slechts een concurrente restschuld onder de werking van de schone lei valt. Voor zover op dat deel van de hypothecaire vordering tijdens de schuldsaneringsregeling aflossingen zijn gedaan, werkt art. 306 Fw wel, tenzij inderdaad een beschikking ex art. 303 lid 3 Fw is afgegeven.

Vóór de invoering van de Wsnp is er discussie gevoerd over de vraag of de na beëindiging van de schuldsanering resterende vorderingen niet geheel zouden moeten vervallen in plaats van ze om te zetten in natuurlijke verbintenissen (art. 6:3 lid 2 BW). De argumenten voor omzetting in natuurlijke verbintenissen hebben de overhand gekregen. In de eerste plaats zouden borgen en medeschuldenaren ook profiteren van vervallenverklaring, terwijl het de bedoeling was om aan de schone lei slechts individuele werking te verbinden. Daarom is art. 300 Fw opgenomen in de schuldsaneringsregeling. Als een borg wordt uitgewonnen door de schuldeiser, verkrijgt hij een regresvordering op de schuldenaar. Die regresvordering valt weer wel onder de schuldsaneringsregeling. Verder kan de schuldenaar besluiten om betalingen te doen in mindering op de restantvorderingen. Bij vervallenverklaring kan de fiscus die betalingen aanmerken als schenkingen en schenkingsrecht heffen of – als de schuldenaar zich later zou bedenken – kan hij hetgeen hij alsnog heeft voldaan terugvorderen als onverschuldigd betaald. Het belangrijkste argument tegen vervallenverklaring ligt echter besloten in art. 358a Fw.

Art. 358a Fw opent de mogelijkheid om een schuldenaar de hem verleende schone lei weer te ontnemen, hetgeen niet mogelijk zou zijn als de restantschulden door die verlening zouden zijn vervallen. Als na beëindiging van de schuldsaneringsregeling blijkt dat zich voordien feiten of omstandigheden hebben voorgedaan die grond zouden hebben opgeleverd voor beëindiging van de regeling op de voet van art. 350 lid 3 sub e (poging tot benadeling van de schuldeisers) kan de rechter op verzoek van iedere belanghebbende, waaronder ook de (voormalig) rechter-commissaris (HR 24 april 2015, ECLI:NL:HR:2015:1136), bepalen dat art. 358 lid 1 Fw verder geen toepassing vindt. Alle restantvorderingen zijn dan weer opeisbaar.

> Na afloop van de schuldsanering met schone lei blijkt dat de schuldenaar tijdens de regeling werkzaamheden heeft verricht voor zijn broer. Daarvoor heeft de schuldenaar betaling (moeten) ontvangen zonder dat te melden aan de bewindvoerder. Rechtbank en Hof besluiten toepassing te geven aan art. 358a lid 1 Fw, omdat de schuldenaar heeft getracht zijn schuldeisers te benadelen. De Hoge Raad laat die beslissing in stand (HR 2 juni 2006, ECLI:NL:HR:2006:AV4484).

> Omdat een schuldenares niet de vereiste inlichtingen verstrekte aan de Belastingdienst, ontving zij tijdens de schuldsanering voor € 120.000 ten onrechte aan toeslagen. Dat blijkt pas na afloop van de regeling die werd beëindigd met een schone lei. De vordering van de fiscus wordt verrekend met het (nog niet) verdeelde boedelsaldo van ruim € 6000, zodat het niet meer kan worden uitgekeerd aan de schuldeisers, die daardoor benadeeld zijn. Ontneming van de schone lei is dan nog slechts een formaliteit (HR 22 mei 2015, ECLI:NL:HR: 2015:1293).

De schuldenaar is dan wat zijn schulden betreft weer terug bij af en kan de komende tien jaar geen beroep doen op de regeling.

12 Vereffening, verdeling en rangorde

Evenals faillissement is de schuldsanering een liquidatieprocedure. De boedel wordt te gelde gemaakt en de opbrengst wordt onder de schuldeisers verdeeld. Anders dan faillissement kent de schuldsanering geen conservatoire fase. Zodra de toepassing van de schuldsaneringsregeling is uitgesproken, verkeert de boedel van rechtswege in staat van insolventie (art. 347 lid 1 Fw). De bewindvoerder gaat onmiddellijk over tot vereffening en tegeldemaking van de tot de boedel behorende goederen. Toestemming of medewerking van de schuldenaar heeft hij daarvoor niet nodig, machtiging van de rechter-commissaris evenmin. De goederen worden onderhands verkocht, tenzij de rechter-commissaris bepaalt dat dat in het openbaar moet gebeuren (art. 347 lid 2 Fw). In faillissement is dat precies andersom (art. 176 lid 1 Fw).

Evenals in faillissement vindt in de schuldsaneringsregeling uitdeling plaats aan de geverifieerde schuldeisers zo dikwijls er voldoende gerede penningen aanwezig zijn (art. 349 lid 1 Fw). Voor elke uitdeling is machtiging van de rechter-commissaris vereist (art. 316 lid 2 Fw) en stelt de bewindvoerder een uitdelingslijst op (art. 349 lid 4 Fw). Ook nu is weer een aantal artikelen uit titel 1 van overeenkomstige toepassing (art. 349 lid 5).

Voor de omslag van de schuldsaneringskosten geldt hetzelfde als in faillissement (art. 349 lid 5 Fw jo. art. 182 Fw). In Recofa Richtlijn 4.3 sub a is bepaald dat indien het uit te delen actief na aftrek van de boedelkosten, waaronder het salaris van de bewindvoerder en de advertentiekosten, minder dan € 2000 bedraagt, wordt afgezien van het houden van een verificatievergadering. In dat geval wordt tot een informele uitdeling overgegaan op basis van een uitdelingslijst die voorafgaande aan de beëindigingszitting aan de schuldeisers wordt toegezonden.

De hoofdregels van de rangorde van schuldeisers in faillissement gelden in beginsel ook in de schuldsaneringsregeling. Art. 349 lid 2 vormt echter een belangrijke uitzondering. Op grond van die bepaling geschiedt uitdeling naar evenredigheid van ieders vordering met dien verstande dat, zolang de vorderingen waaraan voorrang is verbonden niet volledig zijn voldaan, daarop een twee keer zo groot percentage wordt betaald als op de concurrente vorderingen. In de schuldsaneringsregeling krijgen de concurrente schuldeisers dus altijd een percentage van hetgeen door de bewindvoerder wordt uitgedeeld, terwijl zij in faillissement moeten wachten tot de bevoorrechte schuldeisers volledig zijn betaald. De onderlinge rangorde van de bevoorrechte schuldeisers blijft echter buiten beschouwing en omdat dit ook voor de fiscus geldt, staat het voorrecht van art. 21 IW 1990 gelijk met de andere voorrechten.

Ook in de schuldsaneringsregeling kan er sprake zijn van nagekomen baten. De Belastingdienst bijvoorbeeld maakt belastingrestituties, bestemd voor ex-sanieten, welke betrekking hebben op de looptijd van de schuldsaneringsregeling, standaard over naar het kantoor van de bewindvoerder. Ingevolge art. 356 lid 4 Fw is art. 194 Fw daarop van toepassing en gaat de bewindvoerder op bevel van de rechtbank over tot vereffening en verdeling op basis van de eerder opgemaakte uitdelingslijsten. Hetzelfde geldt als het gaat om weliswaar bekende, maar niet met voldoende mate van zekerheid te realiseren baten. De bewindvoerder kan dan op redelijke gronden besluiten de betreffende baten niet in de slotuitdeling te betrekken. Worden deze baten daarna alsnog gerealiseerd, dan worden ze aangemerkt als baten in de zin van art. 194 Fw (HR 19 december 2014, ECLI:NL:HR:2014:3678).

Het bevel van de rechtbank heeft betrekking op het beheer en de vereffening van de boedel en daartegen staat op grond van art. 321 jo. art. 85 Fw geen rechtsmiddel open. Wanneer echter discussie ontstaat over de vraag of art. 194 Fw wel of niet van toepassing is (gaat het wel om baten van de boedel?, waren de baten al bekend ten tijde van de vereffening?), gaat het niet meer om een vraag van beheer of een beslissing, gegeven ingevolge titel 3 van de Fw. Omdat de schuldenaar na afloop van de schuldsaneringsregeling weer de vrije beschikking over zijn vermogen heeft moeten dergelijke kwesties worden opgelost volgens de gewone procedureregels en is hoger beroep tegen het bevel van de rechtbank mogelijk (HR 15 april 2011, ECLI:NL:HR:2011:BP4963).

Een heel andere kwestie is het, wanneer de (materiële) termijn die voor een schuldsaneringsregeling geldt is verstreken; meestal drie, maar maximaal vijf jaar. Er is dan een einde gekomen aan de gevolgen van de toepassing van de regeling, en goederen die daarna verkregen worden vallen niet in de boedel. Daarmee is echter niet gezegd dat de regeling dan ook formeel beëindigd is. Daarvoor is nodig dat de slotuitdelingslijst verbindend is geworden (art. 356 lid 2 Fw). De bewindvoerder moet die lijst 'onverwijld' na de eindzitting van art. 354 en 354a Fw opmaken, maar dat gebeurt om verschillende redenen niet altijd meteen. De formele duur van de regeling kan bovendien aanzienlijk worden opgerekt doordat een schuldeiser beroep aantekent tegen verlening van de schone lei en ook de schuldenaar zelf kan voor de nodige vertraging zorgen wanneer hij verzet aantekent tegen de slotuitdelingslijst. In zijn arrest van 24 februari 2012, ECLI:NL:HR:2012:BV0890, oordeelt de Hoge Raad dat het de bedoeling van de wetgever is geweest om in elk geval de inspanningsverplichting tot de duur van art. 349a Fw te beperken. Na afloop daarvan door de schuldenaar verkregen baten – in casu een erfenis, die niet als een nagekomen bate in de zin van art. 194 Fw was te kwalificeren – vallen niet in de saneringsboedel. Of ook aan de andere verplichtingen niet meer hoeft te worden voldaan, wordt uit deze uitspraak niet duidelijk, maar de relevante toetsperiode voor de verkrijging van een schone lei eindigt met het verstrijken van de materiële termijn van art. 349a Fw. Nadien lijkt er dan geen sprake meer te kunnen zijn van toerekenbare tekortkomingen in de nakoming van uit de schuldsaneringsregeling voortvloeiende verplichtingen.

HOOFDSTUK XIII
Komend faillissementsrecht

1   De voorbereide doorstart

Naar Engels en Amerikaans voorbeeld komt het de laatste jaren steeds vaker voor dat een doorstart in stilte wordt voorbereid en na faillietverklaring onmiddellijk wordt geëffectueerd. Er wordt dan gesproken van een 'pre-packaged administration', kortweg pre-pack. Het Nederlands recht kent daarvoor geen wettelijke basis. Vanuit de praktijk werd erop aangedrongen dat 'euvel' te verhelpen, omdat de pre-pack werd gezien als een middel om in financiële moeilijkheden geraakte levensvatbare ondernemingen of delen daarvan te kunnen laten voortbestaan. Sommige, maar niet alle rechtbanken werkten mee aan een pre-pack, hetgeen forumshopping en rechtsongelijkheid in de hand werkt. In het kader van de herijking van het faillissementsrecht wordt daarom gepoogd met de Wet Continuïteit Ondernemingen I alsnog een wettelijke basis voor de pre-pack te creëren.

Beoogde gang van zaken
Een schuldenaar, niet zijnde een natuurlijk persoon zonder zelfstandig beroep of bedrijf, die in een situatie dreigt te geraken dat hij met het betalen van zijn schulden niet zal kunnen voortgaan, kan de rechtbank ter voorbereiding van een dreigend faillissement verzoeken op zijn kosten (art. 367 Fw) één of meer personen aan te wijzen die in geval van faillissement zullen worden aangesteld als curator.
– De schuldenaar moet aannemelijk maken dat die voorbereiding meerwaarde heeft: de schade voor betrokkenen bij het eventuele faillissement wordt beperkt of de kans op verkoop van rendabele onderdelen van de onderneming tegen een zo hoog mogelijke verkoopprijs en met behoud van zoveel mogelijk werkgelegenheid wordt vergroot en weegt op tegen het feit dat de voorbereiding in stilte plaatsvindt (art. 363 lid 1 Fw).
– Bij toewijzing van het verzoek vermeldt de rechtbank bedoelde meerwaarde van de aanwijzing in haar beschikking (art. 363 lid 2 Fw).
– De aanwijzing geldt voor twee weken en kan door de rechtbank worden verlengd voor een door haar te bepalen termijn (art. 363 lid 3 Fw).
– Een eventuele ondernemingsraad of personeelsvertegenwoordiging wordt betrokken bij de voorbereiding van het dreigende faillissement, tenzij het belang van de onderneming zich daartegen verzet. De leden zijn verplicht tot geheimhouding van alles wat zij daarbij vernemen (art. 363 lid 4 Fw).
– Goedkeuring van de algemene vergadering van aandeelhouders is niet vereist (art. 2:207a BW).

- Wordt een verzoek tot faillietverklaring ingediend terwijl sprake is van een aanwijzing als bedoeld in art. 363 Fw, dan stelt de rechtbank de beoogd rechter-commissaris, de beoogd curator en de schuldenaar hiervan onverwijld in kennis (art. 3c Fw).
  Een aanwijzing als bedoeld in art. 363 lid 1 Fw houdt tevens benoeming in van een van de leden van de rechtbank tot rechter-commissaris (art. 365 Fw). De beoogd rechter-commissaris houdt toezicht op het functioneren van de beoogd curator.
  Tegen de beschikking van de rechtbank staat geen rechtsmiddel open (art. 363 lid 8 Fw).

Rol van een beoogd curator (art. 364 Fw)
De beoogd curator:
- wordt ter verwezenlijking van de door de rechtbank in haar aanwijzingsbeschikking omschreven meerwaarde betrokken bij de voorbereiding van een mogelijk faillissement onder toezicht van een beoogd rechter-commissaris die tegelijkertijd wordt aangewezen (art. 365 Fw);
- behartigt daarbij de belangen van de schuldeisers;
- is niet gehouden tot opvolging van instructies van de schuldenaar of diens schuldeisers;
- krijgt gevraagd en ongevraagd alle informatie waarvan de schuldenaar weet of behoort te begrijpen dat die nodig is om zijn rol te kunnen vervullen;
- kan met toestemming van de schuldenaar derden bevragen of een deskundige vragen onderzoek te verrichten;
- deelt verkregen informatie alleen met toestemming van de schuldenaar met rechter-commissaris of rechtbank.

Wederkerige overeenkomsten
Indiening van een verzoek tot aanwijzing van een beoogd curator, toewijzing daarvan of een gebeurtenis die daarmee rechtstreeks verband houdt, is geen grond voor wijziging van overeenkomsten, opschorting van de nakoming van verbintenissen of ontbinding van een met de schuldenaar gesloten overeenkomst (art. 368 Fw).

Einde van de aanwijzing
De aanwijzing eindigt door ommekomst van de termijn waarvoor de aanwijzing is gegeven, alsmede door faillietverklaring of verlening van voorlopige surseance van betaling aan de schuldenaar.
  Uiterlijk binnen een week na het einde van een aanwijzing deponeert de beoogd curator zijn verslag ter griffie van de rechtbank. Het verslag ligt kosteloos ter inzage, maar alleen wanneer de schuldenaar failliet is verklaard of hem surseance van betaling is verleend of een verzoek daartoe is ingediend binnen drie maanden na het einde van de aanwijzing (art. 366 lid 4 Fw).

Omdat het er bij een doorstart vaak om gaat het probleem van overtollig personeel op te lossen, was de grote vraag bij dit alles of de bepalingen met betrekking tot de rechten van werknemers bij overgang van onderneming (zie nr. 26) van toepassing zijn op een pre-pack. De regering meende bij indiening van het wetsvoorstel (34218) van niet, maar dat bleek een misrekening. Volgens het Europese Hof van Justitie (HvJ EU) kan een pre-pack niet worden beschouwd als een faillissementsprocedure die is gericht op liquidatie onder toezicht van een overheidsinstantie (art. 5 EU Richtlijn 2001/23), waardoor de regeling omtrent overgang van onderneming van toepassing is (HvJ EU 22 juni 2017, ECLI:EU:C:2017:489 (*Estro/Smallsteps*)). Estro was actief in de kinderopvangbusiness, raakte in financiële problemen, regelde een pre-pack en ging failliet. Onmiddellijk daarna startte Smallsteps door met 2600 van de 3600 werknemers. Enkele niet-overgenomen werknemers en de FNV begonnen een procedure, die leidde tot voormelde uitspraak van het HvJ EU. De zaak werd uiteindelijk door Smallsteps geschikt voor ruim € 11.000.000 en was voor de Eerste Kamer aanleiding om de behandeling van het wetsvoorstel, dat al in juni 2016 door de Tweede Kamer was aangenomen, aan te houden tot de Minister van Justitie nader had overlegd met vertegenwoordigers uit de faillissementspraktijk en werknemers- en werkgeversorganisaties en daarover verslag had uitgebracht. Dat overleg heeft inmiddels plaatsgevonden en was voor de Minister aanleiding om bij de Eerste Kamer opnieuw aan te dringen op voortzetting van de behandeling van het wetsvoorstel, omdat een pre-pack ook voor andere doeleinden dan sanering van het personeelsbestand kan worden gebruikt. In de praktijk gebeurt dat ook. De toekomst van een wettelijk geregelde pre-pack lijkt daarmee hoogst onzeker.

2 Het buitengerechtelijk akkoord

Op dit moment kent Nederland geen wettelijk geregelde akkoordprocedure buiten faillissement en surseance van betaling. Daarmee is niet gezegd dat een onderneming in financiële moeilijkheden geen akkoord zou kunnen aanbieden aan haar schuldeisers. Daarvoor gelden dan de gewone regels van het verbintenissenrecht, waardoor het een schuldeiser in beginsel vrijstaat om zijn medewerking aan een aangeboden buitengerechtelijk akkoord te weigeren, zolang hij daarbij maar geen misbruik maakt van zijn weigeringsbevoegdheid. Dat de schuldeiser de slechte financiële positie van de schuldenaar kent of behoort te kennen zal in het algemeen onvoldoende zijn om daaruit te concluderen dat de schuldeiser misbruik maakt van zijn bevoegdheid om te weigeren (HR 12 augustus 2005, ECLI:NL:HR:2005:AT7799 (*Payroll*)).

Met de Wet Homologatie van een Onderhands Akkoord ter voorkoming van Faillissement (WHOA) wordt in het kader van het wetgevingsprogramma Herijking van het Faillissementsrecht (zie nr. 5a) een regeling voorgesteld om de mogelijkheden voor het aanbieden en de homologatie van een onderhands akkoord te verruimen. De internetconsultatie is geëindigd op 1 december 2017. Na verwerking van de geleverde commentaren zal het wetsvoorstel ter advisering worden voorgelegd aan de Raad van State en worden ingediend bij de Tweede Kamer. Van het wetsvoorstel worden hier daarom alleen de hoofdlijnen besproken.

Aanbieding van een akkoord
Het wetsvoorstel maakt het mogelijk dat een schuldenaar die voorziet dat hij met het betalen van zijn opeisbare schulden niet zal kunnen voortgaan aan zijn schuldeisers en/of aandeelhouders, of een aantal van hen, een akkoord aanbiedt dat voorziet in een wijziging van hun rechten. Ook een schuldeiser kan daartoe het initiatief nemen op voorwaarde dat:
– er redenen zijn om aan te nemen dat de schuldenaar afstevent op een faillissement;
– de schuldeiser de schuldenaar heeft aangemaand om een akkoord aan te bieden;

- er een week voorbij is gegaan zonder reactie van de schuldenaar of de schuldenaar heeft toegezegd een akkoord te zullen aanbieden, maar er niets gebeurt of het gedane voorstel van slechte kwaliteit is.

In dat geval kan de betreffende schuldeiser de rechtbank verzoeken een deskundige te benoemen die onafhankelijk van de schuldenaar een akkoord kan aanbieden. Dat kan eveneens wanneer bij een stemming geen enkele klasse van schuldeisers met het aangeboden akkoord heeft ingestemd of als homologatie door de rechtbank is geweigerd. Met het voorstel mogen de schuldeisers niet slechter af zijn dan wanneer er sprake zou zijn van een faillissement. Indien redelijkerwijs aannemelijk is dat borgen, derden met goederen waarop schuldeisers rechten kunnen uitoefenen, of medeschuldenaren van de schuldenaar na de homologatie van het akkoord, bedoeld in het eerste lid, in de toestand zullen komen te verkeren dat zij met het betalen van hun opeisbare schulden niet zullen kunnen voortgaan, kan het akkoord ook voorzien in de wijziging van rechten van schuldeisers jegens deze borgen, derden of medeschuldenaren.

Vergroting van de slagingskansen
Om de slagingskans van een akkoordvoorstel te vergroten doet de wetgever de volgende voorstellen:
- aan art. 3 Fw wordt een nieuwe mogelijkheid toegevoegd om de behandeling van een faillissementsaanvraag te schorsen: wanneer een akkoord is aangeboden, als in de WHOA bedoeld, is schorsing van tweemaal twee maanden mogelijk (art. 3d Fw);
- de schuldenaar kan de rechtbank verzoeken een afkoelingsperiode af te kondigen met hetzelfde gevolg als in faillissement en surseance van betaling; de maximale duur is ook nu twee maal twee maanden;
- vestiging van zekerheidsrechten ter zake van kredietverlening met als doel om de onderneming te kunnen voortzetten en om een akkoord mogelijk te maken, wordt vermoed niet paulianeus te zijn.

Wederkerige overeenkomsten
Het aanbieden van een akkoord kan voor schuldeisers geen reden zijn hun overeenkomst met de schuldenaar op te zeggen. Wel kan de schuldenaar aan zijn wederpartij een voorstel tot wijziging van de overeenkomst doen en wanneer de wederpartij daar niet mee instemt kan de schuldenaar de overeenkomst opzeggen met een termijn van maximaal drie maanden. De wederpartij heeft dan een vordering tot schadevergoeding maar het akkoordvoorstel kan voorzien in een wijziging van dat recht op schadevergoeding.

Stemming
De schuldeisers kunnen worden ingedeeld in verschillende klassen (concurrente, preferente schuldeisers met een zekerheidsrecht of eigendomsvoorbehoud, aandeelhouders, etc.) als op basis van het akkoord rechten worden verkregen die zo verschillend zijn dat van een vergelijkbare positie van de schuldeisers geen sprake kan zijn. Stemming over het aangeboden akkoord vindt plaats per klasse en alleen de schuldeisers en aandeelhouders van wie de rechten door het akkoord worden gewijzigd, zijn stemgerechtigd. Een klasse van schuldeisers heeft met het akkoord ingestemd indien het besluit tot instemming is genomen door een groep van schuldeisers die samen ten minste twee derde vertegenwoordigen van

Het buitengerechtelijk akkoord

het totale bedrag aan vorderingen behorend tot de schuldeisers die binnen die klasse hun stem hebben uitgebracht. Een klasse van aandeelhouders heeft met het akkoord ingestemd als het besluit daartoe met een meerderheid van ten minste twee derde van het aantal uitgebrachte stemmen is genomen. Als een klasse vóór heeft gestemd, kan homologatie van het akkoord worden verzocht.

Homologatie
Het akkoord zal worden gehomologeerd, tenzij het onredelijk is of een van de thans reeds geldende weigeringsgronden zich voordoet. Echter, tot de dag van de homologatiezitting kan een schuldeiser of aandeelhouder die tegen het akkoord heeft gestemd bij de rechtbank een verzoek indienen waarin hij aangeeft waarom hij homologatie niet wenselijk acht. Als niet alle klassen met het akkoord hebben ingestemd, kan homologatie geweigerd worden als de herstructureringslasten of de waarde die met het akkoord kan worden gerealiseerd niet eerlijk onder de klassen van schuldeisers en aandeelhouders wordt verdeeld. Voordien moet de schuldeiser of aandeelhouder bij de schuldenaar wel bezwaar hebben gemaakt tegen het akkoord, anders kan hij zich daarop voor de rechter niet meer beroepen.

Een gehomologeerd akkoord is verbindend voor alle stemgerechtigde schuldeisers en aandeelhouders (art. 382 Fw).

Tegen homologatie staat geen hogere voorziening open (art. 381 lid 6 Fw), zodat het akkoord snel uitgevoerd kan worden en een dreigende insolventieprocedure kan worden afgewend.

Indien redelijkerwijs aannemelijk is dat borgen, derden met goederen waarop schuldeisers rechten kunnen uitoefenen, of medeschuldenaren van de schuldenaar na de homologatie van het akkoord in de toestand zullen komen te verkeren dat zij met het betalen van hun opeisbare schulden niet zullen kunnen voortgaan, kan het akkoord ook voorzien in de wijziging van rechten van schuldeisers jegens deze borgen, derden of medeschuldenaren.

ARTIKELENREGISTER

(Er wordt verwezen naar paragrafen)

Algemene Maatregel van Bestuur
3	XII.2
5	XII.2

Algemene Wet Bestuursrecht
4:124	II.2, VI.5

Algemene wet gelijke behandeling
5	IV.5

Algemene Wet inzake Rijksbelastinge
67 d, e of f	VII.2

Burgerlijk Wetboek

Boek 1
10	II.2
10 e.v.	II.2
85	III.2
93	III.2
94	III.2, XII.3
95	III.2
96	III.2
130	III.2
431	XII.2, XII.4
438	XII.2

Boek 2
10	II.1
19	II.3
138	II.1, VII.2
207a	XIII.1
248	II.1, VI.6, VII.2
394	II.1

Boek 3

8	VI.3
11	XII.2
13	VII.3
15	VII.3
15j	VII.2
24	IV.3, VI.6
33	VI.2
35	VI.2
45 e.v.	V.1
81	VI.6
84	VIII.4
86	IV.3
92	XII.5
94	III.2
110	III.2
227	VI.3
236	VI.3
237	V.2, VI.3, VI.5
238	IV.3
239	III.2, VI.3
244	VIII.4
246	VI.6
248	VI.3
251	VI.3
253	VI.3
263	VIII.4
268	VI.3
270	VI.3
273	VI.3
274	VI.3
276	III.1, III.2, V.1, XII.3
277	I.2, VI.1, IX.2
278	IX.2
279	VI.5, IX.2
280	VI.5, IX.2
281	IX.2
282	IX.1
284	VI.5
284-287	VI.4
285	VI.2, VI.4
287	VI.5
288	IV.5, VI.4, VI.5, IX.2
289	VI.4

290 e.v.	VI.3
291	IX.2
292	VI.5, VI.6, IX.2
296	IV.5
300	XII.2
303	II.2

Boek 5

15	III.2

Boek 6

2	XII.2
3	XII.11
7	VIII.4
10	XII.2, XII.3
14	VIII.4
34	IV.3
40	VIII.4
74	IV.5
78	V.4
87	IV.5
103	V.5
127	VI.6
127 e.v.	VI.6
130	I.2
136	VI.6
140	VI.6
162	V.5, VI.8
203	V.4
203 e.v.	V.4
210	V.4
248	XII.2
261 e.v.	III.2
265	IV.5
277	IV.5

Boek 7

39	VI.6
39 e.v.	IV.5, XII.5
39-44	III.2
40	III.2
41	III.2
42	III.2
44	III.2

51-56	IV.3
422	IV.5
616	IV.5
625	IV.5
646-649	IV.5
662 e.v.	IV.5
666	IV.5
668a	IV.5
670	IV.5
671a	IV.5, XI.3
673c	IV.5
681	IV.5

Boek 7A
1576t	IV.5
1683	II.1

Coördinatiewet Sociale Verzekeringen
16	VI.5

EG-Richtlijn 2002/47
4	VI.8

EU Richtlijn 2001/23
5	XIII.1

Europees Verdrag tot bescherming van de rechten van de mens en de fundamentele vrijheden
5	IV.2
6	II.2, VI.5, VII.3, XII.2
8	XII.2

Europese Insolventieverordening
1	X.2
2	X.2, XII.9
3	X.2
7	X.2
8	X.2
8-18	X2
9	X.2
16	X.2
23	X.2
24	X.2
25	X.2

Artikelenregister

25-27	X2
32	X.2
34	X.2
35	X.2
36	X2
37	X.2
38	X.2
40-41	X.2
41	X.2
41-43	X.2
42	X.2
43	X.2
45	X.2
46	X.2
47	X.2
51	X.2
54	X.2
55	X.2
56-58	X.2
60	X.2
61	X.2
65	X.2
70	X.2
72	X.2
74	X.2
90	X.2

Faillissementswet

1	II.2, XII.2
1-213	0.1
2	II.2, X1, XI.2, XII.2
3	XII.2, XIII.2
3a	II.1, XII.2
3c	XIII.1
3d	XIII.2
4	II.2, XII.2
6	II.2
6-9	IX.1
7	VII.2
8	II.3
8-12	II.3
9	II.3
10	II.3
11	II.3

219

12	IX.1
13	II.4, IV.5
13a	IV.5
14	II.2, II.4, II.6, IV.2, IV.3, VI.4
15	II.4, IX, IV.2, VII.2
15b	XII.2
15c	XII.2
15d	XII.2
16	I.1, II.5, II.6, IX, IX.2, XII.2, XII.11
18	II.5, VII.4
19	II.2
19a	II.2
20	III.1, III.2, X.1, XII.3
21	III.1, III.2, IV.3, VII.2, VII.3, VIII.4, IX.2, XI.3
22	III.2, XI.6
22a	III.2
23	I.1, III.2, IV.1, IV.3, IV.4, VII.2
24	III.2, IV.1, IV.3, IV.4, VI.1, VI.2, XI.3
25	IV.4, XII.4
25 e.v.	IV.4
25-32	IV.1
26	IV.4, IV.5, XII.4
27	IV.4
27-29	IV.4
27-31	XII.4
28	IV.4
29	IV.4
30	IV.4
31	IV.4
33	I.2, VI.2, VI.5, XI.3
34	I.2
35	III.2, IV.1, IV.3, XI.3, XII.4
35b	VIII.4
37	IV.5, VII.2, XII.4
37-40	IV.1
37a	IV.5, IX, XII.2, XII.4
37b	IV.5, X.2

38	IV.5
38a	IV.5
39	IV.5, VI.2, VII.2, XII.4
40	IV.5, VI.2, VII.2, XII.4
41	III.2
42	V.2, V.4, V.5, VII.2
42-51	V.1
43	V.3, XI.6
45	V.3
47	V.2, V.3, V.5, VII.2
49	V.1, V.5
50	IX.1
51	V.2, V.4
52	IV.3
53	VI.6, XII.5
53 e.v.	VI.6
54	V.2, VI.6, XII.2
56	VI.6, XII.5
57	I.2, VI.3, VI.5, XII.2, XII.5, XII.11
57-59a	XII.2, XII.5, XII.11
58	VI.2, VI.3, VII.2, XII.11
59	VI.3
60	VI.6, VI.8, XII.5
61	III.2, XII.3
63	III.2, XI.3, XII.3
63a	VI.8, XII.5
63a-c	XI.3
63b	VI.8
63c	VI.8
63d	VI.8
63e	IV.3
64	VII.3
65	VII.2
66	VII.3
67	IV.5, VII.2, VII.3, IX.2
68	I.2, IV.5, VII.2, VII.3
69	VII.2, VII.3, XII.6
71	VII.2
72	IV.5, VII.2
73	VII.2
73a	VII.2, XII.2
74	IV.2, VII.4

75	IV.2
76	VII.4
78	VII.4
79	VII.4
80	VIII.2
80a	VIII.1
85	XII.6, XII.12
87	II.3, IV.2, VIII.2, XII.4
91	IV.2
92	VII.2
93	VII.2
94	VII.2
96	VII.2, XI.2, XII.2
97	IX.1
98	VII.2, IX.2
99	II.2, IV.2, XII.4
101	II.4, VII.2, IX.2
105	0.1, IV.2, VII.3, VII.4, VIII.1, XII.4
105a	0.1, IV.2, IV.4, XII.4
105b	0.1, VI.6
105-106	VII.3
106	IV.2
106a	0.1, VI.6, VII.2
106a-106e	0.1
106b	VII.2
106c	VII.2
108	VIII.1
108-115	VIII.1
108-136	VIII
109	VIII.1
110	VIII.1
112	VIII.1, XII.7
113	VIII.1, XII.7
114	VIII.1, XII.7
116	IV.2, VIII.2, XII.4
116-120	VIII.2
117	XII.7
119	VIII.2
120	VIII.2
121	VIII.3, XII.7
121-126	VIII.3
122	II.2, IV.4, VI.5, VIII.3, X.1

Artikelenregister

126	II.6, VIII.3, IX.1, IX.2, XII.8
127	VIII.2, XII.7
128	VIII.4, XII.2, XII.7
128-136	VIII.4
129	VIII.4
130	VI.6, VIII.4
131	VI.6, VIII.4
132	VIII.4, IX.1,
133	IV.5, VI.6, VIII.4
136	VIII.4
137	VIII.4, XII.7
137a e.v.	1.1, IX, XII.11
137a-137g	II.6
137b	II.6
137d	II.6
137e	II.6
138	IX.1, XII.2
138-172	IX.1
139	IX.1
141	IX.1
143	VIII.4, IX.1, XII.8
144	IX.1
145	IX.1, XI.4
146	IX.1
147	IX.1, XII.8
149-166	XII.8
150-153	IX.1
152	IX.1
153	XI.4, XII.8
154-156	IX.1
155	IX.1
157	VIII.2, IX.1
158	IX.1
159	IX.1, XII.8
160	IX.1
161	VIII.2, IX.1
162	IX.1, XII.8
163	IX.1, XII.8
164	IX.1
165	IX.1
165-166	XII.8
166	IX.1
167	IX.1

168	IX.1
169	IX.1
170	IX.1
171	IX.1
173	I.1, IX.2
173 e.v.	IX.1, IX.2
173-194	IX.2
173a	VIII.2, XII.4
173a-b	IX.2
173c	VIII.2
174	IX.2
175	IX.2
176	VII.3, XII.12
177	IX.2
178	VIII.2, VIII.4
179	IX.2
180	IX.2
182	VI.2, VI.3, VI.6, IX.2, XII.12
183-185	IX.2
184-187	XII.11
186	VIII.2, VIII.3, VIII.4, IX.2, XII.7
187	IX.2
189	IX.2
192	IX.2
193	IX.2
194	II.5, IX.2, XII.12
195	XII.1
196	VIII.3, IX.2, XII.7
197	XII.7
203	X.1
203-205	X.1
204	X.1
205	X.1
214	0.1, II.2, XI.2, XII.1
214-283	I.1, XI.1
215	XI.1, XI.2
216	XI.2
217	XI.2
218	XI.1, XI.2, XI.6
219	XI.2
222	XI.2
222a	XI.2

Artikelenregister

222b	XI.2
223	XI.2, XI.6
223a	XI.2
223b	XI.2
226	XI.2
228	XI.2, XI.3, XII.2
229	XI.3
230	XI.3, XII.5
231	XI.3
232	XI.2, XI.3, XI.4
233	XI.2, XI.3
234-241	XI.3
235	VI.6
241a	XII.5
241a-c	XI.3
242	II.2, XI.1, XI.3, XI.6, XII.2
243	XI.6
244	XI.6
247	XI.6
247a	XI.6, XII.2
247b	XI.6, XII.2
247c	XI.6, XII.2
249	XI.6
250a	XI.2
252 e.v.	XI.4
256	XI.4
257	XI.4
268	XI.4
268a	XI.4
272	XI.4, XI.6
273	XI.4
277	XI.4, XI.6
280	XI.4, XI.6
281	XI.4
281a e.v.	XI.5
282	XI.2, XI.6
284	XII.2
284-361	0.1
285	XII.2
286	XII.2
287	XII.2, XII.6
287a	XII.2
287b	XII.2

288	XII.1, XII.2, XII.6
289	XII.7
290	XII.2
291	XII.6
292	XII.2, XII.6, XII.11
293	XII.2
294	XII.2
295	XII.2, XII.3, XII.8, XII.10
296	XII.4
297	XII.4
299	XII.2, XII.3, XII.4, XII.5, XII.7, XII.11
299a	XII.5
299b	XII.5
300	XII.11
301	XII.5
303	XII.2, XII.7, XII.11
304	XII.2, XII.5
305	XII.2, XII.4, XII.5
306	XII.4, XII.11
307	XII.5
308	XII.4
310	XII.4
311	XII.4, XII.5
312	XII.2, XII.4, XII.5
313	XII.3, XII.4, XII.5, XII.6
314	XII.6
315	XII.3, XII.6
316	XII.6, XII.12
317	XII.3, XII.6
318	XII.2, XII.6
319	XII.6
320	XII.6
321	XII.6, XII.12
327	XII.4
328	XII.4, XII.7
328a	XII.7
329	XII.8
330	XII.8
332	XII.8
340	II.2, XII.2, XII.8
347	XII.12

349	XII.5, XII.6, XII.11, XII.12
348	XII.12
349a	XII.2, XII.10, XII.11, XII.12
350	II.2, XII.2, XII.3, XII.4, XII.8, XII.10, XII.11
351	XII.11
351a	XII.11
352	XII.10, XII.11
352-354	XII.7
354	XII.2, XII.10, XII.11, XII.12
354a	XII.2, XII.10, XII.11, XII.12
356	XII.2, XII.10, XII.11, XII.12
358	XII.2, XII.11
358a	XII.2, XII.11
359	XII.5
360	XII.2
362	II.2
363	XIII.1
364	XIII.1
365	XIII.1
366	XIII.1
367	XIII.1
368	XIII.1
381	XIII.2
382	XIII.2

Gerechtsdeurwaarderswet

19	III.2

Invorderingswet 1990

3	II.2, VI.5
9	VI.5
10	VI.5
19	II.6, VI.5, XII.5
21	VI.1, VI.3, VI.5, XII.5, XII.12
22	I.2, VI.5, XII.5
22bis	VI.5, XII.5

24	VI.6

Landelijk Uniforme Beoordelingscriteria Toelating
5.4.1	
	XII.2
5.4.2	XII.2
5.4.3	
	XII.2
5.4.5	XII.2

Leidraad Invordering (versie 2008)
73	II.2

Procesreglement
3.1.2.6	XII.2
3.1.3.1	XII.2
3.1.4.1	XII.2
3.1.3.5	XII.2
3.2.1.2	XII.2

Recofa-richtlijnen
1.2b	
	XII.10
3.2.4.5	XII.2
3	XII.3
3.5	XII.11
3.7	XII.3
4.3	XII.7
4.3 sub a	XII.12
5	XII.8
5.1	XII.8

Vennootschapsbelasting
15	**VI.6**

Wet Adviesstelsel Justitie
3a	0.1

Wet op de Gemeentelijke Schuldhulpverlening
3	XII.2

5	**XII.2**

Wet op het ConsumentenKrediet
47	XII.2, XII.6
48	XII.2

Werkloosheidswet
36	XII.2
61	IV.5
64	IV.5

Wet financiering sociale verzekeringen
60	II.6, VI.5

Wet griffierechten burgerlijke zaken
4	XII.2

Wet Modernisering Faillissementsprocedure
19	XI.2, XI.2, XII.2
80a	VIII.2, XII.4
127	VIII.2, XII.7
161a	VIII.2
328b	XII.7
328c	XII.7
349aa	XII.7

Wet op de Rechterlijke Organisatie
80a	XII.11
81	XII.11

Wet op het Notarisambt
25	III.2

Wet Toezicht Kredietwezen
32	VI.6

Wetboek van Burgerlijke Rechtsvordering
6	II.2, XI.1
29	XII.2
99	II.2
139 e.v.	VIII.3
143	II.3
166	VII.3

186	VII.3
217	IV.4
251	IV.4
253	IV.4
256	XII.2
257	XII.2
258	XII.2
262	II.2
279 (oud)	IV.4
339	II.3
358-362	XII.2
376-380	II.3, IV.4
382-389	II.3
402	II.3
426	VII.3
430 e.v.	I.1
431	X.1
453a	I.2
456	VI.5
475d	XII.3
490b	VI.8
505	I.2
538	VI.5
612	VIII.4
700 e.v.	I.1
730 e.v.	I.1
844	VII.3

Wetboek van Koophandel

18	II.1

Wetboek van Strafrecht

340-349	0.1
340-348a	0.1
345	IX.1
442	XI.3

Ziektewet

33	XII.2

JURISPRUDENTIEREGISTER

(Er wordt verwezen naar paragrafen)

Deel I: faillissement en surseance van betaling (hoofdstuk I tot en met XI)

1917
HR 19 januari 1917	NJ 1917/227	IV.4
HR 14 april 1927	NJ 1927/725	II.1

1930
HR 28 november 1930	NJ 1931/253 (Teixeira de Mattos)	VI.2

1931
HR 12 februari 1931	NJ 1931/854	IV.4

1937
HR 27 augustus 1937	NJ 1938/9	VII.2

1949
HR 4 november 1949	NJ 1950/17	II.2

1953
HR 30 januari 1953	NJ 1953/578	VI.6

1955
HR 15 april 1955	NJ 1955/542	IX.2

1958
HR 7 februari 1958	NJ 1958/202	II.2

1959
HR 27 februari 1959	NJ 1959/556	III.2

1963
HR 31 mei 1963	NJ 1966/340	IV.3

1964
HR 21 februari 1964	NJ 1964/208	VIII.3

1967
HR 2 juni 1967   NJ 1968/16   IX.2

1969
HR 24 januari 1969   NJ 1969/339   VIII.4

1971
HR 3 december 1971   NJ 1972/137   VII.3

1974
HR 10 mei 1974   NJ 1975/267   II.2

1975
HR 10 januari 1975   NJ 1976/249   XI.6

1976
HR 10 december 1976   NJ 1977/617   V.2

1977
HR 4 februari 1977   NJ 1978/66   VIII.4

1978
HR 10 februari 1978   NJ 1979/338   III.2

1981
HR 16 januari 1981   NJ 1981/155   IV.4
HR 16 januari 1981   NJ 1981/156   IV.4
HR 20 februari 1981   NJ 1981/296   II.2
HR 20 maart 1981   NJ 1981/640   IV.5
HR 26 juni 1981   NJ 1982/450   II.2
HR 11 december 1981   NJ 1982/349   IV.2

1982
HR 26 maart 1982   NJ 1982/615   IV.3
HR 2 april 1982   NJ 1982/319   II.2
HR 16 april 1982   NJ 1982/644   II.2
HR 11 juni 1982   NJ 1983/11   II.2
HR 29 oktober 1982   NJ 1983/196   II.2
HR 26 november 1982   NJ 1983/442   VII.2
HR 3 december 1982   NJ 1983/495   II.2

1983
HR 7 januari 1983   NJ 1983/542   IV.4
HR 14 januari 1983   NJ 1983/597   V.5, VI.6

Jurisprudentieregister

HR 28 januari 1983	NJ 1983/465	II.2
HR 23 september 1983	NJ 1984/202	VII.2
HR 30 september 1983	NJ 1984, 183	VII.3
HR 18 november 1983	NJ 1984/256	IV.4
HR 2 december 1983	NJ 1984/306	IV.2
HR 9 december 1983	NJ 1984/384	II.2
HR 23 december 1983	NJ 1984/328	II.2
HR 23 december 1983	NJ 1985/170	IV.2

1984

HR 3 februari 1984	NJ 1984/752 (Faillissement notaris)	III.2
HR 27 april 1984	NJ 1984/680	V.4
HR 23 juli 1984	NJ 1985/50	II.2
HR 10 augustus 1984	NJ 1985/69	II.2
HR 7 december 1984	NJ 1985/268	II.2

1985

HvJ 7 februari 1985	135/83, NJ 1985/902	IV.5
HR 22 maart 1985	NJ 1985/548	II.2
HR 12 april 1985	NJ 1986/808 (Ontvanger/NMB)	VI.5
HR 28 juni 1985	NJ 1986/192	VI.6
HR 28 juni 1985	NJ 1985/870	VII.2
HR 15 juli 1985	NJ 1986/210	II.2
HR 15 november 1985	NJ 1986/154	II.2

1986

HR 21 maart 1986	NJ 1986/573	VII.2, X.2
HR 18 april 1986	NJ 1986/530	II.2
HR 16 mei 1986	NJ 1986/637	II.2

1987

HR 16 januari 1987	NJ 1987/528 (Steinz q.q./Amro)	V.2
HR 16 januari 1987	NJ 1987/553	VI.6
HR 30 januari 1987	NJ 1987/530	IV.3
HR 27 februari 1987	NJ 1988/35	III.2
HR 8 juli 1987	NJ 1988/105	II.2
HR 8 juli 1987	NJ 1988/104	V.2, VI.6
HR 11 september 1987	NJ 1988/95	II.2
HR 30 oktober 1987	NJ 1988/292	III.2

1988

HR 25 maart 1988	NJ 1989/200	IV.3
HR 13 mei 1988	NJ 1988/748	I.2

HR 20 mei 1988	NJ 1989/676	II.2
HR 27 mei 1988	NJ 1988/964	VI.6
HR 7 oktober 1988	NJ 1989/449	VI.6
HR 2 december 1988	NJ 1989/301	IX.1

1989

HR 13 januari 1989	NJ 1990/211	VI.5
HR 27 januari 1989	NJ 1989/422	VI.6
HR 31 maart 1989	NJ 1990/1	IV.3
HR 3 juli 1989	ECLI:NL:HR:1989:AB8474	VII.2
HR 22 december 1989	NJ 1990/661	VI.6

1990

HR 12 januari 1990	NJ 1990/662	IV.5
HR 19 januari 1990	NJ 1990/662	IV.5
HR 22 juni 1990	NJ 1991/606	IV.4
HR 22 juni 1990	NJ 1990/717	VII.2
HR 7 september 1990	NJ 1991, 52	II.1
HR 28 september 1990	NJ 1991/247	II.1
HR 28 september 1990	NJ 1991/305 (De Ranitz q.q./Ontvanger)	VI.2, IX.2
HR 30 november 1990	NJ 1991/129	VII.2

1991

HR 22 juli 1991	NJ 1991/748	VI.6
HR 18 oktober 1991	NJ 1992/298	VI.5
HR 8 november 1991	NJ 1992/174	V.5

1992

HR 31 januari 1992	NJ 1992/686	IX.1
HR 18 december 1992	NJ 1993/177	II.2
HR 18 december 1992	NJ 1993/169	V.2

1993

HR 4 juni 1993	NJ 1993/458	III.1
HR 23 juni 1993	NJ 1993/559	II.2
HR 5 november 1993	NJ 1994/258	VI.3
HR 12 november 1993	NJ 1994/229	IV.5
HR 3 december 1993	NJ 1994/176	VI.3

1994

HR 17 februari 1994	NJ 1996/471 (Mulder q.q./CLBN)	VI.8
HR 3 juni 1994	NJ 1995/341	VII.2
HR 24 juni 1994	NJ 1994/595	VIII.3

HR 30 september 1994	NJ 1995/626	V.2
HR 14 oktober 1994	NJ 1995/447	VI.3
HR 11 november 1994	NJ 1995/115	VIII.3
HR 23 december 1994	NJ 1996/628	V.5

1995

HR 27 januari 1995	NJ 1995/579	II.2
HR 17 februari 1995	NJ 1996/471 (Mulder q.q./CLBN)	VI.3, VI.6
HR 24 februari 1995	NJ 1996/472	VII.2
HR 24 maart 1995	NJ 1995/628	V.2, V.5
HR 7 april 1995	NJ 1997/21	II.2
HR 16 juni 1995	NJ 1996/553	VII.2
HR 30 juni 1995	NJ 1996/554 (Mees Pierson/Mentink q.q.)	VI.2, VI.3, IX.2
HR 31 augustus 1995	NJ 1996/18	X.2
HR 22 september 1995	NJ 1997/339	VII.2

1996

HR 16 februari 1996	NJ 1997/607	XI.4
HR 19 april 1996	NJ 1996/727	VII.2
HR 31 mei 1996	NJ 1998/108 (De Vleeschmeesters)	IX.2

1997

HR 21 februari 1997	NJ 1997/543	III.2
HR 20 juni 1997	NJ 1998/362	VI.3
HR 5 september 1997	NJ 1998/437	IX.2
HR 24 oktober 1997	NJ 1999/316	IX.2

1998

HR 12 juni 1998	NJ 1998/727	V.5
HR 26 juni 1998	NJ 1998/745	VI.5
HR 16 oktober 1998	NJ 1998/896 (Van der Hel q.q./Edon)	IV.5
HR 20 november 1998	NJ 1999/611	V.2
HR 27 november 1998	NJ 1999/685	VII.2

1999

HR 23 april 1999	NJ 1999/158	VI.6
HR 21 mei 1999	NJ 2001/630	III.2

2000

HR 4 februari 2000	NJ 2000/257	VII.4
HR 9 juni 2000	ECLI:NL:HR:2000:AA6164	VII.2
HR 16 juni 2000	ECLI:NL:HR:AA6234	V.2

HR 16 juni 2000	ECLI:NL:HR:2006:AA6234	V.5
HR 10 november 2000	ECLI:NL:HR:AA8256	II.2

2001

HR 12 januari 2001	ECLI:NL:HR:2001:AA9441	III.2
HR 29 juni 2001	ECLI:NL:HR:2001:AB2388	IV.5
HR 29 juni 2001	ECLI:NL:HR:2001:AB2435 (Meijs q.q./Bank of Tokyo)	V.2
HR 7 september 2001	ECLI:NL:HR:2001:AB2743	II.2
HR 19 oktober 2001	ECLI:NL:HR:ZC3654	V.2
HR 17 november 2001	ECLI:NL:HR:AA8357	V.2
HR 21 december 2001	ECLI:NL:HR:2001:AD4499	V.5
HR 21 december 2001	ECLI:NL:HR:2001:AD2684	V.5

2002

HR 11 januari 2002	ECLI:NL:HR:2002:AD4929	IV.4
HR 18 januari 2002	ECLI:NL:HR:2002:AD4939	II.2
HR 12 juli 2002	ECLI:NL:HR:2002:AE1547	
		VI.5

2003

HR 24 januari 2003	ECLI:NL:HR:2003:AF0189	IV.5
HR 7 maart 2003	ECLI:NL:HR:2003:AF3076	II.2
HR 7 maart 2003	ECLI:NL:HR:2003:AF1881	V.2
HR 13 juni 2003	ECLI:NL:HR:2003:AF3413	III.2
HR 11 juli 2003	NJ 2003/539 (Frog Navigation Systems)	VI.6
HR 26 augustus 2003	ECLI:NL:HR:2003:AI0371	II.2
HR 12 september 2003	ECLI:NL:HR:2003:AJ9981	II.2
HR 28 november 2003	ECLI:NL:HR:2003:AN8489	II.2
HR 28 november 2003	ECLI:NL:HR:2003:AN7840	VI.5
HR 19 december 2003	ECLI:NL:HR:2003:AN7817	VI.8

2004

HR 9 januari 2004	ECLI:NL:HR:2004:AN7896	X.2
HR 20 februari 2004	ECLI:NL:HR:2004:AO3873	VII.2
HR 20 februari 2004	ECLI:NL:HR:2004:AO4143 (Shurgard/Tideman q.q.)	VII.3
HR 5 maart 2004	ECLI:NL:HR:2004:AO1338	II.2
HR 12 maart 2004	ECLI:NL:HR:2004:AO1995	II.2
HR 28 mei 2004	ECLI:NL:HR:2006:AP0084	IV.5
HR 18 juni 2004	ECLI:NL:HR:2004:AN8170	IV.5, VI.2
HR 5 november 2004	ECLI:NL:HR:AP1437	V.2

2005

HR 22 april 2005	ECLI:NL:HR:2005:AS2688	I.2
HR 22 april 2005	ECLI:NL:HR:2005:AS4191	VII.2
HR 13 mei 2005	ECLI:NL:HR:2005:AT2650	IV.5
HR 8 juli 2005	ECLI:NL:HR:2005:AT1089	V.2
HR 16 september 2005	ECLI:NL:HR:2005:AT7997	VII.2
HR 14 oktober 2005	ECLI:NL:HR:2005:AT6856	XI.6

2006

HvJ EU 17 januari 2006	C1/04 (Staubitz/Schreiber)	X.2
HR 28 april 2006	ECLI:NL:HR:2006:AV0653 (Huijzer q.q./Rabobank)	IV.3
HvJ EG 2 mei 2006	C-341/04 (Eurofood)	X.2
HR 14 juli 2006	ECLI:NL:HR:2006:AY3782	IV.5
HR 22 september 2006	ECLI:NL:HR:2006:AX8834	V.2
HR 6 oktober 2006	ECLI:NL:HR:2006:AX8295	VII.3
HR 6 oktober 2006	ECLI:NL:HR:2006:AV7032	VII.3
HR 3 november 2006	ECLI:NL:HR:2006:AY8309	II.2
HR 3 november 2006	ECLI:NL:HR:2007:AX8838	IV.5
HR 10 november 2006	ECLI:NL:HR:2006:AY8290	II.2
HR 10 november 2006	ECLI:NL:HR:2006:AY6204	II.2

2007

HR 20 april 2007	ECLI:NL:HR:2007:BA3413	II.2
HR 8 juni 2007	ECLI:NL:HR:AZ:4569	VII.2
HR 8 juni 2007	ECLI:NL:HR:2007:AZ4569	IX.2
HR 22 juni 2007	ECLI:NL:HR:2007:BA2511	VI.6
HR 14 december 2007	ECLI:NL:HR:2007:BB5550	II.2

2008

HR 18 januari 2008	ECLI:NL:HR:2008:BB5067	V.2
HR 11 april 2008	ECLI:NL:HR:2008:BC4846	VII.2
HR 18 april 2008	ECLI:NL:HR:2008:BC5694	VII.3
HR 11 juli 2008	ECLI:NL:HR:2008:BD3705	II.2
HR 19 december 2008	ECLI:NL:HR:2008:BG1117	V.2, VII.2
HR 19 december 2008	ECLI:NL:HR:2008:BG1682	XI.2
HR 19 december 2008	ECLI:NL:HR:2008:BG3573 (Yukos)	IX.2

2009

HR 16 januari 2009	ECLI:NL:HR:2009:BH0070	IV.4
HvJ EU 12 februari 2009	C-339/07 (Deko Marty)	X.2
HR 20 februari 2009	ECLI:NL:HR:2009:BG7729	I.2
HR 24 april 2009	ECLI:NL:HR:2009:BF3917	VII.2

HvJ EG 10 september 2009	C-292/08 (German Graphics)	X.2
HR 18 september 2009	ECLI:NL:HR:2009:BI5912	VI.6
HR 9 oktober 2009	ECLI:NL:HR:2009:BI7129	VI.6
HR 16 oktober 2009	ECLI:NL:HR:2009:BJ7318	VII.2
HR 11 december 2009	ECLI:NL:HR:2009:BK0857	IV.4
HR 22 december 2009	ECLI:NL:HR:2009:BI8493	V.2
HR 22 december 2009	ECLI:NL:HR:2009:BK3574	X.2

2010

HR 3 maart 2010	ECLI:NL:HR:2010:BM7811	II.2
HR 5 maart 2010	ECLI:NL:HR:2010:BK8653	IV.2
HR 23 april 2010	ECLI:NL:HR:2010:BL5450	IV.4

2005

HR 10 juni 2005	ECLI:NL:HR:2005:AT1097	II.2

2010

HR 22 oktober 2010	ECLI:NL:HR:2010:BN6123	XI.3
HR 19 november 2010	NJ 2011/403	VIII.4
HR 3 december 2010	ECLI:NL:HR:2010:BN9463	III.2

2011

HR 11 januari 2011	ECLI:NL:HR:2011:BO3534	IV.5
HR 14 januari 2011	ECLI:NL:HR:2011:BN7887	VII.2
HR 18 maart 2011	ECLI:NL:HR:2011:BP1404	X.2
HR 29 april 2011	ECLI:NL:HR:2011:BP4948	I.2
HR 23 september 2011	NJ 2012/376	VIII.3
HvJ EU 20 oktober 2011	C-369/09 (Interedil)	X.2
HR 9 december 2011	ECLI:NL:HR:2011:BT2700	VI.5
HR 16 december 2011	ECLI:NL:HR:2011:BU4204	VII.2

2012

HR 3 februari 2012	ECLI:NL:HR:2012:BT6947 (Dix/ING)	VI.3
HR 23 maart 2012	ECLI:NL:HR:2012:BV0614 (ING/Manning q.q.)	IV.3
HR 25 mei 2012	ECLI:NL:HR:2012:BV9961	II.2

2013

HR 1 februari 2013	ECLI:NL:HR:2013:BY4134 (Van Leuveren q.q./ING)	V.2
HR 13 maart 2013	ECLI:NL:HR:2013:BY4558	IV.4
HR 12 april 2013	ECLI:NL:HR:2013:BY9087	III.1

Jurisprudentieregister

HR 12 april 2013	ECLI:NL:HR:2013:BZ1065	IV.4
HR 19 april 2013	ECLI:NL:HR:2013:BY6108	IV.5, VI.2
HR 17 mei 2013	ECLI:NL:HR:2013:BZ3645	VII.3
HR 14 juni 2013	ECLI:NL:HR:2013:BZ5663	VI.6
HR 21 juni 2013	ECLI:NL:HR:2013:BZ7199 (Eringa q.q./ABN AMRO)	V.5
HR 28 juni 2013	ECLI:NL:HR:2013:48	II.2
HR 12 juli 2013	ECLI:NL:HR:2013:BZ9953	VII.2
HR 13 september 2013	ECLI:NL:HR:2013:BZ7391	VI.6
HR 13 september 2013	ECLI:NL:HR:2013:BZ5668	IX.2
HR 15 november 2013	ECLI:NL:HR:2013:1244	IV.5
HR 22 november 2013	ECLI:NL:HR:2013:1381	IV.5
HR 29 november 2013	ECLI:NL:HR:2013:CA3762 (Roeffen q.q./Jaya BV)	V.3
HR 20 december 2013	ECLI:NL:HR:2013:2051	VII.2

2014

HR 10 januari 2014	ECLI:NL:HR:2014:51	IV.2
HR 17 januari 2014	ECLI:NL:HR:2014:98	II.2
HR 24 januari 2014	ECLI:NL:HR:2014:161	IV.2
HR 14 februari 2014	ECLI:NL:HR:2014:336	II.2
HR 14 februari 2014	ECLI:NL:HR:2014:319	VI.6
HR 7 maart 2014	ECLI:NL:HR:2014:524	II.2
HR 11 april 2014	ECLI:NL:HR:2014:896	VI.5
HR 23 mei 2014	ECLI:NL:HR:2014:1213	VI.6
HR 6 juni 2014	ECLI:NL:HR:2014:1338	IV.2
HR 13 juni 2014	ECLI:NL:HR:2014:1404	II.2
HR 11 juli 2014	ECLI:NL:HR:2014:1681	IV.5
HR 31 oktober 2014	ECLI:NL:HR:2014:3080	VI.2
HR 28 november 2014	ECLI:NL:HR:2014:3464	VIII.1

2015

HR 16 januari 2015	ECLI:NL:HR:2015:87	VI.3
HR 6 februari 2015	ECLI:NL:HR:2015:251	II.1
HR 6 februari 2015	ECLI:NL:HR:2015:228	VI.3
HR 20 maart 2015	ECLI:NL:HR:2015:689	IV.3
HR 5 juni 2015	ECLI:NL:HR:2015:1473	II.2
HR 10 juli 2015	ECLI:NL:HR:2015:1825	VI.6
HvJ EU 15 oktober 2015	C-310/14 (Nike/Sportland OY)	X.2
HR 30 oktober 2015	ECLI:NL:HR:2015:3190	VI.6
HR 18 december 2015	ECLI:NL:HR:2015:3636	II.2

2016

HR 5 februari 2016	ECLI:NL:HR:2016:199	IX.2

HR 8 april 2016	ECLI:NL:HR:2016:612	VII.2
HR 15 april 2016	ECLI:NL:HR:2016:665	IV.5
HR 29 april 2016	ECLI:NL:HR:2016:759	IX.2
HR 24 juni 2016	ECLI:NL:HR:2016:1294	VIII.4
HR 8 juli 2016	ECLI:NL:HR:2016:1515	II.1
HR 11 november 2016	ECLI:NL:HR:2016:2577	II.2
HR 2 december 2016	ECLI:NL:HR:2016:2744	IV.5
HR 2 december 2016	ECLI:NL:HR:2016:2730	IV.5
HR 2 december 2016	ECLI:NL:HR:2016:2729	IV.5
HR 23 december 2016	ECLI:NL:HR:2016:2997	VII.3

2017

HR 17 februari 2017	ECLI:NL:HR:2017:278	IV.5
HR 24 maart 2017	ECLI:NL:HR:2017:488	II.2
HvJ EU 22 juni 2017	ECLI:EU:C:2017:486 (Estro/ Smallsteps)	XIII.1
HR 13 oktober 2017	ECLI:NL:HR:2017:2627	VI.6
HR 3 november 2017	ECLI:NL:HR:2017:2808	IX.2
HR 17 november 2017	ECLI:NL:HR:2017:2907	IV.5
HR 19 december 2017	ECLI:NL:HR:2017:3149	VI.2
HR 22 december 2017	ECLI:NL:HR:2017:3269	II.2
HR 22 december 2017	ECLI:NL:HR:2017:3253	VII.2

Deel 2: schuldsaneringsregeling (hoofdstuk XII)

1987

HR 8 juli 1987	NJ 1988/105	XII.2

1990

HR 28 september 1990	NJ 1991/305	XII.5

1999

HR 7 mei 1999	LJN ZC2900	XII.2

2000

HR 18 februari 2000	ECLI:NL:HR:2000:AA4878	XII.2
HR 25 februari 2000	ECLI:NL:HR:2000:AA 4938	XII.2
HR 12 mei 2000	ECLI:NL:HR:2000:AA5776	XII.2

2001

HR 19 januari 2001	ECLI:NL:PHR:2001:AA9561	XII.4, XII.11
HR 26 januari 2001	ECLI:NL:HR:2001:AA9668	XII.2
HR 13 juli 2001	ECLI:NL:HR:2001:ZC3648	XII.3
HR 14 december 2001	ECLI:NL:HR:2001:AD5362	XII.8

Jurisprudentieregister

2002
HR 25 januari 2002   ECLI:NL:HR:2002:AD6633   XII.2
HR 15 februari 2002   ECLI:NL:HR:2002:AD9144   XII.4, XII.11
HR 12 juli 2002   ECLI:NL:HR:2001:AE4547   XII.3, XII.11
HR 12 juli 2002   ECLI:NL:HR:2002:AE2508   XII.11

2003
HR 10 januari 2003   ECLI:NL:HR:2003:AF0749   XII.2
HR 13 juni 2003   ECLI:NL:HR:2003:AF7006   XII.2
HR 20 juni 2003   ECLI:NL:HR:2003:AF7682   XII.11
HR 26 september 2003   ECLI:NL:HR:2003:AI0364   XII.6

2004
HR 13 februari 2004   ECLI:NL:PHR:2004:AO1334   XII.2
HR 19 maart 2004   ECLI:NL:HR:2004:AO1994   XII.9
HR 14 mei 2004   ECLI:NL:HR:2004:AO7003   XII.11
HR 4 juni 2004   ECLI:NL:HR:2004:AO6933   XII.3
HR 12 november 2004   ECLI:NL:HR:2004:AR1243   XII.2, XII.3

2005
HR 12 augustus 2005   ECLI:NL:HR:2005:AT7799   XII.2, XIII.2

2006
HR 2 juni 2006   ECLI:NL:HR:2006:AV4484   XII.11
HR 24 november 2006   ECLI:NL:HR:2006:AZ1111   XII.3

2007
HR 19 januari 2007   ECLI:NL:HR:2007:AZ2048   XII.10, XII.11
HR 16 februari 2007   ECLI:NL:HR:2007:AZ6535   XII.2
HR 13 april 2007   ECLI:NL:HR:2007:AZ8147   XII.2
HR 13 april 2007   ECLI:NL:HR:2007:AZ8850   XII.11
HR 20 april 2007   ECLI:NL:HR:2007:BA0903   XII.2
HR 12 oktober 2007   ECLI:NL:HR:2007:BB3774   XII.11

2008
HR 5 september 2008   ECLI:NL:HR:2008:BD3425   XII.11
HR 14 november 2008   ECLI:NL:HR:2008:BD7589   XII.3

2009
HR 13 maart 2009   ECLI:NL:HR:2009:BG7996   XII.11
HR 12 juni 2009   ECLI:NL:HR:2009:BH7357   XII.2
HR 12 juni 2009   ECLI:NL:HR:2009:BI0455   XII.11
HR 30 oktober 2009   ECLI:NL:HR:2009:BJ7537   XII.3

2010
HR 29 januari 2010	ECLI:NL:HR:2010:BK4947	XII.2
HR 9 juli 2010	ECLI:NL:HR:2010:BM3975	XII.2
HR 5 november 2010	ECLI:NL:HR:2010:BN8056	XII.2

2011
HR 15 april 2011	ECLI:NL:HR:2011:BP4963	XII.12
HR 22 april 2011	ECLI:NL:HR:2011:BP4673	XII.2
HR 27 mei 2011	ECLI:NL:HR:2011:BP8708	XII.2
HR 17 juni 2011	ECLI:NL:HR:2011:BQ0709	XII.5, XII.11
HR 8 juli 2011	ECLI:NL:HR:2011:BQ3883	XII.2
HR 11 november 2011	ECLI:NL:HR:2011:BU4020	XII.2

2012
HR 6 januari 2012	ECLI:NL:HR:2012:BU6758	XII.2
HR 24 februari 2012	ECLI:NL:HR:2012:BV0890	XII.10
HR 25 mei 2012	ECLI:NL:HR:2012:BV4010	XII.2
HR 25 mei 2012	ECLI:NL:HR:2012:BV4021	XII.2
HR 21 september 2012	ECLI:NL:HR:2012:BW9247	XII.3
HR 5 oktober 2012	ECLI:NL:PHR:2012:BX5791	XII.11

2013
HR 1 februari 2013	ECLI:NL:HR:2013:BY0964	XII.2
HR 24 mei 2013	ECLI:NL:HR:2013:BZ7201	XII.6
HR 28 juni 2013	ECLI:NL:HR:2013:48	XII.2

2014
HR 28 februari 2014	ECLI:NL:PHR:2014:106	XII.2
HR 11 juli 2014	ECLI:NL:HR:2014:1682	XII.2
HR 10 oktober 2014	ECLI:NL:HR:2014:2935	XII.10
HR 17 oktober 2014	ECLI:NL:HR:2014:2999	XII.7
HR 19 december 2014	ECLI:NL:HR:2014:3678	XII.5, XII.12

2015
HR 30 januari 2015	ECLI:NL:HR:2015:189	XII.2
HR 13 maart 2015	ECLI:NL:HR:2015:589	XII.2
HR 24 april 2015	ECLI:NL:HR:2015:1136	XII.11
HR 22 mei 2015	ECLI:NL:HR: 2015:1293	XII.11
HR 19 juni 2015	ECLI:NL:HR:2015:1693	XII.2
HR 20 november 2015	ECLI:NL:HR:2015:3338	XII.2
HR 18 december 2015	ECLI:NL:HR:2015:3631	XII.3

2016
HR 10 juni 2016	ECLI:NL:HR:2016:1135	XII.11

Jurisprudentieregister

HR 7 oktober 2016	ECLI:NL:HR:2016:2286	XII.11
HR 14 oktober 2016	ECLI:NL:HR:2016:2348	XII.11
HR 2 december 2016	ECLI:NL:HR:2016:2755	XII.11
HR 9 december 2016	ECLI:NL:HR:2016:2837	XII.2

2017

HR 27 januari 2017	ECLI:NL:HR:2017:110	XII.11
HR 27 januari 2017	ECLI:NL:HR:2017:111	XII.11
HR 31 maart 2017	ECLI:NL:HR:2017:572	XII.2
HR 14 april 2017	ECLI:NL:HR:2017:696	XII.2
RvB 31 mei 2017	ECLI:NL:CRVB:2017:2038	XII.5
HR 9 juni 2017	ECLI:NL:HR:2017:1064	XII.2
HR 30 juni 2017	ECLI:NL:HR:2017:1203	XII.10

TREFWOORDENREGISTER

(Er wordt verwezen naar paragrafen)

Actio Pauliana	
benadeling	V.5
omkering van de bewijslast	V.3
rechtsgevolgen	V.4
vereisten	V.2
Afkoelingsperiode	VI.8, XI.3, XII.5
Akkoord	XII.8
schuldsanering	XII.8
Akkoord bij faillissement	IX.1, IX.2
Akkoord bij schuldsanering	XII.8
Akkoord bij surseance	XI.4
Arbeidsovereenkomst en faillissement	
affinanciering backserviceverplichting	IV.5
loongarantieregeling	IV.5
opzegging	IV.5
sociaal plan	IV.5
vakantiegeld	IV.5
vergoeding niet-genoten vakantiedagen	IV.5
Beheer en beschikking	
bij schuldsanering	XII.5
bij surseance	XI.3
bij faillissement	I, IV.3
Beschermingsbewind	
Beslag	I, II.2
Bestuurdersaansprakelijkheid	II.1
Betwisting	
van vorderingen bij faillissement	VIII.3
Bodembeslag	I
Bodemrecht	I, VI.5, XII.5
Bodemverhuurconstructie	VI.5
Bodemvoorrecht	VI.5
Bodemzaak	VI.5
Boedelschulden	
begrip, ontstaan	VI.2
onmiskenbare vergissing	VII.2
toedoencriterium	IV.5

Commissie uit de schuldeisers	VII.4
Concurrente schuldeisers	XII.5
Curator	
aansprakelijkheid	VII.2
benoeming	II.2, VII.2
bevoegdheid en taak	II.2, VII.2
salaris	II.4
vertegenwoordiging	VII.2
Derdenbescherming	IV.3
Doorleveringsverplichting	IV.5
Dwangakkoord	
in faillissement	IX.1
in surseance van betaling	XI.4
Echtgenoten	II.2, III.2, XI.3
Einde faillissement	
door omzetting in schuldsanering	XII.2
door opheffing	II.5
door vernietiging na verzet, hoger beroep of cassatie	II.3
na homologatie akkoord	IX.1
na vereenvoudigde afwikkeling	II.6
na vereffening	IX.2
Einde schuldsanering	
regulier	XII.11
tussentijds	XII.11
versneld	XII.11
Einde surseance	
door intrekking	XI.6
door omzetting in schuldsanering	XI.6, XII.2
door verloop termijn	XI.6
na homologatie akkoord	XI.4
Erkenning	
van vorderingen bij faillissement	VIII.3
Executie	
parate	VI.3, XII.5, XII.8, XII.11
Faillietverklaring	II.1
aangifte	II.2, XII.2
ambtshalve	II.2, XI.2
maatschap	II.1
privaatrechtelijke rechtspersonen	II.1
procedure	II.2
publiekrechtelijke rechtspersonen	II.1
rechtsmiddelen	II.3
vennootschap onder firma	II.1

vereisten	II.2
vernietiging	II.4
verzoek één of meer schuldeisers	II.2
vordering OM	II.2
wie failliet kunnen worden verklaard	II.1
Faillietverklaring BV/NV	II.1

Faillissement

aanvang	II.2
doel en karakter	I
heropening	II.5, IX.1
invloed – op positie schuldeisers	VI
invloed – op positie schuldenaar	IV
invloed – op procedures	IV.4
invloed – op wederkerige overeenkomsten	IV.5

Faillissementskosten

algemene	VI.2, VI.3, VI.4, VI.6, IX.2
bijzondere	VI.2, VI.4, IX.2
Financiëlezekerheidsovereenkomst (FZO)	IV.3, XII.2
Fiscale eenheid	VI.6

Gefailleerde

als procespartij	IV.4
beperking persoonlijke vrijheid	IV.2
bevoegdheid tot beheer en beschikking	IV.3
Gijzeling	IV.2, XII.4
Herroeping	II.3

Homologatie

bij faillissement	IX.2
bij schuldsanering	XII.8
bij surseance	XI.4
Hoofdprocedure	X.2
Huwelijk en huwelijksgemeenschap	III.2, XI.3
Hypotheek	VI.3, VIII.4, XII.7

Internationaal insolventierecht

centrum van de voornaamste belangen	X.2
hoofdprocedure	X.2
Internationale aspecten	X, XII.9
Kwaliteitsrekening	I.2, III.2
Levensonderhoud failliet	III.1
Levensverzekering	III.2
Levering na de faillietverklaring	III.2
Liquidatieakkoord	IX.1

Mijnssen

rapport Commissie –	II.1
Minnelijk traject	XII.1, XII.2

Misbruik faillissementen	IV.5
Moratorium	XII.2
Nagekomen baten	XII.12
Nul-uurregel	IV.3, XII.2
Omslag faillissementskosten	VI.3, IX.2
Omzetting	
faillissement in schuldsanering	XII.2
surseance in schuldsanering	XI.6, XII.2
Onderhandse verkoop	VI.3
Onderhoudsplicht	VIII.4
Ontbindende voorwaarde	
vordering onder –	VIII.4
Ontbinding	
akkoord bij faillissement	IX.1
akkoord bij surseance	XI.4
wederkerige overeenkomsten	IV.5
Onverschuldigde betaling na faillissement	VII.2
Opschortende voorwaarde	
vordering onder –	VIII.4
Overeenkomsten	
invloed faillissement op –	IV.5
Overgang van onderneming	IV.5
Pand	I.2, II.6, III.2, IV.3, V.2, V.4, VI.3, VI.4, VI.5, VI.6, IX.1, IX.2, XI.2, XI.4, XII.5, XII.7, XII.8
Parate executie	VI.2, VI.3, XII.5
Paritas creditorum	I, IX.2, XII.4, XII.5
Peeters/Gatzenvordering	V.5, VI.6, VII.2
Pluraliteit	II.2, XII.2
Postblokkade	IV.2, XII.2, XII.4
Procedures door en jegens gefailleerde	IV.4
Publicatie	
faillietverklaring	II.2, II.4, II.6, IV.3
schuldsanering	XII.1, XII.2
surseance	XI.2
Rangorde	IX.2, XII.5, XII.12
Recht van reclame	I, III.2, VI.6, XII.5
Rechter-commissaris	
aansprakelijkheid	VII.3
benoeming	II.2, VII.1
taak	VII.3, XII.6
Rechtsmiddelen	II.3, XII.2
Rechtspersonen	II.1, XII.2

Rechtsvorderingen	IV.4
Recofa	XII.1, XII.3
Rente	VIII.4, XII.7
Renvooiprocedure	VIII.3
Retentierecht	VI.6, XII.5, XII.8
Salaris	
bewindvoerder in schuldsanering	XII.6
curator	II.5, VII.2, IX.2
Schone lei	XII
Schorsing procedure	IV.4
Schuldeisers bij faillissement	
algemeen	VI
bevoorrechte schuldeisers	VI.4, XII.5
boedelschuldeisers	VI.2
concurrente schuldeisers	VI.7
feitelijk preferente schuldeisers	VI.6
separatisten	VI.3, XII.5
Schuldsanering	
doel	XII.1
einde	XII.11
gedwongen schuldregeling	XII.2
goede trouw	XII.2
minnelijk traject	XII.1, XII.2
moratorium	XII.2
publicatie	XII.2
rechtsmiddelen	XII.2
termijn	XII.10
toewijzingsgronden	XII.2
voorlopige voorzieningen	
in spoedeisende situatie	XII.2
in bedreigende situatie	XII.2
weigeringsgronden	XII.2
Secundaire procedure	X.2
Separatisten	VI.3
Slotuitdelingslijst	II.5, IX.2, XII.11, XII.12
Sluipakkoord	IX.1
Staat van baten en schulden	VII.2, XII.6
Staat van insolventie	IX.2, XII.12
Stemming over akkoord bij faillissement	IX.2
Stemming over akkoord bij schuldsanering	XII.8
Stemming over akkoord bij surseance	XI.4
Stille cessie	III.2
Surseance van betaling	
aanvraag	XI.2

behandeling	XI.2
beheer en beschikking	XI.1, XI.3
bewindvoerder	XI.2
einde	XI.4
gevolgen	XI.3
intrekking	XI.3
publicatie	XI.2
stemming	XI.2
voor welke vorderingen surseance niet geldt	XI.3
voorlopige verlening	XI.2
Territoriale procedure	X.2
Territorialiteitsbeginsel	X.1
Tijdsbepaling	
vorderingen met –	VIII.4
Toekomstige vorderingen	III.2
Uitdelingslijst	IX.2
Uitkeringen	III.1, XII.6
Universaliteitsbeginsel	X.1
Vennootschap	
besloten –	II.1
naamloze –	II.1
– onder firma	II.1
Vennootschap onder firma en schuldsanering	II.1
Vereffening	IX, XII.6, XII.8
Verificatie bij faillissement	VIII.1, VIII.3, VIII.4
betwisting	VIII.3
van verschillende soorten vorderingen	VIII.4
Verificatie bij schuldsanering	XII.7
Verificatievergadering	
bij faillissement	VIII.2
bij schuldsanering	XII.7
bij surseance	XI.4
Verkoop	
onderhandse	VI.3
voor insolventie	VII.2
Vernietiging faillietverklaring	II.4
Verrekening	VI.6
Verwijzing	VIII.3, XII.11
Verzamelpandakte	V.2
Verzet	
tegen faillietverklaring	II.3
tegen uitdelingslijst	II.6, VIII.2, VIII.3, VIII.4, IX.2
Vonnis van faillietverklaring	II.2

Trefwoordenregister

Voorrang	I, VI.1, VIII.4, XI.5, XII.5, XII.6, XII.8
Voorrechten	VI.1, VI.4, VI.5, VI.6, IX.2, XII.12
Vrij actief	VI.5
Vrij te laten bedrag	XII.3
Wederkerige overeenkomsten	IV.5
Zekerheidsrechten	VI.3, VIII.4

VERSCHENEN TITELS MONOGRAFIEËN PRIVAATRECHT

1. Erfrecht, prof. mr. M.J.A. van Mourik, 2013 (6e druk)
2. Faillissement, surseance van betaling en schuldsanering, mr. A.M.J. van Buchem-Spapens, mr. Th.A. Pouw, 2018 (10e druk)
3. Onrechtmatige overheidsdaad, G.E. van Maanen, R. de Lange, 2000 (3e druk)
4. Onrechtmatige daad, prof. mr. A.J. Verheij, 2015 (7e druk)
5. Afbreken van onderhandelingen, mr. M.R. Ruygvoorn, 2005 (1e druk)
6. Achtergestelde vorderingen, prof. mr. B. Wessels, 2013 (3e druk)
7. Handboek scheidingsbemiddeling, Een methode van recht en psychologie, prof. dr. G.P. Hoefnagels, mr. C.A.R.M. van Leuven, H.P.A.M. van Arendonk, 2007 (3e druk)
8. Alternatieve regelgeving en privaatrecht, prof. mr. I. Giesen, 2007 (1e druk)
9. Koop en verkoop van onroerende zaken, prof. mr. W.G. Huijgen, 2017 (5e druk)
10. Materieel beslagrecht, prof. mr. F.H.J. Mijnssen, prof. mr. A.I.M. van Mierlo, 2009 (4e druk)
12. Huwelijksvermogensrecht, prof. mr. M.J.A. van Mourik, 2017 (13e druk)
13. Arbeidsongevallen en beroepsziekten, prof. mr. S.D. Lindenbergh, 2016 (3e druk)
14. Nederlands nationaliteitsrecht, prof. mr. G.R. de Groot, prof. mr. M. Tratnik, 2010 (4e druk)
15. De rekening-courantverhouding, F.H.J. Mijnssen, 1995 (3e druk)
16. Eigen schuld en medeaansprakelijkheid, prof. mr. A.L.M. Keirse, mr. R.H.C. Jongeneel, 2013 (3e druk)
17. Een theorie van het privaatrecht, mr. D.J. van der Kwaak, 2015 (1e druk)